W.-M. Kähler

COBOL

Vieweg

Wolf-Michael Kähler

Einführung in die Programmiersprache COBOL

Eine Anleitung zum „Strukturierten Programmieren"

3. Auflage

Springer Fachmedien Wiesbaden GmbH

1. Auflage 1980
2., durchgesehene Auflage 1982
    Nachdruck 1983
3. Auflage 1984

Umschlaggestaltung: Peter Lenz, Wiesbaden

ISBN 978-3-528-23335-8   ISBN 978-3-322-89745-9 (eBook)
DOI 10.1007/978-3-322-89745-9

Vorwort

Diese Einführung in die Programmiersprache COBOL ist entstanden aus mehreren Kursen, welche am Rechenzentrum der Universität Bremen für Hörer aller Fachbereiche und an der Volkshochschule Bremen im Rahmen der beruflichen Weiterbildung abgehalten worden sind. Das Ziel dieser Kurse bestand darin, den Teilnehmern die grundlegenden Sprachelemente von COBOL zu vermitteln und bei der Programmerstellung den Zielvorstellungen des "Strukturierten Programmierens" Rechnung zu tragen. Dazu wird ein Lösungsalgorithmus zunächst graphisch - in Form eines Struktogramms - dargestellt und anschließend mit den in COBOL zur Verfügung stehenden Sprachelementen kodiert.

Dabei sind die Anwendungsbeispiele betont einfach gehalten, so daß keine besonderen Kenntnisse aus dem Bereich der administrativen und kommerziellen Anwendungen - dem Haupteinsatzgebiet von COBOL - erforderlich sind.

Der Leser dieser Einführung braucht über keine Vorkenntnisse aus dem Bereich der Elektronischen Datenverarbeitung zu verfügen, da die wichtigsten Begriffe zusammen mit den Elementen von COBOL vermittelt werden.

Nach der Lektüre dieser Einführung wird der Leser in der Lage sein, selbständig COBOL-Programme zu entwickeln und auf einer Datenverarbeitungsanlage ablaufen zu lassen.

Schon mit den Grundkenntnissen, welche in den ersten drei Kapiteln vermittelt werden, kann der Leser einfache Aufgaben selbständig lösen. Zur Lernkontrolle und um sich in der Fertigkeit des Programmierens zu üben, sollte sich der Leser auch stets um die Lösung der Aufgaben bemühen, welche jeweils am Ende eines Kapitels angegeben sind. Als Hilfestellung stehen ihm dabei die Ausführungen im Lösungsteil zur Verfügung.

Herrn Professor Dr. Günther Lamprecht danke ich für die Anregung zu dieser Niederschrift und für zahlreiche Änderungsvorschläge. Für die kritische Durchsicht des Manuskriptes bin ich ferner Herrn Dr. Roland Weibezahn zu Dank verpflichtet.

Bremen, im Januar 1980

Die in dieser Einführungsschrift dargestellte Programmiersprache COBOL basiert auf dem Dokument "American National Standard Programming Language COBOL, X.3.23". Daher muß unseren Ausführungen der folgende Hinweis vorangestellt werden:

Inhaltsverzeichnis

1. Einführung

Vom Problem zur Problemlösung

Eine der zentralen Aufgaben innerhalb der EDV (Elektronische Datenverarbeitung) besteht darin, zu einem gestellten Problem den zugehörigen Lösungsweg - den sog. Lösungsalgorithmus (kurz: Algorithmus) - zu erarbeiten. Soll z.B. eine Liste nach bestimmten Kriterien aus vorgegebenen Daten (also Zahlen bzw. Texten) erstellt werden, so müssen die Ausgangsdaten geeignet bereitgestellt, nach bestimmten Vorschriften umgeformt und aufbereitet werden, bevor sie in Listenform ausgegeben werden können.

Als zugehörigen Algorithmus kann man eine verbale Beschreibung in einer "natürlichen Sprache" geben. Eine derartige Beschreibung kann jedoch nicht von einer Datenverarbeitungsanlage (kurz: DVA) verstanden werden. Hierfür muß man den Algorithmus in einer "künstlichen Sprache" - in einer sog. Programmiersprache - formulieren. Es existieren verschiedene Arten von Programmiersprachen, welche in die Gruppen:

- Maschinen- und Assemblersprachen und
- höhere problemorientierte Programmiersprachen

eingeteilt werden.

Die Sprachelemente der Maschinensprache sind die von der DVA ausführbaren Maschineninstruktionen.[*] Aus diesen Instruktionen besteht das ablauffähige Programm, das sog. Objektprogramm, durch dessen Ausführung der Lösungsalgorithmus realisiert wird. Jeder Hersteller einer DVA stellt für seine Anlage eine (Anlagen-abhängige) Assemblersprache bereit. Ein in dieser maschinennahen Sprache formulierter Algorithmus hat gegenüber einem in der Maschinensprache geschriebenem Programm z.B. den Vorteil, daß symbolische Speicheradressen anstelle physikalischer Speicheradressen beim Zugriff auf die zu verarbeitenden Daten benutzt werden. Allerdings ist ein derartiges Programm nicht mehr direkt ablauffähig. Vielmehr muß es erst durch die Ausführung eines Übersetzers - des sog. Assemblers[**] - zu einem ablauffähigen Objektprogramm umgewandelt werden.

Um jedoch vom jeweiligen Hersteller einer DVA weitgehend unabhängig zu sein und um Programme wirkungsvoller entwickeln zu können, werden in der Anwendungsprogrammierung heutzutage im wesentlichen alle Programme in einer höheren problemorientierten Programmiersprache erstellt. Gegenüber der Assemblerprogrammierung kommt man mit weniger aber leistungsfähigeren Sprachelementen aus, so daß man die Anzahl der Programminstruktionen i.a. erheblich reduzieren kann. Beispiele für höhere pro-

---

[*] Die Maschineninstruktionen beziehen sich i.a. immer nur auf einen bestimmten DVA-Typ.

[**] Der Assembler ist ein Anlagen-abhängiges Programm, welches vom Hersteller einer DVA zusammen mit der Anlage ausgeliefert wird.

blemorientierte Programmiersprachen sind die Sprachen:
- ALGOL (algorithmic language), FORTRAN (formula translation), PASCAL und SIMULA
  für den Einsatz im technisch-wissenschaftlichen Bereich und
- COBOL (common business oriented language) und RPG (report program generator) für
  die administrativen und kommerziellen Anwendungen.
Die Sprache COBOL ist dabei die mit Abstand am meisten verwendete problemorientierte Programmiersprache.

Die Programmiersprache COBOL

Da die zunächst entwickelten Programmiersprachen ALGOL (1958-62) und FORTRAN
(ab 1954) den Anforderungen aus den administrativen und kommerziellen Bereichen
nicht genügten, wurde 1959 unter der Federführung des US Department of Defense von
einer aus Anwendern, Hochschulinstituten und DVA-Herstellern gebildeten Gruppe
die höhere problemorientierte Programmiersprache COBOL entwickelt, deren erste
Version im Jahre 1960 veröffentlicht wurde.
Grundlegend für alle heutigen von den Herstellern angebotenen COBOL-Versionen ist
der 1968 vom amerikanischen Normenausschuß ANSI (American National Standards
Institute - früher ASA bzw. USASI) festgelegte Sprachumfang, dessen Normierung als
Standard ANSI-68 bezeichnet wird.
Als weiterer Meilenstein in der Entwicklung von COBOL ist der Standard ANSI-74 zu
nennen, welcher in vielen Punkten von den zur Zeit angebotenen COBOL-Versionen
realisiert worden ist.
Die ständige Weiterentwicklung von COBOL wird durch den CODASYL-Ausschuß
(conference on data systems languages) betrieben, und die entwickelten Neuerungen
werden in der Zeitschrift "Journal of Development" veröffentlicht.

COBOL zeichnet sich vor allen Dingen dadurch aus, daß diese Sprache ohne Vorkenntnisse leicht erlernbar ist. COBOL-Programme sind gut lesbar und selbstdokumentie-
rend. Die Sprach-Standardisierung gewährleistet eine weitgehende Portabilität
(Obertragbarkeit der Programme von einer DVA auf eine andere) und die Aufwärtskom-
patibilität zukünftiger COBOL-Versionen.

Die Phasen der Problemlösung

Jeder Problemlösungsprozeß läßt sich grob in die drei folgenden Phasen einteilen:
- Problemanalyse
- Darstellung des Lösungsalgorithmus in graphischer oder formaler Form und
- Datenverarbeitungs-gerechte Umsetzung und Ausführung des Lösungsalgorithmus.

Bei der Problemanalyse muß das gestellte Problem logisch durchdrungen, die Gesamt-
aufgabe in überschaubare Teilaufgaben gegliedert und der spätere Ablauf strukturiert werden.

Zur Darstellung des Lösungsalgorithmus werden wir die Struktogramm-Methode als
graphische Verfeinerung der verbalen Beschreibungsform kennenlernen. Diese Methode

erleichtert das Durchdenken einer Problemlösung in überschaubarer und kontrollier-
ter Form und unterstützt die "strukturierende Vorgehensweise", d.h. die Zurück-
führung der Lösung eines komplexen Problems auf die Lösung von überschaubaren
Teilproblemen. Diese Vorgehensweise ist charakteristisch für die Methode des
"Strukturierten Programmierens", welche eine wirksame Kontrolle der Ablaufsteuerung
vorschreibt. Dadurch werden die entwickelten Programme leichter lesbar, übersichtlicher und folglich wartungsfreundlicher, d.h. leicht änderbar.
Bis jetzt stellt sich die Problemlösung als unabhängig von der zu benutzenden
Programmiersprache dar. Da wir die Sprache COBOL kennenlernen und einsetzen wollen,
findet natürlich eine Rückkopplung auf die Problemanalyse statt, und die Darstellung
des Lösungsalgorithmus als Programm werden wir in COBOL vollziehen.
Wie wir dabei vorzugehen haben, d.h. wie wir die Bausteine eines Struktogramms in
die entsprechenden Sprachelemente von COBOL umsetzen müssen, werden wir in den
folgenden Kapiteln kennenlernen.
Das erstellte COBOL-Programm ist anschließend in die Maschinensprache zu übersetzen.
Dieser Vorgang wird vom COBOL-Kompilierer (Kompilierer, compiler) automatisch durchgeführt.[*] Mit der Ausführung des erzeugten Objektprogramms läuft der Lösungsalgorithmus dann in seiner Ausführungsphase ab.

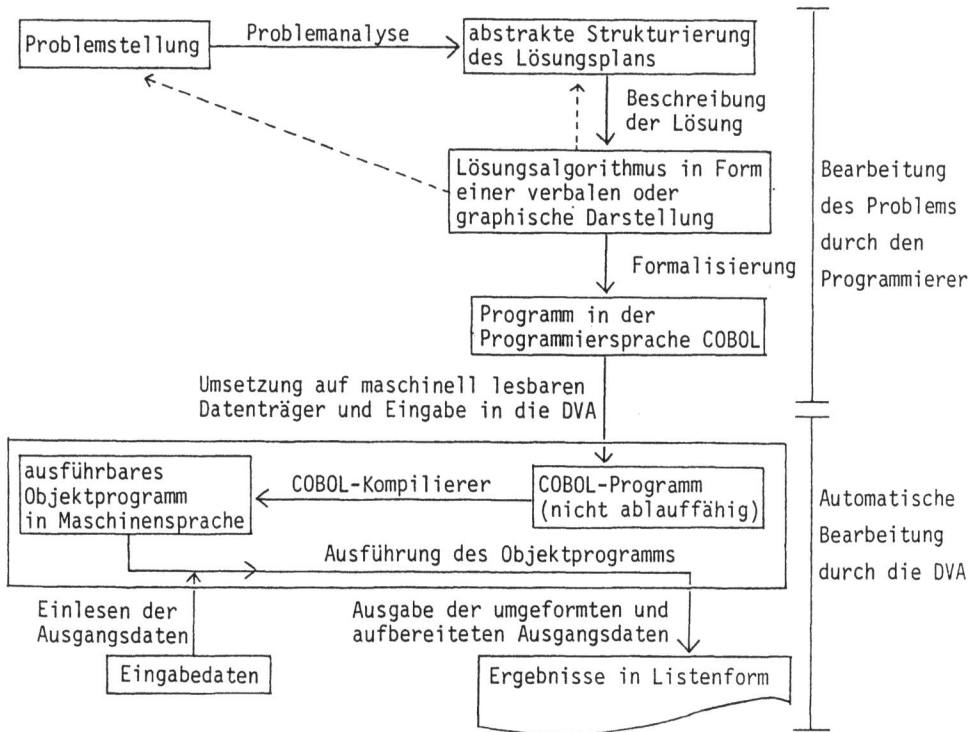

_____
*) Gegebenenfalls wird für diesen Prozeß noch ein weiteres Anlagen-abhängiges
   Programm - der sog. Binder - eingesetzt.

Will man z.B. eine Liste nach bestimmten Kriterien aus vorgegebenen Daten erstellen, so werden während der Ausführungsphase die Ausgangsdaten vom Objektprogramm "eingelesen", nach den vom Programmierer formulierten Vorschriften umgeformt und aufbereitet und anschließend in der vom Programmierer festgelegten Listenform ausgegeben. Den Ablauf dieses Problemlösungsprozesses kann man durch das Schema skizzieren, welches auf der S. 3 abgebildet ist.

Da COBOL genormt (standardisiert) ist, kann man eine Problemlösung folglich in der Programmiersprache COBOL beschreiben und auf einer beliebigen DVA - mit gewissen Einschränkungen - ablaufen lassen.

Welche Sprachelemente bei der jeweiligen DVA erlaubt sind und welche Elemente nicht verwendet werden dürfen, muß man der Sprachbeschreibung des Herstellers entnehmen. Dabei wird die realisierte Leistungsstufe durch die Angabe der einzelnen Kompilierer-Moduln ausgewiesen (s. A.2).

Lernziele

In den nachfolgenden Kapiteln werden wir eine Auswahl der Sprachelemente der Standards ANSI-68 und ANSI-74 kennenlernen. Da bei einer Einführung in die Programmiersprache COBOL naturgemäß nicht der gesamte Sprachumfang dargestellt werden kann, wollen wir uns auf die grundlegenden Sprachelemente konzentrieren. Dem interessierten Leser wird es anschließend leicht fallen, die COBOL-Sprachbeschreibungen der jeweiligen DVA-Hersteller als ergänzende Lektüre zu verwenden.
Im folgenden wollen wir vor allen Dingen lernen, wie wir bei der Programmentwicklung die Struktogramm-Methode zur graphischen Beschreibung unserer Lösungsalgorithmen einsetzen können.
Es erscheint uns wichtig, das Erlernen der einzelnen COBOL-Sprachelemente mit der Darstellung der Zielsetzung des "Strukturierten Programmierens" zu verbinden. Die Entwicklung in den letzten Jahren hat nämlich gezeigt, daß die Programmentwicklungskosten gegenüber den Kosten einer DVA überproportional gestiegen sind. Demzufolge muß auch der Leser einer Programmier-Einführungsschrift sehr früh mit den Grundgedanken einer wirkungsvollen Programmier-Methodik vertraut gemacht werden.
Wir werden die Elemente der Programmiersprache COBOL und der Struktogramm-Methode an Beispielen erläutern, welche sehr einfach sind und keine besonderen Vorkenntnisse erfordern.

Da eine der Hauptaufgaben in der kommerziellen und administrativen Datenverarbeitung in der Auflistung von Daten besteht, werden wir im ersten Teil die grundlegenden Begriffe an einem einfachen Druckprogramm erläutern. Es liegt in der Natur der Programmiersprache COBOL begründet, daß wir zunächst eine kleine "Durststrecke" bis zur Formulierung unseres ersten COBOL-Programms überwinden müssen.

2. Vereinbarung der Datensatz-Struktur

Bevor wir Daten mit einer DVA verarbeiten können, müssen wir die Daten
geeignet strukturieren und auf einem Datenträger kodieren.

Im Abschnitt 2.1 werden wir den hierzu notwendigen Begriff des Records
kennenlernen und exemplarisch die Kodierung auf dem Datenträger Lochkarte
beschreiben.

Im Abschnitt 2.2 stellen wir dar, wie man auf die kodierten Daten zugreifen
kann. Dazu lernen wir, wie man ein Datenfeld definiert und wie man den
Inhalt mit einem sog. Bezeichner ansprechen kann. Ob dieser Feldinhalt
dabei als numerische oder alphanumerische Information interpretiert wird,
hängt vom Aufbau der entsprechenden Picture-Maske (mit den Maskenzeichen
X,9,V und S) ab, welche dem Bezeichner in Form einer sog. Datenfeld-
Beschreibung zugeordnet wird. Im Abschnitt 2.3 erklären wir die hierarchische Struktur von Datenfeldern und lernen das Konzept der Stufennummern
und die Funktion des reservierten COBOL-Worts FILLER kennen.

2.1 Kodierung von Daten

Begriff des Records

Wir stellen uns vor, daß in einer Vertriebsgesellschaft für eine zukünftige EDV-
mäßige Bearbeitung der Geschäftsvorgänge alle dazu notwendigen Informationen über
die im Unternehmen beschäftigten Vertreter gesammelt werden. Bei dieser Datener-
fassung beschränken wir uns der Einfachheit halber auf

- die vierstellige Vertreter-Kennzahl,
- den Namen, gegliedert in Nachnamen und Vornamen, und
- den aktuellen Kontostand eines Vertreters.[*]

Aus diesen Informationseinheiten erstellen wir für jeden Vertreter einen Record
als (logischen) Datensatz.

Hat z.B. der Vertreter Egon Meyer die Kennzahl 8413 und den Kontostand +7oo.25,[**]
so soll der zugehörige Record die folgende Struktur haben:

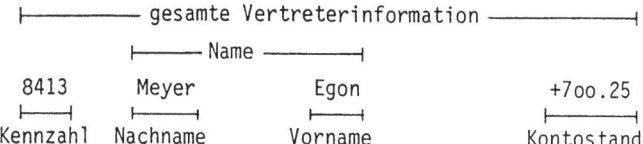

```
        |————————— gesamte Vertreterinformation —————————|
              |——————— Name ———————|
    8413         Meyer          Egon              +7oo.25
    |——————|   |——————————|   |——————|        |———————————|
    Kennzahl   Nachname       Vorname          Kontostand
```

Der Datenträger Lochkarte

Zur Bearbeitung (z.B. um eine Liste aller Vertreternamen zu erstellen) müssen die

---

[*] Wir gehen davon aus, daß das Konto eines Vertreters, über welches die Provisionen
verrechnet werden, auch überzogen werden darf, so daß auch negative Kontostände
möglich sind.

[**] Gebrochene Dezimalzahlen schreiben wir gemäß der angelsächsischen Schreibweise
mit einem Dezimalpunkt anstatt mit einem Dezimalkomma.

erhobenen Daten auf einen maschinell‘lesbaren Datenträger übertragen werden. Erst
dann kann man sie über ein entsprechendes Eingabe-Gerät in eine Datenverarbeitungsanlage (DVA) eingeben. Als Datenträger wählen wir die Lochkarte. Das zugehörige
Eingabe-Gerät ist dann der Lochkartenleser.

Eine Lochkarte besteht aus 8o Spalten und 12 Zeilen mit folgenden Spalten- und
Zeilen-Bezeichnungen:

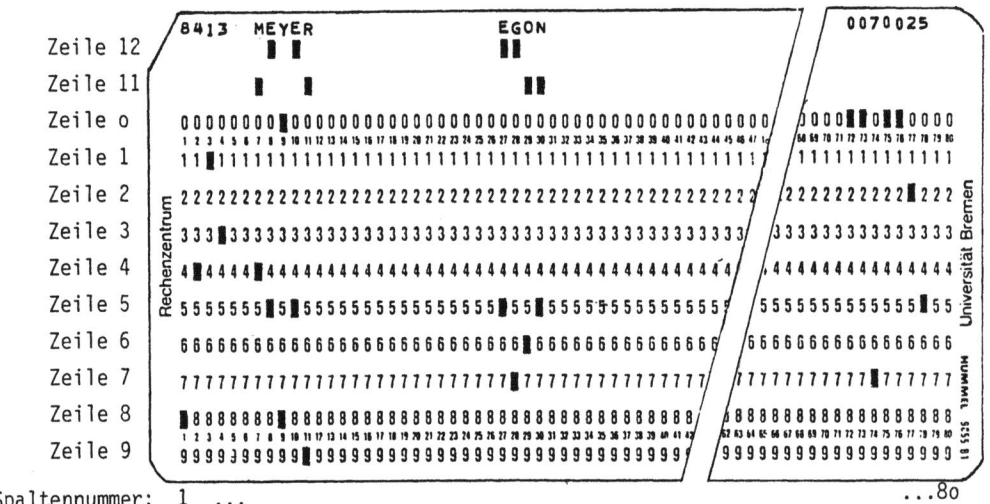

Spaltennummer: 1 80

Zur Übertragung (Kodierung) der erhobenen Daten auf den Datenträger Lochkarte benutzt man einen Kartenlocher, auf dessen Schreibtastatur die entsprechenden Tasten
(wie auf der Schreibmaschine) angeschlagen werden müssen. Bei dieser Kodierung wird
jedes Zeichen automatisch auf eine spezielle Lochkombination in jeweils einer Loch-
kartenspalte abgebildet.

Die jeweilige Zuordnung eines Zeichens zur entsprechenden Lochkombination wird durch
einen standardisierten Lochkarten-Kode festgelegt (den der Programmierer nicht zu
kennen braucht).

Für den EBCDI-Kode, der bei den meisten Kartenlochern verwendet wird, gilt z.B.:

    Ziffer 1   ⟶ Lochung in Zeile 1 einer Spalte

    Buchstabe A   ⟶ Lochungen in den Zeilen 12 und 1 einer Spalte

    Leerzeichen ␣ ⟶ keine Lochung

Bei der Benutzung eines Schreiblochers (die meisten Kartenlocher sind Schreiblocher)
wird beim Stanzen gleichzeitig der obere Kartenrand mit dem kodierten Zeichen be-
schriftet. Kodieren wir die Daten des Vertreters Egon Meyer (die Kennzahl ab Spalte
1, den Nachnamen ab Spalte 7, den Vornamen ab Spalte 27 und den Kontostand +7oo.25
ab Spalte 72), so erhalten wir die in der obigen Abbildung angegebenen Lochungen.[*)]

---

*) Die Vertreternamen lochen wir in Großbuchstaben ab, da bei einem Kartenlocher kei-
ne Lochtasten für Kleinbuchstaben vorhanden sind (allerdings lassen sich Kleinbuchstaben durch besondere Vorkehrungen ablochen). Auf S. 11 werden wir diskutieren, weshalb wir den Kontostand ┑urch die Ziffernfolge oo7oo25 kodieren.

Begriff des Blocks

Mit der Lochkarte haben wir ein Beispiel für einen sog. Block kennengelernt.
Allgemein versteht man unter einem Block (block, physical record) eine Zusammenfassung einer bestimmten Anzahl von Zeichen, welche in einem Verarbeitungsschritt vom
Eingabe-Gerät in den Hauptspeicher bzw. vom Hauptspeicher zum Ausgabe-Gerät transportiert werden.

Da eine Lochkarte aus 8o Spalten besteht, werden bei einem Lesevorgang genau 8o
Zeichen in Form eines Blocks in die DVA übertragen.

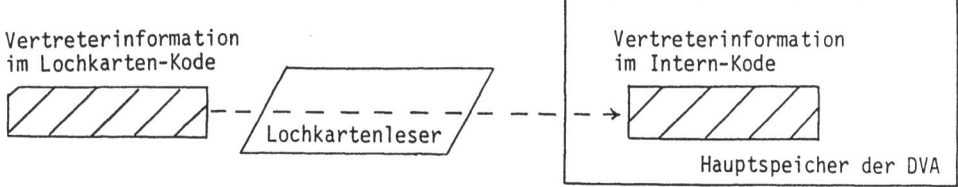

Durch den Eingabeprozeß wird die im Lochkarten-Kode dargestellte Information in den
Intern-Kode der DVA umgewandelt.[*) Dieser Kode wird in der Regel zur Abspeicherung
von Zeichen auf den Datenträgern Hauptspeicher, Magnetplattenspeicher und Magnet-
bandspeicher benutzt.

Bei der Eingabe eines Records in die DVA wechselt der Datenträger (Lochkarte ⟶
Hauptspeicher) und damit die jeweilige Kodierung der übertragenen Zeichen. Die
einem Record zugrundeliegende logische Struktur ist jedoch unabhängig vom jeweiligen
Datenträger.

2.2 Vereinbarung von Datenfeldern (PICTURE-Klausel)

Datenfelder und Bezeichner

Um den Record der Vertreterdaten auf einer Lochkarte interpretieren zu können, muß
eine entsprechende Strukturierung bekannt sein. Wir legen daher folgendes fest:

Spaltenbereich:	Information:
1 - 8o	gesamte Vertreterinformation
1 - 4	Kennzahl
7 - 46	Name
7 - 26	Nachname
27 - 46	Vorname
72 - 78	Kontostand

Zur Benennung der einzelnen Spaltenbereiche führen wir die Begriffe Datenfeld und
Bezeichner ein.

Ein Datenfeld (data item, variable) ist die Zusammenfassung eines oder mehrerer aufeinanderfolgender Zeichen zu einer Informationseinheit.

*) Beispiele von Intern-Kodes sind der EBCDI-, der ASCII-, der ZC1- und der BCD-
   Kode. In A.3 ist der Intern-Kode EBCDI angegeben.

Zur Bezeichnung eines Datenfelds wählen wir einen Namen, welcher die Art der im
Datenfeld abgespeicherten Information möglichst aussagekräftig beschreiben sollte.
Diesen Namen nennt man <u>Bezeichner</u> (Datenfeldname, Datenname, identifier, data name).
Im COBOL-Programm steht er stellvertretend für das zugehörige Datenfeld, d.h. er
<u>adressiert</u> das Datenfeld.
Bevor wir festlegen, aus welchen Zeichen ein Bezeichner bestehen darf, wollen wir
zunächst den Aufbau und die Einteilung von COBOL-Wörtern kennenlernen.

<u>Die Begriffe COBOL-Wort, Programmierer-Wort und reserviertes COBOL-Wort</u>
Unter einem <u>COBOL-Wort</u> (word) versteht man eine Zeichenfolge, welche die Großbuchstaben (letter) A,B,...,Z, die Ziffern (figure) o,1,...,9 und das Sonderzeichen
Bindestrich "-" (dash) enthalten kann. Diese Zeichenfolge darf aus höchstens 3o Zeichen bestehen, wobei das erste und letzte Zeichen kein Bindestrich sein darf.

Die COBOL-Wörter werden in die reservierten Wörter und in die Programmierer-Wörter
unterschieden.
Alle <u>reservierten Wörter</u> (reserved word) sind in einer Liste in A.1 zusammengestellt.
Jedes nicht in dieser Liste aufgeführte COBOL-Wort darf als <u>Programmierer-Wort</u> (user
defined word) zur Bezeichnung eines vom Programmierer festzulegenden Objekts verwendet werden.
Als Bezeichner sind alle diejenigen Programmierer-Wörter zugelassen, welche
<u>mindestens</u> einen Buchstaben enthalten.

Für den Record der Vertreterdaten wählen wir den Bezeichner (record-name)
VERTRETER-INFORMATION (wir sprechen dann vom Record VERTRETER-INFORMATION).
Die in diesem Record enthaltenen Datenfelder adressieren wir durch die
Bezeichner KENNZAHL, NAME, NACHNAME, VORNAME und KONTOSTAND.

<u>Datenelemente und Datengruppen</u>

Die Struktur unseres Records VERTRETER-INFORMATION beschreiben wir graphisch durch
das Schema:

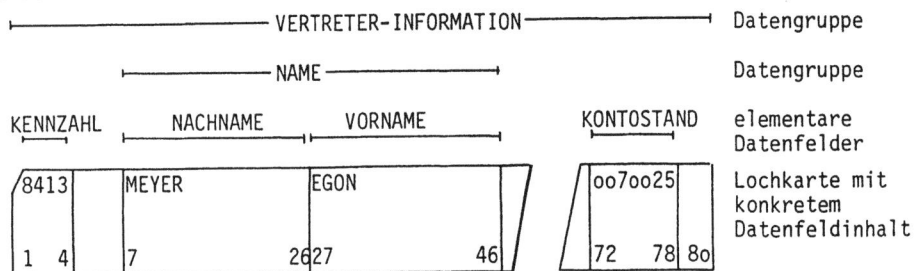

Nicht weiter unterteilte Datenfelder wie z.B. KENNZAHL, NACHNAME, VORNAME und
KONTOSTAND bezeichnet man als <u>elementare Datenfelder</u> (Datenelemente, elementary item).
Die den elementaren Feldern übergeordneten Datenfelder wie z.B. VERTRETER-INFORMATION
und NAME heißen <u>Datengruppen</u> (nicht-elementare Datenfelder, Struktur, group item).

Diese hierarchischen Beziehungen in unserem Record VERTRETER-INFORMATION gibt das
folgende Diagramm wieder:

VERTRETER-INFORMATION					
KENNZAHL	NAME			KONTOSTAND	
	NACHNAME	VORNAME			
1 4	7 26	27 46		72 78	8o

Attribute von Datenfeldern

Bei der Verarbeitung der oben angegebenen konkreten Feldinhalte sollen der Inhalt
des Felds KENNZAHL als ganze Zahl 8413, die Inhalte von NACHNAME und VORNAME als
Texte "MEYER" bzw. "EGON" und der Inhalt von KONTOSTAND als positive Dezimalzahl
+7oo.25 aufgefaßt werden.

Um die Inhalte der einzelnen elementaren Datenfelder jeweils richtig interpretieren
zu können, müssen wir diesen Datenfeldern sog. Attribute zuordnen. Wir unterscheiden
dabei das Längen- und das Kategorie-Attribut.

Während das Längen-Attribut die Zeichenzahl eines Datenfelds festlegt, gibt das
Kategorie-Attribut (Klassen-Attribut, category) an, ob der Feldinhalt als Zahl oder
als Text zu deuten ist.

Ein Datenelement hat die Kategorie numerisch (numeric), falls sein Inhalt als Zahl
interpretiert werden soll. Ist der Inhalt dagegen als Text zu deuten, so hat das
Feld die Kategorie alphanumerisch (alphanumeric).

Datenfeld-Beschreibung und PICTURE-Klausel

Jedem elementaren Datenfeld werden seine Attribute durch die Verwendung der
PICTURE-Klausel [*] in der Form:

PICTURE picture-maske

in der folgenden Weise zugeordnet: [**]

bezeichner PICTURE picture-maske

Diese Vereinbarung nennen wir die Datenfeld-Beschreibung (data description entry)
des elementaren Datenfeldes bezeichner.

Die PICTURE-Klausel setzt sich aus dem reservierten COBOL-Wort PICTURE (welches
durch PIC abgekürzt werden kann) und einer Picture-Maske (Picture-Formatstring,
picture character-string) zusammen. In dieser Maske dürfen maximal 3o Maskenzeichen
(character) hintereinander angegeben werden.

Die Attribute unserer elementaren Felder KENNZAHL, NACHNAME, VORNAME und KONTOSTAND
legen wir durch die folgenden Picture-Masken fest:

---

[*] Unter einer Klausel (clause) wird in COBOL eine Zusammenfassung von speziellen
COBOL-Sprachelementen (phrase) verstanden.

[**] Alle "Platzhalter" für Programmierer-Wörter und vom Programmierer festzulegende
Programmelemente schreiben wir mit Kleinbuchstaben.

Maske von KENNZAHL	Maske von NACHNAME	Maske von VORNAME		Maske von KONTOSTAND
9999V	XXXXXXXXXXXXXXXXXXXXXXXXXXXXXXXXXXXXXXXX			S99999V99
↓↓↓↓	↓↓↓↓↓	↓↓↓↓		↓↓↓↓↓ ↓↓
8413	MEYER	EGON		oo7oo25
1 4	7 26	27 46		72 78 8o

Dies dokumentieren wir durch:

KENNZAHL	PICTURE 9999V
NACHNAME	PICTURE XXXXXXXXXXXXXXXXXXXX
VORNAME	PICTURE XXXXXXXXXXXXXXXXXXXX
KONTOSTAND	PICTURE S99999V99

Das Maskenzeichen X

Mit dem Maskenzeichen X werden <u>alphanumerische Datenfelder</u> (alphanumeric item)
vereinbart.

Die Felder NACHNAME und VORNAME haben wir durch die PICTURE-Klausel:

PICTURE XXXXXXXXXXXXXXXXXXXX
├────── 2o mal ───────┤

beschrieben. Dies besagt, daß in dem zugehörigen Datenfeld Buchstaben und Ziffern
(daher auch die Bezeichnung "alphanumerisches Datenfeld") sowie beliebige Zeichen
als Inhalt des Datenfelds angegeben werden dürfen.
Die PICTURE-Klauseln der Felder NACHNAME und VORNAME legen daher fest, daß beide
Datenfelder aus jeweils 2o Zeichen bestehen und ihre Inhalte als Texte interpretiert
werden.

Der Wiederholungsfaktor

Nun ist es mühsam, alle Maskenzeichen X explizit anzugeben. Man kann deshalb eine
zusätzliche Kurzform für die Picture-Maske benutzen:

PICTURE X(2o)   anstelle von: PICTURE XXXXXXXXXXXXXXXXXXXX
                                  ├────── 2o mal ───────┤

Generell kann jede Folge gleicher Maskenzeichen durch einen <u>Wiederholungsfaktor</u>
abgekürzt werden. Diese von einer öffnenden "(" und schließenden Klammer ")" be-
grenzte Zahl gibt an, wie oft das unmittelbar vor der öffnenden Klammer stehende
Maskenzeichen zu wiederholen ist.
Der Einsatz von Wiederholungsfaktoren ist zu empfehlen, weil dadurch die Lesbarkeit
von Picture-Masken verbessert wird. Enthält ein Datenfeld mehr als 3o Zeichen, so
ist diese abkürzende Darstellung sogar unumgänglich, da nur <u>bis zu 3o</u> aufeinanderfolgende Zeichen für die Festlegung einer Picture-Maske vorgesehen sind.

Die Maskenzeichen S, 9 und V

Die Maskenzeichen S, 9 und V beschreiben ein numerisches Datenfeld (numeric item).
Z.B. bedeutet:

    PICTURE 9999V

daß es sich um ein numerisches Feld handelt, welches vier Ziffern enthält.

Durch das Maskenzeichen 9 wird also jeweils eine Ziffernstelle beschrieben. Benutzen
wir den Wiederholungsfaktor, so schreiben wir:

    PICTURE 9(4)V anstelle von: PICTURE 9999V

In COBOL wird grundsätzlich bei numerischen Datenfeldern kein Dezimalpunkt (oder
Dezimalkomma) abgelocht oder abgespeichert, sondern immer nur die eigentliche Ziffernfolge. Der Dezimalpunkt wird bei der Datenfeld-Beschreibung durch die Maskenan-
gabe "eingeblendet". Hierzu dient das Maskenzeichen V (von "virtueller" Dezimalpunkt) an entsprechender Stelle der Datenfeld-Beschreibung. So bedeuten z.B.

    PICTURE 99999V99

oder in Kurzform

    PICTURE 9(5)V99   bzw.   PICTURE 9(5)V9(2)

daß es sich um ein Datenfeld mit insgesamt sieben Ziffern handelt. Der Dezimalpunkt
soll zwischen der drittletzten und der zweitletzten Ziffer eingeblendet werden.
War für ein mit dieser Picture-Maske vereinbartes Feld z.B. die Ziffernfolge

    o o 7 o o 2 5

angegeben worden, so wird als Wert des Datenfelds 7oo.25 interpretiert. Entscheidend
ist, daß alle Plätze des Felds mit Ziffern belegt sind. So muß man auch führende
Nullen angeben.

Bei Feldern mit ganzzahligem Inhalt (integer) kann auf die Angabe des Maskenzeichens
V für den Dezimalpunkt am Ende der Picture-Maske verzichtet werden. So können wir
für die Datenfeld-Beschreibung

    KENNZAHL PICTURE 9999V
auch kurz
    KENNZAHL PICTURE 9(4)

schreiben.

Das Maskenzeichen S (S von signum) gibt an, daß es sich um Zahlen mit einem Vorzeichen (operational sign) handelt, die im Datenfeld angegeben werden sollen.
Es ist geschichtlich begründet, daß man für das Vorzeichen keinen Platz (auf der
Lochkarte oder im Hauptspeicher) verschenken wollte. So wird das Vorzeichen durch
eine sog. Überlochung zu der letzten Ziffer des Datenfelds hinzugefügt (vgl. A.4).

Durch die Datenfeld-Beschreibung

KONTOSTAND PICTURE S9(5)V99

wird also das sieben Zeichen lange numerische Datenfeld KONTOSTAND festgelegt, dessen
Inhalt als Dezimalzahl mit Vorzeichen und zwei Dezimalstellen hinter dem Dezimalpunkt
zu interpretieren ist.

Darstellung von Speicherinhalten

Genauso wie beim Datenträger Lochkarte wird auch im Hauptspeicher einer DVA der für
ein Datenfeld erforderliche Speicherbereich durch die Häufigkeit der Maskenzeichen
9 und X bestimmt, welche in der das Feld charakterisierenden Picture-Maske eingetragen sind.
Die Maßeinheit für die Größe des Speicherbereichs ist das <u>Byte</u>. Jedes Byte kann
genau ein Zeichen aufnehmen.[*]
Bei der graphischen Beschreibung der Datenfeldinhalte im Hauptspeicher stellen wir
den Speicherbereich eines Datenfelds durch ein rechteckiges Kästchen dar.

Für die Daten des Vertreters mit der Kennzahl 8413 ergibt sich daher:

KENNZAHL | 8 4 1 3 |

NACHNAME | M E Y E R ␣ ␣ ␣ ␣ ␣ ␣ ␣ ␣ ␣ ␣ ␣ ␣ ␣ ␣ ␣ |

VORNAME | E G O N ␣ ␣ ␣ ␣ ␣ ␣ ␣ ␣ ␣ ␣ ␣ ␣ ␣ ␣ ␣ ␣ |

KONTOSTAND | o o 7 o o 2 5̟⁺ |

Wie es die Picture-Masken 9(4), X(2o), X(2o) und S9(5)V99 vorschreiben, sind für die
entsprechenden elementaren Datenfelder jeweils 4, 2o, 2o und 7 Bytes belegt.

Wir entnehmen der graphischen Darstellung ferner:
- bei numerischen Datenfeldern mit nicht ganzzahligem Inhalt zeigen wir die Stellung
  des Dezimalpunkts durch ein stilisiertes umgekehrtes V an, und
- bei mit Vorzeichen vereinbarten numerischen Datenfeldern schreiben wir das Vorzeichen immer über die letzte Ziffer.

Bei der Interpretation der folgenden Speicherinhalte des Felds KONTOSTAND, welches
mit der Picture-Maske S9(5)V99 deklariert ist, ermitteln wir daher die jeweils
unten angegebenen Werte:

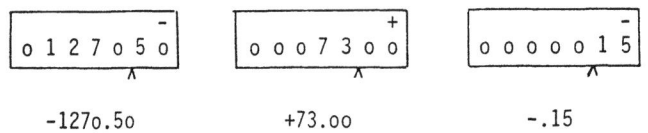

    -127o.5o   +73.oo   -.15

---

[*] Bei den meisten DVAn besteht ein Byte aus jeweils acht Bits. Bei einigen DVAn wird
    ein Zeichen auch mit sechs Bits kodiert. In einem Bit (binary digit) wird immer
    eine der Binärziffern o oder 1 abgespeichert.

2.3 Vereinbarung von Datensätzen

Im vorigen Abschnitt haben wir die Struktur des Records VERTRETER-INFORMATION
graphisch dargestellt. Wir wollen nun lernen, wie wir die relative Lage der Datenfelder zueinander und damit die hierarchische Struktur formal beschreiben können.
Für unseren Record VERTRETER-INFORMATION erhalten wir die folgende Darstellung:

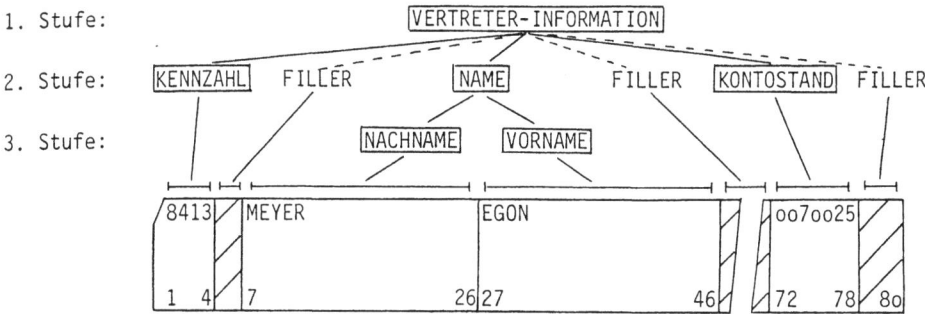

Das COBOL-Wort FILLER

Durch die Vereinbarung der Picture-Masken haben wir für die Felder KENNZAHL,
NACHNAME, VORNAME und KONTOSTAND zwar die Längen und die Kategorien der Datenfelder
festgelegt, jedoch haben wir noch nicht angegeben, wie die einzelnen Felder zueinander auf der Lochkarte liegen.

Zur Charakterisierung der Zwischenräume dient das reservierte COBOL-Wort FILLER,
wobei man noch anzugeben hat, wieviele Zwischenräume (oder Zeichen, die "überlesen"
werden sollen) vorhanden sind.

Die Länge jedes derartigen Bereichs legen wir mit dem Maskenzeichen X fest.

So beschreiben wir bei unserem Beispiel den Bereich der Spalten 5 und 6 bzw. 79 und
8o jeweils durch

    FILLER PICTURE XX

und den Spaltenbereich von Spalte 47 bis 71 durch

    FILLER PICTURE X(25)

Hierarchische Struktur

Um die hierarchische Struktur eines Records beschreiben zu können, gehen wir folgendermaßen vor:

Beginnend mit dem Namen des Records führen wir alle Bezeichner und alle COBOL-Wörter
FILLER, welche zur Charakterisierung der nicht benötigten Spaltenbereiche erforder-
lich sind, untereinander auf. Jeder Datengruppe folgen dabei die ihr untergeordneten
Datenfelder. Die Reihenfolge der Bezeichner (und der COBOL-Wörter FILLER) muß mit der
Anordnung der Datenfelder (und der Zwischenräume) in der Datengruppe übereinstimmen.
Jedem Bezeichner eines elementaren Datenfelds folgt die zugehörige PICTURE-Klausel.

Für den Record VERTRETER-INFORMATION erhalten wir damit die folgende Form:

```
VERTRETER-INFORMATION
KENNZAHL     PICTURE 9(4)
FILLER       PICTURE XX
NAME
NACHNAME     PICTURE X(2o)
VORNAME      PICTURE X(2o)
FILLER       PICTURE X(25)
KONTOSTAND   PICTURE S9(5)V99
FILLER       PICTURE XX
```

Aus dieser Darstellung ist die hierarchische Struktur noch nicht ersichtlich, da z.B. unklar ist, welche Datenelemente zu der Datengruppe NAME gehören.

Stufennummern

Dieses Problem wird in COBOL dadurch gelöst, daß jeder Hierarchie-Ebene eine sog. Stufennummer (level number) zugeordnet wird. Diese Nummer ist eine zweiziffrige ganze Zahl zwischen o1 und 49,[*] welche dem jeweiligen Bezeichner bzw. dem COBOL-Wort FILLER vorangestellt wird.

Den Bezeichner eines Records muß man immer durch die Stufennummer o1 kennzeichnen. Ferner gelten die Regeln:

- alle Elemente des Records, d.h. die Datenfelder, welche dem Record untergeordnet sind, erhalten eine von o1 verschiedene Stufennummer,

- Datenfelder derselben Strukturtiefe haben stets dieselbe Stufennummer,

- ein untergeordnetes Element hat immer eine höhere Nummer als das ihm übergeordnete und

- alle mit einer Stufennummer eingeleiteten Vereinbarungen müssen unmittelbar mit einem Punkt abgeschlossen werden.[**]

Datensatz-Beschreibung

Mit den Stufennummern können wir die Struktur des Records VERTRETER-INFORMATION nun endgültig so beschreiben:

```
o1 VERTRETER-INFORMATION.
   o2 KENNZAHL    PICTURE 9(4).
   o2 FILLER      PICTURE XX.
   o2 NAME.
      o3 NACHNAME  PICTURE X(2o).
      o3 VORNAME   PICTURE X(2o).
   o2 FILLER      PICTURE X(25).
   o2 KONTOSTAND  PICTURE S9(5)V99.
   o2 FILLER      PICTURE XX.
```

Diese Darstellung heißt die Datensatz-Beschreibung (record description) des Records VERTRETER-INFORMATION.

---

[*] Neben diesen Stufennummern gibt es noch die speziellen Stufennummern:
66 (zur Einleitung einer RENAMES-Klausel, s. 13.6),
77 (zur Vereinbarung von Datenelementen im Arbeitsspeicherbereich, s. 3.3) und
88 (zur Deklaration von Bedingungsnamen, s. 3.4).

[**] Von nun an beziehen wir in den Begriff der Datenfeld-Beschreibung stets die einleitende Stufennummer und den abschließenden Punkt mit ein. Ferner bezeichnen wir auch die Vereinbarung einer Datengruppe als Datenfeld-Beschreibung.

Aufgabe 1

Welche der folgenden Zeichenketten sind zulässige COBOL-Wörter und welche
Wörter können als Bezeichner für Datenfelder benutzt werden?
a) ABGABE   b) KM/H   c) HAUS⊔7   d) HAUS-7   e) HAUS7
f) 1-BIS-7   g) 1-7   h) 17   i) ÜBERGANG j) 18-WEG
k) DAME-   l) P7Q3

Aufgabe 2

Um eine automatische Lagerverwaltung zu konzipieren, soll im Rahmen einer
Inventur der aktuelle Lagerbestand eines Unternehmens aufgenommen werden.
Für die Inventarisierung eines Artikels wird der Record ARTIKEL-SATZ durch
die folgenden Lochspaltenbereiche festgelegt:

Spaltenbereich:	Bezeichner:	Information:
1 - 80	ARTIKEL-SATZ	gesamte Artikel-Information
1 - 28	ARTIKEL-BEZEICHNUNG	Kenngrößen des Artikels
1 - 8	ARTIKEL-NUMMER	Kennummer des Artikels
1 - 6	LFD-NUMMER	laufende Artikelnummer (ganze Zahl)
7 - 8	HERSTELLER	Kennummer des Herstellers (ganze Zahl)
9 - 28	ARTIKEL-NAME	Text aus 20 Zeichen
31 - 34	LAGER-INFORMATION	Kenngröße für den Lagerort des Artikels
31 - 31	LAGER-NUMMER	Nummer des Lagers (ganze Zahl)
32 - 34	REGAL-NUMMER	Nummer des Lagerregals (ganze Zahl)
35 - 47	WERT-INFORMATION	Informationen über den Wert des Artikelbestands
35 - 42	STUECK-PREIS	Zahl mit 2 Dezimalstellen hinter dem Dezimalpunkt
43 - 47	MENGE	ganze Zahl
48 - 53	ERFASSUNGS-DATUM	Datum der Inventaraufnahme des Artikels
48 - 49	TAG	ganze Zahl
5o - 51	MONAT	ganze Zahl
52 - 53	JAHR	ganze Zahl

- Wie kann man diese Record-Struktur graphisch darstellen?
- Welche Felder sind Datengruppen?
- Welche elementaren Datenfelder sind von alphanumerischer Kategorie?
- Wie lautet die Datensatz-Beschreibung für den Record ARTIKEL-SATZ?
- Wie ist der Inhalt des folgenden Lochspaltenbereichs zu interpretieren:

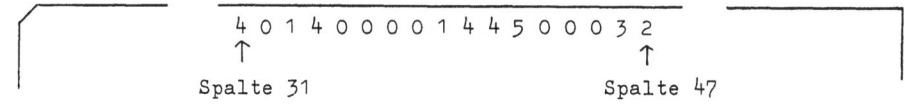

```
           4 0 1 4 0 0 0 0 1 4 4 5 0 0 0 3 2
           ↑                           ↑
        Spalte 31                   Spalte 47
```

3. Programmaufbau und Programmablauf

Im Abschnitt 3.1 lernen wir mit dem Datei-Begriff einen der zentralen Begriffe der Datenverarbeitung kennen. Wir stellen dar, wie man die Struktur einer Datei in einem COBOL-Programm vereinbaren muß, und wir formulieren die notwendigen Datei-Beschreibungen für die Eingabe- und Ausgabe-Dateien der von uns gestellten Aufgabe LISTE-DER-VERTRETER-NAMEN. Für diese Aufgabe entwickeln wir in 3.2 den Lösungsalgorithmus und geben ihn in einer ersten Form als verbale Lösungsbeschreibung an. Diese Darstellung präzisieren wir anschließend durch die Struktogramm-Darstellung. Dabei erklären wir den allgemeinen Aufbau eines Struktogramms und erläutern die Ablaufsteuerung an unserem Lösungsalgorithmus. Anschließend erklären wir die Umsetzung des Struktogramms in das COBOL-Programm LISTE-DER-VERTRETER-NAMEN.
Wir werden dabei die grundsätzliche Einteilung eines COBOL-Programms in die Programmteile IDENTIFICATION DIVISION, ENVIRONMENT DIVISION, DATA DIVISION und PROCEDURE DIVISION demonstrieren. Daran schließen wir die Diskussion des Paragraphen-Begriffs an und stellen den Aufbau der PROCEDURE DIVISION dar.
Im Abschnitt 3.3 lernen wir dann die Funktion der beschreibenden Programmteile kennen. Für die DATA DIVISION stellen wir die Möglichkeit der Strukturierung in die FILE SECTION und in die WORKING-STORAGE SECTION dar. Wir erläutern eine Modifizierung des Programms LISTE-DER-VERTRETER-NAMEN und befassen uns in 3.4 mit der Funktion und der Wirksamkeit des Sprachelements "Bedingungsname".
Im Abschnitt 3.5 erklären wir dann, wie ein COBOL-Programm für die Übergabe an den Kompilierer strukturiert und kodiert werden muß. Zum Abschluß dieses Kapitels stellen wir dar, wie wir ein Programm in einen sog. Job integrieren und in welcher Form der Job zur Lösung unserer Aufgabe in einer DVA abläuft.

3.1 Datei-Beschreibung

Der Datei-Begriff

Nach der Erfassung und Kodierung der Vertreterdaten liegt der folgende Lochkartenstapel vor:

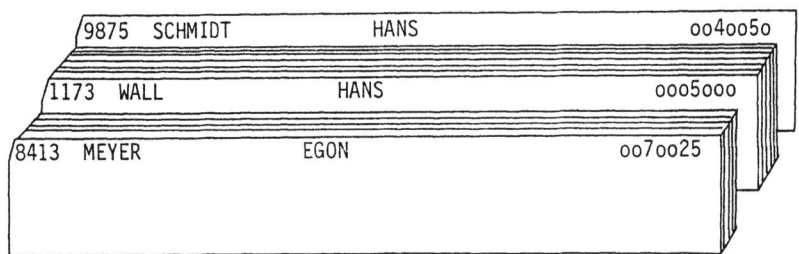

Jeder Datensatz hat den durch die Struktur VERTRETER-INFORMATION beschriebenen Aufbau.

Allgemein heißt eine Zusammenfassung von Datensätzen eine Datei (file), wenn die
Sätze nach gleichen Kriterien strukturiert sind. Je nachdem, ob die Datensätze auf
den Datenträgern Lochkarte, Magnetband, Magnetplatte oder Druckerpapier kodiert sind,
sprechen wir von Lochkarten-, Magnetband-, Platten- oder Druck-Dateien. Jede Datei
muß im Programm durch ein Programmierer-Wort vereinbart sein, welches stets problem-
bezogen gewählt werden sollte.
Für unsere Lochkarten-Datei vereinbaren wir den Dateinamen (file-name)
VERTRETER-DATEI. Für diese Datei ist eine Blocklänge von 8o Zeichen festgelegt
(vgl. S. 7).
Da die Zeilenbreite der meisten Drucker 132 Druckpositionen beträgt, wollen wir für
die Zeilen als Blöcke einer Druck-Datei stets eine Satzlänge von 132 Zeichen annehm-
men. Während die Blöcke einer Lochkarten- und einer Druck-Datei jeweils aus 8o bzw.
132 Zeichen bestehen, können die Blocklängen auf den magnetischen Speichermedien für
Platten- und Magnetband-Dateien - in gewissen Grenzen - Problem-abhängig gewählt werden. Bei diesen Dateien muß man die Datei-Struktur daher in sog. Datei-Kennsätzen
(label) angeben, welche zusätzlich auf dem jeweiligen Speichermedium abgelegt werden.

Datei-Beschreibung

Im COBOL-Programm wird jede Datei durch eine Datei-Beschreibung (file description
entry) vereinbart. Diese enthält den Dateinamen, eine Angabe über die Kennsätze, den
Bezeichner des Records und die zugehörige Datensatz-Beschreibung.

Eine Datei-Beschreibung wird immer durch das reservierte COBOL-Wort FD (als Abkürzung
für file description) eingeleitet. Anschließend wird der Dateiname kodiert.

Die Art der jeweiligen Kennsätze wird durch die LABEL-Klausel festgelegt. Dabei müssen
Lochkarten- und Druck-Dateien stets durch:

```
FD   dateiname
     LABEL RECORD OMITTED
```

und Platten- bzw. Magnetband-Dateien durch

```
FD   dateiname
     LABEL RECORD STANDARD
```

gekennzeichnet werden.[*]
Hinter der LABEL-Klausel wird die DATA-Klausel angegeben.[**] In dieser Klausel wird der
Datensatzname des Records festgelegt, welcher die Struktur der Datensätze beschreibt.
Im Anschluß an die DATA-Klausel, welche mit einem Punkt (am Ende des Datensatznamens)
abgeschlossen werden muß, wird die zu dem Datensatznamen gehörende Datensatz-Beschrei-
bung kodiert.

---

[*] Mit "OMITTED" wird spezifiziert, daß die Datei keine Kennsätze besitzt. Mit der
    Angabe von "STANDARD" wird festgelegt, daß Kennsätze vorhanden sind, welche nach
    einem bestimmten (evtl. auch Hersteller-abhängigen) Standard aufgebaut sind.

[**] Man kann die DATA-Klausel auch weglassen. In diesem Fall muß die LABEL-Klausel mit
     einem Punkt abgeschlossen werden.

Jede Datei-Beschreibung muß daher stets nach folgendem Schema vorgenommen werden:

```
FD  dateiname
    LABEL RECORD OMITTED  [oder: LABEL RECORD STANDARD]
    DATA RECORD datensatzname.
o1  datensatzname
                      Datensatz-Beschreibung des Records datensatzname
```

Falls wir <u>alle</u> in den Vertreterdatensätzen kodierten Informationen (vgl. S. 7) verarbeiten wollen, müssen wir die Datei-Beschreibung der Datei VERTRETER-DATEI folgendermaßen festlegen:

```
FD  VERTRETER-DATEI
    LABEL RECORD OMITTED
    DATA RECORD VERTRETER-INFORMATION.
o1  VERTRETER-INFORMATION.
    o2  KENNZAHL    PICTURE 9(4).
    o2  FILLER      PICTURE XX.
    o2  NAME.
        o3  NACHNAME  PICTURE X(2o).
        o3  VORNAME   PICTURE X(2o).
    o2  FILLER      PICTURE X(25).
    o2  KONTOSTAND  PICTURE S9(5)V99.
    o2  FILLER      PICTURE XX.
```

Die Aufgabe LISTE-DER-VERTRETER-NAMEN

Wir wollen nun die folgende einfache Aufgabe lösen:

Aus den Sätzen von VERTRETER-DATEI soll eine Druck-Datei erstellt werden. Die
Druckzeilen sollen ab Druckposition 16 die Nachnamen der Vertreter enthalten.

Im folgenden werden wir diese Aufgabe mit dem COBOL-Wort <u>LISTE-DER-VERTRETER-NAMEN</u>
bezeichnen.

Wir erstellen zunächst die Datei-Beschreibung der Druck-Datei. Dazu geben wir dieser
Datei den Namen LISTE und wählen für den zugehörigen Datensatz den Bezeichner
LISTE-INFORMATION. Da wir den gesamten Inhalt des Datenfelds NACHNAME (s. Datensatz-
Beschreibung von VERTRETER-INFORMATION) übernehmen wollen, müssen wir ab Druckposition
16 einen Zeilenbereich von 2o Zeichen zur Aufnahme dieser Information einplanen. Wir
bezeichnen dieses Datenfeld mit VERTRETER-NAME und erhalten damit als Datei-Beschreibung der Datei LISTE:

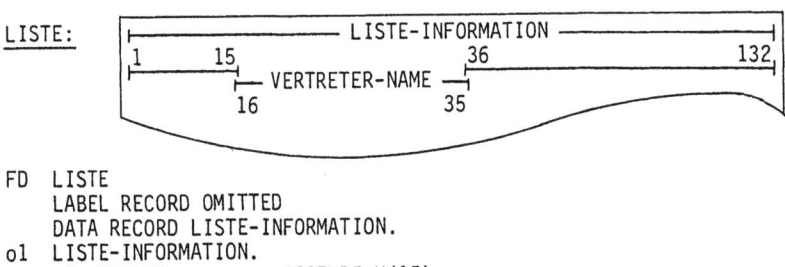

```
FD  LISTE
    LABEL RECORD OMITTED
    DATA RECORD LISTE-INFORMATION.
o1  LISTE-INFORMATION.
    o2  FILLER          PICTURE X(15).
    o2  VERTRETER-NAME  PICTURE X(2o).
    o2  FILLER          PICTURE X(97).
```

Bei der Verarbeitung werden die Zeilenbereiche von Position 1 bis 15 und von 36 bis 132 nicht benutzt. Sie brauchen daher auch durch keinen Bezeichner adressiert zu werden. Daher beschreiben wir diese Bereiche mit dem COBOL-Wort FILLER.[*)]

Zur Lösung der gestellten Aufgabe brauchen wir von den Eingabedaten (das sind die Vertreterinformationen auf den Lochkarten) nur den Nachnamen auszuwerten. Da die Bezeichner KENNZAHL, NAME, VORNAME und KONTOSTAND folglich von uns nicht zur Adressierung benötigt werden, reicht für unsere Aufgabenlösung daher die folgende Datei-Beschreibung für die Lochkarten-Datei VERTRETER-DATEI aus:

```
FD  VERTRETER-DATEI
    LABEL RECORD OMITTED
    DATA RECORD VERTRETER-INFORMATION.
o1  VERTRETER-INFORMATION.
    o2  FILLER    PICTURE X(6).
    o2  NACHNAME  PICTURE X(2o).
    o2  FILLER    PICTURE X(54).
```

Selbstverständlich könnten wir die ursprüngliche Datei-Beschreibung auch weiterhin verwenden. Jedoch sollten stets nur die Datenfelder deklariert werden, auf welche im Lösungsalgorithmus auch Bezug genommen wird.

3.2 Lösungsalgorithmus, Struktogramm und PROCEDURE DIVISION

Zur Lösung der gestellten Aufgabe LISTE-DER-VERTRETER-NAMEN muß der folgende Verarbeitungsprozeß ablaufen:

Über das Eingabe-Gerät Lochkartenleser müssen die Records von VERTRETER-DATEI in die DVA eingelesen, dort geeignet aufbereitet und über das Ausgabe-Gerät Drucker als Druckzeilen in die Datei LISTE ausgegeben werden.

Den in der Programmiersprache COBOL dargestellten Algorithmus, welcher diese Verarbeitung beschreibt, nennen wir das COBOL-Quellprogramm (Quelle, source program). Ein Quellprogramm kann jedoch nicht direkt in der DVA ausgeführt werden. Dazu muß es erst durch den COBOL-Kompilierer (compiler) und i.a. auch noch durch den Binder (linkage editor) in das COBOL-Objektprogramm (object program) umgewandelt werden. Das Objektprogramm besteht aus Maschineninstruktionen, welche vom Prozessor (central processor unit, kurz: CPU) der DVA unter der Kontrolle des Betriebssystems (operating system, monitor) abgearbeitet werden.[**)]

[*)] I. a. ist es nicht erforderlich, den unbenutzten Bereich am Zeilenende durch

    o2 FILLER PICTURE X(97).

zu vereinbaren. Wir wollen jedoch aus Konsistenzgründen zur Vorgehensweise bei der Strukturierung einer Lochkarte, bei der in jedem Fall die gesamten 8o Spalten beschrieben werden müssen, stets alle 132 Druckpositionen in die Strukturierung einbeziehen.

[**)] Das Betriebssystem ist selbst ein Programm, welches alle Vorgänge in der DVA steuert und die Bearbeitung aller in die Anlage eingegebenen Programme beaufsichtigt.

Lösungsalgorithmus für die Aufgabe LISTE-DER-VERTRETER-NAMEN

Den logischen Datenfluß für die Lösung unserer Aufgabe stellen wir nun durch folgendes Schema dar:

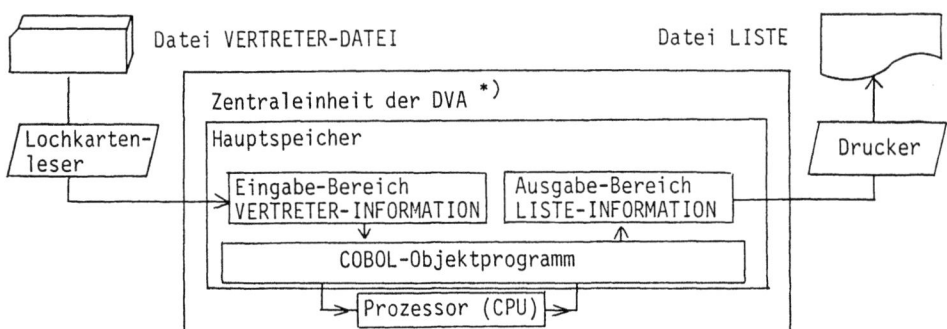

Zur Laufzeit des Objektprogramms wird vom Betriebssystem für jede Datei, welche vom Programm bearbeitet werden soll, ein Puffer-Bereich (buffer) als Eingabe- bzw. Ausgabe-Bereich im Hauptspeicher bereitgestellt. Bei der Datei-Verarbeitung nimmt der Eingabe-Bereich einen eingelesenen Datensatz auf, und in den Ausgabe-Bereich muß ein auszugebender (zu druckender) Datensatz eingetragen werden.

Jeder Puffer-Bereich wird durch den in der Datei-Beschreibung vereinbarten Datensatznamen adressiert, und seine Länge wird durch die in der Datensatz-Beschreibung angegebenen Picture-Masken bestimmt.

Für unsere Dateien VERTRETER-DATEI und LISTE werden während der Programmausführung der Eingabe-Bereich VERTRETER-INFORMATION und der Ausgabe-Bereich LISTE-INFORMATION bereitgestellt. Für VERTRETER-INFORMATION werden 8o Bytes (X(6),X(2o),X(54)) und für LISTE-INFORMATION 132 Bytes (X(15),X(2o),X(97)) reserviert.

Der Inhalt jeder über den Lochkartenleser eingelesenen Lochkarte wird durch eine besondere Anweisung (READ), welche wir später beschreiben werden, in den Eingabe-Bereich übertragen und kann über die in der Datensatz-Beschreibung von VERTRETER-INFORMATION vereinbarten Bezeichner abgerufen werden.

Nach der Übertragung des Inhalts der ersten Lochkarte in den Eingabe-Bereich mit dem von uns gewählten Namen VERTRETER-INFORMATION haben wir die folgende Situation vorliegen:

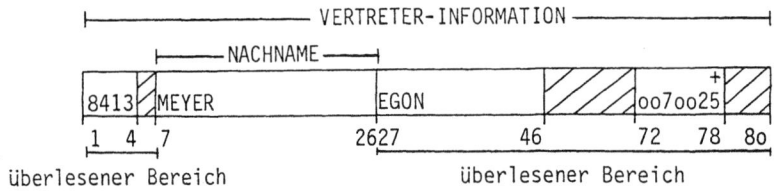

---

*) Die Zentraleinheit einer DVA besteht i.a. aus dem Hauptspeicher und einem Prozessor.

In der von uns für die Aufgabe gewählten Datensatz-Beschreibung sollen die Spalten
1 bis 6 und 27 bis 8o nicht berücksichtigt werden (deshalb haben wir das COBOL-Wort
FILLER in der Datensatz-Beschreibung benutzt). Trotzdem wird immer die gesamte Information von der Lochkarte in den Eingabe-Puffer übertragen. Nach dem Einlesen eines
Records in den Eingabe-Bereich VERTRETER-INFORMATION muß der Inhalt des Felds NACHNAME
in das im Ausgabe-Bereich enthaltene Datenfeld VERTRETER-NAME transportiert werden.
Dies geschieht durch eine besondere Anweisung (MOVE), welche wir später behandeln
werden.

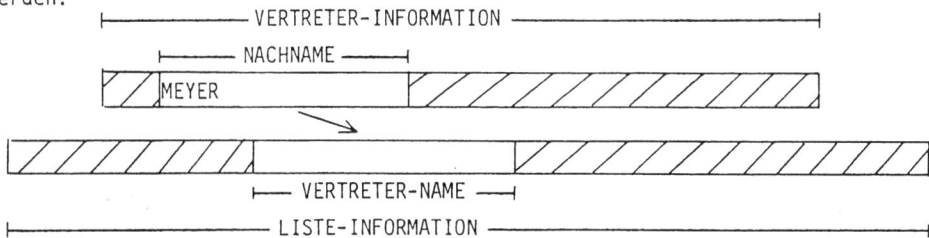

Bei der Ausgabe muß der Inhalt des Ausgabe-Puffers LISTE-INFORMATION als Record in die
Datei LISTE ausgegeben werden, d.h. die 132 Zeichen sind als ein Block auf den Drucker
als Druckzeile zu übertragen, wozu eine besondere Anweisung (WRITE) dient, welche später beschrieben wird.

Damit können wir als verbale Lösungsbeschreibung der Aufgabe LISTE-DER-VERTRETER-NAMEN
den folgenden Algorithmus angeben:
(1) Ein Record von VERTRETER-DATEI ist in den Eingabe-Bereich VERTRETER-INFORMATION
    einzulesen.
(2) Der Inhalt des Felds NACHNAME muß in das Feld VERTRETER-NAME transportiert werden.
(3) Der Datensatz LISTE-INFORMATION ist aus dem Ausgabe-Bereich in die Druck-Datei
    LISTE zu übertragen.
(4) Die Schritte (1), (2) und (3) sollen mit dem Lesen des ersten Satzes von
    VERTRETER-DATEI begonnen und solange in der angegebenen Reihenfolge wiederholt
    ausgeführt werden, bis der letzte Satz gelesen, d.h. das Dateiende (end of file)
    von VERTRETER-DATEI erreicht ist.

Ergänzend zu dieser Darstellung ist folgendes anzumerken:
- Bevor ein Record aus einer Datei gelesen oder in eine Datei geschrieben werden kann,
  muß man die Datei zur Verarbeitung eröffnen (OPEN).
- Zum Ende der Bearbeitung muß eine Datei abgeschlossen (CLOSE) werden.
- Da die Records von LISTE an den Zeilenpositionen 1 bis 15 und 36 bis 132 Leerzeichen
  enthalten sollen, werden wir vor jedem Transport von NACHNAME nach VERTRETER-NAME
  den gesamten Record LISTE-INFORMATION mit Leerzeichen füllen.[*)]

---

*) Die Notwendigkeit dieser Maßnahme ist zum jetzigen Zeitpunkt noch nicht einzu-
   sehen. Sie ist dadurch begründet, daß beim Programmablauf i.a. mehrere Ausgabe-
   Puffer parallel benutzt werden (s. 12.1).

Die Struktogramm-Darstellung

Die verbale Beschreibung der Aufgabenlösung hat den Vorteil, daß sie frei formuliert ist. In der Praxis stellt sich dies aber als Nachteil dar, weil man sich keinen schnellen Überblick über den Ablauf des Algorithmus verschaffen kann, um sich dann gezielt um Einzelheiten des Verfahrens zu bemühen.

Diesen Vorteil bietet eine graphische Darstellung des Algorithmus, die in dieser Form von Nassi und Shneiderman [*] angegeben wurde, das sog. Struktogramm.

Da diese Darstellungsform u.a. den Überblick über die Programmstruktur erleichtert, werden wir das Struktogramm als Hilfsmittel verwenden.

Unsere Aufgabenlösung beschreiben wir durch folgende Struktogramme:

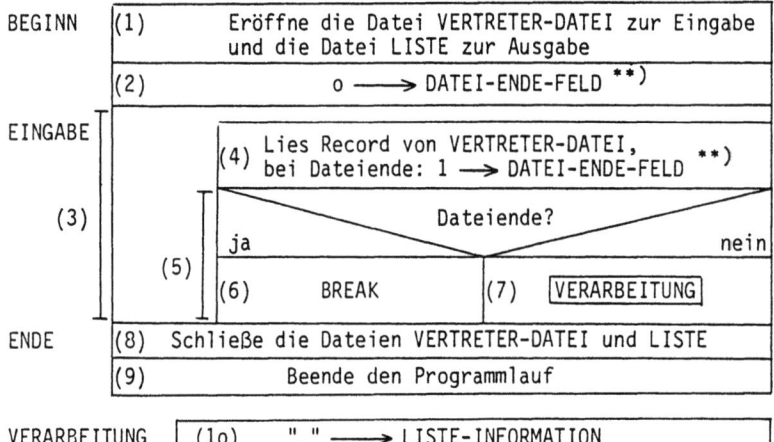

Das Struktogramm setzt sich aus den folgenden Elementarkomponenten zusammen:

Typ des Strukturblocks:	Block-Nummern im Programm:	graphisches Symbol:
einfacher Strukturblock	(1),(2),(4),(8),(9),(1o),(11),(12)	
Schleifen-Strukturblock	(3)	
Bedingungs-Strukturblock	(5)	
BREAK-Strukturblock	(6)	BREAK
Prozeduraufruf-Strukturblock	(7)	

[*] I. Nassi und B. Shneiderman "Flowchart Techniques for Structured Programming" (SIGPLAN Notices, Aug. 1973, S. 12-26)

[**] Das Datenfeld DATEI-ENDE-FELD, welches noch geeignet zu definieren sein wird, soll als Indikator für den Zustand der Eingabe-Datei VERTRETER-DATEI fungieren. Solange das Dateiende noch nicht erreicht ist, d.h. solange die Bedingung "Dateiende?" noch nicht erfüllt ist, soll dieses Feld den Wert o enthalten. Durch den Wert 1 soll angezeigt werden, daß alle Records von VERTRETER-DATEI eingelesen wurden. Die (sprechende) Bedingung "Dateiende?" ist also eine Kurzform der Bedingung "DATEI-ENDE-FELD enthält den Wert 1".

Jeder Block repräsentiert genau einen Verarbeitungsschritt. Er hat nur einen Eingang (oben) und nur einen Ausgang (unten). Bei der Ausführung des Algorithmus werden die Strukturblöcke von oben nach unten durchlaufen.

Alle im Algorithmus enthaltenen Elementaroperationen werden durch einfache Struktur-blöcke dargestellt. Z.B. gilt für die folgenden Blöcke:

 (2) : Einspeicherung der Zahl o in das numerische Feld DATEI-ENDE-FELD (angedeutet
       durch: o ———➤ ...),
(1o) : Löschung von LISTE-INFORMATION, d.h. Füllung des alphanumerischen Felds
       LISTE-INFORMATION mit Leerzeichen (angedeutet durch: "␣" ———➤ ...) und
(11) : Transport des Inhalts vom alphanumerischen Feld NACHNAME in das alphanumeri-
       sche Feld VERTRETER-NAME.

Durch den Bedingungs-Strukturblock (5) wird der Algorithmus in Abhängigkeit von der Bedingung "Dateiende?" entweder mit dem Ja-Zweig (6) oder mit dem Nein-Zweig (7) fort-gesetzt, je nachdem ob die Bedingung erfüllt ist oder nicht. Im Nein-Zweig wird der Prozeduraufruf-Strukturblock VERARBEITUNG (7) ausgeführt, indem die Prozedur VERARBEITUNG durchlaufen wird. Aus Gründen der Programmstrukturierung und der Über-sichtlichkeit steht dieser Block nämlich stellvertretend für den mit dem Namen VERARBEITUNG bezeichneten Block (1o) und die folgenden Blöcke (11) und (12). Die Aus-führung der Prozedur VERARBEITUNG beginnt also mit der Bearbeitung von Block (1o), wird mit der Bearbeitung von Block (11) fortgesetzt und endet mit der Ausführung von Block (12).

Der Schleifen-Strukturblock (3) setzt sich aus den (Teil-)Blöcken (4), (5), (6) und (7) zusammen. Bei der Ausführung von (3) werden jeweils bei (4) beginnend alle (Teil-) Blöcke von (3) solange wiederholt durchlaufen, bis bei Erfüllung der Bedingung "Dateiende?" der Bedingungsblock (5) im Ja-Zweig verlassen und mit der Ausführung von Block (6) fortgefahren wird.

Durch die Ausführung des BREAK-Strukturblocks wird der Schleifen-Block verlassen und der Ablauf des Algorithmus mit dem darauffolgenden Block (8) fortgesetzt.

Ist die Bedingung "Dateiende?" nicht erfüllt, so wird im Nein-Zweig der Prozedurauf-ruf-Block (7) ausgeführt. Anschließend wird der Algorithmus mit der Bearbeitung von Block (4) fortgesetzt. Der Schleifen-Block (3) kann also nur dann verlassen werden, wenn die Bedingung "Dateiende?" erfüllt ist, d.h. wenn nach dem Lesen des letzten Records von VERTRETER-DATEI ein erneuter Leseversuch unternommen wird.

Da das Dateiende in jedem Fall erreicht wird, gerät der Algorithmus in Block (3) nicht in eine "unendliche Schleife" und erreicht daher über Block (8) das definierte Pro-grammende in Block (9).

Mit unserem Struktogramm haben wir die verbale Form unseres Lösungsalgorithmus durch eine übersichtliche, strukturierte graphische Darstellung ersetzt.[*]

---

[*] Neben dieser Möglichkeit gibt es viele weitere Methoden zur graphischen Darstel-lung der Problemlösung wie z.B. die Flußdiagramm-Methode (flow charting) nach DIN 66oo1.

Wir erwähnen hier nur einige Vorteile der Struktogramm-Methode:

- bei der Entwicklung des Lösungsalgorithmus unterstützt ein Struktogramm die
  "strukturierende Vorgehensweise", d.h. es können komplexe Probleme auf überschaubare Teilprobleme reduziert werden,

- die Existenz und der Wirkungsbereich von Programmschleifen ist unmittelbar erkennbar,

- bei der Programmentwicklung und -änderung wird die Dokumentation wirksam unterstützt,

- die Ablaufsteuerung kann gut kontrolliert werden und

- der dynamische Programmablauf entspricht im wesentlichen der statischen Darstellung.

Ein durch ein Struktogramm beschriebener Lösungsalgorithmus kann sehr leicht in den
Ausführungsteil PROCEDURE DIVISION eines COBOL-Programms umgeformt werden. Dazu wird
jeder Strukturblock in eine oder mehrere COBOL-Anweisungen umgesetzt.

Das COBOL-Quellprogramm LISTE-DER-VERTRETER-NAMEN

Aus der Umformung unseres entwickelten Struktogramms zur Lösung der Aufgabe
LISTE-DER-VERTRETER-NAMEN resultiert das folgende COBOL-Quellprogramm, das zunächst
angegeben und anschließend erläutert werden soll:

```
      IDENTIFICATION DIVISION.
      PROGRAM-ID.
         LISTE-DER-VERTRETER-NAMEN.
      ENVIRONMENT DIVISION.
      CONFIGURATION SECTION.
      SOURCE-COMPUTER.
         dva-name-1.
      OBJECT-COMPUTER.
         dva-name-2.
      INPUT-OUTPUT SECTION.
      FILE-CONTROL.
         SELECT VERTRETER-DATEI  ASSIGN TO SI.
         SELECT LISTE            ASSIGN TO LO.
      DATA DIVISION.
      FILE SECTION.
      FD  VERTRETER-DATEI
          LABEL RECORD OMITTED                       beschreibende Programmteile
          DATA RECORD VERTRETER-INFORMATION.
      o1  VERTRETER-INFORMATION.
          o2 FILLER    PICTURE X(6).
          o2 NACHNAME  PICTURE X(2o).
          o2 FILLER    PICTURE X(54).
      FD  LISTE
          LABEL RECORD OMITTED
          DATA RECORD LISTE-INFORMATION.
      o1  LISTE-INFORMATION.
          o2 FILLER         PICTURE X(15).
          o2 VERTRETER-NAME PICTURE X(2o).
          o2 FILLER         PICTURE X(97).
      WORKING-STORAGE SECTION.
      77  DATEI-ENDE-FELD  PICTURE 9.
          88  DATEI-ENDE  VALUE 1.
```

```
PROCEDURE DIVISION.
BEGINN.
    OPEN INPUT VERTRETER-DATEI, OUTPUT LISTE.
    MOVE o TO DATEI-ENDE-FELD.
EINGABE.
    READ VERTRETER-DATEI RECORD, AT END MOVE 1 TO DATEI-ENDE-FELD.
    IF DATEI-ENDE,
        GO TO ENDE,
    ELSE
        PERFORM VERARBEITUNG.
    GO TO EINGABE.
ENDE.
    CLOSE VERTRETER-DATEI  LISTE.
    STOP RUN.
VERARBEITUNG.
    MOVE "ᵤ" TO LISTE-INFORMATION.
    MOVE NACHNAME TO VERTRETER-NAME.
    WRITE LISTE-INFORMATION.
```

Programmteil, in welchem
der Verarbeitungsprozeß
durchgeführt wird

Jedes COBOL-Programm ist aus den beschreibenden Programmteilen IDENTIFICATION DIVISION, ENVIRONMENT DIVISION und DATA DIVISION und aus dem Ausführungsteil PROCEDURE DIVISION (in dieser Reihenfolge) aufgebaut.

Die beschreibenden Programmteile erläutern wir im folgenden Abschnitt. An dieser Stelle wollen wir die Umsetzung des Struktogramms in die PROCEDURE DIVISION nachvollziehen.

Durch den Vergleich mit den im Struktogramm (s. S.   ) beschriebenen Operationen erkennen wir:

- das Eröffnen und Schließen von Dateien wird durch die OPEN- und CLOSE-Anweisungen ausgeführt,
- mit der MOVE-Anweisung werden Informationen zwischen Datenfeldern transportiert,
- mit der READ- und WRITE-Anweisung werden Records ein- bzw. ausgegeben,
- die Bedingung "Dateiende?" wird durch das COBOL-Wort DATEI-ENDE ersetzt,[*]
- die IF-Anweisung setzt den Bedingungs-Strukturblock um,[**]
- der Schleifen- und der BREAK-Strukturblock wird durch den Einsatz der GO-Anweisung kodiert,
- die PERFORM-Anweisung realisiert den Prozeduraufruf-Strukturblock,
- die STOP-Anweisung legt das dynamische Programmende fest und
- die Prozedur VERARBEITUNG ist am Ende der PROCEDURE DIVISION kodiert.

---

[*] Dabei ist DATEI-ENDE ein sog. Bedingungsname, welcher zusammen mit dem Indikatorfeld DATEI-ENDE-FELD vereinbart ist und mit welchem das Dateiende abgeprüft wird (vgl. S. 32).

[**] Man kann die Kodierung der PROCEDURE DIVISION durch folgende Änderung vereinfachen:

```
    :
EINGABE.
    READ VERTRETER-DATEI RECORD, AT END GO TO ENDE.
    PERFORM VERARBEITUNG.
    GO TO EINGABE.
ENDE.
    :
```

Allerdings verliert man dann den unmittelbaren Zusammenhang mit dem Struktogramm.

Paragraphenbegriff und Struktur der PROCEDURE DIVISION

Zur Gliederung unseres Struktogramms haben wir die Programmierer-Wörter BEGINN,
EINGABE, ENDE und VERARBEITUNG benutzt. Diese Wörter heißen Paragraphennamen
(paragraph-name) und benennen jeweils einen oder mehrere aufeinanderfolgende Strukturblöcke, die einen Paragraphen (paragraph) als funktionale Einheit bilden. Zur
Gliederung und zur Bezeichnung bestimmter Programmpunkte werden diese Paragraphennamen direkt in das COBOL-Programm übernommen.

Neben dem deskriptiven Charakter haben die Paragraphennamen in der PROCEDURE DIVISION
vor allem die Funktion, bei der Ablaufsteuerung als Bezugspunkte zu wirken. Um diese
Eigenschaft zu betonen, werden wir daher auch von Prozedurnamen (procedure-name)
sprechen. Genau wie bei den Datenfeldnamen handelt es sich bei den Prozedurnamen um
Programmierer-Wörter. Im Gegensatz zu den Datenfeldnamen können Prozedurnamen sogar
vollständig aus Ziffern bestehen.

Anhand unseres Beispielprogramms (s. S. 25) wollen wir uns nun die generelle Struktur
der PROCEDURE DIVISION klarmachen.

Dieser Programmteil wird durch die Überschrift (division header)

    PROCEDURE DIVISION.

eingeleitet (einschließlich Punkt). Dann folgen eine oder mehrere Prozeduren, die
jeweils aus einem Programmierer-Wort als Prozedurnamen und jeweils einem oder mehreren COBOL-Sätzen bestehen. Die Prozedurnamen und die COBOL-Sätze sind mit einem
Punkt abzuschließen (welchem im Standard ANSI-68 kein Leerzeichen vorausgehen darf).
Man hat also folgenden prinzipiellen Aufbau:

```
PROCEDURE DIVISION.
prozedurname-1.
      ein oder mehrere COBOL-Sätze
prozedurname-2.
      ein oder mehrere COBOL-Sätze
...
```

Als Beispiel sei aus der obigen Aufgabenlösung die Prozedur BEGINN genannt mit den
COBOL-Sätzen:

    OPEN INPUT VERTRETER-DATEI, OUTPUT LISTE.
    MOVE o TO DATEI-ENDE-FELD.

Ein COBOL-Satz (sentence) setzt sich immer aus einer oder mehreren COBOL-Anweisungen
zusammen, und jede COBOL-Anweisung (statement) ist aus COBOL-Wörtern und Programmkonstanten aufgebaut[*] (in unserem Beispielprogramm haben wir die numerischen Konstanten
o und 1 und die alphanumerische Konstante "␣" (Leerzeichen) benutzt).

---

[*] Die allgemeine Struktur einer Programmkonstanten, welche in COBOL Literal genannt
    wird, lernen wir im Abschnitt 5.1 kennen.

Jede Anweisung wird durch ein charakteristisches reserviertes COBOL-Wort (wie z.B.
IF, PERFORM, GO, OPEN, READ, WRITE, CLOSE usw.) eingeleitet.
COBOL-Anweisungen können (müssen aber nicht!) durch Kommata voneinander getrennt
werden.

3.3 IDENTIFICATION DIVISION, ENVIRONMENT DIVISION und DATA DIVISION

Schema des COBOL-Quellprogramms

Jedes COBOL-Quellprogramm besteht insgesamt aus vier Programmteilen. In den ersten
drei Teilen, d.h. in der IDENTIFICATION DIVISION, in der ENVIRONMENT DIVISION und in
der DATA DIVISION werden die für das Programm notwendigen Beschreibungen festgelegt,
und in der PROCEDURE DIVISION wird der Verarbeitungsprozeß selbst dargestellt.

Bei der Kodierung muß man immer das folgende Schema einhalten:

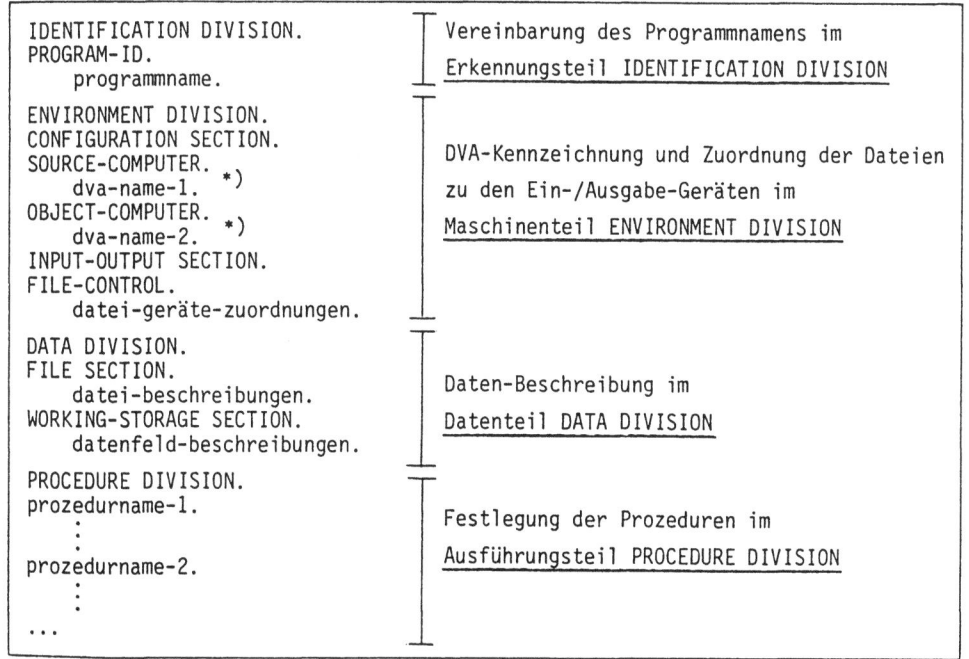

Die Programmteile (division) sind in die Kapitel (section) CONFIGURATION, INPUT-OUTPUT,
FILE und WORKING-STORAGE und in die Paragraphen (paragraph) PROGRAM-ID, FILE-CONTROL,
SOURCE-COMPUTER und OBJECT-COMPUTER eingeteilt.

Alle im obigen Schema angegebenen Namen in Großbuchstaben sind reservierte COBOL-Wörter. Anstelle der kleingeschriebenen Wörter können - in einem gewissen Rahmen -
Programmierer-Wörter gewählt werden.

In unserem Beispielprogramm (vgl. S. 24) haben wir als Programmierer-Wörter die Namen

---

*) Abhängig von der jeweiligen DVA müssen für die Namen dva-name-1 und dva-name-2 z.B.
die Wörter IBM-37o, IBM-33oo, SIEMENS-7ooo und TR 44o gewählt werden. Bei der DVA
HONEYWELL muß das Wort MULTICS (beim System MULTICS) bzw. das Wort LEVEL-66-ASCII
(beim System GCOS) kodiert werden.

LISTE-DER-VERTRETER-NAMEN, dva-name-1, dva-name-2, VERTRETER-DATEI, SI, LISTE, LO, alle
Datenfeldnamen in der FILE SECTION und in der WORKING-STORAGE SECTION und die Prozedurnamen in der PROCEDURE DIVISION verwendet.

Der Erkennungsteil IDENTIFICATION DIVISION

Die erste Division jedes COBOL-Programms ist der Erkennungsteil. Sie trägt den Namen
IDENTIFICATION und enthält den Paragraphen PROGRAM-ID. In diesem Paragraphen wird ein
vom Programmierer frei gewählter Name zur Kennzeichnung des Programms angegeben.
Die zulässige maximale Länge des Programmnamens (program-name) ist Anlagen-abhängig.
I.a. sind die ersten acht Zeichen signifikant - längere Angaben sind unschädlich.
Für unser Beispielprogramm haben wir den Programmnamen LISTE-DER-VERTRETER-NAMEN ge-
wählt.

Der Maschinenteil ENVIRONMENT DIVISION

Der zweite Programmteil ist der Maschinenteil ENVIRONMENT DIVISION mit den Kapiteln
CONFIGURATION und INPUT-OUTPUT. Die CONFIGURATION SECTION enthält die beiden Paragraphen SOURCE-COMPUTER und OBJECT-COMPUTER. Im Paragraphen SOURCE-COMPUTER wird stets
der Name der DVA (computer-name) angegeben, auf welcher das Quellprogramm zu dem lauf-
fähigen Objektprogramm umgewandelt wird. Die DVA, auf welcher der Objektlauf statt-
finden soll, ist im Paragraphen OBJECT-COMPUTER zu benennen. I.a. wird ein Programm
auf derselben DVA ausgeführt, auf der es durch den Lauf des Kompilierers (und des
Binders) aus dem Quellprogramm erzeugt wurde - trotzdem sind beide Paragraphen vollständig anzugeben.

Datei-Gerätezuordnung

Im Paragraphen FILE-CONTROL der INPUT-OUTPUT SECTION wird jeder Datei durch die
SELECT- und ASSIGN-Klauseln in der Form:

```
SELECT dateiname  ASSIGN TO gerätebezeichnung.
```

eine (symbolische) Anlagen-spezifische Gerätebezeichnung zugeordnet. Der Name
"gerätebezeichnung" wird bei der Programmausführung vom Betriebssystem benutzt, um
das zugehörige Ein-/Ausgabe-Gerät bereitzustellen.

Bei unserem Beispielprogramm (vgl. S. 24) haben wir der Eingabe-Datei VERTRETER-DATEI
und der Ausgabe-Datei LISTE in der INPUT-OUTPUT SECTION durch die Eintragung:[*]

```
FILE-CONTROL.
     SELECT VERTRETER-DATEI  ASSIGN TO SI.
     SELECT LISTE            ASSIGN TO LO.
```

---

[*] Bei SIEMENS (System BS 2ooo) sollte bei Lochkarten- und Druck-Dateien hinter der
ASSIGN-Klausel zusätzlich: RESERVE NO ALTERNATE AREA angegeben werden, so daß es
dort heißen muß (vgl. auch A.5):

```
     SELECT VERTRETER-DATEI  ASSIGN TO SYSIN  RESERVE NO ALTERNATE AREA.
     SELECT LISTE            ASSIGN TO SYSOUT RESERVE NO ALTERNATE AREA.
```

die symbolischen Namen SI (<u>S</u>tandard <u>I</u>nput) und LO (<u>L</u>ist <u>O</u>utput) als Gerätebezeichnungen zugeordnet. Diese Namen werden wir von nun an stets als Gerätebezeichnungen für
die Lochkarten-Eingabe und die Druck-Ausgabe verwenden.
Bei der Eingabe eines COBOL-Programms in eine DVA müssen die Namen SI und LO durch
die jeweiligen Anlagen-spezifischen Gerätebezeichnungen ersetzt werden. Im Anhang
A.5 ist eine Übersicht über die jeweils zu kodierenden Gerätebezeichnungen für eine
Auswahl von DVAn angegeben.

Die wesentliche Funktion der ENVIRONMENT DIVISION besteht darin, alle Anlagen-spezifischen Kenngrößen aufzunehmen, die bei der Ausführung des Objektprogramms gebraucht
werden. Beim Übergang von einer DVA zu einer anderen müssen notwendige Programmänderungen dann i.a. nur in der ENVIRONMENT DIVISION vorgenommen werden, indem die alten
Anlagen-spezifischen Kenngrößen durch die neuen Kenngrößen zu ersetzen sind.

Der Datenteil DATA DIVISION
Der <u>Datenteil DATA DIVISION</u> gliedert sich in die <u>FILE SECTION</u>, in der die Ein- und
Ausgabe-Puffer strukturiert werden, und in die <u>WORKING-STORAGE SECTION</u>, in welcher
die Hilfsfelder zu deklarieren sind.
Bei bestimmten Anwendungen besteht die DATA DIVISION gegebenenfalls nur aus der FILE
SECTION oder auch nur aus der WORKING-STORAGE SECTION.
Werden beide Kapitel im COBOL-Programm kodiert, so muß die folgende Reihenfolge ein-
gehalten werden:

```
DATA DIVISION.
FILE SECTION.
        datei-beschreibungen.
WORKING-STORAGE SECTION.
        datenfeld-beschreibungen.
```

Die in der WORKING-STORAGE SECTION vereinbarten Hilfsfelder bilden den <u>Arbeitsspeicher-
bereich</u> (working storage) des Programms. In diesen Feldern werden z.B. Zwischenergeb-
nisse gespeichert oder Zustandsindikatoren (z.B. für ein Dateiende) abgelegt.
Innerhalb der WORKING-STORAGE SECTION werden die elementaren Datenfelder und die Datengruppen genauso vereinbart, wie wir es bei der Datensatz-Beschreibung innerhalb der
FILE SECTION kennengelernt haben. Mehrere durch die Stufennummer ol gekennzeichnete
Strukturen können dabei in beliebiger Reihenfolge nacheinander aufgeführt werden.

Die Stufennummer 77
Bei der Deklaration elementarer Datenfelder des Arbeitsspeicherbereichs, welche nicht
Bestandteil einer Struktur sind, darf anstelle der Stufennummer ol auch die spezielle
<u>Stufennummer 77</u> gewählt werden.
Diese Stufennummer dokumentiert nicht nur, daß das zugehörige Datenfeld elementar ist,
sondern sie hat i.a. auch einen Einfluß auf die interne Speicherbereichs-Vergabe, da

die mit der Stufennummer ol vereinbarten Felder i.a. auf Ganzwort- oder Doppelwort-Grenzen *) und die mit der Stufennummer 77 definierten Felder an beliebigen Byte-Adressen beginnen. Beim Standard ANSI-68 gilt einschränkend, daß man alle Felder, die mit der Stufennummer 77 deklariert sind, vor den mit ol definierten Feldern kodieren muß.

In der Aufgabenlösung (vgl. S. 24) haben wir durch die Eintragung:

```
WORKING-STORAGE SECTION.
77 DATEI-ENDE-FELD  PICTURE 9.
```

das numerische Datenfeld DATEI-ENDE-FELD innerhalb des Arbeitsspeicherbereichs vereinbart.

Wollten wir bei unserer Lösung für die Aufgabe LISTE-DER-VERTRETER-NAMEN die Daten nicht direkt in den Ein- und Ausgabe-Bereichen sondern im Arbeitsspeicherbereich verarbeiten, so könnten wir z.B. die folgende DATA DIVISION vereinbaren:

```
DATA DIVISION.
FILE SECTION.
FD  VERTRETER-DATEI
    LABEL RECORD OMITTED
    DATA RECORD VERTRETER-INFORMATION.
ol  VERTRETER-INFORMATION  PICTURE X(8o).   <──────────── neu!
FD  LISTE
    LABEL RECORD OMITTED
    DATA RECORD LISTE-INFORMATION.
ol  LISTE-INFORMATION  PICTURE X(132).   <──────────── neu!
WORKING-STORAGE SECTION.
77 DATEI-ENDE-FELD  PICTURE 9.
    88 DATEI-ENDE  VALUE 1.
ol  VERTRETER-INFORMATION-WS.
    o2 FILLER     PICTURE X(6).
    o2 NACHNAME   PICTURE X(2o).
    o2 FILLER     PICTURE X(54).
ol  LISTE-INFORMATION-WS.                    <──────────── neu!
    o2 FILLER          PICTURE X(15).
    o2 VERTRETER-NAME  PICTURE X(2o).
    o2 FILLER          PICTURE X(97).
```

Das Kürzel "-WS" soll auf die WORKING-STORAGE SECTION hindeuten. Selbstverständlich können wir die entsprechenden Bezeichner beliebig wählen, solange die Eindeutigkeit der Namensvergabe gewährleistet ist.

Bei der Verarbeitung muß jeder Record aus dem Eingabe-Bereich VERTRETER-INFORMATION in das Datenfeld VERTRETER-INFORMATION-WS transportiert werden. Dazu kodieren wir die READ-Anweisung mit der INTO-Klausel.**) Nach der Aufbereitung des Ausgabesatzes im Datenfeld LISTE-INFORMATION-WS muß - bevor der Record in die Druck-Datei LISTE ausgegeben wird - eine Zuweisung an den Ausgabe-Bereich LISTE-INFORMATION erfolgen. Dies geschieht automatisch bei der Kodierung der WRITE-Anweisung mit der FROM-Klausel.**)

---

*) Ein Ganzwort ist die Zusammenfassung von i.a. 4 Bytes (zu den Ausnahmen zählen z.B. die DVAn TR 44o und BURROUGHS mit 6 Bytes). Ein Doppelwort besteht aus 2 Ganzworten.

**) Eine ausführliche Darstellung der READ- und WRITE-Anweisungen geben wir in 6.2.

Als neue PROCEDURE DIVISION würde sich damit ergeben:

```
PROCEDURE DIVISION.
BEGINN.
    OPEN INPUT VERTRETER-DATEI, OUTPUT LISTE.
    MOVE o TO DATEI-ENDE-FELD.
EINGABE.
    READ VERTRETER-DATEI RECORD  INTO VERTRETER-INFORMATION-WS, ◄─── neu!
        AT END MOVE 1 TO DATEI-ENDE-FELD.
    IF DATEI-ENDE,
        GO TO ENDE,
    ELSE
        PERFORM VERARBEITUNG.
    GO TO EINGABE.
ENDE.
    CLOSE VERTRETER-DATEI  LISTE.
    STOP RUN.
VERARBEITUNG.                         *)
    MOVE "ᵤ" TO LISTE-INFORMATION-WS.     ◄────────────────── neu!
    MOVE NACHNAME TO VERTRETER-NAME.
    WRITE LISTE-INFORMATION  FROM LISTE-INFORMATION-WS. ◄───── neu!
```

Bei diesem Algorithmus erhöht sich der Gesamtaufwand durch die zusätzlichen Transporte zwischen den Ein-/Ausgabe-Bereichen und dem Arbeitsspeicherbereich. Ferner wird zusätzlicher Speicherraum im Arbeitsspeicher belegt. Daher ist unser ursprünglicher Algorithmus als Aufgabenlösung vorzuziehen.

Wir merken uns jedoch, daß bei vielen Lösungsalgorithmen die Verarbeitung im Arbeitsspeicher zu empfehlen und i.a. auch unumgänglich ist. Wollen wir z.B. eine sortierte Liste der Vertreternamen ausdrucken, so müssen wir alle Namen im Arbeitsspeicherbereich zwischenspeichern, dort sortieren und können erst dann die Druck-Datei erstellen.

Für jedes in der WORKING-STORAGE SECTION vereinbarte Datenfeld reserviert der Kompilierer den notwendigen Speicherbereich im Arbeitsspeicher. Zwecks einer ökonomischen Verwaltung der Ressourcen sollte daher für jedes Datenfeld nur der jeweils notwendige Speicherbereich angefordert werden.

Will man wie im obigen Beispiel nur die (einziffrigen) Werte o oder 1 speichern, so würde man z.B. durch die Deklaration:

```
77  DATEI-ENDE-FELD  PICTURE 9(7).
```

sechs Bytes verschenken, da zur Speicherung der o. g. Werte nur ein Byte benötigt wird.[**] Bei der Ablage großer Datenmengen kann ein unüberlegtes Definieren von Datenfeldern sehr leicht zu einem Speicherraum-Engpaß führen.

---

[*] Die MOVE-Anweisung zur Löschung von LISTE-INFORMATION-WS in der Prozedur VERARBEITUNG kann in die Prozedur BEGINN verlagert werden. Durch diese nur einmalige Initialisierung eines Felds im Arbeitsspeicherbereich ist nämlich für den gesamten Programmlauf gesichert, daß in den ersten 15 bzw. letzten 97 Druckpositionen immer Leerzeichen ausgegeben werden, da nur der Bereich zur Aufnahme der Vertreternamen (Datenfeld VERTRETER-NAME) verändert wird.

[**] Es wäre sogar ein Bit ausreichend - in COBOL ist die kleinste adressierbare Speichergröße jedoch ein Byte (vgl. auch A.4)

3.4 Bedingungsnamen

COBOL ist die einzige höhere Programmiersprache, die sog. Bedingungsnamen zuläßt, mit denen man in einer einzigen Abfrage eine Reihe von Bedingungen abprüfen (lassen) kann.

Definition von Bedingungsnamen

Zur Definition eines Bedingungsnamens (condition-name) steht folgende allgemeine Form zur Verfügung:

```
stufennummer  name-des-abzuprüfenden-felds  PICTURE-klausel.
              88 bedingungsname VALUE wert-1 wert-2 ... .
```

Die Deklaration eines Bedingungsnamens wird stets durch die besondere Stufennummer 88 eingeleitet und erfolgt unmittelbar im Anschluß an die Definition des elementaren Datenfelds (conditional variable), dessen Werte durch diesen Bedingungsnamen abgeprüft werden sollen. Der Bedingungsname ist ein Programmierer-Wort. Dem Namen folgt die VALUE-Klausel, in welcher hinter dem (reservierten) COBOL-Wort VALUE alle Werte (wert-1 wert-2 ...) angegeben werden, die durch diesen Bedingungsnamen charakterisiert werden sollen. Je zwei Werte müssen durch mindestens ein Leerzeichen voneinander getrennt werden, und der letzte Wert ist mit einem Punkt abzuschließen.
Die aufgeführten Werte müssen immer von derselben Kategorie wie das zugehörige Datenfeld sein.

Bedingungsnamen werden eingesetzt, um COBOL-Programme besser lesbar zu machen.
In unserem Beispielprogramm (vgl. S. 24) wurde der Bedingungsname DATEI-ENDE zum Abprüfen des Felds DATEI-ENDE-FELD in der Form:

```
77  DATEI-ENDE-FELD  PICTURE 9.
    88 DATEI-ENDE VALUE 1.
```

definiert und in der IF-Anweisung

```
IF  DATEI-ENDE,
    GO TO ENDE,
ELSE
    PERFORM VERARBEITUNG.
```

abgeprüft. Die Anweisung

```
IF DATEI-ENDE, ...
```

ist durch die Wortwahl des Bedingungsnamens sicherlich viel aussagekräftiger als die (in COBOL mögliche) äquivalente Formulierung:

```
IF DATEI-ENDE-FELD = 1, ...
```

Bei der Überschaubarkeit unserer Aufgabenlösung könnten wir uns noch leicht merken, daß mit der Relation

```
DATEI-ENDE-FELD = 1
```

geprüft wird, ob das Dateiende der Datei VERTRETER-DATEI schon erreicht ist. Bei kom-

plexen Problemen dagegen wird die Lesbarkeit und damit das Verständnis für den in
COBOL realisierten Algorithmus um so besser, je aussagekräftiger die in den Steueranweisungen auftretenden Bedingungen formuliert sind.

Die THRU-Klausel

Die Angabe mehrerer Werte in der VALUE-Klausel kann mit Hilfe der THRU-Klausel in
der Form:

```
wert-1 THRU wert-2
```

vereinfacht werden.*) Hat z.B. ein abzuprüfendes numerisches Feld einen ganzzahligen
Inhalt, so kann man die VALUE-Klausel

    VALUE 1 4 5 6 7 9.
durch
    VALUE 1 4 THRU 7 9.

abkürzen.

Vereinbarung mehrerer Bedingungsnamen

Für jedes Datenfeld können mehrere Bedingungsnamen vereinbart werden, indem die jeweiligen durch die Stufennummer 88 eingeleiteten Eintragungen im Anschluß an die
Datenfeld-Beschreibung nacheinander aufgeführt werden:

```
stufennummer  name-des-abzuprüfenden-felds  PICTURE-klausel.
              88  bedingungsname-1  VALUE wert-1-1  wert-1-2 ... .
              88  bedingungsname-2  VALUE wert-2-1  wert-2-2 ... .
              ...
```

Die Verwendung mehrerer Bedingungsnamen wollen wir nun bei der Erweiterung unseres
Beispielprogramms LISTE-DER-VERTRETER-NAMEN (vgl. S. 24) demonstrieren. Dazu soll
die Vertreterkennzahl an ihren beiden letzten Ziffernstellen die zweiziffrige Kennzahl
des Bezirks enthalten, in welchem der Vertreter tätig ist, und es sollen die folgenden
Gebiets-Bezirks-Zuordnungen vorliegen:
- Gebiet "Norddeutschland":   enthält alle Bezirke mit den Nummern 17 bis 23, mit der
                              Nummer 44 und mit den Nummern 73 bis 76,
- Gebiet "Westdeutschland":   besteht aus den Bezirken mit den Nummern o4, 34 und 66,
- Gebiet "Sueddeutschland":   enthält alle Bezirke mit den restlichen Nummern.
Als Erweiterung der Aufgabe LISTE-DER-VERTRETER-NAMEN soll für jeden Vertreter nicht
nur der Vertretername sondern zusätzlich der entsprechende Gebietsname (von Druck-
position 46 bis 67) ausgegeben werden.
Wir lösen diese Aufgabe, indem wir in der DATA DIVISION des Programms
LISTE-DER-VERTRETER-NAMEN (vgl. S. 24) die Datei-Beschreibungen der Dateien
VERTRETER-DATEI und LISTE folgendermaßen ändern:

---

*) Generell darf man in einem COBOL-Programm anstelle des COBOL-Worts THRU das
   (reservierte) COBOL-Wort THROUGH verwenden.

```
FD  VERTRETER-DATEI
    LABEL RECORD OMITTED
    DATA RECORD VERTRETER-INFORMATION.
o1  VERTRETER-INFORMATION.
    o2  FILLER            PICTURE XX.
    o2  GEBIETS-KENNZAHL  PICTURE 99.
        88 NORDDEUTSCHLAND  VALUE 17 THRU 23   44   73 THRU 76.    ◄── geändert!
        88 WESTDEUTSCHLAND  VALUE o4   34   66.
    o2  FILLER            PICTURE XX.
    o2  NACHNAME          PICTURE X(2o).
    o2  FILLER            PICTURE X(54).
FD  LISTE
    LABEL RECORD OMITTED
    DATA RECORD LISTE-INFORMATION.
o1  LISTE-INFORMATION.
    o2  FILLER          PICTURE X(15).
    o2  VERTRETER-NAME  PICTURE X(2o).
    o2  FILLER          PICTURE X(1o).    ◄── geändert!
    o2  GEBIETS-NAME    PICTURE X(22).
    o2  FILLER          PICTURE X(65).
```

Der modifizierte Lösungsalgorithmus LISTE-DER-VERTRETER-NAMEN

Die Grundlage für die in der PROCEDURE DIVISION neu zu kodierende Prozedur VERARBEITUNG bildet das folgende Struktogramm:

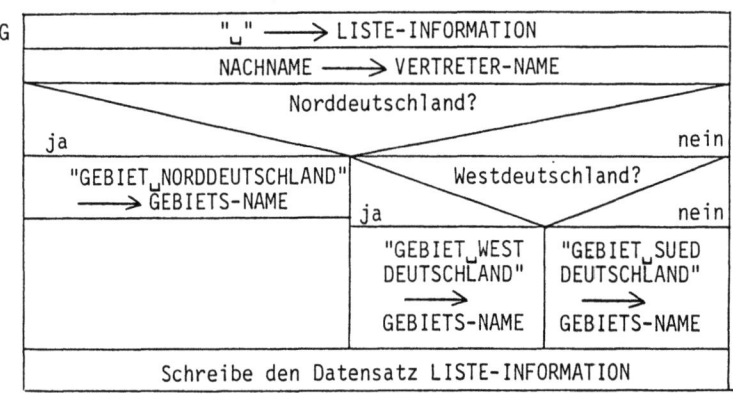

Da eine IF-Anweisung in ihrem Ja- bzw. Nein-Zweig wieder eine IF-Anweisung enthalten darf (dies werden wir in 7.2 darstellen), können wir dieses Struktogramm so kodieren:

```
VERARBEITUNG.
    MOVE "␣" TO LISTE-INFORMATION.
    MOVE NACHNAME TO VERTRETER-NAME.
    IF NORDDEUTSCHLAND,
        MOVE "GEBIET␣NORDDEUTSCHLAND" TO GEBIETS-NAME,
    ELSE
        IF WESTDEUTSCHLAND,
            MOVE "GEBIET␣WESTDEUTSCHLAND" TO GEBIETS-NAME,
        ELSE
            MOVE "GEBIET␣SUEDDEUTSCHLAND" TO GEBIETS-NAME.
    WRITE LISTE-INFORMATION.
```

Dabei wird z.B. durch die MOVE-Anweisung

MOVE "GEBIET␣NORDDEUTSCHLAND" TO GEBIETS-NAME

(mit der alphanumerischen Konstanten (s. 5.1) "GEBIET␣NORDDEUTSCHLAND") das Datenfeld GEBIETS-NAME mit dem Text

GEBIET NORDDEUTSCHLAND

gefüllt.

Durch diese Programmänderungen ist der Lösungsalgorithmus der erweiterten Aufgabenstellung dargestellt. Auf Grund der Strukturierung unseres Programms konnten wir die
Modifikation ganz gezielt in der Prozedur VERARBEITUNG vornehmen. Derartige Änderungs-
möglichkeiten machen sich vor allen Dingen bei der Wartung komplexer Algorithmen be-
zahlt, da man auf Grund der "strukturierenden Vorgehensweise" bei der Programmerstellung sicher sein kann, daß lokale Programmänderungen keine oder überschaubare Aus-
wirkungen auf andere Programmteile haben (Seiteneffekte).

Ohne den Einsatz von Bedingungsnamen wäre die Programmlösung wesentlich unübersicht-
licher, wie man an folgender Andeutung für die zweite Bedingung ablesen kann:

Anweisung mit Bedingungsname:	Anweisungen ohne Bedingungsname: [*]
⋮	
o2 GEBIETS-KENNZAHL PICTURE 99.	⋮
88 WESTDEUTSCHLAND VALUE o4 34 66.	⋮
⋮	IF GEBIETS-KENNZAHL = o4,
	MOVE ...
IF WESTDEUTSCHLAND,	IF GEBIETS-KENNZAHL = 34,
MOVE ...	MOVE ...
⋮	IF GEBIETS-KENNZAHL = 66,
	MOVE ...
	⋮

Ein weiterer wichtiger Vorteil in der Benutzung der Bedingungsnamen ist der folgende:
Sollten zu einem späteren Zeitpunkt Änderungen in der Zuordnung von Bezirken zu Gebieten vorzunehmen sein, so braucht nur die entsprechende VALUE-Klausel modifiziert
zu werden. Daß in diesem Fall keine Anweisungen innerhalb der PROCEDURE DIVISION geändert werden müssen, unterstreicht die Bedeutung des Bedingungsnamens bei der Erstellung von COBOL-Programmen.

3.5 Das COBOL-Ablochschema

Für die Übergabe an den Kompilierer müssen wir das COBOL-Quellprogramm auf einem
Datenträger kodieren. Im Gegensatz zu einigen anderen höheren Programmiersprachen
sind wir in COBOL an ein festes Ablochschema gebunden, welches wir folgendermaßen
beschreiben können:

---

[*] Diese drei IF-Anweisungen hätte man auch zu einer IF-Anweisung mit einer zusammengesetzten Bedingung zusammenfassen können (s. dazu 7.2).

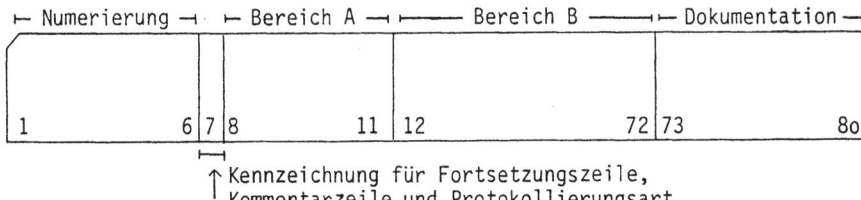

↑ Kennzeichnung für Fortsetzungszeile,
  Kommentarzeile und Protokollierungsart

Die aus 8o Zeichen bestehende Programmzeile teilt sich somit in fünf Bereiche auf.

Die ersten sechs Stellen können zur Zeilennumerierung benutzt werden. Eine fehlende
Numerierung hat keine Konsequenzen für die weitere Bearbeitung. Sofern eine Numerierung vorgenommen wird, müssen alle Zeilen aufsteigend numeriert sein. Dies wird vom
Kompilierer abgeprüft, so daß eine fehlerhafte Einordnung einer Programmzeile rechtzeitig erkannt werden kann.

Im Bereich A (Spalte 8 bis 11) müssen die folgenden COBOL-Sprachelemente beginnen:
Programmteil-, Kapitel- und Paragraphennamen, das COBOL-Wort FD und die Stufennummern
o1 und 77.*)
Alle anderen Sprachelemente dürfen nur im Bereich B (Spalte 12 bis 72) kodiert
werden.**)

Das Dokumentationsfeld besteht aus den Spalten 73 bis 8o und kann einen das gesamte
Programm kennzeichnenden Text enthalten oder auch eine Karten-Numerierung, die jedoch
nicht abgeprüft wird.

Kann ein COBOL-Wort nicht vollständig in einer Zeile dargestellt werden, weil bei der
Kodierung das Ende des Bereichs B erreicht wurde, so wird der Rest in die nächste
Zeile eingetragen. Diese neue Zeile muß durch die Kodierung des Zeichens "-" in der
7. Spalte für den Kompilierer als Fortsetzungszeile markiert sein. Bei der Trennung
eines reservierten COBOL-Worts oder eines Programmierer-Worts dürfen am Anfang der
Fortsetzungszeile und am Ende der fortzusetzenden Zeile beliebig viele Leerzeichen
stehen. Als Beispiel geben wir eine mögliche Trennung innerhalb einer READ-Anweisung
in folgender Form an:

Spalte 7   Spalte 72

Oftmals soll der Programmablauf zusätzlich durch die Angabe von Kommentaren erläutert
werden. Diese Kommentare darf man i.a. an beliebigen Stellen in ein Programm einfügen. Dabei wird jede Kommentarzeile durch die Kodierung des Zeichens "*" in der
Spalte 7 markiert.

---

*) Diese Liste wird durch die reservierten COBOL-Wörter SD (s. S. 225), CD, RD,
   DECLARATIVES und END DECLARATIVES (s. S. 246) vervollständigt.

**) Im Standard ANSI-74 dürfen alle Stufennummern im Bereich A kodiert werden.

Die Übersichtlichkeit der vom Kompilierer durchgeführten Protokollierung des Quellprogramms kann verbessert werden, indem durch das <u>Positionierungszeichen</u> "/" (stroke)
auf den Anfang einer neuen Druckseite vorgeschoben wird. Dieses Zeichen ist in der
Spalte 7 zu kodieren. Der Rest dieser Programmzeile wird i.a. als Kommentar gewertet.

Nach dem Ablochen des COBOL-Programms liegt die folgende Lochkarten-Datei vor: [*)]

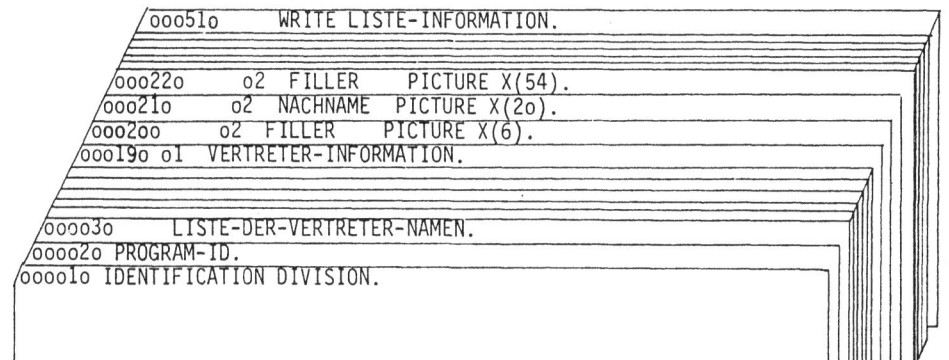

Um die Lesbarkeit unseres Programms zu verbessern, tragen wir Prozedurnamen allein
in eine Programmzeile ein, und wir schreiben gleiche Stufennummern untereinander,
rücken höhere Stufennummern jeweils nach rechts ein und beginnen jeden COBOL-Satz
in einer neuen Zeile.
Obwohl diese Regeln keine COBOL-Vorschriften sind, wollen wir sie um einer besseren
Übersicht willen stets anwenden (s. z.B. das Beispielprogramm auf S. 24). Jeder Pro-
grammautor sollte sich nämlich bemühen, die Programmstruktur durch eine übersichtliche
Darstellung leicht durchschaubar zu machen. Dadurch wird der Programmtest vereinfacht
und das Programm wird wartungsfreundlicher.

<u>3.6 Programmausführung</u>
Zur Durchführung unseres Lösungsalgorithmus stehen nun die folgenden Lochkarten-
Dateien bereit:
- die Datei mit dem COBOL-Quellprogramm und
- die Datei mit den Vertreterdaten, welche im Quellprogramm mit dem Namen
  VERTRETER-DATEI vereinbart ist.
Damit unser Algorithmus in einer DVA ablaufen kann, müssen diese Lochkarten zusammen
mit sog. Kommando-Karten in die DVA eingegeben werden.

<u>Job-Aufbau</u>
Auf den <u>Kommando-Karten</u> (job control card) werden alle Anforderungen an das Betriebssystem der DVA kodiert. Diese geforderten Leistungen müssen die ordnungsgemäße Bear-

---
*) Um die Übertragung der Programmzeilen auf einen maschinell lesbaren Datenträger zu
   vereinfachen, kann man das COBOL-Programm zunächst auf vorgedruckte COBOL-Pro-
   grammformulare (Ablochbelege, Ablochlisten) aufschreiben. Bei unserem Beispielprogramm stellen wir fest, daß wir die in der Prozedur EINGABE enthaltene READ-
   Anweisung (s. S. 25) auf zwei Lochkarten kodieren müssen, weil der Bereich B
   nur maximal 61 Zeichen aufnehmen kann.

beitung des Algorithmus sichern. Die Gesamtheit der bereitzustellenden Kommando-Karten, in welche die oben angegebenen Lochkarten-Dateien an bestimmten Stellen eingeordnet sind, wird Job genannt. Die Kommando-Karten sind Anlagen-abhängig - man kann zur Lösung unserer Aufgabe LISTE-DER-VERTRETER-NAMEN (vgl. S. 24) aber im Prinzip die folgende Struktur angeben:

```
┌──────────────────────────────────────────────────────────────────────────────┐
│ I Job-Anfangs- und Ressourcen-Karte                                          │
│                                                                              │
│ I COBOL-Kompilierer-Karte                                                    │
│                                                                              │
│          I COBOL-Quellprogramm-Karten  <──────────────  Anlagen-unabhängig   │
│ I Binder-Karte              ┐                                                │
│ I Gerätezuordnungs-Karten   │ <-  jede dieser Karten darf u.U.               │
│                             │     auch fehlen (Anlagen-abhängig)             │
│ I Start-Karte               ┘                                                │
│                                                                              │
│          I Datenkarten der Vertreterdaten  <──────────  Anlagen-unabhängig   │
│ I Job-Ende-Karte                                                             │
└──────────────────────────────────────────────────────────────────────────────┘
```

Auf der DVA SIEMENS (System BS 2ooo) müssen wir z.B. die folgenden Kommando-Karten benutzen:

```
/LOGON ...
/PARAM ...
/EXEC COB1
                                                       ┬
             :                                         │
             SELECT VERTRETER-DATEI  ASSIGN TO SYSIN   │
                    RESERVE NO ALTERNATE AREA.         │
             SELECT LISTE            ASSIGN TO SYSOUT  │ COBOL-Quellprogramm-Karten
             :      RESERVE NO ALTERNATE AREA.         │
                                                       ┴
/EXEC *
      I Datenkarten der Vertreterdaten
/LOGOFF
```

Job-Ausführung

Wir wollen nun darstellen, wie der von uns zur Lösung unserer Aufgabe zusammengestellte Job in der DVA bearbeitet wird.

Zunächst werden die Job-Karten über den Lochkartenleser vom Betriebssystem eingelesen und in System-Zwischendateien auf dem Magnetplattenspeicher abgelegt. Bei einer System-Zwischendatei handelt es sich um eine spezielle interne Dateiform, welche das Betriebssystem zur Abwicklung seiner Arbeiten benötigt (auf derartige Dateien hat der Benutzer i.a. keinen Zugriff).

Wenn die auf der Ressourcen-Karte angegebenen Betriebsmittel frei sind,*) wird unser Job vom Betriebssystem aktiviert. Für ihn wird eine System-Zwischendatei als sog. Ablaufprotokoll-Datei (kurz: Protokoll-Datei) eingerichtet, in welche alle Informa-

*) Zu den Ressourcen zählen z.B. die Größe des benötigten Speicherbereichs und die Zeit, welche für die Bearbeitung des Jobs erforderlich ist.

tionen eingetragen werden, welche bei der Durchführung des Jobs für den Benutzer wichtig sind (beim Job-Ende wird der Inhalt dieser Datei über den Drucker ausgegeben). Anschließend analysiert das Betriebssystem die COBOL-Kompilierer-Karte, lädt den Kompilierer in den Hauptspeicher und startet ihn, indem es ihm die Regie über den Prozessor der DVA überträgt. Der Kompilierer liest die Programmzeilen des Quellprogramms und trägt diese Zeilen und die bei der Programmanalyse gegebenenfalls anfallenden Warnungen und Fehlermeldungen in die Protokoll-Datei ein. Wenn bei einem schwerwiegenden Fehler eine weitere Ausführung des Jobs nicht mehr sinnvoll erscheint, wird der Job vom Betriebssystem abgebrochen. Die Protokoll-Datei wird über den Drucker ausgegeben und kann vom Programmierer zur Fehlersuche herangezogen werden. Ist bei der Programmanalyse kein schwerwiegender Programmfehler aufgetreten, so wird der vom Kompilierer generierte Kode in einer weiteren System-Zwischendatei abgelegt. Es hängt von der jeweiligen DVA ab, ob dieses Produkt schon das Objektprogramm ist oder ob der erzeugte Kode noch durch den nachfolgenden Start des Binders umgewandelt werden muß. In jedem Fall steht das generierte Objektprogramm anschließend in einer System-Zwischendatei zur weiteren Bearbeitung bereit.

Sind Gerätezuordnungs-Karten vorhanden, so führt das Betriebssystem die Zuordnung der Gerätebezeichnungen zu den entsprechenden Dateien durch.

In unserem Beispielprogramm wird dabei die System-Zwischendatei mit den Vertreterdaten, welcher im Quellprogramm der Name VERTRETER-DATEI zugeordnet ist, über die Gerätebezeichnung SI bearbeitet. Ferner wird der im Quellprogramm durch den Namen LISTE vereinbarten Druck-Datei über die Gerätebezeichnung LO die Protokoll-Datei zugeordnet.[*]

Zur Ausführungszeit transportiert das Betriebssystem das COBOL-Objektprogramm in den Hauptspeicher und übergibt ihm die Kontrolle über den Prozessor. Dadurch werden die Maschineninstruktionen unseres Objektprogramms abgearbeitet, und unser Lösungsalgorithmus läuft in seiner Ausführungsphase ab:

- ein Record der Vertreterdaten-Datei wird im Eingabe-Puffer bereitgestellt,
- der bei der Eröffnung der Druck-Datei angelegte Puffer-Bereich wird mit Leerzeichen gefüllt,
- der Vertretername wird vom Eingabe-Puffer in den entsprechenden Bereich des Ausgabe-Puffers übertragen und
- der Inhalt des Ausgabe-Puffers wird in die Protokoll-Datei als zu druckender Record ausgegeben.

Ist der letzte Record der Vertreterdaten-Datei verarbeitet worden, so beendet das Objektprogramm seinen Lauf. Das Betriebssystem stellt fest, daß die Job-Ende-Karte erreicht ist und führt daher die Job-Abschlußbehandlung durch. Dabei gibt es die

---

[*] Bei einigen DVAn ist dies nicht möglich, da jede Druck-Datei eine eigenständige Datei ist.

Protokoll-Datei über den Drucker aus und gibt die für den Job reservierten Ressourcen wieder frei (anschließend existieren auch die in unserem Job eingerichteten System-Zwischendateien nicht mehr). Damit ist der Job beendet, und wir erhalten als Ergebnis unseres Algorithmus die entsprechenden Druckzeilen im Ablaufprotokoll.

Aufgabe 3

Aus den Sätzen der Inventurdaten-Datei, welche gemäß der Record-Struktur ARTIKEL-SATZ (vgl. Aufgabe 2 auf S. 15) auf Lochkarten abgelocht sind, soll eine in folgender Weise strukturierte Liste auf dem Drucker ausgegeben werden:

Druckposition: 1 - 20 : Artikelname
                 31 - 31 : Lagernummer
                 42 - 46 : Menge

Für den Lösungsalgorithmus wählen wir den Programmnamen ARTIKEL-LISTE.
- Wie sehen mögliche Datei-Beschreibungen für die Ein- und die Ausgabe-
  Datei aus?
- Wie sind die IDENTIFICATION DIVISION und die ENVIRONMENT DIVISION zu
  kodieren?
- Wie lautet der durch ein Struktogramm dargestellte Lösungsalgorithmus?
- Wie sieht die in Analogie zum Programm LISTE-DER-VERTRETER-NAMEN (vgl. S.
  25) kodierte zugehörige PROCEDURE DIVISION von ARTIKEL-LISTE aus?
- Welche Form hat die zugehörige DATA DIVISION?
- Geben Sie die von Ihnen verwendeten reservierten COBOL-Wörter, die Para-
  graphennamen und die Kapitelnamen an!

Aufgabe 4

Lochen Sie das von Ihnen erstellte Programm ARTIKEL-LISTE (siehe Aufgabe 3) auf Lochkarten ab und stellen Sie den Job zur Lösung der gestellten Aufgabe zusammen!
Erstellen Sie dazu einige willkürliche Datensätze der Inventurdaten-Datei (vgl. Aufgabe 2 auf S. 15) und lassen Sie den Job auf einer DVA ablaufen!

Aufgabe 5

Kodieren Sie die Datensatz-Beschreibung der Inventurdaten-Datei (siehe Auf-gabe 2 auf S. 15), so daß unter dem Namen HAUPTLAGER diejenigen Artikel ab-gefragt werden können, welche im Datenfeld LAGER-NUMMER den Wert 4 besitzen. Ferner soll mit den Namen REGAL-REIHE-1, REGAL-REIHE-2 bzw. REGAL-REIHE-3 abgeprüft werden können, ob sich ein Artikel in einem Regal mit der Nummer 1, 4 oder 10 (REGAL-REIHE-1) bzw. 2, 5 oder 11 (REGAL-REIHE-2) bzw. 3, 6, 9 oder 12 (REGAL-REIHE-3) befindet.

4. Syntax und Einteilung von COBOL-Anweisungen

Wir haben bereits gelernt, daß jede Prozedur der PROCEDURE DIVISION aus ein oder
mehreren COBOL-Sätzen besteht und ein Satz jeweils eine oder mehrere COBOL-Anweisungen enthält (vgl. S. 26).
Alle Anweisungen werden durch charakteristische reservierte COBOL-Wörter eingeleitet.
Diese Wörter sind Verben der englischen Sprache wie z.B. MOVE, READ oder WRITE.

Bevor wir uns in den folgenden Kapiteln mit den einzelnen Anweisungen beschäftigen,
müssen wir uns zunächst damit vertraut machen, wie man eine COBOL-Anweisung formal
beschreibt. In diesem Zusammenhang sind die beiden folgenden Fragen von Interesse:
- Wie muß eine Anweisung angegeben werden, damit sie vom Kompilierer verstanden wird?
- Zu welchem Ergebnis führt die Bearbeitung einer Anweisung während des Objektlaufs?

Generell nennt man den formalen Aufbau einer Anweisung ihre <u>Syntax</u> und die Bedeutung
einer Anweisung die <u>Semantik</u>.

Syntax-Gerüst
Wir wollen die jeweiligen Regeln, welche bei der Kodierung von Anweisungen zu beachten sind, durch entsprechende <u>Syntax-Gerüste</u> beschreiben. Jeweils anschließend werden
wir auf die zugehörige Semantik eingehen, damit wir wissen, wie die entsprechende
Anweisungsform die Ausführung der Anweisung während des Objektlaufs beeinflußt.

Zur Beschreibung der Syntax von COBOL-Anweisungen benutzen wir die in den CODASYL-
Richtlinien festgelegte <u>Meta-Sprache</u>. Diese Darstellungsform werden wir nun am Beispiel der READ-Anweisung kennenlernen (vgl. S. 63).

Syntax der READ-Anweisung

```
┌─────────────────────────────────────────────────────────────────────────────┐
│  READ dateiname RECORD [INTO bezeichner]  ⎡⎧  AT END  ⎫ unb-anw-1 [unb-anw-2] ...⎤  │
│                                           ⎣⎩INVALID KEY⎭                        ⎦  │
└─────────────────────────────────────────────────────────────────────────────┘
```

Alternativklammer
Aus den in <u>Alternativklammern</u> "{" und "}" eingeschlossenen, untereinander aufgeführten
Satzteilen muß immer genau ein Satzteil ausgewählt werden. Damit beschreiben

```
┌─────────────────────────────────────────────────────────────────────────────┐
│  READ dateiname RECORD [INTO bezeichner]  [AT END unb-anw-1 [unb-anw-2]...]    │
└─────────────────────────────────────────────────────────────────────────────┘
```
und
```
┌─────────────────────────────────────────────────────────────────────────────┐
│  READ dateiname RECORD [INTO bezeichner]  [INVALID KEY unb-anw-1 [unb-anw-2]...]│
└─────────────────────────────────────────────────────────────────────────────┘
```

die beiden möglichen Formen der READ-Anweisung. Da die INVALID-KEY-Klausel nur bei der
Verwendung spezieller Datei-Organisationen gebraucht wird, wollen wir im folgenden nur
auf das erste Syntax-Gerüst - mit der AT-END-Klausel - Bezug nehmen.

Schlüssel- und Wahl-Wörter
Die reservierten COBOL-Wörter sind in Großbuchstaben geschrieben. Bei den unterstri-

chenen Wörtern READ, INTO und END handelt es sich um sog. <u>Schlüssel-Wörter</u> (keyword).
Diese Wörter werden bei der Programmanalyse vom Kompilierer erwartet und müssen daher
auf jeden Fall innerhalb der READ-Anweisung angegeben werden.

Die nicht unterstrichenen COBOL-Wörter RECORD und AT heißen <u>Wahl-Wörter</u> (optional
word). Diese Wörter sollen die Lesbarkeit einer Anweisung erleichtern. Da sie keine
weitere Funktion besitzen, darf man sie auch weglassen. Werden sie allerdings angegeben, so sind natürlich keine orthographischen Fehler erlaubt.

Die klein geschriebenen Wörter "dateiname" und "bezeichner" fungieren als Platzhalter
für Programmierer-Wörter. In der Anweisung

    READ VERTRETER-DATEI RECORD, AT END MOVE 1 TO DATEI-ENDE-FELD.

unseres Beispielprogramms (vgl. S. 25), welche wir bei Verzicht auf die Wahl-Wörter
z.B. auch (mit gleicher Wirkung der Anweisung)

    READ VERTRETER-DATEI, END MOVE 1 TO DATEI-ENDE-FELD.

schreiben können, haben wir für den Platzhalter "dateiname" das Programmierer-Wort
VERTRETER-DATEI eingesetzt (das mögliche Fehlen der INTO-Klausel erläutern wir unten).

<u>Interpunktionszeichen</u>

Generell müssen alle Sprachelemente eines COBOL-Programms durch jeweils <u>mindestens</u>
ein Leerzeichen voneinander getrennt werden. Darüberhinaus ist es möglich - in einigen Situationen sogar unbedingt erforderlich - den Punkt ".", das Komma "," und das
Semikolon ";" als weitere Interpunktionszeichen im Programm zu verwenden. Dabei muß
einem Interpunktionszeichen immer mindestens ein Leerzeichen folgen, und im Standard
ANSI-68 darf einem Interpunktionszeichen kein Leerzeichen vorausgehen.

Neben der bekannten Regel, daß ein COBOL-Satz durch einen Punkt abgeschlossen werden
muß, sind beim Einsatz von Komma und Semikolon die folgenden Regeln zu beachten:

- durch ein Komma oder ein Semikolon können (müssen aber nicht!) jeweils zwei Anweisungen bzw. die Klauseln innerhalb einer Anweisung getrennt werden (vgl. AT-END-
  Klausel in der READ-Anweisung) und

- ein Komma darf (muß aber nicht!) jeweils zwei Operanden in einer Anweisung voneinander abgrenzen.

<u>Optionalklammern und Satzteil-Wiederholung</u>

Die INTO-Klausel "INTO bezeichner" ist in unserem Beispielprogramm nicht Bestandteil
der READ-Anweisung. Das ist kein Verstoß gegen die Syntax, weil ein Satzteil dann
fehlen darf, wenn er im Syntax-Gerüst in die Optionalklammern "[" und "]" eingeschlossen ist. Die Wirkung derartiger optionaler Satzteile hängt eng mit der Funktion der
jeweiligen Anweisung zusammen und wird daher bei der Erläuterung der einzelnen COBOL-
Anweisungen behandelt.

Folgen auf die schließende Optionalklammer die Zeichen "...", dann kann der in der

Klammer enthaltene Satzteil beliebig oft wiederholt werden. So ist z.B. eine AT-END-Klausel mit vier unbedingten Anweisungen der Form:

    AT END unb-anw-1, unb-anw-2, unb-anw-3, unb-anw-4.

als Bestandteil einer READ-Anweisung möglich. Bei erfüllter Dateiende-Bedingung werden dann die vier unbedingten Anweisungen "unb-anw-1", "unb-anw-2", "unb-anw-3" und "unb-anw-4" (in dieser Reihenfolge) ausgeführt. Handelt es sich jedoch bei einer dieser Anweisungen um die Sprunganweisung GO (vgl. 7.3) - was nicht sinnvoll ist - so werden die restlichen Anweisungen natürlich nicht bearbeitet.
Die klein geschriebenen Wörter "unb-anw-1" und "unb-anw-2" fungieren im Syntax-Gerüst also als Platzhalter für vollständige COBOL-Anweisungen (und nicht für einzelne Programmierer-Wörter). Wir schließen nun die Diskussion über das Syntax-Gerüst der READ-Anweisung ab, indem wir die Bedeutung des Attributs "unbedingt" erläutern.

Bedingte und unbedingte Anweisungen

Generell werden COBOL-Anweisungen in bedingte (conditional statement) und unbedingte Anweisungen (imperative statement) eingeteilt.
Eine bedingte Anweisung ist eine aus mehreren COBOL-Anweisungen zusammengesetzte Anweisung, bei der die Erfüllung einer Bedingung über die Ausführung der einzelnen Anweisungen entscheidet.

So legt z.B. die in der Anweisung

    IF DATEI-ENDE,
        GO TO ENDE,
    ELSE
        PERFORM VERARBEITUNG.

durch den Bedingungsnamen DATEI-ENDE bezeichnete Bedingung fest (vgl. S. 32), ob die GO- oder die PERFORM-Anweisung ausgeführt wird. Daher zählt die IF-Anweisung genauso wie die READ-Anweisung (in Verbindung mit der AT-END-Klausel) zur Gruppe der bedingten Anweisungen. Weitere bedingte Anweisungen werden wir in den nachfolgenden Kapiteln kennenlernen.

Jede nicht bedingte Anweisung nennt man eine unbedingte Anweisung. In unseren Beispielprogrammen haben wir die unbedingten Anweisungen OPEN, MOVE, GO, PERFORM, CLOSE, STOP und WRITE eingesetzt. Weitere unbedingte Anweisungen werden wir in den folgenden Kapiteln kennenlernen.

Aufgabe 6

Welche Schlüssel- und Wahl-Wörter sind in den folgenden Syntax-Gerüsten enthalten?

a) 88 bedingungsname VALUE IS literal-1 $\lceil$THRU literal-2$\rceil$
                                 $\lceil$literal-3 $\lceil$THRU literal-4$\rceil$$\rceil$ ...

b) stufennummer $\begin{Bmatrix} \text{bezeichner} \\ \underline{\text{FILLER}} \end{Bmatrix}$ PICTURE IS picture-maske

c) WRITE datensatzname $\lceil$FROM bezeichner$\rceil$

5. Datentransport und Wertzuweisung

Für den Datentransport im Hauptspeicher stellt COBOL mit der MOVE-Anweisung ein sehr flexibles und mächtiges Werkzeug bereit, welches zudem äußerst einfach zu handhaben ist. In 5.1 geben wir die wichtigsten Regeln für den Einsatz der MOVE-Anweisung an. Wir lernen ferner die Begriffe des numerischen und des alphanumerischen Literals kennen. Als spezielle Literale stellen wir die sog. figurativen Konstanten vor, welche die Belegung von Datenfeldern mit speziellen mehrfachen Zeichenmustern erleichtern. Standardmäßig wird beim MOVE mit alphanumerischen Datenfeldern stets eine linksbündige Ablage der übertragenen Zeichen durchgeführt. Die für eine rechtsbündige Ablage notwendige JUSTIFIED-Klausel stellen wir am Ende von 5.1 vor.

Als Pendant der dynamischen Speicherbesetzung mit der MOVE-Anweisung lernen wir in 5.2 die Initialisierung von Datenfeldern mit der VALUE-Klausel kennen.

5.1 Die MOVE-Anweisung

Mit der MOVE-Anweisung können Daten von einem Datenfeld in andere Felder übertragen werden. In unserem Beispielprogramm LISTE-DER-VERTRETER-NAMEN (vgl. S. 24) haben wir diese Anweisung bereits mehrmals eingesetzt. So kodierten wir z.B. den Strukturblock

NACHNAME ——→ VERTRETER-NAME

durch die Anweisung:

MOVE NACHNAME TO VERTRETER-NAME.

An dieser Stelle wollen wir uns mit den Regeln für den Einsatz der MOVE-Anweisung vertraut machen.

Syntax der MOVE-Anweisung (noch unvollständig!)

MOVE bezeichner-1 TO bezeichner-2 [bezeichner-3]...

Durch die Ausführung dieser Anweisung wird der Inhalt des Datenfelds bezeichner-1 in das Datenfeld bezeichner-2 und alle weiteren angegebenen Datenfelder übertragen. Das Feld bezeichner-1 wird deshalb auch als Sendefeld und die Felder hinter dem Schlüssel-Wort TO als Empfangsfelder bezeichnet. Durch die Übertragung vom Sendefeld in die Empfangsfelder wird der alte Inhalt der Empfangsfelder zerstört, und der Inhalt des Sendefelds bleibt unverändert erhalten.

So ergibt sich z.B. durch die Ausführung der Anweisung

MOVE NACHNAME TO VERTRETER-NAME.

die folgende Veränderung der Speicherinhalte:

Sendefeld NACHNAME   Empfangsfeld VERTRETER-NAME

vorher: | N E U M A N N ␣ / / ␣ ␣ | | A L T M A N N ␣ / / ␣ ␣ |

nachher: | N E U M A N N ␣ / / ␣ ␣ | | N E U M A N N ␣ / / ␣ ␣ |

Für die durch die Eintragung:

```
77  ZAHLENFELD-1  PICTURE S99V99.
77  ZAHLENFELD-2  PICTURE S99V99.
```

vereinbarten Datenfelder ändert sich durch die Ausführung der MOVE-Anweisung

MOVE ZAHLENFELD-1 TO ZAHLENFELD-2.

der Speicherplatz wie folgt:

Sendefeld ZAHLENFELD-1   Empfangsfeld ZAHLENFELD-2

vorher: | 1 2ˌ5 5 |⁻ | o 4ˌ2 5 |⁺

nachher: | 1 2ˌ5 5 |⁻ | 1 2ˌ5 5 |⁻

In diesen beiden Beispielen besitzen Sende- und Empfangsfeld die gleichen Datenfeld-
Beschreibungen bzgl. Länge, Kategorie, Stellung des Dezimalpunkts und Vorzeichen.
Nach dem Datentransport ist deshalb der Inhalt des Empfangsfelds mit dem des Sende-
felds identisch.
Wir wollen nun lernen, zu welchem Ergebnis die MOVE-Anweisung führt, wenn die Attri-
bute von Empfangs- und Sendefeld unterschiedlich sind.

Alphanumerisches MOVE

Besitzen Sende- und Empfangsfeld(er) die alphanumerische Kategorie, so sprechen wir
von einem alphanumerischen MOVE.
Beim alphanumerischen MOVE wird der Inhalt des Sendefelds immer linksbündig im Empfangsfeld abgelegt, d.h. das erste Zeichen des Sendefelds wird im Empfangsfeld als
erstes Zeichen eingetragen, das zweite Zeichen des Sendefelds wird als zweites Zeichen abgelegt usw.
Die Übertragungslänge entspricht dabei jeweils der Länge des Empfangsfelds (gemessen
in Byte). Ist das Empfangsfeld kürzer als das Sendefeld, so werden die überzähligen
Zeichen (ohne Angabe einer Fehlermeldung) [*] abgeschnitten. Bei kürzerem Sendefeld werden die restlichen Zeichen des Empfangsfelds mit Leerzeichen aufgefüllt.
Sind in einer MOVE-Anweisung mehrere Empfangsfelder angegeben, so wird die Übertragungslänge für jedes Empfangsfeld einzeln ermittelt.

---

*) I.a. wird während des Übersetzungslaufs eine Warnung ausgegeben.

Mit den Vereinbarungen:

```
ol  S-NAME.
    o2  S-VORNAME   PICTURE X(1o).
    o2  S-NACHNAME  PICTURE X(1o).
ol  E-NAME-1.
    o2  E-VORNAME-1   PICTURE X(5).
    o2  E-NACHNAME-1  PICTURE X(1o).
ol  E-NAME-2.
    o2  E-VORNAME-2   PICTURE X(12).
    o2  E-NACHNAME-2  PICTURE X(7).
```

führen die Anweisungen

```
MOVE S-VORNAME  TO E-VORNAME-1  E-VORNAME-2.
MOVE S-NACHNAME TO E-NACHNAME-1 E-NACHNAME-2.
```

zu folgendem Ergebnis:

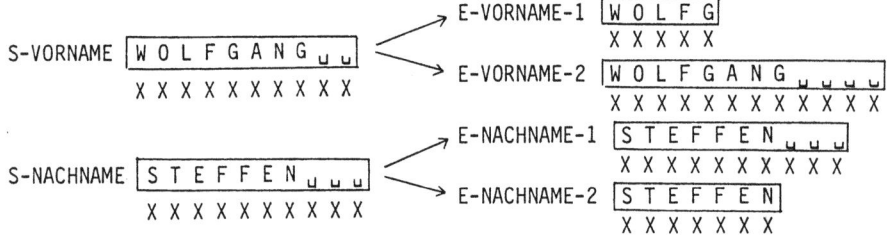

Numerisches MOVE

Besitzen Sende- und Empfangsfeld(er) die numerische Kategorie, so sprechen wir von
einem numerischen MOVE.

Würden beim numerischen MOVE die Informationen ebenfalls stets linksbündig in die
Empfangsfelder übertragen, so würde dies offensichtlich in vielen Fällen zu falschen
Ergebnissen führen.

Beim numerischen MOVE werden die Informationen deshalb dezimalpunktgerecht übertragen. Enthält das Sendefeld mehr Ziffern links oder rechts vom Dezimalpunkt als das
Empfangsfeld dort aufnehmen kann, so werden die restlichen Ziffern (ohne Angabe einer
Fehlermeldung) [*) nicht übertragen (es wird auch nicht gerundet!). Enthält dagegen das
Empfangsfeld mehr Ziffernpositionen rechts bzw. links vom Dezimalpunkt als das Sendefeld, so werden in diese Positionen Nullen eingefügt. Auch beim numerischen MOVE entspricht daher die Übertragungslänge immer der Länge des Empfangsfelds.

In ein vorzeichenlos beschriebenes Empfangsfeld wird stets der Betrag des Sendefelds
übertragen, d.h. der Wert ohne Vorzeichen.

Wir demonstrieren diese Regeln mit den folgendermaßen definierten Datenfeldern:

```
77  S-KONTO-1  PICTURE 9(3)V99.
77  S-KONTO-2  PICTURE S9(3)V99.
77  S-KONTO-3  PICTURE S9(3)V99.
```

---

*) I.a. wird während des Übersetzungslaufs eine Warnung ausgegeben.

```
77  E-KONTO-1  PICTURE S9(4)V999.
77  E-KONTO-2  PICTURE S9(3)V9.
77  E-KONTO-3  PICTURE S9(3).
77  E-KONTO-4  PICTURE S9V99.
77  E-KONTO-5  PICTURE 9(3)V99.
```

Dann führt sowohl die Anweisung

   MOVE S-KONTO-1 TO E-KONTO-1 E-KONTO-2 E-KONTO-3 E-KONTO-4 E-KONTO-5.
als auch die Anweisung

   MOVE S-KONTO-2 TO E-KONTO-1 E-KONTO-2 E-KONTO-3 E-KONTO-4 E-KONTO-5.

zu folgendem Ergebnis:

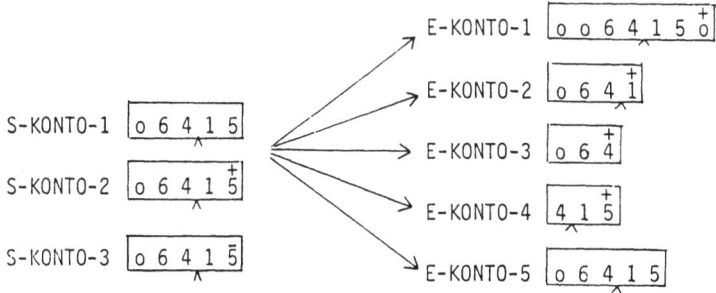

Bei der Ausführung der Anweisung

   MOVE S-KONTO-3 TO E-KONTO-1 E-KONTO-2 E-KONTO-3 E-KONTO-4 E-KONTO-5.

ändert sich die Speicherbelegung der Empfangsfelder insofern als bei den Feldern
E-KONTO-1, E-KONTO-2, E-KONTO-3 und E-KONTO-4 anstelle des Pluszeichens ein Minuszeichen als Vorzeichen in die letzte Ziffernposition eingetragen wird. Bei der Übertragung des Inhalts von S-KONTO-3 nach E-KONTO-5 geht das Vorzeichen ebenso verloren
wie bei der Übertragung von S-KONTO-2 nach E-KONTO-5.

MOVE mit Datenfeldern unterschiedlicher Kategorie

Bisher haben wir die MOVE-Anweisung immer nur auf Datenfelder gleicher Kategorie angewandt. Wir wollen nun feststellen, unter welchen Umständen es sinnvoll und auch
möglich ist, Informationen zwischen Datenfeldern verschiedener Kategorie zu übertragen.
Ein Transport von einem numerischen Sendefeld in ein alphanumerisches Empfangsfeld
ist nur zulässig, wenn das Sendefeld ganzzahlig vereinbart ist. In diesem Fall gelten
die Regeln wie beim alphanumerischen MOVE. Allerdings gehen vorhandene Vorzeichen-
informationen hierbei verloren.
Mit der Vereinbarung:

```
77  S-NUM-KONTO-1   PICTURE S9(4).
77  S-NUM-KONTO-2   PICTURE 9(5).
77  E-ALPH-KONTO-1  PICTURE X(6).
77  E-ALPH-KONTO-2  PICTURE X(4).
```

führen die MOVE-Anweisungen

```
MOVE S-NUM-KONTO-1 TO E-ALPH-KONTO-1  E-ALPH-KONTO-2.
MOVE S-NUM-KONTO-2 TO E-ALPH-KONTO-1  E-ALPH-KONTO-2.
```

zu folgenden Resultaten:

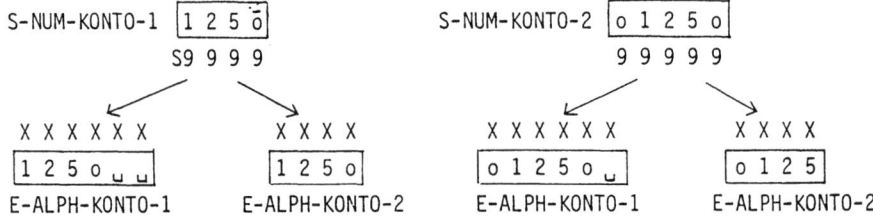

Beim Transport von einem <u>alphanumerischen Sendefeld</u> in ein <u>numerisches Empfangsfeld</u> können sinnvollerweise immer nur numerische Informationen übertragen werden, d.h. die alphanumerische Zeichenfolge darf nur aus Ziffern bestehen. Werden nämlich andere Zeichenkombinationen in ein numerisches Empfangsfeld übertragen, so führt dies beim Objektlauf in dem Moment zum Programmabbruch, wenn mit diesem Empfangsfeld arithmetische Operationen (s. 8.) durchgeführt werden.

Mit den folgendermaßen definierten Datenfeldern:

```
77  S-ALPH-KONTO-1  PICTURE X(4).
77  S-ALPH-KONTO-2  PICTURE X(5).
77  E-NUM-KONTO-1   PICTURE S99V99.
77  E-NUM-KONTO-2   PICTURE 9(4).
```

führen die MOVE-Anweisungen

```
MOVE S-ALPH-KONTO-1 TO E-NUM-KONTO-1  E-NUM-KONTO-2.
MOVE S-ALPH-KONTO-2 TO E-NUM-KONTO-1  E-NUM-KONTO-2.
```

zu folgenden Resultaten:

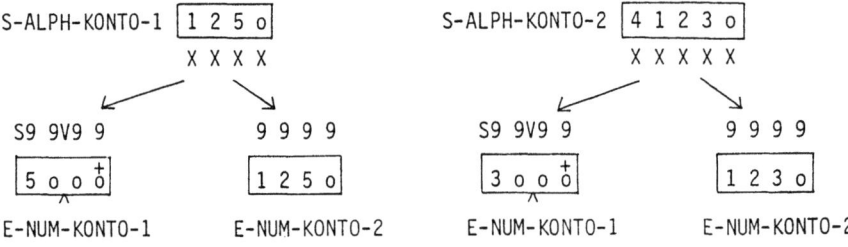

Der Transport wird also wie beim numerischen MOVE durchgeführt, wobei der Sendefeldinhalt ganzzahlig interpretiert wird. Die Übertragungslänge berechnet sich dabei wiederum aus der Länge des Empfangsfelds. (Bei kürzerem Empfangsfeld wird i.a. während des Übersetzungslaufs eine Warnung ausgegeben.)

Gruppen-MOVE

Bislang haben wir als Sende- und Empfangsfelder nur elementare Datenfelder eingesetzt. Erscheint eine Datengruppe als Operand in einer MOVE-Anweisung, so wird sie
wie ein Datenfeld von alphanumerischer Kategorie behandelt. Die Länge dieses Felds
berechnet sich aus der Summe aller Längen der darin enthaltenen untergeordneten Datenfelder.

Tritt eine Datengruppe als Sende- oder Empfangsfeld in einer MOVE-Anweisung auf, so
wird stets ein alphanumerisches MOVE durchgeführt, d.h. beim Transport wird die interne Darstellung der einzelnen Daten nicht verändert. So wird z.B. ein Vorzeichen
in einem numerischen Datenfeld bei der Übertragung in eine Datengruppe nicht entfernt, sondern es wird mit dem letzten Byte des Sendefelds unverändert übernommen.

Mit der Vereinbarung:

```
77  S-NUM    PICTURE S9(4).
77  S-ALPH   PICTURE X(4).
77  E-NUM    PICTURE 9(4).
77  E-ALPH   PICTURE X(5).
o1  S-GRUPPE.
    o2  FELD-1  PICTURE 99.
    o2  FELD-2  PICTURE 99.
o1  E-GRUPPE.
    o2  FELD-3  PICTURE 99.
    o2  FELD-4  PICTURE S99.
```

führen die MOVE-Anweisungen

```
MOVE S-GRUPPE TO E-GRUPPE  E-NUM  E-ALPH.
MOVE S-NUM TO E-GRUPPE.
MOVE S-ALPH TO E-GRUPPE.
```

zu folgenden Resultaten:

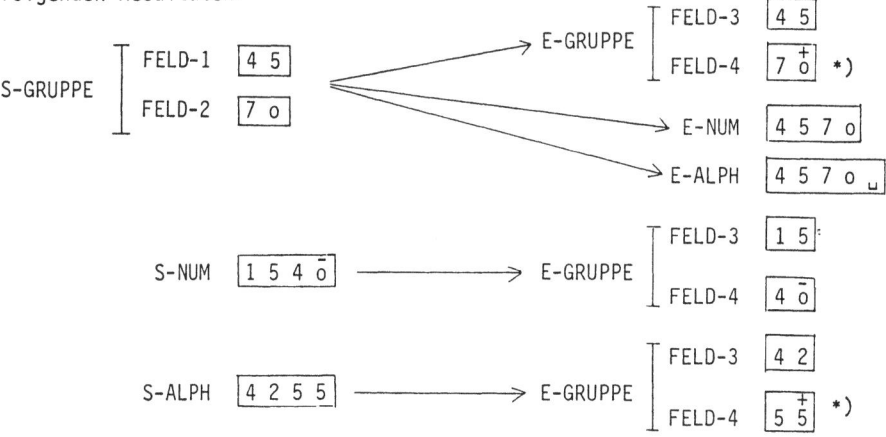

---

*) Es erscheint so, als ob bei der Übertragung in das Empfangsfeld ein Vorzeichen zur
   letzten Stelle hinzugefügt worden sei. Das ist jedoch nicht der Fall. Vielmehr entspricht unsere Darstellung der Interpretation der Intern-Kode-Darstellung der
   letzten Ziffer, wie dies bei der Verarbeitung von Feldern geschieht, die mit
   dem Maskenzeichen S vereinbart sind (vgl. A.4).

MOVE mit Literalen

Wir wollen im folgenden eine erweiterte Form der MOVE-Anweisung kennenlernen, mit
welcher wir Werte an Datenfelder zuweisen können ohne Eingabe-Anweisungen kodieren
zu müssen. In unserem Beispielprogramm (vgl. S. 25) haben wir von dieser Möglichkeit
schon durch die Verwendung der Anweisungen

    MOVE o TO DATEI-ENDE-FELD.
und
    MOVE "ᵤ" TO LISTE-INFORMATION.

Gebrauch gemacht. Die Werte o und "ᵤ" sind Beispiele für sog. Literale.

Ein <u>Literal</u> ist eine Zeichenkette, deren Wert durch die in dieser Zeichenkette verwendeten Zeichen bestimmt wird. Im Programm werden die Literale u.a. als Konstante in
speziellen COBOL-Anweisungen benutzt. Dabei wird zwischen numerischen und alphanumerischen Literalen unterschieden.

Numerische Literale

<u>Numerische Literale</u> (dies sind "Zahlen-Konstanten") setzen sich aus <u>maximal 18 Ziffern</u>
zusammen, und zusätzlich darf eines der Vorzeichen "+" oder "-" und der Dezimalpunkt
"." auftreten.
Das Vorzeichen muß das am weitesten links stehende Zeichen und der Dezimalpunkt darf
nicht das am weitesten rechts stehende Zeichen sein (als Abschluß einer Zeichenfolge
in einem COBOL-Programm kennzeichnet der Punkt bekanntlich immer das Satzende). Ohne
Dezimalpunkt wird ein numerisches Literal als ganze Zahl und ohne Vorzeichen als
positive Zahl interpretiert.

Beispiele für numerische Literale sind die Zeichenfolgen:

    o.12   und   +125o.15   und   -12

Dagegen ist die Schreibweise -12. für das numerische Literal, welches den Wert -12.
bezeichnet, nicht zulässig. Stattdessen muß in diesem Fall die Schreibweise -12 gewählt werden.

Alphanumerische Literale

<u>Alphanumerische Literale</u> (dies sind "Text-Konstanten") bestehen aus einer beliebigen
Kombination von Zeichen des Intern-Kodes (einschließlich des Leerzeichens), welche
durch <u>Anführungszeichen</u> " (quotation mark) eingeleitet und beendet werden.[*] Während
im Standard ANSI-68 keine Anführungszeichen <u>innerhalb</u> eines alphanumerischen Literals
erscheinen dürfen, ist es im Standard ANSI-74 erlaubt, ein Anführungszeichen durch
die Kodierung zweier aufeinanderfolgender Anführungszeichen ("") darzustellen.

---

[*] Bei einigen DVAn darf anstelle des Anführungszeichens auch das <u>Apostroph</u> ' benutzt
    werden. Vor einer Anwendung sollte man in jedem Fall die jeweilige Sprachbeschrei-
    bung des Herstellers einsehen.

Die maximale Länge eines alphanumerischen Literals ist auf <u>12o Zeichen</u> beschränkt (die beiden Begrenzungszeichen werden nicht mitgezählt). Allerdings besteht bei vielen DVAn die Möglichkeit, weitaus längere Literale zu vereinbaren (was aus Gründen der Portabilität eines Programms nicht zu empfehlen ist!).

Beispiele für alphanumerische Literale sind die Zeichenfolgen:

"LISTE-DER-VERTRETER-NAMEN"   und   "+125o.25"   und   "+ᵤ-ᵤ*ᵤ/"

Im Standard ANSI-74 ist das Objekt

"DASᵤZEICHENᵤ""ᵤISTᵤEINᵤANFUEHRUNGSZEICHEN"

ebenfalls ein zulässiges alphanumerisches Literal mit dem Wert:

DAS ZEICHEN " IST EIN ANFUEHRUNGSZEICHEN

Figurative Konstanten

Eine besondere Art von Literalen stellen die sog. <u>figurativen Konstanten</u> (figurative constant) dar, welche durch COBOL-Schlüssel-Wörter bezeichnet werden. Zu den figurativen Konstanten zählen:

COBOL-Wörter:	bezeichnete Zeichen:
SPACE bzw. SPACES	Leerzeichen ᵤ
QUOTE bzw. QUOTES *)	Anführungszeichen "
ZERO bzw. ZEROES bzw. ZEROS	Null (als Ziffer o oder als numerischer Wert o)
HIGH-VALUE bzw. HIGH-VALUES	Zeichen mit der höchsten Sortierfolge-Ordnungsnummer (im EBCDI-Kode: Sedezimal-Darstellung FF_{16}) **)
LOW-VALUE bzw. LOW-VALUES	Zeichen mit der niedrigsten Sortierfolge-Ordnungsnummer (im EBCDI-Kode: Sedezimal-Darstellung oo_{16}) **)

Eine besondere Form der figurativen Konstanten stellen ferner die folgenden Wortverbindungen dar:

<u>ALL</u> { alphanumerisches-literal
       figurative-konstante-ohne-das-wort-ALL }

Mit diesen Literalen können sehr einfach spezielle mehrfache Zeichenmuster in ein Datenfeld eingetragen werden (dies wird auf S. 53 - MOVE mit figurativen Konstanten - näher ausgeführt).

Weitere Beispiele für figurative Konstante sind daher die Zeichenfolgen:

ALL SPACE bzw. ALL "ᵤ"   und   ALL ":"   und   ALL ":::ᵤ"

---

*) Natürlich darf man für ein alphanumerisches Literal wie z.B. "+ᵤ-ᵤ*ᵤ/" <u>nicht</u> QUOTE +ᵤ-ᵤ*ᵤ/ QUOTE schreiben, da als Begrenzungszeichen für ein alphanumerisches Literal immer das Anführungszeichen " verwendet werden muß.

**) Zum Begriff der Sedezimal-Darstellung s. A.3.

Trennung von Literalen

Im Hinblick auf die Kodierung von alphanumerischen Literalen müssen wir an dieser
Stelle die im Abschnitt 3.5 angegebenen Trennungsregeln für die COBOL-Sprachelemente
um die folgende Vorschrift ergänzen:

- Bei der Trennung eines numerischen Literals dürfen sowohl am Ende der fortzusetzenden Programmzeile als auch am Anfang der Fortsetzungszeile (gekennzeichnet durch
"-" in Spalte 7) beliebig viele Leerzeichen auftreten.
Z.B. trennen wir:

		MOVE -231.
	-	55 TO KONTOSTAND-WS.

  Spalte 7

und erhalten für das durch

    77 KONTOSTAND-WS PICTURE S9(3)V99.

definierte numerische Feld KONTOSTAND-WS als Speicherinhalt:

    KONTOSTAND-WS | 2 3 1 5 5̄ |

- Bei der Trennung eines alphanumerischen Literals wird der gesamte Inhalt vom ein-
leitenden Anführungszeichen bis zur Spalte 72 der fortzusetzenden Programmzeile als
Beginn des Literals genommen. In der Fortsetzungszeile darf der folgende Literal-
bereich, welcher wieder durch das Anführungszeichen eingeleitet werden muß, an einer beliebigen Stelle im Bereich B beginnen.
Z.B. trennen wir:

	MOVE "␣LISTE␣DER␣VERTRETER	
-	"␣DES␣	
-	"UNTERNEHMENS"	
	TO LISTE-INFORMATION.	

  Spalte 7   Spalte 72

und erhalten für das Feld LISTE-INFORMATION den Inhalt:

LISTE-INFORMATION | ␣LISTE␣DER␣VERTRETER␣DES␣UNTERNEHMENS␣ / | ␣ |

Mit der Kenntnis des Literalbegriffs formulieren wir die Syntax der MOVE-Anweisung so:

Syntax der MOVE-Anweisung

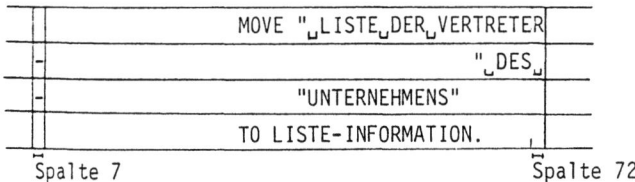

Die Ausführung der MOVE-Anweisung mit einem Literal auf Sendefeld-Position geschieht
genauso wie wir es für Datenfelder auf Sendefeld-Position kennengelernt haben (vgl.
S. 45 ff). Allein ausschlaggebend für die Übertragungslänge ist wiederum die Definition des Empfangsfelds, und über die Ausführungsart entscheidet wiederum die Kombination aus Sendefeld und Empfangsfeld.

Für das <u>MOVE mit figurativen Konstanten</u> gilt als Besonderheit:

Das Empfangsfeld wird in seiner ganzen Länge sukzessive mit der durch die figurative Konstante beschriebenen Zeichenfolge aufgefüllt. Im Einklang mit der linksbündigen Ablage bei alphanumerischen Datenfeldern wird die Besetzung vom Feldanfang aus durchgeführt.

Von einer Ausnahme (Null) abgesehen dürfen als Empfangsfelder für figurative Konstante nur alphanumerische Datenfelder auftreten. Allein die durch ZERO (bzw. ZEROS oder ZEROES) bezeichnete Konstante Null darf auch in numerische Empfangsfelder übertragen werden.

Mit den Vereinbarungen

```
77   E-ALPH-1   PICTURE X(5).
77   E-ALPH-2   PICTURE X(5).
77   E-ALPH-3   PICTURE X(5).
77   E-ALPH-4   PICTURE X(5).
77   E-ALPH-5   PICTURE X(5).
77   E-ALPH-6   PICTURE X(5).
77   E-ALPH-7   PICTURE X(5).
77   E-NUM-1    PICTURE S99V99.
77   E-NUM-2    PICTURE S99V99.
77   E-NUM-3    PICTURE S99V99.
77   E-NUM-4    PICTURE S99V99.
```

führen die MOVE-Anweisungen

```
MOVE   ALL ":"    TO E-ALPH-1.
MOVE   ":::"      TO E-ALPH-2.
MOVE   ALL ":+"   TO E-ALPH-3.
MOVE   ":+"       TO E-ALPH-4.
MOVE   ZEROS      TO E-ALPH-5.
MOVE   SPACES     TO E-ALPH-6.
MOVE   12o        TO E-ALPH-7.
MOVE   -25.4o     TO E-NUM-1.
MOVE   ZERO       TO E-NUM-2.
MOVE   1.2o       TO E-NUM-3.
MOVE   "o12"      TO E-NUM-4.
```

zu den folgenden Ergebnissen:

E-ALPH-1 `: : : : :`   E-ALPH-2 `: : : ⊔ ⊔`   E-ALPH-3 `: + : + :`

E-ALPH-4 `: + ⊔ ⊔ ⊔`   E-ALPH-5 `0 0 0 0 0`   E-ALPH-6 `⊔ ⊔ ⊔ ⊔ ⊔`

E-ALPH-7 `1 2 0 ⊔ ⊔`   E-NUM-1 `2 5 4 0̅`   E-NUM-2 `0 0 0 0̅⁺`   E-NUM-3 `0 1 2 0̅⁺`

E-NUM-4 `1 2 0 0̅⁺`

Beim MOVE mit figurativen Konstanten darf das COBOL-Wort ALL vor einer durch ein COBOL-Wort bezeichneten figurativen Konstante auch fehlen. So ist z.B.

```
MOVE ALL QUOTES TO E-ALPH-6.
```

gleichbedeutend mit

```
MOVE QUOTES TO E-ALPH-6.
```

JUSTIFIED-Klausel

Standardmäßig wird beim alphanumerischen MOVE die übertragene Information des Sendefelds linksbündig im Empfangsfeld abgelegt. Soll abweichend von dieser Regel eine
rechtsbündige Ablage durchgeführt werden, so muß bei der Vereinbarung des Empfangsfelds in dessen Datenfeld-Beschreibung zusätzlich die JUSTIFIED-Klausel in der folgenden Form kodiert werden:

$$\left\{ \begin{array}{c} \underline{JUSTIFIED} \\ \underline{JUST} \end{array} \right\} \ RIGHT$$

Ist dann das Sendefeld länger als das Empfangsfeld, so werden die überzähligen Zeichen zu Beginn des Sendefelds nicht übertragen. Umgekehrt wird bei größerer Länge
des Empfangsfelds die rechtsbündig abgelegte Zeichenfolge durch führende Leerzeichen
ergänzt. Generell darf die JUSTIFIED-Klausel nur bei der Vereinbarung von elementaren Datenfeldern angegeben werden, welche nicht der numerischen Kategorie angehören.

Bei der Vereinbarung

```
77  S-ÂLPHA    PICTURE X(4).
77  E-ALPHA-1  PICTURE XX   JUSTIFIED RIGHT.
77  E-ALPHA-2  PICTURE X(6)  JUSTIFIED RIGHT.
```

führen die Anweisungen

```
MOVE S-ALPHA TO E-ALPHA-1 E-ALPHA-2.
MOVE ALL "1234" TO E-ALPHA-1 E-ALPHA-2.
```

zu folgenden Resultaten:

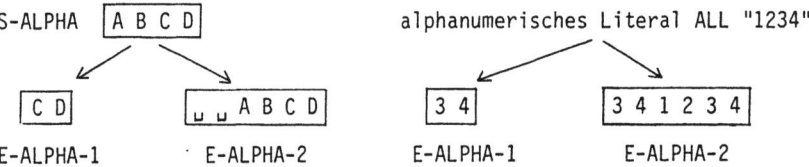

Abschließend fassen wir die dargestellten Anwendungen der MOVE-Anweisung in folgendem
Schema zusammen:

Kategorie des Sendefelds	Kategorie des Empfangsfelds		
	Gruppe	AN	N
Datengruppe	a	a	d
AN (alphanumerisch)	a	a	c
N (numerisch) ganzzahlig	d	a	b
N nicht ganzzahlig	d	verboten!	b

Dabei gilt: -a: alphanumerisches MOVE, d.h. linksbündige Ablage (evtl. Abschneiden
              oder Auffüllen mit Leerzeichen) und bei Datenelementen gegebenen-
              falls auch rechtsbündige Ablage, falls für das Empfangsfeld die
              JUSTIFIED-Klausel vereinbart wurde.

-b: numerisches MOVE, d.h. Dezimalpunkt-Ausrichtung und evtl. Auffüllung mit Nullen
   bzw. Abschneiden von Ziffern; das Ergebnis ist undefiniert, wenn die Zeichen des
   Sendefelds keine Ziffern sind
-c: wie b, aber: als Zeichen des Sendefelds dürfen nur Ziffern auftreten
-d: linksbündige Ablage ohne Daten-Umformung

Im Zusammenhang mit der Druckaufbereitung (s. 6.4) und im Hinblick auf die möglichen
Datenablageformate (s. 8.4) gibt es weitere Regeln für die MOVE-Anweisung.

5.2 Initialisieren von Datenfeldern (VALUE-Klausel)

Mit der MOVE-Anweisung können wir beim Lauf des Objektprogramms die Inhalte der im
Programm vereinbarten Datenfelder jederzeit dynamisch verändern. In bestimmten
Situationen ist es jedoch ratsam, ein Datenfeld schon vor dem Programmstart durch
den Kompilierer mit einem Wert vorbesetzen zu lassen. Dies ist vor allen Dingen
dann empfehlenswert, wenn das betreffende Feld während der Programmausführung nicht
verändert werden oder einen speziellen Anfangswert erhalten soll.
Die Initialisierung von Datenfeldern wird durch die Kodierung der VALUE-Klausel in
der Form:

> VALUE IS literal

innerhalb der Datenfeld-Beschreibung veranlaßt. Diese Klausel darf nur in der
WORKING-STORAGE SECTION benutzt werden, und das angegebene Literal muß von derselben
Kategorie wie das zugehörige Datenfeld sein.
Mit der VALUE-Klausel können nicht nur Datenfelder sondern auch alle durch das Wort
FILLER gekennzeichneten Speicherbereiche vorbesetzt werden (dies ist besonders vor-
teilhaft bei der Füllung von Speicherbereichen für die Druck-Ausgabe).
Bei der Initialisierung mit der VALUE-Klausel gelten im wesentlichen dieselben Regeln
wie bei der Ausführung einer MOVE-Anweisung (s. oben). Allerdings sollten Literale
immer so angegeben werden, daß keine Ziffern bzw. Zeichen abgeschnitten werden müssen.

Beispielsweise implizieren die folgenden Vereinbarungen

```
77   DATEI-ENDE-FELD          PICTURE 9   VALUE ZERO.
77   ZAEHLER                  PICTURE 9(4)  VALUE 1.
77   TITEL-ZEILE              PICTURE X(132)  VALUE "NAMENSLISTE".
77   UNTERSTREICHUNGS-ZEILE   PICTURE X(132)  VALUE ALL ":".
77   GESAMT-KONTOSTAND-ALT    PICTURE S9(6)V99   VALUE +578o.5o.
77   ANFANGS-KENNZEICHNUNG    PICTURE X(7)  VALUE "␣␣␣␣␣␣:".
```

die angegebenen Speicherbelegungen zum Programmstart:

DATEI-ENDE-FELD ⌈o⌉   ZAEHLER ⌈o o o 1⌉

TITEL-ZEILE ⌈N A M E N S L I S T E ␣ ␣ ␣ / ␣ ␣ ␣⌉

UNTERSTREICHUNGS-ZEILE ⌈: : : : : : : : / : :⌉

GESAMT-KONTOSTAND-ALT ⌈o o 5 7 8 o 5 o⌉   ANFANGS-KENNZEICHNUNG ⌈␣ ␣ ␣ ␣ ␣ ␣ :⌉

Die VALUE-Klausel darf auch hinter dem Bezeichner für eine Datengruppe kodiert sein. Das angegebene Literal muß dann von alphanumerischer Kategorie sein, und die der Datengruppe untergeordneten Felder dürfen selbst keine VALUE- und keine JUSTIFIED-Klausel (und auch keine SYNCHRONIZED- oder USAGE-Klausel außer mit dem Schlüssel-Wort DISPLAY, vgl. S. 1o9 und S. 236) enthalten.

Z.B. führen die folgenden Datenfeld-Beschreibungen zu den angegebenen Vorbesetzungen:

```
o1  ZAEHLER-LISTE  VALUE "oo11o1".
    o2  ZAEHLER-1  PICTURE 999.
    o2  ZAEHLER-2  PICTURE 9.       ZAEHLER-1 |o o 1|   ZAEHLER-2 |1|   ZAEHLER-3 |o 1|
    o2  ZAEHLER-3  PICTURE 99.
o1  VOKALE  VALUE "AEIOU".
    o2  A  PICTURE X.
    o2  E  PICTURE X.
    o2  I  PICTURE X.            A |A|   E |E|   I |I|   O |O|   U |U|
    o2  O  PICTURE X.
    o2  U  PICTURE X.
```

Grundsätzlich enthalten beim Programmstart alle diejenigen Datenfelder einen undefinierten Wert, welche nicht durch die Kodierung einer entsprechenden VALUE-Klausel vorbesetzt sind. Deshalb müssen wir strikt darauf achten, daß wir jedem nichtinitialisierten Feld einen Anfangswert zuweisen, bevor wir es erstmalig als Operand in einer entsprechenden COBOL-Anweisung benutzen. Natürlich brauchen wir Empfangs- und Ergebnisfelder (bei arithmetischen Operationen) nicht extra zu initialisieren.

Wir weisen an dieser Stelle noch einmal besonders darauf hin, daß die Syntax der VALUE-Klausel für die Vorbesetzung von Datenfeldern von derjenigen abweicht, mit welcher Bedingungsnamen definiert werden (s. 3.4).

Aufgabe 7

Die durch folgende Definition

```
01  S-GRUPPE.
    02  S1  PICTURE 99V9.
    02  S2  PICTURE S99.
    02  S3  PICTURE XX.
01  E-GRUPPE.
    02  E1  PICTURE S99V9.
    02  E2  PICTURE S9V9.
    02  E3  PICTURE 99.
    02  E4  PICTURE X(4).
```

vereinbarten Datenfelder haben die aktuellen Speicherbelegungen:

S1 |o 1 2|̂   S2 |4 7̄| S3 |1 2|

E1 |o o 5̄|̂   E2 |4 5̄|̂   E3 |6 2| E4 |V I E L|

Zu welchen Ergebnissen führen die folgenden MOVE-Anweisungen?

a) MOVE S1 TO E1 E2 E3.   b) MOVE S2 TO E1 E2 E3.

c) MOVE S3 TO E1 E2 E3.   d) MOVE S-GRUPPE TO E-GRUPPE.

Aufgabe 8

Welche der folgenden Literale sind korrekt und welche haben alphanumerische
Kategorie:

a) "BENUTZER␣-␣DATEN"   b) 1.   c) +12.7   d) 78,4

e) "+&/-ZEICHEN"   f) "DAS␣"-ZEICHEN" g) "50%"   h) "1."

i) 88.44-   j) "88.44-"

Aufgabe 9

Geben Sie auf der Basis der Datenfeld-Beschreibung:

```
   01  SATZ.
       02  FELD-1      PICTURE X(5).
       02  FELD-2.
           03  FELD-21 PICTURE 99.
           03  FELD-22 PICTURE 9V9.
       02  FILLER      PICTURE X.
       02  FELD-3      PICTURE S9.
       02  FELD-4      PICTURE X(3)  JUSTIFIED RIGHT.
```

die Ergebnisse der folgenden MOVE-Anweisungen an:

a) MOVE "A"   TO FELD-1.

b) MOVE "␣"   TO FELD-1.

c) MOVE ALL "A␣" TO FELD-1.

d) MOVE ALL "ABCD" TO FELD-1.

e) MOVE 200 TO FELD-21.

f) MOVE 2 TO FELD-21.

g) MOVE 20 TO FELD-22.

h) MOVE .437 TO FELD-22.

i) MOVE 44.55 TO FELD-22.

j) MOVE +4.5 TO FELD-3.

k) MOVE -0.1 TO FELD-3.

l) MOVE "2237" TO FELD-2.

m) MOVE "ABCDE1122X7" TO SATZ.

n) MOVE "A" TO FELD-4.

o) MOVE ALL "A␣" TO FELD-4.

p) MOVE ALL "ABCD" TO FELD-4.

Aufgabe 10

Welche Vorbesetzungen werden vom Kompilierer durch die folgenden Vereinbarungen ausgeführt?

```
   01  LISTEN-KOPF.
       02  FILLER    PICTURE X(33)  VALUE SPACES.
       02  L-ANFANG  PICTURE X(27)  VALUE "LISTE-1".
       02  L-ENDE    PICTURE X(72)  VALUE "SEITE-1".
```

6. Einfache Ein-/Ausgabe

Als Ergänzung unserer Aufgabe LISTE-DER-VERTRETER-NAMEN formulieren wir in 6.1 die Aufgabe KOPIE-LISTE, und wir stellen die Syntax und die Ausführung der OPEN- und CLOSE-Anweisungen dar.

Im Abschnitt 6.2 vertiefen wir unsere Kenntnis über die Datei-Beschreibung und wenden dies auf die Lösung der Aufgabe KOPIE-LISTE an. Anschließend stellen wir die Syntax und Semantik der READ- und WRITE-Anweisungen vor.

Den speziellen Fall der Druck-Ausgabe erläutern wir in 6.3, indem wir die Möglichkeiten zur Zeilen- und Seiten-Vorschub-Steuerung darstellen.

Die Druckaufbereitung von Datenfeld-Inhalten demonstrieren wir im Abschnitt 6.4. Dabei konzentrieren wir uns zunächst auf die wichtigen Maskenzeichen ".", "+", "-", "Z", "*", "B" und "o". Wir lernen z.B., wie man bei numerischen Datenfeldern führende Nullen unterdrückt und ein Vorzeichen bündig an die erste signifikante Ziffer anschließt.

Anschließend beschreiben wir in 6.5 die DISPLAY-Anweisung, mit welcher man (kurze) Nachrichten ins Ablaufprotokoll ausgeben kann.

6.1 Eröffnen und Schließen von Dateien (OPEN, CLOSE)

Datei-Gerätezuordnung

Im Kapitel 3 haben wir gelernt, daß man die folgenden Voraussetzungen schaffen muß, wenn man eine Datei in einem COBOL-Programm verarbeiten will:
- in der FILE SECTION muß man jede Datei durch eine Datei-Beschreibung vereinbaren und
- im Paragraphen FILE-CONTROL muß man ihr eine symbolische (Anlagen-abhängige) Gerätebezeichnung in der folgenden Form zuordnen:

```
FILE-CONTROL.
    SELECT dateiname-1  ASSIGN TO gerätebezeichnung-1
   [SELECT dateiname-2  ASSIGN TO gerätebezeichnung-2]...
```

Als Gerätebezeichnungen für Lochkarten- und Druck-Dateien gibt es bei den meisten DVAn spezielle Namen, welche durch Betriebssystem-spezifische Voreinstellungen der jeweiligen System-Zwischendatei zugeordnet sind (vgl. 3.6 und A.5). Auch bei der Angabe von entsprechenden Gerätebezeichnungen für Platten- und Magnetband-Dateien sind Anlagen-abhängige Konventionen einzuhalten (vgl. A.5), und darüberhinaus muß man die einzelnen Dateien i.a. auch noch auf speziellen Kommando-Karten spezifizieren.

Wir ergänzen nun unsere ursprüngliche Aufgabenstellung LISTE-DER-VERTRETER-NAMEN und formulieren die Aufgabe KOPIE-LISTE:

Bei der Erstellung der Druck-Datei LISTE sollen die jeweils ersten 78 Zeichen der Records von VERTRETER-DATEI als Datensätze in eine Platten-Datei übertragen werden, und in die Druck-Datei LISTE sind neben den Vertreternamen zusätzlich die jeweiligen Kontostände auszugeben.

Wir bezeichnen die Platten-Datei mit dem Namen KOPIE und ordnen dieser Datei den symbolischen Namen DO (Disc Output) als Gerätebezeichnung zu.[*)] Als neuen Paragraphen FILE-CONTROL erhalten wir folglich:

```
FILE-CONTROL.
    SELECT VERTRETER-DATEI    ASSIGN TO SI.
    SELECT LISTE              ASSIGN TO LO.
    SELECT KOPIE              ASSIGN TO DO.
```

OPEN-Anweisung

Bevor wir auf eine Datei lesend oder schreibend zugreifen können, müssen wir sie zur Bearbeitung eröffnen. Durch die Kodierung einer entsprechenden OPEN-Anweisung werden die folgenden Vorgänge (vom Betriebssystem) automatisch durchgeführt:

Bei der Eröffnung zum Lesen, d.h. bei einer sog. Eingabe-Datei (input file): :
- Identifikation der Datei auf dem Datenträger,
- Prüfung der Zugriffsberechtigung bei Platten- und Magnetband-Dateien mit Standard-Kennsätzen und Ermittlung der Kenndaten wie z.B. Block- und Satzlänge,
- Positionierung auf den Dateianfang, d.h. auf den ersten Record und
- Bereitstellung des Eingabe-Puffers im Hauptspeicher, auf welchen über die Bezeichner zugegriffen werden kann, die in der entsprechenden Datensatz-Beschreibung vereinbart wurden.

Bei der Eröffnung zum Schreiben, d.h. bei einer sog. Ausgabe-Datei (output file):
- Reservierung des Speicherbereichs auf dem entsprechenden Datenträger (bei Magnetband-Dateien ist dies nicht erforderlich, und Druck-Dateien werden i.a. zunächst in System-Zwischendateien auf der Magnetplatte gespeichert und erst am Ende des Objektlaufs über den Drucker ausgegeben, vgl. S. 38),
- Eintragung der Kennsätze bei einer Platten-Datei oder Erstellung der Anfangs-Kennsätze bei einer Magnetband-Datei und
- Bereitstellung des Ausgabe-Puffers im Hauptspeicher, auf welchen über die Bezeichner zugegriffen werden kann, die in der entsprechenden Datensatz-Beschreibung vereinbart wurden.

Syntax der OPEN-Anweisung

```
OPEN { INPUT dateiname-1 [dateiname-2]... OUTPUT dateiname-3 [dateiname-4]...}
     { OUTPUT dateiname-5 [dateiname-6]... INPUT dateiname-7 [dateiname-8]...}
```

Falls die INPUT- und die OUTPUT-Klausel in einer einzigen OPEN-Anweisung kodiert werden, so trennen wir sie durch ein Komma (dies ist nicht erforderlich).

---

*) Der von uns gewählte symbolische Name DO muß durch die jeweilige Anlagen-spezifische Gerätebezeichnung ersetzt werden - genau wie die symbolischen Namen SI und LO (vgl. dazu S. 29 und A.5).

In der INPUT-Klausel werden die Bezeichner der Eingabe-Dateien und in der OUTPUT-Klausel die Bezeichner der Ausgabe-Dateien angegeben.

Bei unserer Aufgabe KOPIE-LISTE eröffnen wir die Dateien durch die Anweisung

    OPEN INPUT VERTRETER-DATEI, OUTPUT LISTE KOPIE.

Ebenso könnten wir auch

    OPEN OUTPUT LISTE KOPIE, INPUT VERTRETER-DATEI.

oder auch

    OPEN INPUT VERTRETER-DATEI.
    OPEN OUTPUT LISTE.
    OPEN OUTPUT KOPIE.

kodieren. Diese letzte Form ist i.a. jedoch nicht zu empfehlen, weil sich die Zahl der generierten Maschineninstruktionen gegenüber der Kodierung in Form nur einer OPEN-Anweisung nahezu verdreifacht.

Sowohl die INPUT- als auch die OUTPUT-Klausel darf nur einmal in einer OPEN-Anweisung vorkommen. Die folgende Anweisung ist daher unzulässig:

    OPEN OUTPUT LISTE, INPUT VERTRETER-DATEI, OUTPUT KOPIE.

CLOSE-Anweisung

Spätestens am Ende des Objektlaufs müssen alle eröffneten Dateien wieder von der Verarbeitung abgemeldet werden. Beim Schließen einer Datei müssen u.a. die folgenden Vorgänge durchgeführt werden:

- bei einer Ausgabe-Datei sind die im Ausgabe-Puffer noch vorhandenen Datensätze in die Datei zu übertragen (genaue Erläuterung erst in 12.1),
- der durch Eingabe- oder Ausgabe-Puffer belegte Hauptspeicherbereich ist freizugeben und
- bei Ausgabe-Dateien mit Kennsätzen ist die Kennsatz-Abschlußbehandlung durchzuführen, d.h. bei einer Magnetband-Datei sind die Ende-Kennsätze auf das Magnetband zu schreiben und bei einer Platten-Datei müssen die bereits vorhandenen Kennsätze vervollständigt werden, indem u.a. die Anzahl der Records einzutragen ist.

Alle diese Tätigkeiten werden (vom Betriebssystem) automatisch durchgeführt, wenn die entsprechenden Dateien in einer CLOSE-Anweisung kodiert sind. [*)]

Syntax der CLOSE-Anweisung

    CLOSE dateiname-1 [dateiname-2] ...

Das Schließen der Dateien VERTRETER-DATEI, LISTE und KOPIE erreichen wir somit durch:

    CLOSE VERTRETER-DATEI LISTE KOPIE.

---

*) I.a. meldet das Betriebssystem am Ende des Objektlaufs alle noch offenen Dateien zwangsweise ab.

Natürlich könnten wir stattdessen auch

```
CLOSE VERTRETER-DATEI.
CLOSE LISTE.
CLOSE KOPIE.
```

oder auch

```
CLOSE VERTRETER-DATEI.
CLOSE LISTE  KOPIE.
```

schreiben. Die beiden letzten Möglichkeiten sind wiederum nicht zu empfehlen, da der Kompilierer - genau wie bei der OPEN-Anweisung - i.a. für jede CLOSE-Anweisung eine Folge von Maschineninstruktionen generiert, welche fast unabhängig von der Anzahl der Dateien ist.

6.2 Ein- und Ausgabe von Datensätzen (READ, WRITE)

Mehrfache Datensatz-Beschreibungen

Für den Lösungsalgorithmus KOPIE-LISTE deklarieren wir die Ausgabe-Datei KOPIE durch die folgende Datei-Beschreibung:

```
FD  KOPIE
    LABEL RECORD STANDARD
    DATA RECORD KOPIE-RECORD.
ol  KOPIE-RECORD  PICTURE X(78).
```

Als Platten-Datei hat KOPIE Standard-Kennsätze. Jeder Record enthält 78 Zeichen, und der Ausgabe-Puffer wird durch den Bezeichner KOPIE-RECORD adressiert.

Wir wollen nun die jeweils ersten 78 Zeichen jedes eingelesenen Records der Lochkarten-Datei VERTRETER-DATEI in den Ausgabe-Bereich KOPIE-RECORD übertragen. Ungeachtet der Möglichkeiten des alphanumerischen MOVE's wollen wir dazu ein entsprechendes Sendefeld innerhalb des Eingabe-Bereichs von VERTRETER-DATEI vereinbaren. Dazu könnten wir die ursprüngliche Datensatz-Beschreibung von VERTRETER-INFORMATION z.B. folgendermaßen abändern:

```
ol  VERTRETER-INFORMATION.
    o2  ZEICHEN-FUER-KOPIE.
        o3  FILLER     PICTURE X(6).
        o3  NACHNAME   PICTURE X(2o).
        o3  FILLER     PICTURE X(45).
        o3  KONTOSTAND PICTURE S9(5)V99.
    o2  FILLER PICTURE XX.
```

Durch diese Beschreibung geht allerdings eine klare Trennung der beiden durch die Aufgabenstellung festgelegten Teil-Probleme verloren. Deshalb werden wir anders vorgehen und dabei den Eingabe-Puffer von VERTRETER-DATEI auf zwei verschiedene Arten strukturieren.

Dazu deklarieren wir neben der ursprünglichen Vereinbarung von VERTRETER-INFORMATION (vgl. S. 14) als weitere Strukturierung den Datensatz VERTRETER-INF-KOP durch die folgende Eintragung:

```
o1  VERTRETER-INF-KOP.
    o2  ZEICHEN-FUER-KOPIE  PICTURE X(78).
    o2  FILLER              PICTURE XX.
```

Allgemein ist es zulässig, beliebig viele Datensatz-Beschreibungen für eine Datei zu
definieren. Dabei muß das folgende Schema eingehalten werden:

```
FD  dateiname
        LABEL RECORD { STANDARD }
                     { OMITTED  }
        [ DATA RECORD datensatzname-1 [datensatzname-2]...]
o1  datensatzname-1 ⌐
                    | Datensatz-Beschreibung von datensatzname-1
 ⌐
 |o1 datensatzname-2 ⌐
 ⌊                   | Datensatz-Beschreibung von datensatzname-2⌋
                                                                     ...
```

Die jeweiligen Datensatz-Beschreibungen der in der DATA-Klausel angegebenen Datensatznamen müssen untereinander aufgeführt werden (die Reihenfolge ist beliebig).

Als neue Datensatz-Beschreibung für die Datei VERTRETER-DATEI erhalten wir damit:

```
FD  VERTRETER-DATEI
    LABEL RECORD OMITTED
    DATA RECORD VERTRETER-INFORMATION  VERTRETER-INF-KOP.
o1  VERTRETER-INFORMATION.
    o2  FILLER       PICTURE X(6).
    o2  NACHNAME     PICTURE X(2o).
    o2  FILLER       PICTURE X(45).
    o2  KONTOSTAND   PICTURE S9(5)V99.
    o2  FILLER       PICTURE XX.
o1  VERTRETER-INF-KOP.
    o2  ZEICHEN-FUER-KOPIE  PICTURE X(78).
    o2  FILLER              PICTURE XX.
```

Durch mehrere Datensatz-Beschreibungen können also verschiedene Schablonen für die
Eingabe- und die Ausgabe-Bereiche festgelegt werden. Damit kann man z.B. auch sehr
bequem Dateien mit unterschiedlich strukturierten Datensätzen bearbeiten. [*] Z.B.
könnten jedem Record mit den Vertreterdaten mehrere Datensätze folgen, in welchen
Angaben über die jeweiligen Umsätze enthalten sind (vgl. Aufgabe 11 auf S. 76).

Da wir für jeden Vertreter neben dem Namen zusätzlich den jeweiligen Kontostand ausgeben wollen, ändern wir die Datensatz-Beschreibung von LISTE-INFORMATION (vgl. S. 18)
folgendermaßen ab:

```
o1  LISTE-INFORMATION.
    o2  FILLER             PICTURE X(15).
    o2  VERTRETER-NAME     PICTURE X(2o).
    o2  FILLER             PICTURE X(1o).
    o2  KONTOSTAND-AUSGABE PICTURE S9(5)V99.
    o2  FILLER             PICTURE X(8o).
```

---

[*] **Die Datensätze können auch verschieden lang sein** (vgl. 12.1).

Struktogramm und Ein-/Ausgabe-Anweisungen

Ausgehend vom Struktogramm für die Aufgabe LISTE-DER-VERTRETER-NAMEN (vgl. S. 22)
lösen wir nun die Aufgabe KOPIE-LISTE, indem wir das ursprüngliche Struktogramm
VERARBEITUNG in folgender Weise erweitern:

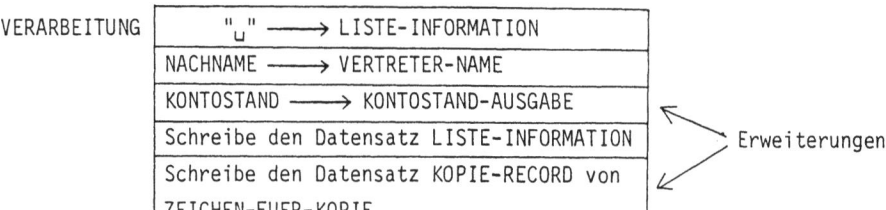

In unserem Beispielprogramm LISTE-DER-VERTRETER-NAMEN haben wir den Strukturblock

Lies Record der Datei VERTRETER-DATEI, bei Dateiende: 1 ⟶ DATEI-ENDE-FELD

durch die Anweisung

    READ VERTRETER-DATEI RECORD, AT END MOVE 1 TO DATEI-ENDE-FELD.

und den Block

Schreibe den Datensatz LISTE-INFORMATION

durch die Anweisung

    WRITE LISTE-INFORMATION.

kodiert.

Wir wollen nun die Syntax der READ- und der WRITE-Anweisung im einzelnen kennenlernen.

Syntax der READ-Anweisung *)

READ dateiname RECORD [INTO bezeichner] [AT END unb-anw-1 [unb-anw-2] ...]

Bei der Kodierung grenzen wir stets die einzelnen unbedingten Anweisungen innerhalb
der AT-END-Klausel durch Kommata voneinander ab (dies ist nicht erforderlich).
Durch die Ausführung der READ-Anweisung wird ein Record der Datei dateiname eingelesen und im zugehörigen Eingabe-Bereich zur weiteren Verarbeitung bereitgestellt.
Ist die INTO-Klausel kodiert, so wird der Record nach den Regeln der MOVE-Anweisung
zusätzlich in das Datenfeld bezeichner übertragen.
Wurde der letzte Record bereits eingelesen und wird das Dateiende festgestellt, so
werden die in der AT-END-Klausel kodierten unbedingten Anweisungen ausgeführt.

Nach der Bearbeitung der Anweisung

    READ VERTRETER-DATEI RECORD, AT END MOVE 1 TO DATEI-ENDE-FELD.

enthält folglich der Eingabe-Bereich VERTRETER-INFORMATION den eingelesenen Record
oder aber - falls das Dateiende erreicht ist - das Feld DATEI-ENDE-FELD den Wert 1.

---

*) Während die Kodierung der AT-END-Klausel im Standard ANSI-68 obligatorisch ist,
   darf man im Standard ANSI-74 auf die Angabe dieser Klausel verzichten, falls man
   eine entsprechende Eintragung im DECLARATIVES-Bereich (s. S. 246f) macht.

Ist das Dateiende noch nicht erreicht, so kann über die Bezeichner, welche innerhalb der zu VERTRETER-DATEI gehörenden Datensatz-Beschreibung vereinbart sind, auf die entsprechenden Speicherbereiche von VERTRETER-INFORMATION zugegriffen werden.

Bei der syntaktischen Beschreibung der WRITE-Anweisung klammern wir den speziellen Fall der Druck-Ausgabe zunächst aus, da wir die Bearbeitung von Druck-Dateien erst im nächsten Abschnitt behandeln wollen.

Syntax der WRITE-Anweisung (Format-1)

```
WRITE datensatzname [ FROM bezeichner ]
```

Die im Ausgabe-Bereich datensatzname enthaltene Information wird als Record in die Datei ausgegeben, in deren Datei-Beschreibung der Record datensatzname vereinbart ist. Bei der Kodierung der FROM-Klausel wird der Inhalt des Datenfelds bezeichner nach den Regeln der MOVE-Anweisung automatisch in den Ausgabe-Bereich übertragen und anschließend als Datensatz ausgegeben.

Der grundsätzlich zu beachtende Unterschied in der Syntax von READ- und WRITE-Anweisung besteht darin, daß bei der READ-Anweisung stets der Dateiname und bei der WRITE-Anweisung immer der Datensatzname kodiert werden muß.

Wir geben nun zusammenfassend das Quellprogramm für die Lösung der Aufgabe KOPIE-LISTE an:

```
IDENTIFICATION DIVISION.
PROGRAM-ID.
    KOPIE-LISTE.
ENVIRONMENT DIVISION.
CONFIGURATION SECTION.
SOURCE-COMPUTER.
    dva-name-1.
OBJECT-COMPUTER.
    dva-name-2.
INPUT-OUTPUT SECTION.
FILE-CONTROL.
    SELECT VERTRETER-DATEI  ASSIGN TO SI.
    SELECT LISTE            ASSIGN TO LO.
    SELECT KOPIE            ASSIGN TO DO.
DATA DIVISION.
FILE SECTION.
FD  VERTRETER-DATEI
    LABEL RECORD OMITTED
    DATA RECORD VERTRETER-INFORMATION  VERTRETER-INF-KOP.
o1  VERTRETER-INFORMATION.
    o2 FILLER      PICTURE X(6).
    o2 NACHNAME    PICTURE X(2o).
    o2 FILLER      PICTURE X(45).
    o2 KONTOSTAND  PICTURE S9(5)V99.
    o2 FILLER      PICTURE XX.
o1  VERTRETER-INF-KOP.
    o2 ZEICHEN-FUER-KOPIE  PICTURE X(78).
    o2 FILLER              PICTURE XX.
```

```
FD  LISTE
    LABEL RECORD OMITTED
    DATA RECORD LISTE-INFORMATION.
o1  LISTE-INFORMATION.
    o2  FILLER               PICTURE X(15).
    o2  VERTRETER-NAME       PICTURE X(2o).
    o2  FILLER               PICTURE X(1o).
    o2  KONTOSTAND-AUSGABE   PICTURE S9(5)V99.
    o2  FILLER               PICTURE X(8o).
FD  KOPIE
    LABEL RECORD STANDARD
    DATA RECORD KOPIE-RECORD.
o1  KOPIE-RECORD  PICTURE X(78).
WORKING-STORAGE SECTION.
77  DATEI-ENDE-FELD  PICTURE 9  VALUE ZERO.
    88  DATEI-ENDE  VALUE 1.
PROCEDURE DIVISION.
BEGINN.
    OPEN INPUT VERTRETER-DATEI, OUTPUT KOPIE  LISTE.
EINGABE.
    READ VERTRETER-DATEI, AT END MOVE 1 TO DATEI-ENDE-FELD.
    IF DATEI-ENDE,
        GO TO ENDE,
    ELSE
        PERFORM VERARBEITUNG.
    GO TO EINGABE.
ENDE.
    CLOSE VERTRETER-DATEI  KOPIE  LISTE.
    STOP RUN.
VERARBEITUNG.
    MOVE SPACES TO LISTE-INFORMATION.
    MOVE NACHNAME TO VERTRETER-NAME.
    MOVE KONTOSTAND TO KONTOSTAND-AUSGABE.
    WRITE LISTE-INFORMATION.
    WRITE KOPIE-RECORD  FROM ZEICHEN-FUER-KOPIE.
```

6.3 Druck-Ausgabe

Aus Gründen der Übersichtlichkeit und besseren Lesbarkeit ist es bei vielen Anwendungen erforderlich, die Records einer Druck-Datei durch jeweils eine oder mehrere Leerzeilen voneinander zu trennen.

Bei der Druck-Ausgabe innerhalb des Lösungsalgorithmus KOPIE-LISTE (s. oben) können wir zwischen je zwei Sätzen jeweils eine Leerzeile einfügen, indem wir die Anweisungen

```
MOVE SPACES TO LISTE-INFORMATION.
WRITE LISTE-INFORMATION.
```

hinter der Anweisung

```
WRITE LISTE-INFORMATION.
```

in der Prozedur VERARBEITUNG kodieren.

I.a. ergeben sich bei dieser Vorgehensweise jedoch die folgenden Nachteile:

- die Transparenz geht verloren, da nicht erkennbar ist, daß die Anweisung

```
WRITE LISTE-INFORMATION.
```

einmal zur Ausgabe eines Datensatzes und ein anderes Mal zur Ausgabe einer Leerzeile benutzt wird, und
- es muß eine zusätzliche Zeichenübertragung in den Ausgabe-Puffer LISTE-INFORMATION
  durchgeführt werden.
Daher sollte man besser eine (aussagekräftige) Anweisung benutzen, durch die kein
unnötiger Datentransport erforderlich ist. COBOL unterstützt diese Forderung, indem
für die Bearbeitung von Druck-Dateien die folgende Form der WRITE-Anweisung zur Verfügung steht:

Syntax der WRITE-Anweisung (Format-2)

```
WRITE datensatzname [FROM bezeichner-1]
       [{BEFORE}                {bezeichner-2} {LINES}]
       [{AFTER }  ADVANCING     {ganzzahl   }  {LINE }]
```

Mit der ADVANCING-Klausel wird festgelegt, wie die aktuelle Druckzeile relativ zur
zuvor ausgegebenen Zeile auf dem Druckerpapier plaziert werden soll.
Bei der Angabe der BEFORE-Klausel wird erst gedruckt und dann der Vorschub des
Druckerpapiers um die angegebene Zahl von Zeilen ausgeführt.
Bei der Kodierung der AFTER-Klausel wird erst der Vorschub durchgeführt und dann
gedruckt. Nach dem Drucken wird kein weiterer Vorschub vorgenommen, so daß bei einer
weiteren Druckanweisung (ohne vorherigen Papiervorschub) in dieselbe Zeile gedruckt
wird.
Um wieviele Zeilen der Vorschub erfolgen soll, gibt man durch das numerische Literal
ganzzahl bzw. durch den Inhalt des numerischen Datenfelds bezeichner-2 an. *) Der
maximal zulässige Wert für den Zeilenvorschub ist Anlagen-abhängig (i.a. ist es der
Wert 99).

Es ist darauf zu achten, daß bei den meisten DVAn neben der Angabe der ADVANCING-
Klausel in der WRITE-Anweisung die folgende Vorkehrung für die Abspeicherung des sog.
Vorschub-Steuerzeichens getroffen werden muß: **)

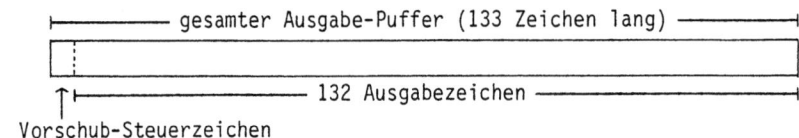

Vorschub-Steuerzeichen

Im Ausgabe-Puffer muß das erste Byte für die Vorschub-Steuerung reserviert werden.
Dazu ist am Anfang der entsprechenden Datensatz-Beschreibung ein zusätzliches Zeichen
zu vereinbaren. Das für eine Ausgabe jeweils notwendige Vorschub-Steuerzeichen -

---

*) Ist dieser Wert gleich Null, so erfolgt kein Vorschub sondern nur die Druck-Aus-
   gabe. Dadurch kann man einen Mehrfach-Druck erreichen wie er z.B. für die Unter-
   streichung mit dem Unterstreichungszeichen (_) notwendig ist.

**) Im folgenden reservieren wir daher stets 133 Bytes für einen Ausgabe-Puffer, falls
    wir den Vorschub bei der Druck-Ausgabe mit der ADVANCING-Klausel steuern wollen.

welches Anlagen-abhängig ist - wird während der Ausführung einer WRITE-Anweisung mit
ADVANCING-Klausel <u>automatisch</u> erzeugt. [*]

Wollen wir nun die Vertreterinformationen bei der Druck-Ausgabe durch jeweils eine
Leerzeile voneinander trennen, so kodieren wir:

   WRITE LISTE-INFORMATION AFTER ADVANCING 2 LINES.

oder evtl. auch

   WRITE LISTE-INFORMATION BEFORE ADVANCING 2 LINES.

Zusätzlich muß die ursprüngliche Datensatz-Beschreibung von LISTE-INFORMATION (vgl.
S. 65) folgendermaßen abgeändert werden:

```
o1  LISTE-INFORMATION.
    o2  FILLER            PICTURE X(16).  ←───────── geändert!
    o2  VERTRETER-NAME    PICTURE X(2o).
    o2  FILLER            PICTURE X(1o).
    o2  KONTOSTAND-AUSGABE PICTURE S9(5)V99.
    o2  FILLER            PICTURE X(8o).
```

In unseren Beispielprogrammen (vgl. S. 24f und S. 64f) haben wir bei der Druck-Ausgabe
keine Angaben zur Vorschub-Steuerung gemacht. Dies war nicht erforderlich, weil bei
der Ausführung einer WRITE-Anweisung nach der Ausgabe der Druckzeile immer <u>automatisch</u>
ein Vorschub um 1 Zeile (Normalfall bei der Druck-Ausgabe) durchgeführt wird, wenn
man keine Vorkehrungen für eine Vorschub-Steuerung trifft - durch die Kodierung der
ADVANCING-Klausel und einer evtl. Erweiterung des Ausgabe-Puffers auf 133 Bytes.
Im folgenden werden wir daher immer so verfahren:
Können wir uns bei der Lösung einer Aufgabe auf diesen Normalfall beschränken, so verzichten wir auf die Angabe einer ADVANCING-Klausel und reservieren nur 132 Bytes (die
dann alle ausgegeben werden) für den Ausgabe-Puffer. Müssen wir jedoch die Vorschub-
Steuerung selbst durchführen, so vereinbaren wir immer 133 Bytes und kodieren jede
WRITE-Anweisung mit der ADVANCING-Klausel (dann fungiert das erste Zeichen als Vor-
schub-Steuerzeichen, und die folgenden 132 Bytes werden als Druckzeile übertragen).

Seiten-Vorschub

Um bei der Druck-Ausgabe einen Vorschub auf den Anfang einer neuen Druckseite zu erreichen, kann im Standard ANSI-74 die folgende erweiterte Form der WRITE-Anweisung
benutzt werden:

Syntax der WRITE-Anweisung (Format-3)

$$\text{WRITE datensatzname} \left[\underline{\text{FROM}} \text{ bezeichner} \right] \left\{ \begin{matrix} \underline{\text{BEFORE}} \\ \underline{\text{AFTER}} \end{matrix} \right\} \text{ADVANCING } \underline{\text{PAGE}}$$

Leider gibt es im Standard ANSI-68 keine Möglichkeit, den Seiten-Vorschub direkt
innerhalb einer WRITE-Anweisung zu formulieren. Allerdings läßt sich dieser Vorschub

---

[*] Z.B. wird bei der Ausführung einer WRITE-Anweisung mit dem Zusatz "BEFORE ADVANCING
1 LINE", bei welcher nach der Druck-Ausgabe ein Vorschub um 1 Zeile erfolgt (Normalfall), i.a. ein Leerzeichen als Vorschub-Steuerzeichen an die erste Position im
Ausgabe-Puffer eingetragen.

i.a. durch die folgende indirekte Zuordnung realisieren (auch im Standard ANSI-74 zulässig!):

Wir wählen ein Programmierer-Wort merkname, kodieren eine WRITE-Anweisung der Form:

$$\underline{\text{WRITE}} \text{ datensatzname} \left[\underline{\text{FROM}} \text{ bezeichner}\right] \left\{\frac{\underline{\text{BEFORE}}}{\underline{\text{AFTER}}}\right\} \text{ADVANCING merkname}$$

und weisen dem Namen merkname innerhalb des <u>Sondernamen-Paragraphens SPECIAL-NAMES</u> der CONFIGURATION SECTION einen <u>Funktionsnamen</u> für den Seiten-Vorschub in folgender Weise zu: *)

```
ENVIRONMENT DIVISION.
CONFIGURATION SECTION.
SOURCE-COMPUTER.
     dva-name-1.
OBJECT-COMPUTER.
     dva-name-2.
SPECIAL-NAMES.
     funktionsname IS merkname.
```

Der Funktionsname ist Anlagen-abhängig und ist bei den folgenden ausgewählten DVAn so anzugeben:

Name der DVA:	Funktionsname für den Seiten-Vorschub:
IBM	Co1
SIEMENS	Co1
TR 44o	PAGE
HONEYWELL	HOF (beim System MULTICS) oder PAGE (beim System GCOS)

Soll z.B. ein Programm auf der DVA TR 44o ablaufen, so kann mit Hilfe der Eintragung:

```
SPECIAL-NAMES.
     PAGE IS SEITEN-VORSCHUB.
```

ein Seiten-Vorschub durch die Ausführung der folgenden Anweisung erreicht werden:

```
WRITE LISTE-INFORMATION AFTER ADVANCING SEITEN-VORSCHUB.
```

Dabei wird der Inhalt des Ausgabe-Bereichs LISTE-INFORMATION (vereinbart mit zusätzlichem Byte für die Vorschub-Steuerung!) nach einem Vorschub auf den Anfang der nächsten Druckseite ausgegeben.

<u>Betriebssystem-Kommandos für die Vorschub-Steuerung</u>

Bisher haben wir gelernt, wie man im Quellprogramm den Vorschub bei der Druck-Ausgabe steuert. Ergänzend zu den entsprechenden WRITE-Anweisungen muß dem Betriebssystem vor dem Start des Objektprogramms i.a. durch eine entsprechende Kommando-Karte mitgeteilt werden, daß der Vorschub des Druckers nicht automatisch um jeweils eine Zeile erfol-

---

*) Die angegebene Reihenfolge der Paragraphen in der CONFIGURATION SECTION muß eingehalten werden.

gen soll sondern daß er vom Programm gesteuert wird. [*]

Bei vielen DVAn wird eine WRITE-Anweisung mit der ADVANCING-Klausel in zwei oder
mehrere Ausgabeinstruktionen umgesetzt, wobei durch die zusätzlichen Instruktionen
nur die jeweiligen Vorschub-Steuerzeichen, aber keine Ausgabeinformation zum
Drucker übertragen werden. I.a. muß man deshalb dem Betriebssystem mitteilen, daß
die Anzahl der Ausgabezeichen pro Zeile gleich 1 oder gleich 133 sein kann, d.h. daß
die Druck-Datei nicht mehr wie bisher eine feste (132 Zeichen) sondern eine sog.
variable Satzlänge (zwischen 1 und 133 Zeichen) besitzt.

6.4 Druckaufbereitung

Beim Anlisten der Records von VERTRETER-DATEI mit dem Programm KOPIE-LISTE (s. S. 64)
lassen sich die Werte der Kontostände nur sehr schwer lesen. Z.B. ergibt sich als
Druckbild des Inhalts vom Datenfeld

KONTOSTAND-AUSGABE | o o 7 2 9 1 5̄ |
                           ^
die folgende Zeichenfolge: [**]

o o 7 2 9 1 N

Dies liegt daran, daß der Dezimalpunkt nur virtuell und das Vorzeichen zusammen mit
der letzten Ziffer in einem Byte abgelegt ist. Über das Druckbild des letzten Bytes
entscheidet der Intern-Kode der jeweiligen DVA (und der Drucker-Kode des entsprechenden Druckers).

Wir sind daran gewöhnt, eine nicht-ganzzahlige Dezimalzahl stets mit Dezimalpunkt
darzustellen und das zugehörige Vorzeichen vor die erste signifikante Ziffer einzutragen. Ferner sind wir bei der Druck-Ausgabe von numerischen Werten daran interessiert, führende Nullen zu unterdrücken. Bei der Ausgabe des Inhalts vom Datenfeld
KONTOSTAND-AUSGABE erwarten wir daher das folgende Druckbild:

u u - 7 2 9 . 1 5

Um dies zu erreichen, müssen wir vor der Druck-Ausgabe eine sog. Druckaufbereitung
(editing) durchführen. Dazu übertragen wir den Inhalt des entsprechenden Datenfelds
in ein geeignet zu deklarierendes Empfangsfeld. Als Picture-Maskenzeichen für die
Picture-Maske dieses Empfangsfelds werden bestimmte sog. Druckaufbereitungszeichen
(editing characters) benutzt (s.u.).

Schema der Druckaufbereitung:

| Sendefeld, dessen Inhalt druckaufbereitet werden soll | ——M O V E——→ | Empfangsfeld, welches mit den entsprechenden Druckaufberei- tungszeichen definiert ist |

---

[*] Dies wird i.a. auf einer Gerätezuordnungs-Karte für die Druck-Ausgabe vorgenommen.

[**] Hier wird der EBCDI-Kode zugrundegelegt mit der Sedezimal-Darstellung $D5_{16}$ für das
letzte Byte, welche als Buchstabe N interpretiert wird (vgl. A.3).

Ein Sendefeld muß immer ein elementares Datenfeld (und keine Datengruppe) sein.
Durch die Verwendung der Druckaufbereitungszeichen werden als neue Datenfeld-Katego-
rien die Kategorien der numerisch-druckaufbereiteten (numeric edited) und der alpha-
numerisch-druckaufbereiteten Datenfelder (alphanumeric edited) definiert.
Dabei bestehen die Picture-Masken der numerisch-druckaufbereiteten Felder aus den
Zeichen

  "9", "V", ".", "+", "-", "Z", "*", "B" und "o"

und die der alphanumerisch-druckaufbereiteten Felder setzen sich aus den Zeichen

  "X", "B" und "o"

zusammen.

Die Druckaufbereitungszeichen ".", "+" und "-"
Wollen wir den Inhalt des Felds

  KONTOSTAND | o o 7 2 9 1 5̅ |

für die Druck-Ausgabe durch die Übertragung in das Feld KONTOSTAND-AUSGABE in der Form

  | - o o 7 2 9 . 1 5 |

aufbereiten, so definieren wir das Empfangsfeld z.B. durch

  o2 KONTOSTAND-AUSGABE PICTURE +9(5).99.

oder auch durch

  o2 KONTOSTAND-AUSGABE PICTURE -9(5).99.

und führen die Übertragung durch folgende MOVE-Anweisung durch:

  MOVE KONTOSTAND TO KONTOSTAND-AUSGABE.

Das Maskenzeichen "." legt die Position des realen Dezimalpunkts fest und darf höchstens einmal in einer Picture-Maske auftreten.[*] Die Übertragung eines numerischen
Sendefelds geschieht wie beim numerischen MOVE immer dezimalpunktgerecht.

Das Maskenzeichen "+" bzw. "-" beschreibt die Position des Vorzeichens. An diese
Stelle wird das Vorzeichen eines mit dem Maskenzeichen S vereinbarten numerischen
Sendefelds übertragen.
Für das Maskenzeichen "-" gilt davon abweichend:
Enthält das Sendefeld einen positiven Wert, so wird die Vorzeichenstelle mit einem
Leerzeichen besetzt, so daß nur ein negativer Wert mit einem Vorzeichen versehen aus-
gegeben wird.

---

*) Da die Verwendung des Dezimalkommas anstelle des Dezimalpunkts im deutschen Sprach-
   raum verbreiteter ist, kann man bei der Druck-Ausgabe und bei der Darstellung von
   numerischen Literalen das Zeichen "." durch das Zeichen "," ersetzen. Dazu muß die
   DECIMAL-POINT-Klausel (s. S. 238) im Paragraphen SPECIAL-NAMES kodiert werden.

Mit den Vereinbarungen

```
77  S-FELD-1  PICTURE S9V9  VALUE +1.4.
77  S-FELD-2  PICTURE S9V9  VALUE -1.4.
77  E-FELD-1  PICTURE +9.9.
77  E-FELD-2  PICTURE -9.9.
```

führt die Anweisung

```
MOVE S-FELD-1 TO E-FELD-1 E-FELD-2.
```

zum Resultat:

S-FELD-1 $\boxed{1\overset{+}{4}}$ ⟶ E-FELD-1 $\boxed{+1.4}$
                                          +9.9
                ⟶ E-FELD-2 $\boxed{⌴1.4}$
                                          -9.9

Dagegen liefert die Anweisung

```
MOVE S-FELD-2 TO E-FELD-1 E-FELD-2.
```

das Ergebnis:

S-FELD-2 $\boxed{1\overline{4}}$ ⟶ E-FELD-1 $\boxed{-1.4}$
                                           +9.9
                ⟶ E-FELD-2 $\boxed{-1.4}$
                                           -9.9

Die Druckaufbereitungszeichen beschreiben als Ausgabezeichen stets je ein Byte. Durch
die Picture-Masken +9(5).99 bzw. -9(5).99 werden daher jeweils neun Bytes reserviert.
Deswegen müssen wir in der Datensatz-Beschreibung von LISTE-INFORMATION im Programm
KOPIE-LISTE (s. S. 67) eine Änderung in der folgenden Form vornehmen:

```
o1  LISTE-INFORMATION.
    o2  FILLER              PICTURE X(16).
    o2  VERTRETER-NAME      PICTURE X(2o).
    o2  FILLER              PICTURE X(1o).
    o2  KONTOSTAND-AUSGABE  PICTURE +9(5).99.  ⟵————— geändert!
    o2  FILLER              PICTURE X(78).     ⟵————— geändert!
```

Unterdrückung führender Nullen

Wollen wir bei der Ausgabe eines numerischen Werts evtl. vorhandene führende Nullen
durch Leerzeichen ersetzen, so müssen wir anstelle des Maskenzeichens "9" das
Maskenzeichen "Z" verwenden.

Zur Ersetzung führender Nullen durch den Scheck-Schutz-Stern ∗ benutzen wir anstelle
des Zeichens "9" das Maskenzeichen "∗".

Eine MOVE-Anweisung mit dem numerischen Sendefeld

$\boxed{o\ o\ o\ \overset{}{o}\ 5}$

liefert für die folgenden Empfangsfelder die angegebenen Speicherinhalte:

$\boxed{⌴\,o\,o\,.\,o\,5}$ $\boxed{⌴\,⌴\,⌴\,.\,o\,5}$ $\boxed{⌴\,⌴\,⌴\,.\,o\,5}$ $\boxed{∗\,∗\,∗\,.\,o\,5}$ $\boxed{∗\,∗\,∗\,.\,o\,5}$
Z 9 9 . 9 9   Z Z Z . 9 9   Z Z Z . Z Z   ∗ ∗ ∗ . 9 9   ∗ ∗ ∗ . ∗ ∗

Bei der Ersetzung des Maskenzeichens "9" durch die Zeichen "Z" bzw. "*" gelten u.a.
die folgenden Regeln:
- "Z" und "*" kennzeichnen jeweils eine Ziffernstelle,
- rechts vom Zeichen "9" darf weder "Z" noch "*" in der Picture-Maske auftreten, und
- werden "Z" bzw. "*" rechts von "V" oder "." benutzt, so müssen diese Zeichen den
  gebrochenen Dezimalzahlanteil vollständig beschreiben (dabei werden führende Nullen
  rechts vom Dezimalpunkt nicht unterdrückt).

Sind alle Ziffernstellen durch das Zeichen "Z" beschrieben und enthält das Sendefeld
den Wert o, so werden alle Stellen mit Leerzeichen gefüllt.
Mit Ausnahme der durch das Zeichen "." beschriebenen Dezimalpunktstelle werden alle
Ziffernstellen durch das Zeichen "*" besetzt, wenn das Sendefeld den Wert o enthält
und wenn alle Ziffernstellen mit dem Maskenzeichen "*" beschrieben sind.

BLANK-WHEN-ZERO-Klausel
Wollen wir unabhängig von den Zeichen der Picture-Maske, mit welchen der Inhalt eines
numerischen oder numerisch-druckaufbereiteten Datenfelds interpretiert wird, bei der
Druckaufbereitung in einem Empfangsfeld Leerzeichen erzeugen, wenn der Inhalt des
Sendefelds gleich dem Wert o ist, so müssen wir die BLANK-WHEN-ZERO-Klausel in der
Form:

| BLANK WHEN ZERO |

im Anschluß an die PICTURE-Klausel bei der Definition des Empfangsfelds kodieren.*)
Nach der Ausführung der Anweisung

    MOVE ZERO TO WERT-ED.

enthält das durch die Eintragung

    77 WERT-ED PICTURE 99.99 BLANK WHEN ZERO.

definierte Datenfeld WERT-ED den folgenden Speicherinhalt:

    WERT-ED [␣ ␣ ␣ ␣ ␣]

Jedes mit der BLANK-WHEN-ZERO-Klausel vereinbarte Datenfeld gehört automatisch der
Kategorie numerisch-druckaufbereiteter Datenfelder an und darf trotz einer evtl.
rein numerischen Picture-Maske nicht als Operand in einer arithmetischen Operation
auftreten (ausgenommen sind in GIVING-Klauseln angegebene Ergebnisfelder, vgl. 8.).

Gleitende Ersetzungszeichen
Mit Hilfe der Maskenzeichen "+", "-", "." und "Z" können wir bei der Übertragung des
Inhalts vom Feld
    KONTOSTAND [o o 7 2 9 1 5̄]
                              ^

) Diese Klausel ist wirkungslos, falls das Zeichen "" in der Picture-Maske auftritt.

in das durch die Eintragung

o2 KONTOSTAND-AUSGABE PICTURE +Z(5).99.

definierte Feld (vgl. S. 71) bislang nur das folgende Druckbild erzeugen:

- ᵤ ᵤ 7 2 9 . 1 5

Da wir jedoch an einer bündigen Ausgabe des Vorzeichens in der Form:

ᵤ ᵤ - 7 2 9 . 1 5

interessiert sind, müssen wir das Maskenzeichen "+" nicht als einzelnes Zeichen sondern als sog. gleitendes Ersetzungszeichen z.B. in der folgenden Form verwenden: *)

o2 KONTOSTAND-AUSGABE PICTURE ++++++.99.

Innerhalb einer Picture-Maske beschreibt eine Zeichenfolge, welche nur aus dem Mas-
kenzeichen "+" oder nur aus dem Maskenzeichen "-" besteht, eine sog. gleitende
Ersetzung.**) Dabei kennzeichnet jedes Ersetzungszeichen genau eine Stelle des Daten-
felds.
Genau eines der Ersetzungszeichen charakterisiert die Position des Vorzeichens. Das
Vorzeichen wird nämlich immer an der Stelle ausgegeben, welche der ersten von Null
verschiedenen Ziffer des Sendefelds vorausgeht. Alle dem Vorzeichen vorausgehenden
Ziffernstellen werden stets mit Leerzeichen besetzt (Nullenunterdrückung!).
Auch hierbei gilt wieder die oben angegebene Ausnahme für das Maskenzeichen "-":
Wird die gleitende Ersetzung durch das Maskenzeichen "-" beschrieben und hat das
Sendefeld einen positiven Wert, so wird anstelle eines Vorzeichens ein Leerzeichen
an die entsprechende Stelle im Empfangsfeld eingetragen.
Werden alle Ziffernstellen durch das gleitende Ersetzungszeichen charakterisiert und
enthält das Sendefeld den Wert Null, so werden alle Stellen mit Leerzeichen gefüllt.

Z.B. ergibt sich für das durch die Eintragung

77 WERT-ED PICTURE ---.--.

definierte Feld durch die Ausführung der MOVE-Anweisung

MOVE ZERO TO WERT-ED.

die folgende Speicherbelegung:

WERT-ED | ᵤ ᵤ ᵤ ᵤ ᵤ ᵤ |

Die Einfügungszeichen "B" und "o"

Bislang haben wir nur die Möglichkeiten der Druckaufbereitung von numerischen Datenfeldern dargestellt. Wollen wir z.B. bei der Druck-Ausgabe in die Inhalte von alpha-

---

*) Für die Picture-Maske ++++++.99 können wir auch abkürzend +(6).99 schreiben.

**) Die Maskenzeichen "+" und "-" dürfen nicht gleichzeitig in einer Picture-Maske
enthalten sein.

numerischen Datenfeldern ein oder mehrere Leerzeichen bzw. Nullen einfügen, so können wir unter Verwendung der Maskenzeichen "B" und "o" entsprechend geeignete alphanume-risch-druckaufbereitete Datenfelder deklarieren.

Mit den Vereinbarungen

```
77  STADT        PICTURE X(8).
77  STADT-ED-1   PICTURE XoooBX(7).
77  STADT-ED-2   PICTURE XoooBBXBXBXBXBXBXBX.
```

führt z.B. die MOVE-Anweisung

    MOVE STADT TO STADT-ED-1 STADT-ED-2.

zu folgenden Ergebnissen:

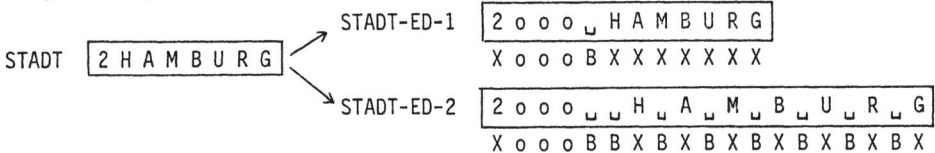

Die Maskenzeichen "B" und "o" kennzeichnen die Positionen, in welche bei der Übertra-gung Leerzeichen bzw. Nullen eingefügt werden sollen - dies gilt gleichfalls für die Druckaufbereitung von numerischen Datenfeldern.

So kann man z.B. in folgender Weise - ohne eine arithmetische Operation auszuführen - bei der Druckaufbereitung eine Multiplikation mit dem Faktor 1ooo vornehmen:
Mit den folgenden Eintragungen

```
77  ZAHL    PICTURE S99.
77  ZAHL-ED PICTURE +99o(3).
```

führt die MOVE-Anweisung

    MOVE ZAHL TO ZAHL-ED.

zum Resultat:

ZAHL | 1 2̄ | ⟶ ZAHL-ED | - 1 2 o o o |
                              + 9 9 o o o

Abschließend weisen wir darauf hin, daß numerisch-druckaufbereitete Datenfelder nicht als Operanden in arithmetischen Ausdrücken auftreten dürfen. Sie fungieren allein als Empfangsfelder für numerische Werte, welche in eine Druck-Datei ausgegeben werden sollen.

6.5 Ausgaben ins Ablaufprotokoll (DISPLAY)

Sehr oft ist es notwendig, z.B. Informationen über den Programm-Status als Nachrich-ten ins Job-Ablaufprotokoll (vgl. 3.6) zu schreiben. Dabei ist es i.a. zu umständlich und zu unübersichtlich, diese Nachrichten innerhalb des Arbeitsspeicherbereichs aufzu-

arbeiten und als Records in eine Druck-Datei zu übertragen. Für diese speziellen Anwendungen steht in COBOL die <u>DISPLAY-Anweisung</u> in folgender Form zur Verfügung: *)

<u>Syntax der DISPLAY-Anweisung</u>

$$\underline{\text{DISPLAY}} \left\{ \begin{array}{l} \text{bezeichner-1} \\ \text{literal-1} \end{array} \right\} \left[\left\{ \begin{array}{l} \text{bezeichner-2} \\ \text{literal-2} \end{array} \right\} \right] \cdots$$

Die Literale bzw. die Inhalte der Datenfelder, welche als Operanden hinter dem Wort
DISPLAY aufgeführt sind, werden i.a. hintereinander (ohne Zwischenräume und ohne
Druckaufbereitung) ins Ablaufprotokoll übertragen. Dabei wird der erste Operand stets
zu Beginn einer neuen Zeile ausgegeben. Wird bei der Ausführung der DISPLAY-Anweisung
das Zeilenende erreicht, so wird die Ausgabe der restlichen Information in der nächsten Zeile fortgesetzt.

Enthält die DISPLAY-Anweisung eine figurative Konstante, so wird genau ein Exemplar
des bezeichneten Zeichens bzw. der bezeichneten Zeichenfolge ausgegeben.

Wollen wir z.B. bei dem Programm KOPIE-LISTE (s. S. 64) den jeweiligen Programm-
Status und die Anzahl der in die Platten-Datei KOPIE übertragenen Records ins Ablaufprotokoll eintragen, so können wir kodieren:

```
          :
          :
  o1  LISTE-INFORMATION.
      o2  FILLER              PICTURE X(16).
      o2  VERTRETER-NAME      PICTURE X(2o).
      o2  FILLER              PICTURE X(1o).
      o2  KONTOSTAND-AUSGABE  PICTURE +(6).99.
      o2  FILLER              PICTURE X(78).
  FD  KOPIE
      LABEL RECORD STANDARD
      DATA RECORD KOPIE-RECORD.
  o1  KOPIE-RECORD  PICTURE X(78).
  WORKING-STORAGE SECTION.
  77  DATEI-ENDE-FELD  PICTURE 9  VALUE ZERO.
      88  DATEI-ENDE  VALUE 1.
  77  ZAEHLER          PICTURE 9(3)  VALUE ZERO.
 *ES WIRD VORAUSGESETZT, DASS VERTRETER-DATEI MAXIMAL 999 RECORDS ENTHAELT
  PROCEDURE DIVISION.
  BEGINN.
      OPEN INPUT VERTRETER-DATEI, OUTPUT LISTE  KOPIE.
      DISPLAY "⌴BEGINN⌴DER⌴VERARBEITUNG".
      DISPLAY SPACES.
 *ERZEUGUNG EINES VORSCHUBS UM 1 ZEILE
  EINGABE.
      READ VERTRETER-DATEI, AT END MOVE 1 TO DATEI-ENDE-FELD.
      IF DATEI-ENDE,
         GO TO ENDE,
      ELSE
         PERFORM VERARBEITUNG,
         ADD 1 TO ZAEHLER.
      GO TO EINGABE.
```

---

*) Ursprünglich war das DISPLAY nur für Mitteilungen auf die Konsole des Operators
(Maschinenbediener) vorgesehen. Bei einigen DVAn steht diese Anweisung auch nur für
einen derartigen Einsatz zur Verfügung. I.a. kann man durch Ausgaben ins Ablaufprotokoll sowohl Mitteilungen an den Arbeitsvorbereiter absenden als sich auch in der
Testphase (bei der Programmentwicklung) gewisse Zusatzinformationen ausgeben lassen.

```
ENDE.
    CLOSE VERTRETER-DATEI LISTE  KOPIE.
    DISPLAY SPACES.
*   ERZEUGUNG EINES VORSCHUBS UM 1 ZEILE
    DISPLAY "␣ENDE␣DER␣VERARBEITUNG".
    DISPLAY "␣ES␣WURDEN␣" ZAEHLER  "␣RECORDS␣UEBERTRAGEN".
    STOP RUN.
VERARBEITUNG.
    MOVE SPACES TO LISTE-INFORMATION.
    MOVE NACHNAME TO VERTRETER-NAME.
    MOVE KONTOSTAND TO KONTOSTAND-AUSGABE.
    WRITE LISTE-INFORMATION BEFORE ADVANCING 2 LINES.
    WRITE KOPIE-RECORD FROM ZEICHEN-FUER-KOPIE.
```

Dabei wird durch die Anweisung

    ADD 1 TO ZAEHLER.

der Inhalt des (Zähl-)Datenfelds ZAEHLER um den Wert 1 erhöht. (Mit den arithmetischen Anweisungen beschäftigen wir uns im Kapitel 8.)

Werden beim Objektlauf z.B. 523 Records eingelesen, so enthält das Ablaufprotokoll
folgende Eintragungen:

```
BEGINN DER VERARBEITUNG
    :
    :
ENDE DER VERARBEITUNG
ES WURDEN 523 RECORDS UEBERTRAGEN
```

Werden bei der Druck-Ausgabe mit Vorschub-Steuerung WRITE- und DISPLAY-Anweisungen
gemischt, so muß besonders auf die Anlagen-abhängige Realisierung des mit der
DISPLAY-Anweisung verbundenen Vorschubs geachtet werden. Andernfalls kann es sehr
leicht geschehen, daß der Inhalt einer mit der WRITE-Anweisung erzeugten Druckzeile
durch die Ausführung einer DISPLAY-Anweisung überschrieben wird (und umgekehrt).[*)]

Aufgabe 11

Für jeden Artikel, welcher im Abrechnungsmonat von einem Vertreter verkauft
wurde, sollen die folgenden Informationen auf einer Artikel-Karte kodiert sein:

Spaltenbereich:	Information:
1 - 8	Artikelnummer
10 - 15	Stückzahl
20 - 26	Stückpreis
30 - 33	Vertreterkennzahl
80 - 80	das Zeichen "A" als Kennzeichen für eine Artikel-Karte
	(zur Unterscheidung von den Vertreterdaten-Records)

---

*) Derartige Schwierigkeiten lassen sich umgehen, falls die Druck-Datei nicht direkt
ins Ablaufprotokoll ausgegeben wird. Gegebenenfalls muß dies durch Anlagen-spezifische Kommando-Karten gesteuert werden.

In der Lochkarten-Datei VERTRETER-DATEI (vgl. S. 18) sollen hinter jeder Vertreterdaten-Karte alle zugehörigen Artikel-Karten eingeordnet sein.

Für jeden Vertreter sind die folgenden Zeilen als Sätze einer Druck-Datei zu erzeugen:

Inhalt der ersten fünf Zeilen:

```
┌──────────────────────────────────────────────────────────────────┐
│                                                                    │
│  UMSATZ DES VERTRETERS vorname nachname MIT DER KENNZAHL: kennzahl  │
│                                                                    │
│  ================================================================  │
│                                                                    │
│                                                                    │
│     ARTIKEL-NUMMER       STUECKZAHL        STUECKPREIS              │
│                                                                    │
│     --------------       ----------        -----------             │
│                                                                    │
└──────────────────────────────────────────────────────────────────┘
```

In den folgenden Zeilen sind die entsprechenden Artikelnummern, die Stückzahlen und die Stückpreise in geeigneter druckaufbereiteter Form auszugeben. Die Eintragungen für je zwei Vertreter sind durch jeweils fünf Leerzeilen voneinander zu trennen.

Aufgabe 12

Welches Ergebnis liefert die Ausführung einer MOVE-Anweisung in den folgenden Fällen:

	Literal auf Sendefeldposition:	Picture-Maske des Empfangsfelds:
a)	15	99.9
b)	-4.7	-99.9
c)	+044	-ZZ9.9
d)	0	Z
e)	+1.0	+*.*
f)	+00.01	-***.**
g)	-04	-(4)
h)	+2	+++
i)	0.0	+.+
j)	+45	+09.09
k)	104837	99B99B99
l)	"EMIL"	XXBXBX
m)	"14"	XOOXOO

7. Einfache Steueranweisungen

Im Struktogramm unseres Beispielprogramms LISTE-DER-VERTRETER-NAMEN wurde
die Programm-Ablaufsteuerung durch Schleifen-, BREAK-, Bedingungs- und Pro-
zeduraufruf-Strukturblöcke realisiert. Bei der Übertragung der jeweiligen
Funktionen in Anweisungen der PROCEDURE DIVISION haben wir gelernt, daß ein
Bedingungs-Block durch die IF-Anweisung und ein Prozeduraufruf-Block durch
die PERFORM-Anweisung kodiert wird. Zur Realisierung des Schleifen- und
BREAK-Blocks haben wir die GO-Anweisung verwendet.

Wir wollen uns nun mit den zur Gruppe der unbedingten Steueranweisungen
zählenden Anweisungen PERFORM (s. 7.1), GO (s. 7.3) und STOP (s. 7.4) vertraut machen. Ferner wollen wir im Abschnitt 7.2 die zur Gruppe der bedingten
Steueranweisungen zählende IF-Anweisung kennenlernen. Bei dieser Anweisung
steuert man durch eine Bedingung, ob der im Ja- oder der im Nein-Zweig kodierte Anweisungsteil auszuführen ist.

Als Anweisung zur Realisierung von funktional notwendigen Strukturblöcken,
welche keine Aktionen beschreiben, werden wir zum Abschluß dieses Kapitels
im Abschnitt 7.5 außerdem die EXIT-Anweisung behandeln.

7.1 Die PERFORM-Anweisung

Einfache Form der PERFORM-Anweisung

In dem Struktogramm des Lösungsalgorithmus LISTE-DER-VERTRETER-NAMEN (vgl. S. 22)
haben wir den Prozeduraufruf-Block durch das graphische Symbol

```
| prozedurname |
```

dargestellt, und wir haben gelernt, daß bei der Ausführung dieses Blocks alle in der
Prozedur prozedurname enthaltenen Strukturblöcke durchlaufen werden.

In COBOL kodiert man einen Prozeduraufruf-Strukturblock durch eine PERFORM-Anweisung.
Mit dieser Anweisung kann eine Prozedur - an jeder beliebigen Stelle im Programm -
in der folgenden Form zur Verarbeitung aufgerufen werden:

Syntax der PERFORM-Anweisung (noch unvollständig!)

```
| PERFORM prozedurname |
```

Bei der Ausführung der PERFORM-Anweisung wird zu der Anweisung verzweigt, welche als
erste in der Prozedur prozedurname kodiert ist (zum Begriff des Prozedurnamens vgl.
S. 26). Anschließend werden alle Anweisungen dieser Prozedur ausgeführt, und nach der
Bearbeitung der letzten Prozedur-Anweisung wird das Programm mit der nächsten ausführbaren Anweisung fortgesetzt, welche der PERFORM-Anweisung folgt.

Z.B. wird in den folgenden Struktogrammen

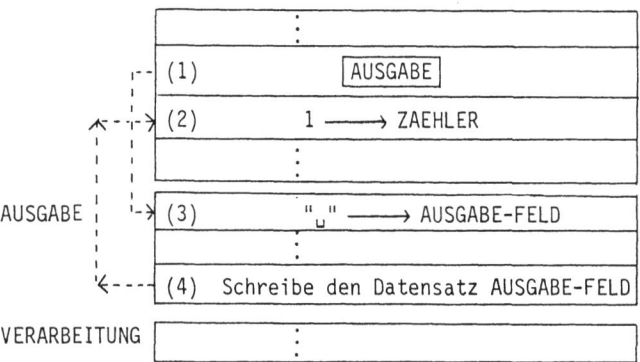

bei der Ausführung des Prozeduraufruf-Blocks (1) zunächst der erste in der Prozedur AUSGABE enthaltene Block (3) bearbeitet. Anschließend werden alle zwischen den Blöcken (3) und (4) vorhandenen Blöcke der Prozedur AUSGABE durchlaufen. Mit der Bearbeitung des letzten Prozedur-Blocks (4) wird die Ausführung des Prozeduraufruf-Blocks (1) beendet, und der Algorithmus wird mit der Bearbeitung von Block (2) fortgesetzt.

Durch den Einsatz der PERFORM-Anweisung können wir diese Struktogramme durch die folgenden Anweisungen im COBOL-Quellprogramm realisieren:

```
          :
     PERFORM AUSGABE.
     MOVE 1 TO ZAEHLER.
          :
AUSGABE.
     MOVE " ‿ " TO AUSGABE-FELD.
          :
     WRITE AUSGABE-FELD.
VERARBEITUNG.
          :
```

Verzweigungsmechanismus

Bei der Kompilierung wird hinter jeder PERFORM-Anweisung ein sog. Rückverzweigungspunkt und im Anschluß an die letzte Anweisung der durch PERFORM aufgerufenen Prozedur (d.h. umittelbar vor dem Prozedurnamen der nachfolgenden Prozedur bzw. am Ende der PROCEDURE DIVISION, falls die aufgerufene Prozedur als letzte Prozedur im Programm kodiert ist) die zugehörige Rückverzweigungsroutine generiert.

Zur Laufzeit des Objektprogramms wird die Ausführung einer PERFORM-Anweisung mit der Aktivierung des zugehörigen Rückverzweigungspunkts und der entsprechenden Rückverzweigungsroutine begonnen. Anschließend wird die Programmsteuerung an die erste Prozedur-Anweisung übertragen. Nach der Ausführung der letzten Prozedur-Anweisung verzweigt die aktivierte Rückverzweigungsroutine an den zugehörigen Rückverzweigungspunkt. Anschließend werden Rückverzweigungspunkt und -routine wieder passiv, und das Programm wird mit der nächsten Anweisung fortgesetzt.

Bei unserem oben angegebenen Beispiel generiert der Kompilierer einen Rückverzweigungspunkt (a) und eine Rückverzweigungsroutine (b), so daß wir uns den Programmablauf folgendermaßen veranschaulichen können:

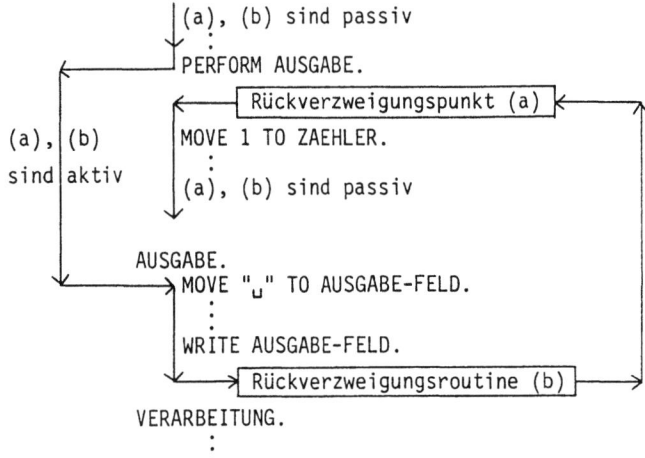

Ist eine Rückverzweigungsroutine nicht aktiv, weil die zugehörige PERFORM-Anweisung
noch nicht oder schon ausgeführt wurde, so läuft das Programm linear ab - auch über
Prozedur-Grenzen hinweg. Daher werden z.B. in dem folgenden Programm-Ausschnitt

```
        MOVE ALL "-" TO AUSGABE-FELD.  (1)
        PERFORM AUSGABE.               (2)
        MOVE 1 TO ZAEHLER.             (3)
    AUSGABE.
        WRITE AUSGABE-FELD.            (4)
    VERARBEITUNG.
        ADD 1 TO FELD-1.               (5)
```

die einzelnen Anweisungen in der Reihenfolge (1), (2), (4), (3), (4) und (5) ausgeführt.

Die Prozeduren stellen in COBOL also keine in sich abgeschlossenen Bereiche dar, die
dann und nur dann ausgeführt werden, wenn ein entsprechender Prozeduraufruf erfolgt.
Vielmehr kann man sich in COBOL eine Prozedur als "Unterplan" vorstellen, welche
einerseits durch ihren Namensaufruf an der entsprechenden Stelle "eingefügt" und ausgeführt wird und andererseits auch dann bearbeitet wird, wenn die Programmausführung
bis an die Stelle gelangt ist, an welcher sie als "Unterplan" deklariert ist.[*)]

Nach den Forderungen des "Strukturierten Programmierens" darf eine Prozedur, welche
durch eine PERFORM-Anweisung aufgerufen ist, nur über die zugehörige Rückverzweigungsroutine, d.h. am Ende der Prozedur verlassen werden. In keinem Fall sollte man aus
dem aufgerufenen Prozedurbereich mit einer GO-Anweisung herausspringen (vgl. 7.3).

---

*) Der Vorteil dieser Festlegung liegt in der Möglichkeit, mehrere Prozeduren mit ei-
ner einzigen Anweisung (vgl. S. 81) oder aber auch einzeln ausführen zu lassen.

Wir wollen jetzt eine Methode kennenlernen, mit welcher wir die Ausführung mehrerer aufeinanderfolgender Prozeduren vereinfachen können.

Erweiterte Form der PERFORM-Anweisung

Das folgende Struktogramm

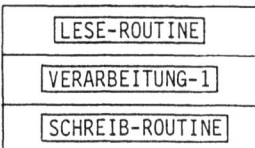

legt fest, daß die Prozeduren LESE-ROUTINE, VERARBEITUNG-1 und SCHREIB-ROUTINE in der angegebenen Reihenfolge ausgeführt werden sollen. Im COBOL-Programm kodieren wir dieses Struktogramm daher durch die Anweisungen:

```
PERFORM LESE-ROUTINE.
PERFORM VERARBEITUNG-1.
PERFORM SCHREIB-ROUTINE.
```

Sind die drei Prozeduren jedoch in der angegebenen Reihenfolge hintereinander im Programm kodiert, so kann die Ablaufsteuerung durch die folgende Anweisung vereinfacht werden:

```
PERFORM LESE-ROUTINE THRU SCHREIB-ROUTINE.
```

Als Abkürzung für das obige Struktogramm schreiben wir in diesem Fall:

```
LESE-ROUTINE THRU SCHREIB-ROUTINE
```

Statt der sonst notwendigen Einsetzung von drei Rückverzweigungspunkten und der zugehörigen Rückverzweigungsroutinen braucht der Kompilierer jetzt nur noch eine Rückverzweigungsroutine hinter die letzte Anweisung der Prozedur SCHREIB-ROUTINE und nur noch einen Rückverzweigungspunkt zu generieren. Da in diesem Fall nur eine Aktivierung notwendig ist, verbessert sich nicht nur das Speicherplatz- sondern auch das Laufzeitverhalten des Objektprogramms.

Fassen wir die einfache und die erweiterte Form der PERFORM-Anweisung in der Syntax-Beschreibung zusammen, so erhalten wir:

Syntax der PERFORM-Anweisung (Format-1)

```
PERFORM prozedurname-1 [ THRU prozedurname-2 ]
```

Bei der Verwendung der THRU-Klausel muß die Prozedur prozedurname-2 im Programm hinter der Prozedur prozedurname-1 kodiert sein, und bei der Ausführung wird der Prozedurbereich von prozedurname-1 bis (einschließlich) prozedurname-2 und damit jede zwischen diesen beiden Prozeduren aufgeführte Prozedur durchlaufen.[*]

---

[*] Wir weisen darauf hin, daß mit einer einzigen PERFORM-Anweisung auch mehrere zu einem Kapitel (vgl. 1o.3) zusammengefaßte Paragraphen bzw. mehrere Kapitel durchlaufen werden können, wenn Kapitelnamen als Prozedurnamen in der PERFORM-Anweisung kodiert werden.

So werden z.B. bei der Ausführung der folgenden PERFORM-Anweisung:

    ⋮

    PERFORM LESE-ROUTINE THRU SCHREIB-ROUTINE.

    ⋮

  LESE-ROUTINE.

    ⋮

  VERARBEITUNG-1.

    ⋮

  VERARBEITUNG-2.

    ⋮

  SCHREIB-ROUTINE.

    ⋮

auch alle Anweisungen der Prozedur VERARBEITUNG-2 bearbeitet. Soll jedoch diese Prozedur nicht ausgeführt werden und darf (aus bestimmten Problem-abhängigen Gründen) die Reihenfolge, in welcher die vier Prozeduren im Programm kodiert sind, nicht verändert werden, so müssen wir die obige PERFORM-Anweisung durch die beiden folgenden Anweisungen ersetzen:

  PERFORM LESE-ROUTINE THRU VERARBEITUNG-1.
  PERFORM SCHREIB-ROUTINE.

7.2 Die IF-Anweisung

Bedingungs-Strukturblock und IF-Anweisung

Als wesentliches Steuerelement in einem Struktogramm haben wir in unserem Beispielprogramm (vgl. S. 22) den Bedingungs-Strukturblock in Form des folgenden graphischen Symbols kennengelernt:

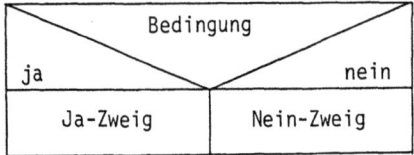

In Abhängigkeit von einer Bedingung (condition) wird der Algorithmus entweder im Ja- oder im Nein-Zweig fortgesetzt. Im COBOL-Programm realisieren wir diesen Block durch die bedingte Steueranweisung IF in der folgenden Form:

Syntax der IF-Anweisung

$$\underline{\text{IF}} \text{ bedingung} \left\{ \begin{array}{c} \text{anweisung-1 } [\text{anweisung-2}]... \\ \underline{\text{NEXT SENTENCE}} \end{array} \right\} \left\{ \begin{array}{c} \underline{\text{ELSE}} \text{ anweisung-3 } [\text{anweisung-4}]... \\ [\underline{\text{ELSE NEXT SENTENCE}}] \end{array} \right\}$$

Enthält der Ja- oder der Nein-Zweig des Strukturblocks keine ausführbaren Aktionen, so sind die Wörter NEXT SENTENCE zu kodieren. Dabei werden die Aktionen des Ja-Zweigs als Anweisungen (im sog. Ja-Zweig) hinter der (auf das Wort IF folgenden) Bedingung angegeben, und die Aktionen des Nein-Zweigs werden als Anweisungen hinter dem COBOL-Wort ELSE (im sog. Nein- oder auch ELSE-Zweig) kodiert. Bei <u>leerem</u> Nein-Zweig darf die Angabe von

ELSE NEXT SENTENCE

(in bestimmten Fällen) auch unterbleiben (vgl. Beispiel auf S. 9o).

Eine IF-Anweisung wird stets durch einen Punkt abgeschlossen, da sonst alle auf die
IF-Anweisung folgenden Anweisungen noch zum Nein-Zweig (gegebenenfalls auch zum Ja-
Zweig bei fehlendem Nein-Zweig) zugerechnet würden.

Bei der Ausführung der IF-Anweisung wird geprüft, ob die hinter dem Wort IF angegebene Bedingung erfüllt ("wahr") ist. Bei erfüllter Bedingung werden die im Ja-Zweig kodierten Anweisungen bearbeitet, und anschließend wird das Programm mit der hinter der
IF-Anweisung angegebenen Anweisung fortgesetzt - es sei denn, daß mit einer GO-Anweisung (s. 7.3) zu einer anderen Stelle im Programm verzweigt wird. Ist die Bedingung
jedoch nicht erfüllt, so werden die im Ja-Zweig angegebenen Anweisungen "übersprun-
gen" und die im ELSE-Zweig kodierten Anweisungen ausgeführt. Anschließend wird gleichfalls hinter der IF-Anweisung fortgefahren - es sei denn, daß im ELSE-Zweig mit einer
GO-Anweisung an eine andere Stelle verzweigt wird.

Wollen wir z.B. die Anzahl der Vertreter, welche ihr Konto überzogen haben (einzutragen in ZAEHLER-NEG) bzw. ein Guthaben oder ein ausgeglichenes Konto besitzen (einzutragen in ZAEHLER-POS), und zusätzlich die Summe aller Überziehungen (SUMME-NEG)
und Guthaben (SUMME-POS) berechnen, so beschreiben wir diese Verarbeitung durch das
folgende Struktogramm:

ja   KONTOSTAND < o?   nein
ZAEHLER-NEG + 1 ⟶ ZAEHLER-NEG	ZAEHLER-POS + 1 ⟶ ZAEHLER-POS
SUMME-NEG + KONTOSTAND ⟶ SUMME-NEG	SUMME-POS + KONTOSTAND ⟶ SUMME-POS

Im Bedingungs-Block wird der Inhalt des numerischen Felds KONTOSTAND mit dem Wert o
verglichen. Die Bedingung ist dann wahr, wenn der aktuelle Wert von KONTOSTAND kleiner als o ist.

Dieses Struktogramm kodieren wir dann durch die folgende IF-Anweisung:

```
IF KONTOSTAND < o,
    ADD 1 TO ZAEHLER-NEG,
    ADD KONTOSTAND TO SUMME-NEG,
ELSE
    ADD 1 TO ZAEHLER-POS,
    ADD KONTOSTAND TO SUMME-POS.
```

Durch eine ADD-Anweisung wird der Wert des vor dem COBOL-Wort TO kodierten numerischen
Literals bzw. numerischen Datenfelds zu dem Inhalt des hinter dem Wort TO angegebenen numerischen Felds hinzugezählt (mit den arithmetischen Anweisungen beschäftigen
wir uns im Kapitel 8). Vor der Ausführung dieser IF-Anweisung (und des entsprechenden
zugehörigen Programmteils für die Berechnung der Anzahlen und Summen) müssen natür-

lich die Felder ZAEHLER-NEG, ZAEHLER-POS, SUMME-NEG und SUMME-POS mit dem Wert o initialisiert werden.

In der IF-Anweisung setzen wir hinter der Bedingung und zwischen je zwei Anweisungen des Ja- bzw. Nein-Zweigs das Interpunktionszeichen "," (nach den COBOL-Regeln ist dies nicht erforderlich!), um das Programm zu strukturieren und es damit lesbarer zu machen. Aus den gleichen Gründen schreiben wir die Anweisungen in den einzelnen Zweigen jeweils eingerückt in eine neue Zeile, und wir setzen die COBOL-Wörter IF und ELSE direkt untereinander.

Wir wollen nun die Möglichkeiten zur Formulierung von Bedingungen kennenlernen.

Arithmetische Ausdrücke

Werden numerische Datenfelder und numerische Literale durch <u>arithmetische Operatoren</u> miteinander verknüpft, so sprechen wir von einem <u>arithmetischen Ausdruck</u>. Ein einzelnes numerisches Feld oder numerisches Literal wird gleichfalls als arithmetischer Ausdruck angesehen. Für die arithmetischen Operatoren verwenden wir die folgenden (üblichen) Zeichen:

Operator:	Operation:
+	Addition
-	Subtraktion
*	Multiplikation
/	Division
**	Potenzierung

Die Berechnung eines Ausdrucks erfolgt nach der bekannten Regel: "Punktrechnung geht vor Strichrechnung". Diese Vorschrift wird allein durch das (geläufige) Setzen von Klammern beeinflußt (eine ausführliche Beschreibung geben wir in 8.2).

Haben z.B. die numerischen Felder A1 und A2 die aktuellen Werte 1o und 4, so ist der Wert des arithmetischen Ausdrucks

    A1 * 2 + A2 - A1 / 5

gleich 22. Dagegen errechnet sich der Wert von

    (A1 * (2 + A2) - A1) / 5

zu 1o.

Vor und hinter einem arithmetischen Operator muß man immer mindestens ein Leerzeichen kodieren. Im Standard ANSI-68 darf einer öffnenden Klammer "(" kein Leerzeichen folgen und einer schließenden Klammer ")" kein Leerzeichen vorausgehen.

Arithmetische Ausdrücke werden entweder innerhalb von COMPUTE-Anweisungen (vgl. 8.2) oder innerhalb von Bedingungen angegeben.

Einfache Bedingungen

Je zwei arithmetische Ausdrücke können durch die folgenden Relationsoperatoren miteinander verglichen werden: *)

Operator:	Bedeutung:	ausführliche Schreibweise:
<	kleiner als	IS LESS THAN
>	größer als	IS GREATER THAN
=	gleich	IS EQUAL TO

Bei der Auswertung des Vergleichs werden stets die algebraischen Werte der entsprechenden arithmetischen Ausdrücke berücksichtigt (unabhängig von z.B. den Ziffernstellen hinter dem Dezimalpunkt, welche für die einzelnen Felder reserviert sind). Genauso wie bei den arithmetischen Operatoren muß auch vor und hinter jedem Relationsoperator mindestens ein Leerzeichen angegeben werden. Die Verknüpfung der Form:

arithmetischer-ausdruck-1 relationsoperator arithmetischer-ausdruck-2

nennt man eine Vergleichsbedingung (relation condition).

Wird z.B. abgeprüft, ob der Inhalt des numerischen Datenfelds KONTOSTAND größer als Null ist, so kodiert man entweder

    KONTOSTAND > o

oder ausführlicher:

    KONTOSTAND IS GREATER THAN ZERO

Diese Abfrage ist ein Beispiel für eine spezielle Vergleichsbedingung, die sog. Vorzeichenbedingung (sign condition), deren allgemeine Struktur man folgendermaßen beschreiben kann (mit "a" als Kurzform für einen "arithmetischen Ausdruck"):

Vorzeichenbedingung:	ausführliche Schreibweise:
a > o	a IS POSITIVE
a = o	a IS ZERO
a < o	a IS NEGATIVE

Die Vergleichsbedingung (und damit insbesondere die Vorzeichenbedingung) zählt zur Gruppe der einfachen Bedingungen (simple condition).

Mit den oben angegebenen aktuellen Werten der Felder A1 und A2 ist z.B. die folgende einfache Bedingung nicht erfüllt:

    A1 * 2 + A2 - A1 / 5 = 1o

Dagegen ist die folgende einfache Bedingung erfüllt:

    (A1 * (2 + A2) - A1) / 5 = 1o

---

*) Eine entsprechende Relation zwischen zwei numerischen Literalen ist überflüssig und daher im COBOL-Programm auch verboten!

Eine äquivalente Darstellung dieser Bedingung ist z.B. auch:

   (A1 * (2 + A2) - A1) / 5 - 1o IS ZERO

Da die von uns in 3.5 behandelten Bedingungsnamen ebenfalls einen arithmetischen Vergleich bezeichnen können, zählen derartige sog. <u>Bedingungsnamen-Bedingungen</u>
(condition-name condition) gleichfalls zur Gruppe der einfachen Bedingungen.

Durch die Überprüfung der Bedingungsnamen-Bedingung

   DATEI-ENDE

haben wir z.B. in unserem Beispielprogramm LISTE-DER-VERTRETER-NAMEN (vgl. S. 25)
die Verzweigung in der IF-Anweisung

   IF DATEI-ENDE,
      GO TO ENDE,
   ELSE
      PERFORM VERARBEITUNG.

von der Erfüllung der Gleichheitsrelation

   DATEI-ENDE-FELD = 1

abhängig gemacht.

Neben der Vergleichs- und der Bedingungsnamen-Bedingung gibt es als weiterer Typ
einer einfachen Bedingung die sog. <u>Klassenbedingung</u> (class condition) zur Überprüfung von Eingabedaten in der Form von:

$$\text{bezeichner IS} \left\{ \begin{array}{l} \underline{\text{ALPHABETIC}} \\ \underline{\text{NUMERIC}} \end{array} \right\}$$

Dabei ist die Klassenbedingung

   bezeichner IS <u>ALPHABETIC</u>

dann erfüllt, wenn das alphanumerische Datenfeld bezeichner nur alphabetische Zeichen
(alphabetic character), d.h. die Zeichen A,B,C,...,Y,Z und das Leerzeichen ␣ enthält.*)
Die Klassenbedingung

   bezeichner IS <u>NUMERIC</u>

ist dann wahr, falls das numerische oder alphanumerische Feld bezeichner nur Ziffern
enthält. Hat dieses Feld die numerische Kategorie und ist es mit einem Vorzeichen
versehen (in der zugehörigen Picture-Maske ist das Zeichen S angegeben), so wird dieses Vorzeichen beim Vergleich nicht berücksichtigt.

---

*) Bei der DVA HONEYWELL z.B. sind auch die Kleinbuchstaben a,b,c,...,y,z zugelassen.

Zusammengesetzte Bedingungen

In der Regel hängt eine Verzweigung in einem Programm nicht allein von einer einfachen Bedingung ab.

So könnten wir in unserem Beispielprogramm LISTE-DER-VERTRETER-NAMEN (vgl. S. 24)
nach dem Einlesen eines Records z.B. prüfen wollen, ob der Inhalt des Felds KENNZAHL
kleiner als 5ooo und größer als Null ist. Wir verbinden in diesem Fall die beiden
einfachen Bedingungen

        KENNZAHL < 5ooo   und   KENNZAHL IS POSITIVE

durch den logischen Operator AND zu einer sog. zusammengesetzten Bedingung (combined
condition) der Form:

        KENNZAHL < 5ooo   AND   KENNZAHL IS POSITIVE

Eine zusammengesetzte Bedingung der allgemeinen Form:

    ┌─────────────────────────────┐
    │ bedingung-1 AND bedingung-2 │
    └─────────────────────────────┘

ist immer dann erfüllt, wenn die beiden Bedingungen bedingung-1 und bedingung-2
wahr sind - andernfalls ist diese Bedingung falsch.

Neben dem Operator AND existieren zur Bildung von zusammengesetzten Bedingungen ferner die logischen Operatoren OR und NOT.

So ist die zusammengesetzte Bedingung

    ┌───────────────────────────┐
    │ bedingung-1 OR bedingung-2 │
    └───────────────────────────┘

immer dann wahr, falls mindestens eine der Bedingungen bedingung-1 und bedingung-2
erfüllt ist - andernfalls ist diese Bedingung falsch.

Z.B. ist die Bedingung

    KENNZAHL IS GREATER THAN 8ooo   OR   KENNZAHL IS LESS THAN 5ooo

dann wahr, wenn der Wert des Felds KENNZAHL entweder größer als 8ooo oder kleiner
als 5ooo ist.

Durch die Anwendung des logischen Operators NOT in der Form:

    ┌─────────────────┐
    │ NOT bedingung   │
    └─────────────────┘

ist die negierte Bedingung immer dann erfüllt, wenn die hinter dem Wort NOT kodierte
Bedingung falsch ist.

So ist z.B. die Bedingung

    NOT KENNZAHL < 5ooo

dann wahr, wenn der aktuelle Wert von KENNZAHL größer oder gleich 5ooo ist.

Bei Vergleichs- und Klassenbedingungen darf der Operator NOT in die Bedingung "hineingezogen" werden, so daß man z.B. für die obige Bedingung auch

    KENNZAHL NOT < 5ooo

schreiben darf (damit ist "NOT < " ein zusätzlicher Vergleichsoperator mit der
Bedeutung "größer oder gleich"). Analog können wir für die Bedingung

    NOT KENNZAHL IS NUMERIC

auch

    KENNZAHL IS NOT NUMERIC

schreiben.

Bearbeitung einer zusammengesetzten Bedingung

Eine zusammengesetzte Bedingung wird immer "von links nach rechts" ausgewertet. Sind
in einer zusammengesetzten Bedingung Klammern enthalten, so werden die eingeklammerten Bedingungen stets zuerst bearbeitet, und bei einer geschachtelten Klammerung
wird die Auswertung immer "von innen nach außen" vorgenommen.

Sind keine Klammern vorhanden oder wird der Inhalt einer Klammer bearbeitet, so
gelten die folgenden Prioritätsregeln:

- zuerst werden alle arithmetischen Ausdrücke berechnet,
- dann werden die einfachen Bedingungen ausgewertet, und zwar in der Rangfolge:

        - Vergleichsbedingung,

        - Klassenbedingung,

        - Bedingungsnamen-Bedingung und

        - Vorzeichenbedingung (in der ausführlichen Schreibweise, vgl. S. 85),

- anschließend wird der NOT-Operator angewandt,
- danach wird der Wahrheitswert je zweier mit AND verbundener Bedingungen und
- schließlich der Wahrheitswert je zweier mit OR verknüpfter Bedingungen berechnet.

Die Wahrheitswerte mehrerer durch AND bzw. OR verbundener einfacher Bedingungen werden dabei stets (schrittweise) "von links nach rechts" ermittelt.

Z.B. ergibt sich für die folgende zusammengesetzte Bedingung die angegebene Auswer-
tungs-Reihenfolge:

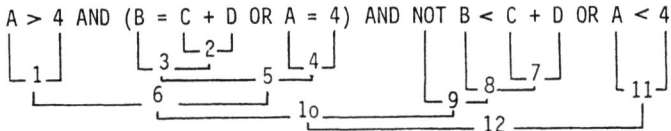

Vergleich von alphanumerischen Werten

Neben den numerischen Vergleichen können in COBOL besonders einfach auch Textverglei-
che bzgl. der Sortierfolge-Ordnung (collating sequence) der jeweiligen DVA durchgeführt werden.

Für den Vergleich von alphanumerischen Werten gelten i.a. die folgenden Regeln:
- haben beide Operanden dieselbe Länge, so werden die jeweils korrespondierenden
  Zeichenpaare - beginnend beim ersten Zeichen - von links nach rechts verglichen;
  die beiden Operanden sind dann gleich, wenn sie in allen Zeichen übereinstimmen;
  beim ersten Zeichenpaar, welches zwei voneinander verschiedene Zeichen enthält,
  entscheidet die Sortierfolge-Ordnung der DVA über die Relation; [*)]
- sind die Längen der beiden Operanden verschieden, so wird der kürzere Operand
  (intern) i.a. mit Leerzeichen aufgefüllt und anschließend derselbe Algorithmus
  (mit der größeren Länge) durchgeführt. [**)]

Z.B. gelten mit der Vereinbarung

```
77  F-1  PICTURE X(5)  VALUE "ALLEᵤ".
77  F-2  PICTURE X(5)  VALUE "ALLᵤᵤ".
77  F-3  PICTURE X(6)  VALUE "ALLEᵤᵤ".
```

die folgenden Relationen (wobei wir als Intern-Kode den EBCDI-Kode zugrundelegen,
vgl. A.3):

   "ALLE" = F-1 und F-1 = F-3 und F-1 > F-2 und F-2 < F-3

Wie beim Vergleich von numerischen Werten ist auch beim alphanumerischen Vergleich
eine Relation zwischen zwei alphanumerischen Literalen überflüssig und daher verboten.

Wollen wir z.B. in unserem Beispielprogramm LISTE-DER-VERTRETER-NAMEN (vgl. S. 24)
nur die Vertreternamen auflisten, welche mit Buchstaben "zwischen K und Z" beginnen,
so ersetzen wir die Prozedur VERARBEITUNG durch das folgende Struktogramm:

VERARBEITUNG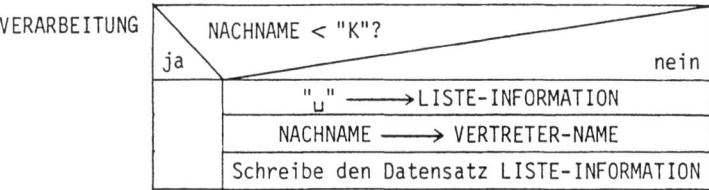

und kodieren folglich:

```
VERARBEITUNG.
    IF NACHNAME < "K",
        NEXT SENTENCE,
    ELSE
        MOVE SPACES TO LISTE-INFORMATION,
        MOVE NACHNAME TO VERTRETER-NAME,
        WRITE LISTE-INFORMATION.
```

---

*) In A.3 geben wir einen Überblick über die Sortierfolge-Ordnungen einiger DVAn.
   Da diese Ordnungen für gewisse Zeichen voneinander abweichen, sind COBOL-Programm-
   me, in denen alphanumerische Werte miteinander verglichen werden, oft nicht
   portabel. Im Standard ANSI-74 besteht die Möglichkeit, eine Anlagen-unabhängige
   Sortierfolge-Ordnung innerhalb des Programms festzulegen (darauf gehen wir jedoch
   nicht ein).

**) Dieses Verfahren ist Anlagen-abhängig.

Diese Prozedur können wir durch die Negation der Vergleichsbedingung folgendermaßen
vereinfachen:

```
VERARBEITUNG.
    IF NACHNAME NOT < "K",
       MOVE SPACES TO LISTE-INFORMATION,
       MOVE NACHNAME TO VERTRETER-NAME,
       WRITE LISTE-INFORMATION.
```

Wir weisen darauf hin, daß die Bedingung

```
NACHNAME NOT < "K"
```

nach der auf S. 89 angegebenen Regel nicht zur folgenden Bedingung äquivalent ist:

```
NACHNAME > "J"
```

Schachtelung von IF-Anweisungen

Nach der Syntax der IF-Anweisung dürfen im Ja- und im Nein-Zweig beliebige Anweisungen - und damit auch wiederum IF-Anweisungen - kodiert werden, d.h. IF-Anweisungen
kann man beliebig tief schachteln. Die äußerste der geschachtelten IF-Anweisungen
muß man mit einem Punkt abschließen. Alle inneren IF-Anweisungen und alle in den Ja-
bzw. Nein-Zweigen enthaltenen weiteren Anweisungen werden wir mit einem Komma beenden
(die Kodierung eines Kommas ist nach den COBOL-Regeln zulässig aber nicht erforderlich).

Z.B. haben wir von der Schachtelung von IF-Anweisungen schon in 3.4 Gebrauch gemacht,
indem wir das Struktogramm

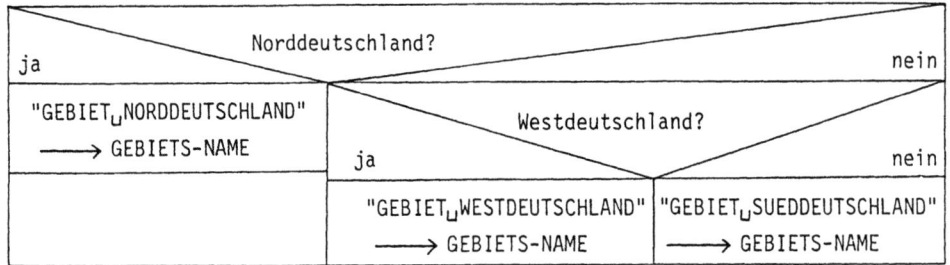

durch die folgende Anweisung kodiert haben:

```
IF NORDDEUTSCHLAND,
    MOVE "GEBIET␣NORDDEUTSCHLAND" TO GEBIETS-NAME,
ELSE
    IF WESTDEUTSCHLAND,
        MOVE "GEBIET␣WESTDEUTSCHLAND" TO GEBIETS-NAME,
    ELSE
        MOVE "GEBIET␣SUEDDEUTSCHLAND" TO GEBIETS-NAME.
```

Bei der Analyse einer geschachtelten IF-Anweisung ordnet der Kompilierer jedes ELSE
immer demjenigen direkt vorausgehenden Wort IF zu, welches noch durch kein ELSE "gebunden" wurde.

Für die oben angegebene IF-Anweisung ergibt sich daher die folgende "IF-ELSE-Zuordnung":

```
 ┌─IF NORDDEUTSCHLAND,
 │     MOVE ...
 └─ELSE
       ┌─ IF WESTDEUTSCHLAND,
       │      MOVE ...
       └─ELSE
              MOVE ...
```

Diese Klammerung legt also genau die Verarbeitung fest, wie sie durch das oben angegebene Struktogramm beschrieben ist.

Für ein komplexeres Beispiel einer IF-Schachtelung nehmen wir an, daß B1, B2, B3 und B4 im Programm vereinbarte Bedingungsnamen und A1, A2 bis A8 Bezeichner von Prozeduren sind. Mit diesen Vereinbarungen kann das Struktogramm

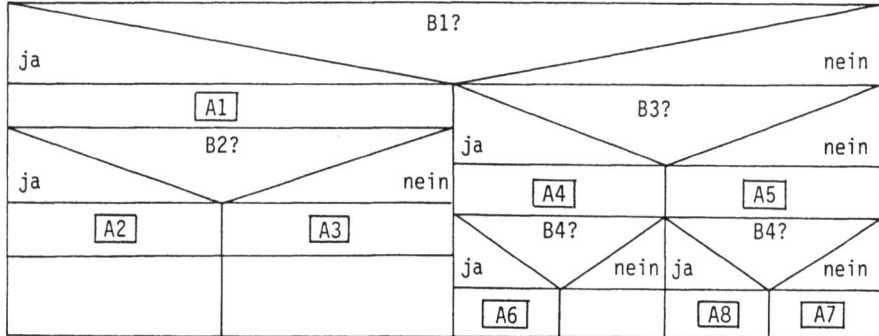

durch die folgende geschachtelte IF-Anweisung kodiert werden:

```
 ┌─IF B1,
 │     PERFORM A1,
 │     ┌─IF B2,
 │     │     PERFORM A2,
 │     └─ELSE
 │           PERFORM A3,
 └─ELSE
       ┌─IF B3,
       │     PERFORM A4,
       │     ┌─ IF B4,
       │     │      PERFORM A6,
       │     └─ELSE
       │            NEXT SENTENCE,
       └─ELSE
              PERFORM A5,
              ┌─IF B4,
              │     PERFORM A8,
              └─ELSE
                    PERFORM A7.
```

Dieses Beispiel unterstreicht die Wichtigkeit der NEXT-SENTENCE-Klausel. Ließen wir nämlich den ELSE-Zweig mit der NEXT-SENTENCE-Klausel weg, so erhielten wir für den ELSE-Zweig der (äußeren) IF-Anweisung eine völlig andere Struktur.

7.3 Die GO-Anweisung

In dem Struktogramm des Lösungsalgorithmus LISTE-DER-VERTRETER-NAMEN (vgl. S. 22)
haben wir den Schleifen-Strukturblock und den BREAK-Strukturblock kennengelernt, und
wir wissen, daß die Ausführung eines Schleifen-Blocks stets durch die Bearbeitung
eines BREAK-Blocks beendet wird. Wir wollen nun demonstrieren, wie wir die durch
diese beiden Blöcke implizierte Ablaufsteuerung im COBOL-Programm realisieren können.

Dazu betrachten wir das folgende Beispiel:
Es soll eine neu entwickelte Prozedur namens VERARBEITUNG mit den Daten unserer Vertreterdaten-Datei getestet werden. Da es unökonomisch ist, diesen Test mit sämtlichen
Records durchzuführen, werden wir nur die ersten 3o Records verarbeiten. Einen möglichen Algorithmus geben wir durch das folgende Struktogramm an:

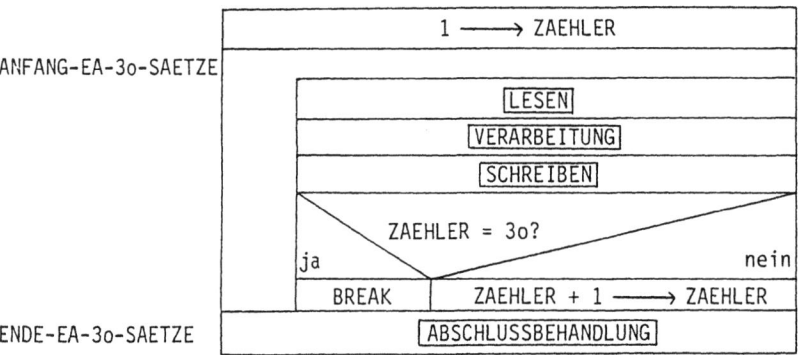

Dabei setzen wir voraus, daß die Datei mit den Vertreterdaten mehr als 3o Records
enthält, so daß das Dateiende beim Einlesen der Sätze nicht erreicht wird.
Bei der Umsetzung der Strukturblöcke in Programmanweisungen realisieren wir die durch
den Schleifen- und den BREAK-Block implizierte Ablaufsteuerung, indem wir einerseits
nach der Ausführung der Anweisung

        ADD 1 TO ZAEHLER

zum Beginn der Anweisung

        PERFORM LESEN

zurückspringen (Realisierung des Schleifen-Blocks) und andererseits - im Ja-Zweig
der IF-Anweisung - einen Vorwärtssprung zur Anweisung

        PERFORM ABSCHLUSSBEHANDLUNG

durchführen (Realisierung des BREAK-Blocks).

Zur Darstellung derartiger Sprünge muß man in COBOL die GO-Anweisung in der folgenden
Form einsetzen:

Syntax der GO-Anweisung (Format-1)

        GO TO prozedurname

Nach der Ausführung einer GO-Anweisung wird das Programm mit der Anweisung fortgesetzt, welche als erste Anweisung in der Prozedur prozedurname kodiert ist.

Unter Einsatz der GO-Anweisung setzen wir das oben angegebene Struktogramm in die
folgenden Anweisungen um:

```
      MOVE 1 TO ZAEHLER.
   ANFANG-EA-3o-SAETZE.
      PERFORM LESEN.
      PERFORM VERARBEITUNG.
      PERFORM SCHREIBEN.
      IF ZAEHLER = 3o,
         GO TO ENDE-EA-3o-SAETZE,
      ELSE
         ADD 1 TO ZAEHLER.
      GO TO ANFANG-EA-3o-SAETZE.
   ENDE-EA-3o-SAETZE.
      PERFORM ABSCHLUSSBEHANDLUNG.
```

Neben der Dokumentation haben die in einem Struktogramm vergebenen Prozedurnamen also
die Aufgabe, die für die Ablaufsteuerung des COBOL-Programms erforderlichen Sprungziele zu bezeichnen. Wir müssen daher also sowohl den ersten Block eines Schleifen-
Blocks als auch den ersten Block, welcher dem Schleifen-Block folgt, durch einen geeigneten Prozedurnamen benennen.

Allgemein kann mit einer GO-Anweisung an eine beliebige Anweisung, die durch einen
Prozedurnamen gekennzeichnet ist, gesprungen werden. Im Hinblick auf die Zielsetzung
des "Strukturierten Programmierens" wollen wir den Gebrauch der GO-Anweisung jedoch
so weit wie möglich einschränken. So wollen wir einen Rückwärtssprung nur bei der Umsetzung eines Schleifen-Blocks und einen Vorwärtssprung nur bei der Realisierung
eines BREAK-Blocks und eines Case-Strukturblocks (s. 11.2) erlauben.

7.4 Die STOP-Anweisung

Das dynamische Ende eines COBOL-Programms wird durch die STOP-Anweisung in der folgenden Form angezeigt:

Syntax der STOP-Anweisung

```
STOP RUN
```

Mit der Ausführung dieser Anweisung wird das COBOL-Objektprogramm beendet, und es werden die vom Programm reservierten Ressourcen an das Betriebssystem "zurückgegeben".

Im Hinblick auf die Zielsetzung des "Strukturierten Programmierens" sollte die STOP-
Anweisung genau einmal im Programm kodiert sein.

Unsere Beispielprogramme strukturieren wir so, daß wir die STOP-Anweisung direkt vor
den Prozeduren kodieren, welche während des Programmlaufs durch PERFORM-Anweisungen
ausgeführt werden. Dadurch erreichen wir eine übersichtliche Gliederung, so daß die
Zuordnung eines Struktogramms zur entsprechenden Prozedur unmittelbar erkennbar ist.

7.5 Die EXIT-Anweisung

Um die Richtigkeit eines Programms zur Verarbeitung unserer Vertreterdaten zu testen,
wollen wir z.B. nur jeden 2o. Record der Vertreterdaten-Datei VERTRETER-DATEI bearbeiten. Dazu ersetzen wir in der Eingabe-Schleife unseres Beispielprogramms
LISTE-DER-VERTRETER-NAMEN (vgl. S. 25) die Anweisung

    READ VERTRETER-DATEI RECORD, AT END MOVE 1 TO DATEI-ENDE-FELD.

durch die PERFORM-Anweisung

    PERFORM EINGABE-ANFANG THRU EINGABE-ENDE.

so daß die Eingabe-Schleife nun durch die folgende Prozedur EINGABE realisiert wird:

    EINGABE.
        PERFORM EINGABE-ANFANG THRU EINGABE-ENDE.
        IF DATEI-ENDE,
            GO TO ENDE,
        ELSE
            PERFORM VERARBEITUNG.
        GO TO EINGABE.
    ENDE.

Ferner legen wir fest, daß bei der Ausführung der Anweisung

    PERFORM EINGABE-ANFANG THRU EINGABE-ENDE.

der durch das folgende Struktogramm beschriebene Algorithmus ablaufen soll:

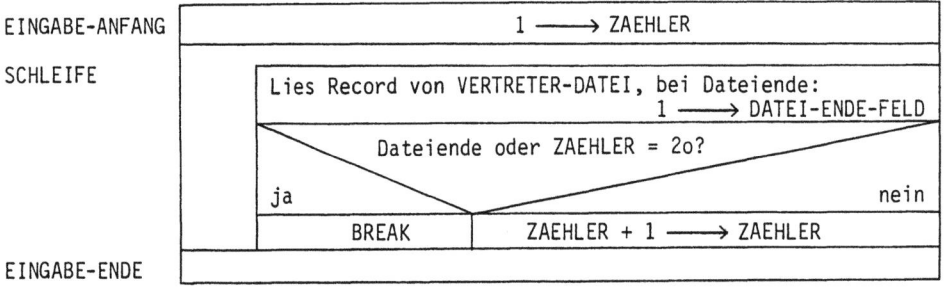

Bei der Bearbeitung des Blocks EINGABE-ENDE wird keine Aktion ausgeführt, und daher
scheint dieser Block keine Funktion zu besitzen. Nach den Ausführungen von 7.3 wissen
wir jedoch, daß zur Umsetzung des BREAK-Blocks ein Strukturblock vorhanden sein muß,
welcher mit einem Prozedurnamen bezeichnet ist und unmittelbar auf den zugehörigen
Schleifen-Block folgt. Ein derartiger leerer Strukturblock wird im COBOL-Programm
durch eine EXIT-Anweisung in der folgenden Form realisiert:

Syntax der EXIT-Anweisung (Format-1)

    EXIT

Diese (Kompilierer-)Anweisung, welche die Programmausführung nicht beeinflußt, muß
immer als einzige Anweisung in einer Prozedur angegeben sein.

Das oben angegebene Struktogramm können wir nun folgendermaßen kodieren:

```
EINGABE-ANFANG.
    MOVE 1 TO ZAEHLER.
SCHLEIFE.
    READ VERTRETER-DATEI, AT END MOVE 1 TO DATEI-ENDE-FELD.
    IF DATEI-ENDE OR ZAEHLER = 2o,
        GO TO EINGABE-ENDE,
    ELSE
        ADD 1 TO ZAEHLER.
    GO TO SCHLEIFE.
EINGABE-ENDE.
    EXIT.
```

Abschließend weisen wir darauf hin, daß eine EXIT-Anweisung nicht nur bei der Verein-barung von Sprungzielen eingesetzt wird sondern in speziellen Fällen auch bei der Schachtelung von PERFORM-Anweisungen (s. 11.1) von Bedeutung ist.

Aufgabe 13

Welche Ausgaben werden bei der Ausführung der folgenden Programmzeilen er-zeugt?

```
        PERFORM AUSGABE-1 THRU AUSGABE-4.
        PERFORM AUSGABE-1 THRU AUSGABE-3.
    AUSGABE-1.
        DISPLAY "⊔:::⊔⊔:::⊔⊔:::⊔⊔:::".
        DISPLAY "⊔⊔:⊔⊔⊔:⊔⊔⊔:⊔⊔⊔⊔⊔⊔:".
        PERFORM AUSGABE-2.
        DISPLAY "⊔⊔:⊔⊔⊔:⊔⊔⊔⊔⊔⊔⊔:⊔⊔:".
    AUSGABE-2.
        DISPLAY "⊔⊔:⊔⊔⊔:::⊔⊔:::⊔⊔⊔:".
    AUSGABE-3.
        DISPLAY "⊔".
    AUSGABE-4.
        EXIT.
```

Aufgabe 14

Welche der Relationen "<", ">" bzw. "=" bestehen zwischen den folgenden Wer-ten, wenn die Sortierfolge-Ordnung des EBCDI-Kodes zugrunde gelegt wird?

a)	+12	12.000	b)	-78	-93
c)	12.00	12.001	d)	"78FR"	"FR78"
e)	"789"	"678"	f)	"JOE⊔⊔⊔"	"JOSEPH"
g)	"JOE"	"JOE⊔"	h)	"7"	"ACHT"

Aufgabe 15

Gegeben seien die Datenfeld-Beschreibungen:

```
    77  NAME-WS         PICTURE X(13)    VALUE "MEYER-NEUMANN".
    77  KONTOSTAND-WS   PICTURE S9(5)V99 VALUE -01000.10.
```

Welche der folgenden Bedingungen sind erfüllt?

a) NAME-WS > "K" AND NAME-WS < "S"

b) KONTOSTAND-WS IS POSITIVE AND NAME-WS IS ALPHABETIC AND KONTOSTAND-WS
   IS NUMERIC

8. Arithmetische Operationen

Für die kommerziellen und administrativen Anwendungen verfügt COBOL über
(ausreichend) leistungsfähige Anweisungen für die vier arithmetischen Grund-
operationen Addition (ADD), Subtraktion (SUBTRACT), Multiplikation (MULTIPLY)
und Division (DIVIDE). Im Vordergrund steht dabei nicht die Auswertung mathe-
matischer Formeln sondern die Berechnung einfacher Ausdrücke aus dem Anwen-
dungsbereich.

Mit der Syntax und Semantik dieser Anweisungen beschäftigen wir uns in 8.1.
Anschließend stellen wir in 8.2 die COMPUTE-Anweisung dar, mit welcher beliebige arithmetische Ausdrücke berechnet werden können.

Im Abschnitt 8.3 werden wir lernen, wie man mit Hilfe der SIZE-ERROR-Klausel
einen Überlauf abfangen kann, und in 8.4 stellen wir dar, wie die interne
Datenablage mit der USAGE-Klausel gesteuert werden kann. Diese Kenntnis ist
besonders für die Laufzeit- und die Speicherplatz-Optimierung erforderlich.

8.1 ADD-, SUBTRACT-, MULTIPLY- und DIVIDE-Anweisung

ADD-Anweisung

Im Abschnitt 7.2 kodierten wir den Strukturblock

```
ZAEHLER-POS + 1 ———→ ZAEHLER-POS
```

durch die Anweisung

```
ADD 1 TO ZAEHLER-POS.
```

Damit haben wir eine erste Form der ADD-Anweisung benutzt, deren allgemeine Darstellung wir im folgenden angeben wollen.

Syntax der ADD-Anweisung (Format-1)

```
ADD {bezeichner-1 }[{bezeichner-2 }]...  TO bezeichner-3 [ROUNDED]
    {num-literal-1}[{num-literal-2}]
                                          [bezeichner-4 [ROUNDED]]...
```

Die Inhalte und Werte der vor dem Schlüssel-Wort TO aufgeführten numerischen Datenfelder bzw. numerischen Literale werden zu einem Zwischenergebnis addiert. Anschließend wird dieses Zwischenergebnis auf die einzelnen Werte der hinter dem Wort TO angegebenen Datenfelder hinzuaddiert.

Während den Ergebnisfeldern der entsprechende Summenwert zugewiesen wird (die alten
Werte werden überschrieben!), bleiben die Inhalte der vor dem Wort TO kodierten Sum-
mandenfelder unverändert.

Durch die Ausführung der ADD-Anweisung

```
ADD UMSATZ-GEBIET-1  UMSATZ-GEBIET-2  UMSATZ-GEBIET-3 TO UMSATZ-MONAT  UMSATZ-JAHR.
```

ergeben sich für die einzelnen Datenfelder die folgenden Veränderungen:

	alter Inhalt:	neuer Inhalt:
UMSATZ-GEBIET-1	o o 4 5 o 5 o	o o 4 5 o 5 o
UMSATZ-GEBIET-2	o o 4 9 7 1 5	o o 4 9 7 1 5
UMSATZ-GEBIET-3	o o 3 1 6 7 5	o o 3 1 6 7 5
UMSATZ-MONAT	o o 2 4 1 8 5 o	o o 3 6 8 2 9 o
UMSATZ-JAHR	o o o o 8 5 1 6 7 5	o o o o 9 7 8 1 1 5

ROUNDED-Klausel

Sind bei den Ergebnisfeldern immer ausreichend viele Dezimalstellen hinter dem Dezimalpunkt reserviert, so ist die Ausführung einer ADD-Anweisung problemlos.
Zu welchem Resultat führt aber z.B. die Anweisung

    ADD ZINSEN TO KONTOSTAND.

bei folgenden Feldinhalten:

    ZINSEN | o 6 o 7 4 6 | und   KONTOSTAND | o 4 4 1 6 7 8 |

Generell wird das Ergebnis einer arithmetischen Operation in einem vom Kompilierer
intern verwalteten sog. Zwischenergebnisfeld (intermediate data item) abgespeichert.
Dieses Feld besitzt vor und hinter dem Dezimalpunkt stets die maximal bei Mitnahme
aller Ziffern erforderliche Anzahl von Stellen. Im obigen Beispiel hat dieses Zwi-
schenfeld den folgenden Inhalt:

    | o 4 4 7 7 5 2 6 |

Bei der Zuweisung dieses Werts an das Ergebnisfeld KONTOSTAND wird standardmäßig nach
den Regeln des numerischen MOVE's verfahren, d.h. überzählige Stellen des Zwischenergebnisfelds werden bei der Übertragung abgeschnitten.
Daher geht in diesem Beispiel die letzte Ziffer verloren, so daß wir folgendes Ergebnis erhalten:

    KONTOSTAND | o 4 4 7 7 5 2 |

Oftmals soll im Lösungsalgorithmus die erste abzuschneidende Ziffer (hinter dem Dezimalpunkt) berücksichtigt werden, um den Wert des Ergebnisfelds gegebenenfalls auf-
oder abzurunden. Dabei soll die letzte rechtsstehende Ziffer des Ergebnisfelds um
den Wert 1 erhöht werden, wenn die erste unterdrückte Ziffer größer oder gleich 5
ist. Diese sog. Rundung wird für alle diejenigen Ergebnisfelder durchgeführt, deren
Bezeichner durch eine nachfolgende ROUNDED-Klausel in der Form:

    | ROUNDED |

gekennzeichnet sind.

Mit der Anweisung

    ADD ZINSEN TO KONTOSTAND ROUNDED.

ergibt sich für das obige Beispiel das folgende Resultat:

KONTOSTAND | o 4 4 7 7 5 $\overset{+}{3}$ |

Z.B. erhalten wir mit den aufgeführten Werten des Zwischenergebnisfelds die angegebenen Ergebnisfelder:

Zwischenergebnisfeld	Ergebnisfelder	
	mit kodierter ROUNDED-Klausel	ohne kodierte ROUNDED-Klausel
	1 2 3 4 5		1 2 4		1 2 3	
	1 2 6		1 3		1 2	
	1 2 4 5		1 2		1 2	
	1 2 5 5		1 3		1 2	

Bei der Ausführung der Anweisung

    ADD 1o SUMMAND-1 SUMMAND-2 TO S-1 ROUNDED S-2.

ergeben sich die folgenden Veränderungen:

	alter Inhalt:	neuer Inhalt:
SUMMAND-1	o 1 $\overset{+}{3}$	o 1 $\overset{+}{3}$
SUMMAND-2	4 $\overset{+}{2}$	4 $\overset{+}{2}$
S-1	1 $\overset{+}{o}$	2 $\overset{+}{6}$
S-2	2 $\overset{-}{o}$	o $\overset{-}{4}$

GIVING-Klausel

Bislang wurden die Inhalte der Ergebnisfelder als <u>zusätzliche</u> Summanden in die Addition einbezogen. Wollen wir nun den ursprünglichen Inhalt der Ergebnisfelder von der Summation ausschließen, so wählen wir die folgende Form der ADD-Anweisung:

Syntax der ADD-Anweisung (Format-2)

$$\underline{\text{ADD}} \left\{ {\text{bezeichner-1} \atop \text{num-literal-1}} \right\} \left\{ {\text{bezeichner-2} \atop \text{num-literal-2}} \right\} \left[\left\{ {\text{bezeichner-3} \atop \text{num-literal-3}} \right\} \right] \dots$$
$$\underline{\text{GIVING}} \text{ bezeichner-4} \left[\underline{\text{ROUNDED}} \right] \quad \text{*)}$$

In diesem Format darf (muß aber nicht!) das Feld bezeichner-4 numerisch-druckaufbereitet sein. Die vor dem Schlüssel-Wort GIVING aufgeführten Summanden werden addiert, und das Ergebnis dieser Addition (eingespeichert in einem Zwischenergebnisfeld) wird durch ein implizites MOVE dem Ergebnisfeld bezeichner-4 zugewiesen.

---

*) Im Standard ANSI-74 dürfen mehrere Bezeichner - ggfs. gefolgt von dem Wort ROUNDED - in der GIVING-Klausel angegeben werden.

Mit den folgenden Eintragungen

```
77  S1        PICTURE S99V9   VALUE +2o.2.
77  S2        PICTURE S9V99   VALUE +3.o7.
77  SUMME-ED  PICTURE +99.9.
```

resultiert aus der Anweisung

```
ADD S1  S2  GIVING SUMME-ED  ROUNDED.
```

als Speicherinhalt des Ergebnisfelds (der ursprüngliche Wert wird überschrieben!):

SUMME-ED ┌─────────┐
         │ + 2 3 . 3 │
         └─────────┘
          + 9 9 . 9

SUBTRACT-Anweisung

Für die Subtraktion stehen ebenfalls zwei Anweisungsformen zur Verfügung:

Syntax der SUBTRACT-Anweisung

```
Format-1:  SUBTRACT {bezeichner-1  } [{bezeichner-2  }]...
                    {num-literal-1}  [{num-literal-2}]

                    FROM bezeichner-3 [ROUNDED] [ bezeichner-4 [ROUNDED] ] ...

Format-2:  SUBTRACT {bezeichner-1  } [{bezeichner-2  }]...
                    {num-literal-1}  [{num-literal-2}]

                    FROM {bezeichner-3  } GIVING bezeichner-4 [ROUNDED] *)
                         {num-literal-3}
```

Im Format-1 müssen alle Bezeichner Namen von numerischen Datenfeldern sein, und
im Format-2 darf das Feld bezeichner-4 auch numerisch-druckaufbereitet sein.
Zunächst werden die Werte der vor dem Schlüssel-Wort FROM aufgeführten Datenfelder
bzw. numerischen Literale addiert (und in ein Zwischenergebnisfeld eingespeichert).
Beim Format-1 wird diese Summe vom Inhalt jedes hinter dem Wort FROM kodierten Datenfelds subtrahiert und das entsprechende Resultat in das jeweilige Ergebnisfeld übertragen.
Im Format-2 wird die Summe vom Inhalt des Datenfelds bezeichner-3 bzw. vom numeri-
schen Literal num-literal-3 subtrahiert und die Differenz in das Feld bezeichner-4
eingespeichert.
Bei jeder Zuweisung an ein Ergebnisfeld wird immer dann gerundet, falls die ROUNDED-
Klausel hinter dem entsprechenden Bezeichner kodiert ist.
Im Format-2 bleibt der Inhalt des Felds bezeichner-3 stets unverändert.

Mit den Datenfeldern

STEUER │ 2 9 o o o o │   STEUER-N │ o 2 8 o o o │   BRUTTO-EINKOMMEN │ 2 o o o o o o │

ergibt die Anweisung

```
SUBTRACT STEUER   STEUER-N FROM BRUTTO-EINKOMMEN GIVING NETTO-EINKOMMEN.
```

*) Im Standard ANSI-74 dürfen mehrere Bezeichner - ggfs. gefolgt von dem Wort
   ROUNDED - in der GIVING-Klausel angegeben werden.

das Resultat:

STEUER `2 9 0 o o o`   STEUER-N `o 2 8 o o o`   BRUTTO-EINKOMMEN `2 o o o o o o`

NETTO-EINKOMMEN `1 6 8 2 o o o`

und durch die Ausführung von

    SUBTRACT STEUER STEUER-N FROM BRUTTO-EINKOMMEN.

erhalten wir als Ergebnis:

STEUER `2 9 o o o o`   STEUER-N `o 2 8 o o o`   BRUTTO-EINKOMMEN `1 6 8 2 o o o`

MULTIPLY-Anweisung

Im Gegensatz zur ADD- und zur SUBTRACT-Anweisung hat die MULTIPLY-Anweisung immer
genau zwei Operanden. Gleichfalls existieren auch für diese Anweisung zwei Formen.

Syntax der MULTIPLY-Anweisung

```
Format-1:   MULTIPLY { bezeichner-1 } BY bezeichner-2 [ROUNDED]
                     { num-literal  }

Format-2:   MULTIPLY { bezeichner-1   } BY { bezeichner-2   }
                     { num-literal-1  }    { num-literal-2  }      *)
                              GIVING bezeichner-3 [ROUNDED]
```

Aus den Werten der numerischen Größen vor und hinter dem Schlüssel-Wort BY wird das
Produkt gebildet und in das Ergebnisfeld unter Beachtung einer evtl. vorhandenen
ROUNDED-Klausel eingespeichert.
Im Format-1 ist das Feld bezeichner-2 das Ergebnisfeld und im Format-2 ist es das
Feld bezeichner-3.
Das Datenfeld bezeichner-3 darf die numerisch-druckaufbereitete Kategorie besitzen.

Mit den Eintragungen

```
    77  KAPITAL-ALT  PICTURE 9(5)V99  VALUE oo4oo.oo.
    77  ZINSFAKTOR   PICTURE 9V99  VALUE 1.1o.
    77  KAPITAL-NEU  PICTURE +(6).99.
```

führt die Anweisung

    MULTIPLY KAPITAL-ALT BY ZINSFAKTOR GIVING KAPITAL-NEU ROUNDED.

zu folgendem Resultat:

KAPITAL-NEU `u u + 4 4 o . o o`
            + + + + + + . 9 9

---

*) Im Standard ANSI-74 dürfen mehrere Bezeichner - ggfs. gefolgt von dem Wort
   ROUNDED - in der GIVING-Klausel angegeben werden.

- lol -   8.1 DIVIDE

DIVIDE-Anweisung

Eine Division (als Umkehrung der Multiplikation) können wir durch den Einsatz der
DIVIDE-Anweisung ausführen.
Teilen wir z.B. die Zahl lo durch die Zahl 5 mit dem Ergebnis 2, so nennt man lo den
Dividenden, 5 den Divisor und 2 den Quotienten der Division.

Mit der Vereinbarung

```
77  ZAHL-1  PICTURE 9(3)  VALUE olo.
77  ZAHL-2  PICTURE 9(3)  VALUE oo5.
```

können wir die obige Divisionsaufgabe z.B. durch folgende Anweisung kodieren:

```
DIVIDE ZAHL-2 INTO ZAHL-1.
```

Als Ergebnis erhalten wir:

ZAHL-1 | o o 2 | ZAHL-2 | o o 5 |

Damit haben wir die erste Form der DIVIDE-Anweisung eingesetzt:

Syntax der DIVIDE-Anweisung (Format-1)

$$\underline{DIVIDE} \left\{ \begin{array}{l} \text{bezeichner-1} \\ \text{num-literal} \end{array} \right\} \underline{INTO} \text{ bezeichner-2} \left[\underline{ROUNDED} \right]$$

Die Felder bezeichner-1 und bezeichner-2 müssen die numerische Kategorie besitzen.
Der Wert des numerischen Literals num-literal bzw. der Inhalt des Datenfelds
bezeichner-1 fungiert als Divisor und der Inhalt des Felds bezeichner-2 als Dividend.
Der Quotient als Ergebnis der Division wird gegebenenfalls unter Beachtung der
ROUNDED-Klausel in das Ergebnisfeld bezeichner-2 übertragen, und der Wert des Felds
bezeichner-1 bleibt unverändert.

Mit der Vereinbarung

```
77  DIVIDEND  PICTURE 9(3)V99  VALUE 421.o5.
```

ergibt sich durch die Ausführung der Anweisung

```
DIVIDE 2 INTO DIVIDEND  ROUNDED.
```

als Quotient:

DIVIDEND | 2 1 o 5 3 |
                ^

Wollen wir den Quotienten nicht in das Datenfeld einspeichern, welches vor der Division den Dividenden enthält, so wählen wir das folgende Anweisungsformat:

Syntax der DIVIDE-Anweisung (Format-2)

$$\underline{DIVIDE} \left\{ \begin{array}{l} \text{bezeichner-1} \\ \text{num-literal-1} \end{array} \right\} \left\{ \begin{array}{l} \underline{INTO} \\ \underline{BY} \end{array} \right\} \left\{ \begin{array}{l} \text{bezeichner-2} \\ \text{num-literal-2} \end{array} \right\} \underline{GIVING} \text{ bezeichner-3} \left[\underline{ROUNDED} \right]$$
$$\left[\underline{REMAINDER} \text{ bezeichner-4} \right]$$

Alle Bezeichner sind Namen von numerischen Datenfeldern, und das Feld bezeichner-3
darf darüberhinaus auch die numerisch-druckaufbereitete Kategorie haben.
Bei der Kodierung des Schlüssel-Worts INTO fungiert der zweite Operand als Dividend
und der erste als Divisor. Wird stattdessen das Schlüssel-Wort BY benutzt, so kehrt
sich dieser Sachverhalt um. In jedem Fall wird der Quotient der Division in das Ergebnisfeld bezeichner-3 übertragen und die Werte der Felder bezeichner-1 und
bezeichner-2 bleiben unverändert.
Um Flüchtigkeitsfehler zu vermeiden, sollte man sich grundsätzlich auf die Anwendung
nur einer Klausel (z.B. auf die BY-Klausel) beschränken.

Bei der Vereinbarung

```
77  Z-1       PICTURE 9V9  VALUE 8.1.
77  Z-2       PICTURE 9V9  VALUE 2.o.
77  ERGEBNIS  PICTURE 9.9.
```

führt die Anweisung

```
DIVIDE Z-1 BY Z-2 GIVING ERGEBNIS.
```

zum Resultat:

ERGEBNIS $\boxed{4 . o}$
          9 . 9

Bei diesem Beispiel erhalten wir den Wert o.1 als Divisionsrest. Dieser Wert ergibt
sich aus der Differenz von Dividend und dem Produkt von Divisor und Quotient zu:

    8.1 - (2.o * 4.o) = o.1

Die Kenntnis des Divisionsrests ist vor allen Dingen beim Überprüfen spezieller
Kenngrößen (z.B. Prüfziffernverfahren, s. Aufgabe 18) eine wertvolle Hilfe. Im
Format-2 der DIVIDE-Anweisung kann man durch die Kodierung der REMAINDER-Klausel
(remainder = Rest) in der Form:

$\boxed{\text{REMAINDER bezeichner-4}}$

den Divisionsrest im numerischen Datenfeld bezeichner-4 sichern.

Z.B. erhalten wir (in Ergänzung des obigen Beispiels) mit der Vereinbarung

```
77  REST  PICTURE 9V9.
```

durch die Ausführung der Anweisung

```
DIVIDE Z-1 BY Z-2 GIVING ERGEBNIS  REMAINDER REST.
```

das folgende Resultat:

ERGEBNIS $\boxed{4 . o}$ REST $\boxed{o 1}$

Damit bei der Übertragung des Divisionsrests in das Feld bezeichner-4, welches in der
REMAINDER-Klausel kodiert ist, keine Stellen verloren gehen, müssen wir für das Feld

bezeichner-4 mindestens so viele Stellen nach dem Dezimalpunkt reservieren wie für die Divisor-, Dividenden- und Quotienten-Felder vereinbart sind.

Beispielsweise führt die Deklaration

```
77  Z-1      PICTURE 9V9  VALUE 8.1.
77  Z-2      PICTURE 9V9  VALUE 2.o.
77  ERGEBNIS PICTURE 9.9.
77  REST     PICTURE 9. ←——— gegenüber obigem Beispiel geändert!
```

mit der Anweisung

    DIVIDE Z-2 INTO Z-1 GIVING ERGEBNIS ROUNDED REMAINDER REST.

zum folgenden unerwünschten Resultat:

ERGEBNIS $\boxed{4 \cdot 1}$ REST $\boxed{o}$
          9 . 9   9

Dabei ist zu beachten, daß der Divisionsrest nach wie vor gleich dem Wert o.1 ist - obwohl das Feld ERGEBNIS den Wert 4.1 enthält.

Wird nämlich in einer DIVIDE-Anweisung sowohl die ROUNDED- als auch die REMAINDER-Klausel kodiert, so wird bei der Ausführung zunächst der Divisionsrest ermittelt und erst anschließend die Rundung durchgeführt.

Bei der Anwendung der DIVIDE-Anweisung muß man sich immer vergewissern, daß der Divisor von Null verschieden ist. Eine <u>Division durch Null</u> führt nämlich i.a. zu einem Programmabbruch - es sei denn, daß in der DIVIDE-Anweisung als weitere Klausel die sog. SIZE-ERROR-Klausel aufgeführt ist, welche einen sog. Überlauf abfängt (vgl. Abschnitt 8.3).

8.2 Die COMPUTE-Anweisung

Die Ausführung von komplexen und gemischten arithmetischen Operationen wird in COBOL durch die COMPUTE-Anweisung unterstützt. Diese Anweisung ergänzt die Leistungen der elementaren arithmetischen Anweisungen ADD, SUBTRACT, MULTIPLY und DIVIDE.

<u>Syntax der COMPUTE-Anweisung</u> *)

| <u>COMPUTE</u> bezeichner-1 [ROUNDED] [bezeichner-2 [ROUNDED]]... = arithmetischer-ausdruck |

Die Felder bezeichner-i müssen die numerische oder die numerisch-druckaufbereitete Kategorie besitzen.

Das Gleichheitszeichen "=" wirkt als Zuweisungsoperator und wird rechts und links von mindestens einem Leerzeichen begrenzt. Gleichfalls werden alle Elemente des arithmetischen Ausdrucks durch jeweils mindestens ein Leerzeichen voneinander getrennt.

Nach der Berechnung des rechts vom Zuweisungsoperator kodierten arithmetischen Ausdrucks wird das Ergebnis unter Beachtung einer evtl. kodierten ROUNDED-Klausel in die

*) Im Standard ANSI-68 darf vor dem Zuweisungszeichen nur ein Ergebnisfeld angegeben sein.

Ergebnisfelder bezeichner-i übertragen.[*)]

Mit den Vereinbarungen

```
77  FELD-1   PICTURE S9V99  VALUE -1.5o.
77  FELD-2   PICTURE S9V99  VALUE -2.55.
77  FELD-3   PICTURE S9V99  VALUE +o.82.
77  FELD-ED  PICTURE +99.99.
```

erhalten wir durch die Ausführung der Anweisung

```
COMPUTE FELD-ED  ROUNDED = FELD-1 * FELD-2 - FELD-3.
```

das Resultat:

FELD-1 $\boxed{1\ 5\ \overline{0}}$ FELD-2 $\boxed{2\ 5\ \overline{5}}$ FELD-3 $\boxed{o\ 8\ \overset{+}{2}}$ FELD-ED $\boxed{+\ o\ 3\ .\ o\ 1}$

                                                        + 9 9 . 9 9

Dieses Ergebnis ließe sich ohne Anwendung der COMPUTE-Anweisung z.B. auch durch die
Ausführung der beiden Anweisungen

```
MULTIPLY FELD-1 BY FELD-2  GIVING HILFS-FELD.
SUBTRACT FELD-3 FROM HILFS-FELD  GIVING FELD-ED  ROUNDED.
```

unter zusätzlicher Benutzung des geeignet zu definierenden numerischen Datenfelds
HILFS-FELD erreichen. Diese Berechnung ist jedoch unökonomisch und unübersichtlich.

Arithmetische Ausdrücke

Den Begriff des arithmetischen Ausdrucks haben wir schon in 7.2 (bei der Darstellung
der IF-Anweisung) kennengelernt. An dieser Stelle wollen wir unsere bisherigen Kenntnisse bzgl. der Regeln zur Bildung und Auswertung von arithmetischen Ausdrücken vertiefen.

Ein arithmetischer Ausdruck ist entweder

- ein elementarer Ausdruck, d.h. ein numerisches Datenfeld oder ein numerisches
  Literal oder
- eine durch die Operationszeichen: + (Addition)
                                        - (Subtraktion)
                                        * (Multiplikation)
                                        / (Division)
                                       ** (Potenzierung) (z.B. steht A ** 2 für A * A)

verknüpfte Folge von arithmetischen Ausdrücken. Dabei muß vor und hinter einem Operationszeichen stets mindestens ein Leerzeichen aufgeführt sein.

Die Berechnung eines arithmetischen Ausdrucks erfolgt stets "von links nach rechts",
wobei die folgenden Prioritätsregeln zu berücksichtigen sind:
Zuerst werden alle Potenzierungen (höchste Priorität), dann alle Multiplikationen
und Divisionen (zweithöchste Priorität) und schließlich alle Additionen und Subtraktionen (niedrigste Priorität) durchgeführt.

---

*) Die Genauigkeit der Zwischenrechnungen hängt von der gewählten Arithmetik ab
   (vgl. 8.4) und ist zudem Anlagen-abhängig.

Z.B. wird der Ausdruck

```
A * B  +  C ** D  -  F
└─1─┘  3   └─2─┘      │
    └───── 3 ────── 4 ─┘
```

in der angegebenen Reihenfolge berechnet.

Bei mehreren aufeinanderfolgenden Operatoren der gleichen Prioritätsstufe werden die Operationen "von links nach rechts" ausgeführt.

So gilt beispielsweise:

```
A * B  -  C / D  *  E  +  F
└─1─┘     └─2─┘  3   │     │
    └──── 4 ──────── 3 ─┘  │
              └────── 5 ───┘
```

Die Reihenfolge, nach der die Operatoren gemäß den Prioritätsregeln ausgewertet werden, kann durch das Setzen von öffnenden "(" und schließenden Klammern ")" verändert werden. Dabei müssen alle kodierten Klammernpaare ausbalanciert sein, d.h. öffnende und schließende Klammern müssen paarweise einander zugeordnet sein.

Daher ist z.B. die Zeichenfolge

```
A + (B + (C + A)
```

kein korrekter arithmetischer Ausdruck.

In Klammern eingeschlossene Ausdrücke werden immer zuerst ausgewertet. Bei mehreren aufeinanderfolgenden eingeklammerten Ausdrücken wird die Auswertung wiederum "von links nach rechts" vorgenommen.

Z.B. gilt:

```
A * (B - C) / D * (E + F)
└2  └─1─┘   │     └─4─┘
    └────── 3 ─┘
        └── 5 ──┘
```

Im Standard ANSI-68 gilt bzgl. der Klammersetzung die folgende einschränkende Regel:
Einer öffnenden Klammer "(" darf kein Leerzeichen folgen, und einer schließenden Klammer ")" darf kein Leerzeichen vorausgehen.

Enthält ein eingeklammerter arithmetischer Ausdruck weitere Klammern, so werden zuerst die Operationen der tiefsten Klammerstufe durchgeführt.

So gilt z.B.:

```
A-KAPITAL * (1 + (PROZENTSATZ / 1oo)) ** JAHRE
│         └2       └───── 1 ───┘      │
│             └────────────── 3 ──────┘
└──── 4 ────────────────────────── 3 ─┘
```

Nach einer Formel aus der Zinsrechnung kann dann das Endkapital in folgender Weise
berechnet werden:

    COMPUTE E-KAPITAL = A-KAPITAL * (1 + (PROZENTSATZ / 1oo)) ** JAHRE.

Das Setzen von Klammern ist immer dann zu empfehlen, wenn ein komplexer arithmetischer Ausdruck lesbarer gestaltet werden soll. Außerdem kann man dadurch die Flüchtigkeitsfehler bei der Einschätzung der Bearbeitungs-Reihenfolge der Operanden reduzieren.

In COBOL können auch Wurzel-Ausdrücke wie z.B. $\sqrt{A}$ ohne Schwierigkeit berechnet
werden wie z.B. durch die Anweisung

    COMPUTE ERGEBNIS = A ** o.5.

Abschließend merken wir uns, daß man das Minuszeichen "-" auch als sog. unären Operator einsetzen darf. So ist z.B. der Ausdruck

    - (A + B)
äquivalent mit:
    (-1) * (A + B)

8.3 Die SIZE-ERROR-Klausel

Bei allen arithmetischen Anweisungen werden die Rechenergebnisse von einem (internen)
Zwischenergebnisfeld durch ein implizit ausgeführtes MOVE in die entsprechenden Er-
gebnisfelder übertragen.
Mit den Vereinbarungen

    77 A PICTURE 99 VALUE 1o.
    77 B PICTURE 99 VALUE 48.

führt z.B. die Anweisung

    MULTIPLY A BY B.

zum Ergebnis:

    A | 1 o | B | 8 o |

Durch das implizite numerische MOVE wird nämlich die 4 als führende Ziffer im
Zwischenergebnisfeld mit dem Inhalt

    | 4 8 o |

wegen der dezimalpunktgerechten Übertragung abgeschnitten.

Zur Überprüfung und Kontrollierung eines derartigen sog. Überlaufs (overflow) kann
man die SIZE-ERROR-Klausel in der folgenden Form vorsehen:

    | ON SIZE ERROR unb-anw-1 [unb-anw-2]... |

In dieser Klausel kann man z.B. eine Ausgabe-Anweisung kodieren, mit welcher der Überlauf im Ablaufprotokoll vermerkt wird, so daß man sich vor einer falschen Interpretation von Ergebnissen schützen kann.

Die SIZE-ERROR-Klausel darf am Ende jeder arithmetischen Anweisung gemäß der folgenden Syntax kodiert werden:

```
⎧ ADD-anweisung      ⎫
⎪ SUBTRACT-anweisung ⎪
⎨ MULTIPLY-anweisung ⎬ ON SIZE ERROR unb-anw-1 ⎡unb-anw-2⎤...
⎪ DIVIDE-anweisung   ⎪
⎩ COMPUTE-anweisung  ⎭
```

Die in der SIZE-ERROR-Klausel angegebenen unbedingten Anweisungen werden dann ausgeführt, wenn der ganzzahlige Anteil des Rechenergebnisses (im Zwischenergebnisfeld) mehr signifikante Ziffern enthält als für das Ergebnisfeld reserviert sind. Bei einem derartigen Überlauf bleibt der Wert des entsprechenden Ergebnisfelds unverändert (und ist damit nicht interpretierbar).

Sind in einer arithmetischen Anweisung mit SIZE-ERROR-Klausel mehrere Ergebnisfelder aufgeführt, so wird erst nach der Berechnung aller Ergebnisse auf einen Überlauf reagiert. Die Inhalte aller von einem Überlauf betroffenen Ergebnisfelder bleiben unverändert, und es werden die in der SIZE-ERROR-Klausel angegebenen unbedingten Anweisungen ausgeführt.

Z.B. ergibt sich mit der Vereinbarung

```
77  A  PICTURE S99  VALUE +o4.
77  B  PICTURE S99  VALUE +16.
77  C  PICTURE S99  VALUE +34.
77  D  PICTURE S99  VALUE +8o.
77  E  PICTURE S99  VALUE -31.
```

durch die Ausführung der Anweisung

```
ADD A B TO C D E, ON SIZE ERROR MOVE 1 TO UEBERLAUF-KENN-FELD.
```

das Resultat:

A $\boxed{o\overset{+}{4}}$ B $\boxed{1\overset{+}{6}}$ C $\boxed{5\overset{+}{4}}$ D $\boxed{8\overset{+}{o}}$ E $\boxed{1\overset{-}{1}}$

Wegen des Überlaufs bei der Addition der Werte von A, B und D (das Zwischenergebnisfeld enthält den Wert: +1oo) bleibt der Wert des Ergebnisfelds D unverändert, und es wird die unbedingte Anweisung

```
MOVE 1 TO UEBERLAUF-KENN-FELD.
```

ausgeführt.

Treten die SIZE-ERROR-Klausel und die ROUNDED-Klausel gemeinsam in einer arithmetischen Anweisung auf, so wird immer erst gerundet und dann erst auf einen Überlauf hin abgeprüft.

Mit der Vereinbarung

```
77  X  PICTURE 99V9   VALUE 13.4.
77  Y  PICTURE 9V99   VALUE 7.43.
77  Z  PICTURE 99     VALUE 14.
```

erhalten wir daher durch die Ausführung von

COMPUTE Z ROUNDED = X * Y, ON SIZE ERROR PERFORM UEBERLAUF-ROUTINE.

das Ergebnis:

X $\boxed{1\ 3\ 4}$ Y $\boxed{7\ 4\ 3}$ Z $\boxed{1\ 4}$

und wegen des Überlaufs (das Zwischenergebnisfeld enthält den Wert 99.562) wird

PERFORM UEBERLAUF-ROUTINE.

ausgeführt.

Ohne die Kodierung der ROUNDED-Klausel erhalten wir durch die Ausführung von

COMPUTE Z = X * Y, ON SIZE ERROR PERFORM UEBERLAUF-ROUTINE.

dagegen das Resultat:

X $\boxed{1\ 3\ 4}$ Y $\boxed{7\ 4\ 3}$ Z $\boxed{9\ 9}$

Wie wir bereits bei der Behandlung der DIVIDE-Anweisung angemerkt haben (vgl. S. 1o3), muß man eine Division durch Null vermeiden, da dies stets zu einem Überlauf führt.

Abschließend weisen wir darauf hin, daß jede arithmetische Anweisung - ohne Kodierung der SIZE-ERROR-Klausel - zur Gruppe der unbedingten Anweisungen gehört und durch die zusätzliche Angabe dieser Klausel zur Gruppe der bedingten Anweisungen gezählt wird. Daher darf eine arithmetische Anweisung mit der SIZE-ERROR-Klausel z.B. nicht inner- halb der AT-END-Klausel einer READ-Anweisung kodiert werden (vgl. S. 63).

8.4 Interne Daten-Darstellung (USAGE-Klausel)

Für den Programmierer ist es i.a. nicht erforderlich, die interne Darstellung der Daten im Hauptspeicher zu kennen. Soll jedoch das Laufzeit- und das Speicherplatz- Verhalten eines Programms optimiert werden, so kann die Wahl einer geeigneten Spei- cherungsform von großer Wichtigkeit sein.

Bislang haben wir als Speicherungsform die Standard-Ablage (standard data format) kennengelernt. Dabei wurde jedes Zeichen eines alphanumerischen oder numerisch- bzw. alphanumerisch-druckaufbereiteten Datenfelds in jeweils einem Byte dargestellt. Die in numerischen Datenfeldern abgespeicherten Ziffern sind ebenfalls jeweils in einem Byte abgelegt, da die Standard-Ablage für numerische Datenfelder stets in der sog. ungepackten Dezimal-Darstellung (unpacked decimal) erfolgt (vgl. A.4).

Diese Standard-Ablage wird in der Datenfeld-Beschreibung durch die Kodierung der

USAGE-Klausel in der Form:

| USAGE IS DISPLAY |

festgelegt, d.h. der Inhalt des Datenfelds kann ohne Druckaufbereitung direkt ausge-
druckt werden.

Bislang haben wir bei der Definition eines Datenfelds keine Vereinbarung über dessen
Ablageform getroffen. Dies war deswegen nicht erforderlich, weil der Kompilierer die
Standard-Ablage (USAGE IS DISPLAY) immer dann durchführt, wenn für das betreffende
Datenfeld keine explizite Angabe gemacht ist.

Für ein numerisches Datenfeld ist eine andere Ablage als die Standard-Ablage immer
dann sinnvoll, wenn das Datenfeld als Operand in einer arithmetischen Anweisung oder
in einem numerischen Vergleich auftritt.

Vor der Durchführung einer Rechenoperation müssen die Speicherinhalte von numerischen
Feldern nämlich immer erst von der ungepackten Dezimal-Darstellung in die interne
Zahlen-Darstellung der DVA konvertiert werden.[*] Nach der arithmetischen Operation
muß das Ergebnis von der internen Zahlen-Darstellung wieder in die ungepackte Dezimal-Darstellung umgewandelt werden. Die für diese Konvertierungen notwendigen Maschineninstruktionen werden zwar vom Kompilierer automatisch generiert, jedoch kostet
die Ausführung dieser Instruktionen i.a. sehr viel Zeit. Will man das Laufzeit-Ver-
halten des Programms verbessern, so sollte man für alle Felder, welche häufig als
Operanden in arithmetischen Ausdrücken oder in numerischen Vergleichen auftreten,
möglichst immer die interne Zahlen-Darstellung als Ablageform wählen.

Die möglichen internen Zahlen-Darstellungen richten sich danach, ob in der Binär-, in
der Dezimal- oder in der Gleitkomma-Arithmetik gerechnet werden soll.[**]

Bei der Binär-Arithmetik wird mit Festpunktzahlen (binary) gearbeitet (vgl. A.4).
Diese Größen werden in Abhängigkeit von der jeweiligen, durch die Picture-Maske
festgelegten Stellenzahl entweder in einem Halb- oder in einem Ganzwort abgespeichert
(dabei erfolgt i.a. keine Ausrichtung auf Wortgrenzen, vgl. dazu die Beschreibung der
SYNCHRONIZED-Klausel in 13.6).[***]

Die Ablage als Festpunktzahl wird durch die USAGE-Klausel in der Form:

| USAGE IS COMPUTATIONAL |

---

[*] Das ist die Speicherungsform, die der jeweiligen Arithmetik angepaßt ist,
in welcher die Rechenoperationen durchgeführt werden.

[**] Die Gleitkomma-Arithmetik ist i.a. nur für den Einsatz im technisch-wissenschaftlichen Bereich erforderlich. Allerdings gibt es bei einigen Kompilierern
die Möglichkeit, mit der Gleitkomma-Arithmetik zu rechnen. In der entsprechenden Datenfeld-Vereinbarung muß man dazu die Wörter COMPUTATIONAL-1 oder auch
COMPUTATIONAL-2 verwenden. Bei DVAn mit einer Wortlänge von 32 Bits lassen sich
dann Zahlen im Bereich von $5.4 * 10^{-79}$ bis $6.5 * 10^{63}$ bzw. von $5.4 * 10^{-79}$ bis
$7.2 * 10^{75}$ approximativ darstellen.

[***] Der Zahlenbereich von Festpunktzahlen ist bei DVAn mit einer Wortlänge von 32
Bits entweder ± 32767 (Halbwort) bzw. $\sim \pm 2.15 * 10^9$ (Ganzwort).

festgelegt. Dabei darf man das Wort COMPUTATIONAL durch COMP abkürzen.

Die Dezimal-Arithmetik arbeitet mit Daten in der sog. gepackten Dezimal-Darstellung (packed decimal), vgl. auch A.4. In COBOL kann diese Ablageform i.a. durch die Kodierung der USAGE-Klausel in der Form: *)

| USAGE IS COMPUTATIONAL-3 |

vereinbart werden. Das Wort COMPUTATIONAL-3 darf man durch COMP-3 abkürzen.

Legt man die Inhalte von numerischen Datenfeldern in der gepackten anstatt in der ungepackten Dezimal-Darstellung ab, so kann bei vielen Anwendungen i.a. erheblicher Speicherraum eingespart werden.

Zusammenfassend merken wir uns, daß die Ablageform der Inhalte numerischer Datenfelder bei der Datenfeld-Vereinbarung festgelegt wird, indem eine USAGE-Klausel der folgenden Form kodiert wird:

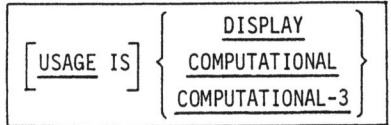

Bei der Definition eines Datenfelds ist die Reihenfolge von USAGE-, PICTURE- und VALUE-Klauseln beliebig.

Die USAGE-Klausel darf auch hinter dem Bezeichner einer Datengruppe kodiert werden. Dadurch wird die Ablageform der Datenelemente festgelegt, welcher dieser Datengruppe untergeordnet sind.

Als Beispiele für den Einsatz der USAGE-Klausel geben wir die folgenden Vereinbarungen an:

```
77  FELD-1  PICTURE S9  USAGE IS COMPUTATIONAL-3.
77  FELD-2  PICTURE S999  COMPUTATIONAL-3  VALUE -38o.
77  FELD-3  USAGE COMPUTATIONAL-3  PICTURE S9(5).
77  FELD-4  PICTURE S999  USAGE COMPUTATIONAL.
o1  FELD-5  USAGE COMPUTATIONAL.
    o2  FELD-5-1  PICTURE S9.
    o2  FELD-5-2  PICTURE S9(7).
```

Dadurch werden die Inhalte der Felder FELD-4, FELD-5-1 und FELD-5-2 als Festpunktzahlen und die Inhalte der übrigen Felder in der gepackten Dezimal-Darstellung abgespeichert.

Mit Hilfe der MOVE-Anweisung kann der Inhalt eines Datenfelds in jede gewünschte Ablageform übertragen werden. Dabei wird der Inhalt des Sendefelds immer in die Ablageform des Empfangsfelds umgewandelt (diese Konvertierung geschieht automatisch und ist Anlagen-abhängig).

---

*) Die durch COMPUTATIONAL-3 implizierte Speicherungsform ist nicht genormt. Bei einigen DVAn gibt es Abweichungen von der oben angegebenen Zuordnung, so daß ein Programm u.U. nicht mehr portabel ist. In der gepackten Dezimal-Darstellung können i.a. Zahlen mit bis zu 18 Ziffern abgelegt werden.

Z.B. wird bei der Ausführung der Anweisung

   MOVE FELD-2 TO FELD-4.

der in der gepackten Dezimal-Darstellung abgespeicherte Wert -38o in die Festpunkt-
Darstellung umgewandelt und in das Feld FELD-4 eingetragen.

Obwohl in einigen Fällen die Ablage in gepackter Dezimal-Darstellung günstiger wäre,
wollen wir in unseren kleinen Beispielprogrammen auch weiterhin stets die ungepackte
Dezimal-Darstellung für die Ablage von numerischen Datenfeldern wählen.

Aufgabe 16

In die Druck-Datei, welche in der Aufgabe 11 (s. S. 77) beschrieben wurde,
sind zusätzlich die folgenden Informationen geeignet einzutragen:
- Umsatz pro Artikel und
- Gesamtumsatz des Vertreters.

Aufgabe 17

Die in der Aufgabe 11 (s. S. 76) beschriebenen Artikel-Karten seien, aufstei-
gend sortiert nach den Vertreterkennzahlen, als Lochkarten-Datei
ARTIKEL-BESTELL-L bereitgestellt.
Die Vertreterdaten-Records (vgl. S. 14) seien in der Platten-Datei
VERTRETER-DATEI-P abgespeichert und bzgl. der Vertreterkennzahl ebenfalls
aufsteigend sortiert.
Es ist eine Druck-Datei zu erstellen, welche die in Aufgabe 11 (s. S. 77)
beschriebene Struktur besitzt. Dabei sind wiederum die folgenden Informa-
tionen geeignet einzutragen:
- Umsatz pro Artikel und
- Gesamtumsatz des Vertreters.

Aufgabe 18

Um numerische Eingabeinformationen gegenüber Kodier- und Übertragungsfehlern
zu sichern, wendet man sog. Prüfziffern-Verfahren an, d.h. man bildet eine
Prüfziffer und kodiert diese im Anschluß an die zu sichernde Information.
Zur Sicherung der Vertreterkennzahl in dem Record VERTRETER-INFORMATION
(vgl. S. 14) sehen wir dazu das Datenfeld PRUEFZIFFER vor, welches durch

   o2 PRUEFZIFFER PICTURE X.

deklariert wird und die fünfte Zeichenposition innerhalb des Records
VERTRETER-INFORMATION beschreibt.
Enthält das Datenfeld KENNZAHL, in welchem die Vertreterkennzahl abgespei-

chert ist (vgl. S. 14), die Ziffernfolge $i_1 i_2 i_3 i_4$, so bildet man die ge-
wichtete Summe:

$$5 * i_1 + 4 * i_2 + 3 * i_3 + 2 * i_4$$

und teilt diesen Wert durch die Zahl 11. Der ganzzahlige Rest dieser Division wird von der Zahl 11 subtrahiert, und das Ergebnis (die sog. 11-Ergän-
zung) wird in das Feld PRUEFZIFFER eingetragen.

Führt die Division durch 11 zum Rest o, so wird die Ziffer o kodiert, und
bei einem Divisionsrest von 1 wird anstelle der Zahl 1o der Buchstabe A
eingetragen.

Enthält das Feld KENNZAHL z.B. den Wert 3416, so ergibt sich als Inhalt des
Felds PRUEFZIFFER die Ziffer 9 als Ergebnis von:

11 - ganzzahliger Rest von $((5*3 + 4*4 + 3*1 + 2*6) / 11)$

Kodieren Sie den beschriebenen Prüfziffern-Algorithmus!

Aufgabe 19

Ein auf Lochkarten kodiertes COBOL-Programm ist einzulesen und in eine Platten-Datei zu übertragen. Dabei ist eine mit oooo1o beginnende und in Zehner-
schritten fortlaufende Numerierung an den jeweils ersten sechs Zeichenposi-
tionen (Numerierungsfeld) der Quellzeilen-Records zu generieren!

9. Tabellenverarbeitung

Als bedeutsames Hilfsmittel für die kommerzielle und administrative Daten-
verarbeitung stellt COBOL die Tabellenverarbeitung (table handling) bereit.
Wir werden im Abschnitt 9.1 lernen, wie man einstufige Tabellen mit der
OCCURS-Klausel deklarieren und auf die Tabellenelemente mit der Subskript-
Methode zugreifen kann.

In 9.2 erklären wir, wie man mit der REDEFINES-Klausel mehreren Datenfeldern denselben Speicherbereich zuweisen kann und wie man diese Möglichkeit
bei der Vorbesetzung von Tabellenelementen nutzen muß. Ferner stellen wir
die dynamische Wertzuweisung an Tabellenelemente vor.

In 9.3 lernen wir die Index-Methode als ein weiteres Verfahren zur Adressierung von Tabellenelementen kennen. Wir erläutern die dafür notwendige Definition von sog. Index-Namen mit der INDEXED-Klausel und den Unterschied
zwischen dem Zugriff mit Index-Werten und dem Zugriff mit Subskript-Werten.
Wir erklären, wie man Index-Namen mit der SET-Anweisung bearbeitet, und
wir stellen die USAGE-INDEX-Klausel zur Vereinbarung von sog. Index-Datenfeldern vor. Als Möglichkeit zur Deklaration von Tabellen mit einer variablen Anzahl von Tabellenelementen geben wir ferner die OCCURS-DEPENDING-ON-
Klausel an.

In 9.4 stellen wir dar, wie man eine Tabelle linear durchsuchen kann. Dabei
realisieren wir den Suchprozeß sowohl mit der Subskript- als auch mit der
Index-Methode. Als komfortable und leistungsfähige Anweisung zum vereinfachten Tabellen-Durchsuchen lernen wir in 9.5 die SEARCH-Anweisung kennen. Für
sortierte Tabellen kann man den Suchprozeß auch als logarithmische Suche
organisieren. Dieses beschleunigte Suchverfahren läßt sich durch eine spezielle Form der SEARCH-Anweisung kodieren. Die dafür notwendige Tabellenvereinbarung mit der ASCENDING-Klausel und die Wirkung der SEARCH-Anweisung mit
der ALL-Klausel erklären wir in 9.6.

Zum Abschluß dieses Kapitels stellen wir in 9.7 die Definition von mehrstufigen Tabellen dar. Dabei demonstrieren wir die Techniken zur Verarbeitung
von diesen Tabellen anhand der Aufgabe HOCHREGAL-LAGER-VERWALTUNG.

9.1 Einstufige Tabellen (OCCURS-Klausel)

Um die Möglichkeiten der Tabellenverarbeitung kennenzulernen, stellen wir uns die
Aufgabe ("KONTOSTAND-LISTEN"), aus den Vertreterdaten zwei aufeinanderfolgende
Listen zu erstellen, wobei die erste Liste die Vertreternamen und die Kontostände
der Vertreter mit einem Kontoguthaben bzw. ausgeglichenem Konto enthält und die
zweite Liste diese Eintragungen für alle diejenigen Vertreter enthält, welche ihr
Konto überzogen haben. Diese Listen wollen wir nach folgendem Druckbild erstellen:

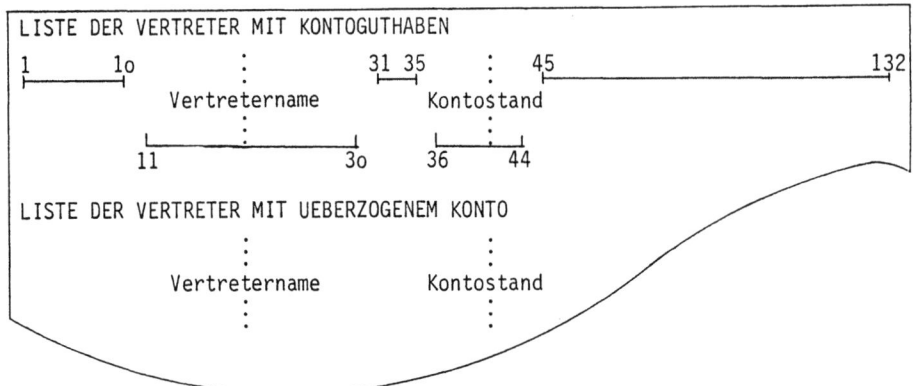

Dabei setzen wir der Einfachheit halber voraus, daß in jeder Liste mindestens eine
Eintragung vorzunehmen ist (andernfalls sind entsprechende Vorkehrungen im Lösungsalgorithmus zu treffen!).

Die Datei-Beschreibung für die Druck-Datei, welche wir wieder LISTE nennen wollen,
können wir unter Berücksichtigung des führenden Bytes für die Vorschubsteuerung so
formulieren:

```
FD  LISTE
    LABEL RECORD OMITTED
    DATA RECORD ZEILE.
o1  ZEILE.
    o2  FILLER            PICTURE X(11).
    o2  VERTRETER-NAME    PICTURE X(2o).
    o2  FILLER            PICTURE X(5).
    o2  KONTOSTAND-AUSGABE  PICTURE +(6).99.
    o2  FILLER            PICTURE X(88).
```

Für die Verarbeitung der Vertreterdaten definieren wir als zugehörige Beschreibung
der Lochkarten-Datei VERTRETER-DATEI:

```
FD  VERTRETER-DATEI
    LABEL RECORD OMITTED
    DATA RECORD VERTRETER-INFORMATION.
o1  VERTRETER-INFORMATION.
    o2  FILLER     PICTURE X(6).
    o2  NACHNAME   PICTURE X(2o).
    o2  FILLER     PICTURE X(45).
    o2  KONTOSTAND PICTURE S9(5)V99.
    o2  FILLER     PICTURE XX.
```

und innerhalb der WORKING-STORAGE SECTION legen wir fest:

```
77  DATEI-ENDE-FELD  PICTURE 9  VALUE ZERO.
    88  DATEI-ENDE  VALUE 1.
77  UEBERSCHRIFT-LISTE-1  PICTURE X(133)
            VALUE "␣LISTE␣DER␣VERTRETER␣MIT␣KONTOGUTHABEN".
77  UEBERSCHRIFT-LISTE-2  PICTURE X(133)
            VALUE "␣LISTE␣DER␣VERTRETER␣MIT␣UEBERZOGENEM␣KONTO".
```

Beim Entwurf des Lösungsalgorithmus ergibt sich die folgende Schwierigkeit:

Da die Records von VERTRETER-DATEI nicht nach den Kontoständen sortiert sind, müssen

die Informationen für die zweite Liste (mit den überzogenen Konten) im Arbeitsspeicherbereich in geeigneter Form zwischengespeichert werden.
Wir organisieren die Ablage in Form einer einstufigen Tabelle.

Tabellendefinition und OCCURS-Klausel

Durch die Verwendung der OCCURS-Klausel in der Form:

> OCCURS ganzzahl TIMES

kann man mehrere Datenfelder zu einer einstufigen Tabelle (table) zusammenfassen.
Diese Datenfelder, welche alle gleich strukturiert sind, heißen Tabellenelemente
und ihre Anzahl wird durch den Wert ganzzahl festgelegt.

Handelt es sich bei den Tabellenelementen um Datengruppen, so vereinbaren wir eine
einstufige Tabelle durch die Eintragung:

> stufennummer datenfeldname OCCURS ganzzahl TIMES.
>
>   ⌐Datenfeld-Beschreibungen der Felder, welche der
>   Datengruppe datenfeldname untergeordnet sind.
>   ⌐

Sind die Tabellenelemente jedoch Datenelemente, so vereinbaren wir: *)

> stufennummer datenfeldname PICTURE-klausel OCCURS ganzzahl TIMES.

Z.B. werden durch die Tabellendefinition

```
 o1  NAME-TAB-BEREICH.
    o2  NAME-TAB  PICTURE X(2o)  OCCURS 2oo TIMES.
```

2oo Exemplare des Datenfelds NAME-TAB vereinbart und damit ein Speicherbereich von
4ooo Bytes reserviert, welcher durch den Bezeichner NAME-TAB-BEREICH adressiert wird.

Die zunächst als überflüssig erscheinende Definition des Datenfelds NAME-TAB-BEREICH
ist deswegen notwendig, weil die OCCURS-Klausel nicht zusammen mit der Stufennummer
o1 bzw. 77 verwendet werden darf.
Der Name NAME-TAB-BEREICH adressiert den gesamten Tabellenbereich, und wir wollen in
dieser Situation von einem Tabellenbereichsnamen sprechen.**) Um in unseren Beschreibungen auf eine Tabelle verweisen zu können, werden wir als sog. Tabellennamen stets
den Datenfeldnamen bezeichnen, welcher zusammen mit der OCCURS-Klausel vereinbart ist.
Anhand der oben gegebenen Definition der Tabelle NAME-TAB wollen wir nun lernen, wie
wir in der PROCEDURE DIVISION eines COBOL-Programms auf die einzelnen Tabellenelemente zugreifen können.

---

*) Dabei darf die Reihenfolge von PICTURE- und OCCURS-Klausel auch vertauscht
   werden.

**) Erfolgt die Tabellendefinition innerhalb einer Struktur, so kann die Verein-
   barung eines Tabellenbereichsnamens entfallen.

Die Subskript-Methode

Da der Bezeichner NAME-TAB allein nicht ausreicht (Mehrdeutigkeit!), um ein entsprechendes Tabellenelement zu adressieren, wird dem Datenfeldnamen NAME-TAB eine
in öffnende und schließende Klammer eingeschlossene Positionsnummer als Subskript
(subscript) angefügt. Im Standard ANSI-68 muß zwischen dem Datenfeldnamen und der
öffnenden Klammer immer mindestens ein Leerzeichen stehen.

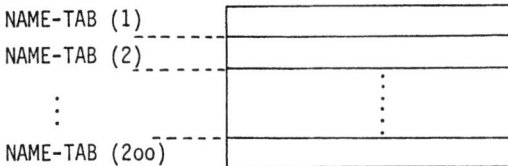

Mit den Subskript-Werten 1 und 2oo bezeichnet NAME-TAB (1) das erste und
NAME-TAB (2oo) das letzte Tabellenelement der Tabelle NAME-TAB.

Anstelle einer positiven ganzen Zahl kann auch ein numerisches Datenfeld als Subskript fungieren. Ist z.B. das Subskript POS durch

    77 POS PICTURE 999 VALUE 7.

vereinbart, so bezeichnet NAME-TAB (POS) das siebte Element der Tabelle NAME-TAB.

Bei der Subskript-Methode (subscripting) wird die Adressierung der Tabellenelemente
(subscripted data-name) also in der Form:

    | datenfeldname (subskript) |

vorgenommen.*) Als Subskript fungiert dabei entweder
- eine positive ganze Zahl oder
- ein ganzzahlig numerisches Datenfeld, das selbst kein Tabellenelement sein darf.
Ein Subskript muß auf ein vorhandenes Tabellenelement verweisen, d.h. der Subskript-
Wert darf niemals größer als die ganze Zahl sein, welche bei der Tabellendefinition
innerhalb der OCCURS-Klausel angegeben wurde.

Wir organisieren nun die Zwischenspeicherung der Vertreternamen und der Kontostände
der für die zweite Liste (mit den negativen Kontoständen) bestimmten Informationen
in Form einstufiger Tabellen. Dabei setzen wir voraus, daß die zweite Liste aus
höchstens 2oo Fällen besteht und daher 2oo Tabellenelemente für die Ablage ausrei-
chen.
Vereinbaren wir die Tabellenelemente als elementare Datenfelder, so können wir z.B.
die beiden folgenden Tabellen festlegen:
    o1 NAME-TAB-BEREICH.
        o2 NAME-TAB PICTURE X(2o) OCCURS 2oo TIMES.
    o1 KONTOSTAND-TAB-BEREICH.
        o2 KONTOSTAND-TAB PICTURE S9(5)V99 OCCURS 2oo TIMES.

---

*) Im Standard ANSI-68 dürfen zwischen dem Subskript und den Klammern "(" und ")"
   keine Leerzeichen stehen.

Hinsichtlich der Aufgabenstellung erscheint es jedoch sinnvoller, den Vertreternamen
und den Kontostand zu einer Datengruppe zusammenzufassen und eine einstufige Tabelle
in folgender Weise zu definieren:

```
o1  NAME-KONTOSTAND-TAB.
    o2  NAME-KONTOSTAND  OCCURS 2oo TIMES.
        o3  NAME-TAB       PICTURE X(2o).
        o3  KONTOSTAND-TAB PICTURE S9(5)V99.
```

Diese Tabelle veranschaulichen wir uns graphisch durch das Schema:

```
NAME-KONTOSTAND (1)  ┌──────────────────┬──────────────────────┐
                     │   NAME-TAB (1)    │   KONTOSTAND-TAB (1)  │
NAME-KONTOSTAND (2)  │   NAME-TAB (2)    │   KONTOSTAND-TAB (2)  │
        ⋮            │        ⋮          │          ⋮            │
NAME-KONTOSTAND (2oo)│   NAME-TAB (2oo)  │   KONTOSTAND-TAB (2oo) │
                     └──────────────────┴──────────────────────┘
```

Mit dem Subskript i bezeichnet NAME-KONTOSTAND (i) die i-te Datengruppe mit den Datenfeldern NAME-TAB (i) und KONTOSTAND-TAB (i). Falls es sich bei den Tabellenelementen um Datengruppen handelt, wird nämlich das Subskript des jeweiligen Tabellenelements auf die ihm untergeordneten Datenfelder "durchgereicht".

Wir beschreiben nun den Lösungsalgorithmus für die Aufgabe KONTOSTAND-LISTEN durch
die folgenden Struktogramme:

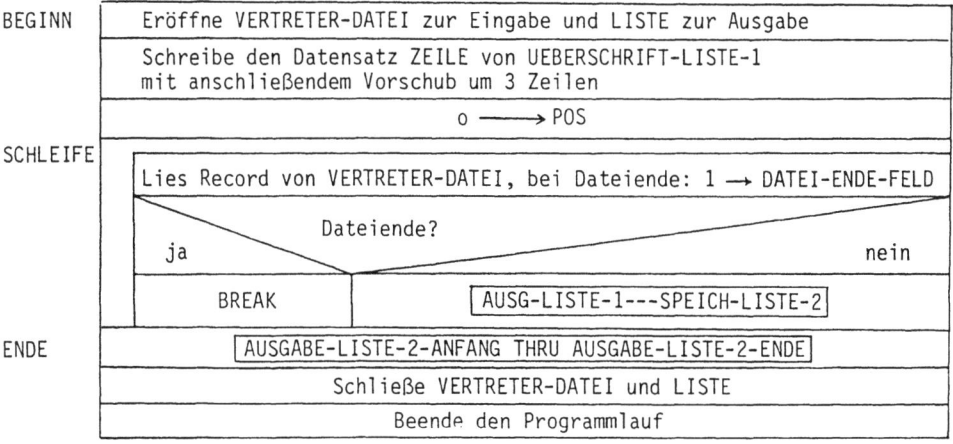

AUSGABE-LISTE-2-ANFANG	" ̲ " ⟶ ZEILE
	Schreibe den Datensatz ZEILE mit anschließendem Vorschub um 5 Zeilen
	Schreibe den Datensatz ZEILE von UEBERSCHRIFT-LISTE-2 mit anschließendem Vorschub um 3 Zeilen

AUSGABE-LISTE-2-SCHLEIFE

" ̲ " ⟶ ZEILE
NAME-TAB (POS) ⟶ VERTRETER-NAME
KONTOSTAND-TAB (POS) ⟶ KONTOSTAND-AUSGABE
Schreibe den Datensatz ZEILE mit anschließendem Vorschub um 1 Zeile
POS - 1 ⟶ POS
POS = o?
ja   nein
BREAK

AUSGABE-LISTE-2-ENDE

Als Lösung der Aufgabe KONTOSTAND-LISTEN kodieren wir nun das folgende Programm:

```
IDENTIFICATION DIVISION.
PROGRAM-ID.
    KONTOSTAND-LISTEN.
ENVIRONMENT DIVISION.
CONFIGURATION SECTION.
SOURCE-COMPUTER.
    dva-name-1.
OBJECT-COMPUTER.
    dva-name-2.
INPUT-OUTPUT SECTION.
FILE-CONTROL.
    SELECT VERTRETER-DATEI  ASSIGN TO SI.
    SELECT LISTE            ASSIGN TO LO.
DATA DIVISION.
FILE SECTION.
FD  LISTE
    LABEL RECORD OMITTED
    DATA RECORD ZEILE.
o1  ZEILE.
    o2  FILLER            PICTURE X(11).
    o2  VERTRETER-NAME    PICTURE X(2o).
    o2  FILLER            PICTURE X(5).
    o2  KONTOSTAND-AUSGABE PICTURE +(6).99.
    o2  FILLER            PICTURE X(88).
FD  VERTRETER-DATEI
    LABEL RECORD OMITTED
    DATA RECORD VERTRETER-INFORMATION.
o1  VERTRETER-INFORMATION.
    o2  FILLER      PICTURE X(6).
    o2  NACHNAME    PICTURE X(2o).
    o2  FILLER      PICTURE X(45).
    o2  KONTOSTAND  PICTURE S9(5)V99.
    o2  FILLER      PICTURE XX.
```

```
WORKING-STORAGE SECTION.
77  DATEI-ENDE-FELD  PICTURE 9  VALUE ZERO.
    88  DATEI-ENDE  VALUE 1.
77  POS  PICTURE 999.
77  UEBERSCHRIFT-LISTE-1  PICTURE X(133)
    VALUE "␣LISTE␣DER␣VERTRETER␣MIT␣KONTOGUTHABEN".
77  UEBERSCHRIFT-LISTE-2  PICTURE X(133)
    VALUE "␣LISTE␣DER␣VERTRETER␣MIT␣UEBERZOGENEM␣KONTO".
o1  NAME-KONTOSTAND-TAB.
    o2  NAME-KONTOSTAND  OCCURS 2oo TIMES.
        o3  NAME-TAB        PICTURE X(2o).
        o3  KONTOSTAND-TAB  PICTURE S9(5)V99.
PROCEDURE DIVISION.
BEGINN.
    OPEN INPUT VERTRETER-DATEI, OUTPUT LISTE.
    WRITE ZEILE FROM UEBERSCHRIFT-LISTE-1 BEFORE ADVANCING 3 LINES.
    MOVE ZERO TO POS.
SCHLEIFE.
    READ VERTRETER-DATEI, AT END MOVE 1 TO DATEI-ENDE-FELD.
    IF DATEI-ENDE,
       GO TO ENDE,
    ELSE
       PERFORM AUSG-LISTE-1---SPEICH-LISTE-2.
    GO TO SCHLEIFE.
ENDE.
    PERFORM AUSGABE-LISTE-2-ANFANG THRU AUSGABE-LISTE-2-ENDE.
    CLOSE VERTRETER-DATEI LISTE.
    STOP RUN.
AUSG-LISTE-1---SPEICH-LISTE-2.
    IF KONTOSTAND < ZERO,
       ADD 1 TO POS,
       MOVE NACHNAME TO NAME-TAB (POS),
       MOVE KONTOSTAND TO KONTOSTAND-TAB (POS),
    ELSE
       MOVE SPACES TO ZEILE,
       MOVE NACHNAME TO VERTRETER-NAME,
       MOVE KONTOSTAND TO KONTOSTAND-AUSGABE,
       WRITE ZEILE BEFORE ADVANCING 1 LINE.
AUSGABE-LISTE-2-ANFANG.
    MOVE SPACES TO ZEILE.
    WRITE ZEILE BEFORE ADVANCING 5 LINES.
    WRITE ZEILE FROM UEBERSCHRIFT-LISTE-2 BEFORE ADVANCING 3 LINES.
AUSGABE-LISTE-2-SCHLEIFE.
    MOVE SPACES TO ZEILE.
    MOVE NAME-TAB (POS) TO VERTRETER-NAME.
    MOVE KONTOSTAND-TAB (POS) TO KONTOSTAND-AUSGABE.
    WRITE ZEILE BEFORE ADVANCING 1 LINE.
    SUBTRACT 1 FROM POS.
    IF POS = ZERO,
       GO TO AUSGABE-LISTE-2-ENDE.
    GO TO AUSGABE-LISTE-2-SCHLEIFE.
AUSGABE-LISTE-2-ENDE.
    EXIT.
```

9.2 Vorbesetzung von Tabellenelementen (REDEFINES-Klausel)

Im vorigen Abschnitt haben wir die Organisationsform einer Tabelle gewählt, um Daten im Arbeitsspeicherbereich zwischenzuspeichern. Diese Form der Tabellenverarbeitung hat in der Praxis jedoch nur geringe Bedeutung. Vielmehr wird mit Tabellen hauptsächlich dann gearbeitet, wenn durch spezielle Kenngrößen gekennzeichnete Informationen identifiziert werden sollen.

Die Aufgabe LISTE-DER-NAMEN-UND-BEZIRKE

Als Anwendungsbeispiel wollen wir eine Liste der Vertreternamen und zugehörigen Bezirke erstellen ("LISTE-DER-NAMEN-UND-BEZIRKE"), in denen die einzelnen Vertreter für das Unternehmen tätig sind. Dazu sollen die beiden letzten Ziffern der vierstelligen Vertreterkennzahl den jeweiligen Bezirk identifizieren. Wir nehmen nun an, daß die folgenden 26 Bezirkskennzahlen vergeben wurden:

o4, 12 - 23, 33, 34, 44, 66, 73 - 76, 85 und 92 - 95.

Die entsprechende Zuordnung dieser Zahlen zu den Bezirken tragen wir in folgendes Schema ein,

o4	HAMBURGᵤᵤᵤᵤᵤᵤᵤᵤᵤᵤᵤᵤᵤᵤᵤᵤᵤᵤ
12	NUERNBERGᵤᵤᵤᵤᵤᵤᵤᵤᵤᵤᵤᵤᵤᵤᵤᵤ
⋮	⋮
44	KOELNᵤᵤᵤᵤᵤᵤᵤᵤᵤᵤᵤᵤᵤᵤᵤᵤᵤᵤᵤᵤ
66	BERLINᵤᵤᵤᵤᵤᵤᵤᵤᵤᵤᵤᵤᵤᵤᵤᵤᵤᵤᵤ
⋮	⋮
94	WUPPERTALᵤᵤᵤᵤᵤᵤᵤᵤᵤᵤᵤᵤᵤᵤᵤᵤ
95	FRANKFURTᵤᵤᵤᵤᵤᵤᵤᵤᵤᵤᵤᵤᵤᵤᵤ

dessen Struktur wir im COBOL-Quellprogramm durch folgende Tabellendefinition festlegen:

```
o1  BEZIRKE-TAB.
    o2  BEZIRKE  OCCURS 26 TIMES.
        o3  BEZIRKS-KENN-TAB  PICTURE 99.
        o3  BEZIRKS-NAME-TAB  PICTURE X(25).
```

Wir haben damit einen Tabellenbereich von 26 * 27 = 7o2 Bytes vereinbart, welcher in Form der einstufigen Tabelle BEZIRKE mit 26 Tabellenelementen strukturiert ist. Jedes Tabellenelement ist in zwei Datenelemente unterteilt, welche über die Namen BEZIRKS-KENN-TAB und BEZIRKS-NAME-TAB und einem entsprechenden Subskript adressiert werden.

Ist die Tabelle mit den oben angegebenen Werten gefüllt (wie wir dies erreichen, werden wir im folgenden darstellen), so greifen wir z.B. mit BEZIRKS-KENN-TAB (2) auf den numerischen Wert 12 und mit BEZIRKS-NAME-TAB (26) auf den Text "FRANKFURT" zu.

Im Lösungsalgorithmus für die Aufgabe LISTE-DER-NAMEN-UND-BEZIRKE muß dann die jeweilige Bezirkskennzahl des eingelesenen Records von VERTRETER-DATEI sukzessive mit den

Inhalten der 26 Datenfelder BEZIRKS-KENN-TAB der Tabelle BEZIRKE verglichen werden. Speichern wir dann die identifizierte Tabellenposition im Datenfeld POS ab, so enthält das Feld BEZIRKS-NAME-TAB (POS) den gesuchten Bezirk. *)

Als Beispiele für Algorithmen zum Durchsuchen einer Tabelle werden wir in den folgenden Abschnitten die Algorithmen der linearen und der logarithmischen Suche darstellen.

Zunächst wollen wir lernen, wie man die Datenfelder einer Tabelle zur Kompilationszeit mit Werten vorbesetzen kann.
Da innerhalb einer Tabellendefinition keine VALUE-Klausel zur Vorbesetzung von Tabellenelementen kodiert werden darf, können wir nicht den direkten Weg gehen. Vielmehr müssen wir ein Verfahren wählen, welches der mehrfachen Strukturierung eines Puffer-Bereichs durch verschiedene Datensatz-Beschreibungen innerhalb einer Datei-Beschreibung ähnelt (vgl. 6.2).

Redefinition von Datenfeldern

Die Technik der mehrfachen Strukturierung eines Speicherbereichs nennt man Redefinition. Dieses Verfahren ist in COBOL sowohl im Puffer-Bereich als auch im Arbeitsspeicherbereich zulässig und wird durch die REDEFINES-Klausel in der Form:

```
stufennummer  bezeichner-1  REDEFINES  bezeichner-2
```

angezeigt. Hierdurch erhält das Feld bezeichner-1 denselben Speicherbereich wie das Feld bezeichner-2. Eine Zuweisung an das Datenfeld bezeichner-1 bzw. an ein Feld, welches bezeichner-1 untergeordnet ist, bewirkt dann gleichzeitig eine Veränderung des entsprechenden Speicherbereichs im Datenfeld bezeichner-2 (und umgekehrt).

Z.B. werden durch die Vereinbarung

```
o1  VERTRETER-INFORMATION-WS.
    o2  KENNZAHL-WS  PICTURE 9(4).
    o2  KENNZAHL-UNTERTEILUNG  REDEFINES KENNZAHL-WS.
        o3  FILLER          PICTURE XX.
        o3  BEZIRKS-KENN-WS  PICTURE 99.
    o2  FILLER      PICTURE XX.
    o2  NAME-WS      PICTURE X(2o).
    o2  FILLER      PICTURE X(54).
```

die ersten vier Bytes des Felds VERTRETER-INFORMATION-WS folgendermaßen adressiert:

KENNZAHL-WS

```
┌─────────┐
│ 8 4 1 3 │
└─────────┘
```

BEZIRKS-KENN-WS

KENNZAHL-UNTERTEILUNG

---

*) Bei der Problemlösung könnte man auf den Suchvorgang verzichten, wenn man die Tabelle BEZIRKE mit 95 Tabellenelementen BEZIRKS-NAME-TAB definieren und die entsprechenden 26 Tabellenelemente mit den zugehörigen Bezirksnamen füllen würde. Dann könnte man die Bezirkskennzahl als Subskript-Wert zur direkten Adressierung benutzen. Allerdings würde man bei diesem Verfahren einen Speicherbereich von 2565 (= 95 * 27) Bytes (im Gegensatz zu nur 7o2 Bytes) benötigen, und man müßte auch stets die Zulässigkeit der jeweiligen Bezirkskennzahl überprüfen.

Durch diese Redefinition haben sowohl KENNZAHL-WS als auch BEZIRKS-KENN-WS die numerische Kategorie und können daher als Operanden in arithmetischen Operationen auftreten.

Als weiteres Beispiel geben wir die folgende Vereinbarung an:

```
77  X     PICTURE 9.
o1  ZAHL  PICTURE 999.
o1  ZAHL-UNTERTEILUNG-1  REDEFINES ZAHL.
    o2  ZAHL-HUNDERTER  PICTURE 9.
    o2  ZAHL-ZEHNER      PICTURE 9.
    o2  ZAHL-EINER       PICTURE 9.
o1  ZAHL-UNTERTEILUNG-2  REDEFINES ZAHL.
    o2  FILLER          PICTURE X.
    o2  ZAHL-MOD-1oo PICTURE 99.
```

Dann stimmt das Ergebnis der Anweisung

```
COMPUTE X = ZAHL / 1oo.
```

mit dem der Anweisung

```
MOVE ZAHL-HUNDERTER TO X.
```

überein, und der Divisionsrest der arithmetischen Operation

```
ZAHL / 1oo
```

ist gleich dem Inhalt des Felds ZAHL-MOD-1oo.

Generell sind bei der Anwendung der REDEFINES-Klausel die folgenden Regeln zu beachten:
- in der WORKING-STORAGE SECTION und in der FILE SECTION ist eine Redefinition bei
  den Stufennummern o2 bis 49 erlaubt,
- darüberhinaus ist in der WORKING-STORAGE SECTION auch eine Redefinition auf der
  Stufe o1 zugelassen,
- definierter und redefinierter Speicherbereich müssen stets dieselbe Stufe haben,
- es kann immer nur eine Erstdefinition redefiniert werden und dies kann beliebig
  oft geschehen,
- nur bei der Stufennummer o1 in der WORKING-STORAGE SECTION dürfen definierter und
  redefinierter Bereich unterschiedliche Länge haben,
- bei der Redefinition darf die neue Datenfeld-Beschreibung keine VALUE-Klausel (zur
  Vorbesetzung von Datenfeldern) enthalten, und
- in der Datenfeld-Beschreibung des redefinierten Felds bezeichner-2 (siehe REDEFINES-
  Klausel auf S. 121) darf der Name bezeichner-2 nicht mit einer OCCURS-Klausel vereinbart sein.

Mit Hilfe der REDEFINES-Klausel können wir die Elemente unserer Tabelle BEZIRKE (vgl.
S. 12o) nun folgendermaßen mit den jeweiligen Kennzahlen und Bezirksnamen vorbesetzen:

```
o1  BEZIRKE-TAB-WERTE.
    o2  FILLER  PICTURE 99      VALUE o4.
    o2  FILLER  PICTURE X(25)   VALUE "HAMBURG".
    o2  FILLER  PICTURE 99      VALUE 12.
    o2  FILLER  PICTURE X(25)   VALUE "NUERNBERG".
              .
              .
    o2  FILLER  PICTURE 99      VALUE 95.
    o2  FILLER  PICTURE X(25)   VALUE "FRANKFURT".
o1  BEZIRKE-TAB  REDEFINES BEZIRKE-TAB-WERTE.
    o2  BEZIRKE  OCCURS 26 TIMES.
        o3  BEZIRKS-KENN-TAB  PICTURE 99.
        o3  BEZIRKS-NAME-TAB  PICTURE X(25).
```

Um Schreibarbeit zu sparen, können wir das Feld BEZIRKE-TAB-WERTE z.B. auch folgendermaßen vorbesetzen:

```
o1  BEZIRKE-TAB-WERTE.
    o2  FILLER  PICTURE X(27)  VALUE "o4HAMBURG".
    o2  FILLER  PICTURE X(27)  VALUE "12NUERNBERG".
              .
              .
    o2  FILLER  PICTURE X(27)  VALUE "95FRANKFURT".
```

Bei dieser Vorbesetzung haben wir das Picture-Maskenzeichen X für alle Feldinhalte benutzt. Natürlich werden die Tabellenelemente BEZIRKS-KENN-TAB dadurch nicht zu alphanumerischen Datenfeldern. Ausschlaggebend für die jeweilige Kategorie ist allein die zugehörige Datenfeld-Beschreibung, und bei der oben angegebenen Tabellenvereinbarung ist BEZIRKS-KENN-TAB als numerisches Feld festgelegt worden.

Laden einer Tabelle aus einer Datei

Bei vielen Anwendungen ist es nicht sinnvoll, eine Tabelle mit Hilfe der VALUE-Klausel (statisch) durch den Kompilierer vorbesetzen zu lassen. Daher wollen wir nun lernen, wie man eine Tabelle während des Objektlaufs (dynamisch) mit Werten füllt. Sind die Tabellenwerte auf Lochkarten (z.B. auf sog. Vorlaufkarten) bzw. als Records in einer Platten-Datei abgespeichert, so können wir zum Programmbeginn die Tabelle laden, d.h. die Records einlesen und die entsprechenden Inhalte in die jeweiligen Tabellenelemente übertragen.

Im folgenden wollen wir dieses Verfahren mit den Sätzen einer Platten-Datei durchführen. Diese Datei bezeichnen wir mit dem Namen BEZIRKE-DATEI, und wir nehmen an, daß diese Datei die folgende Struktur besitzt:

1. Record	o 4 H A M B U R G ⊔⊔⊔⊔⊔⊔⊔⊔⊔⊔⊔⊔⊔⊔⊔⊔⊔
2. Record	1 2 N U E R N B E R G ⊔⊔⊔⊔⊔⊔⊔⊔⊔⊔⊔⊔⊔⊔
⋮	⋮
26. Record	9 5 F R A N K F U R T ⊔⊔⊔⊔⊔⊔⊔⊔⊔⊔⊔⊔⊔⊔

Die jeweils ersten beiden Zeichen des i. Records müssen in das Feld BEZIRKS-KENN-TAB (i) und die restlichen 25 Zeichen in das Feld BEZIRKS-NAME-TAB (i) der Tabelle

BEZIRKE eingetragen werden.

Um auf die Datei BEZIRKE-DATEI zugreifen zu können, ordnen wir dieser Datei die symbolische Gerätebezeichnung DI (Disc Input) durch die Eintragung:

    SELECT BEZIRKE-DATEI ASSIGN TO DI.

im Paragraphen FILE-CONTROL zu und legen die Datei-Beschreibung in der FILE SECTION durch die folgende Deklaration fest:

```
FD  BEZIRKE-DATEI
    LABEL RECORD STANDARD
    DATA RECORD BEZIRKE-RECORD.
o1  BEZIRKE-RECORD  PICTURE X(27).
```

Vereinbaren wir die Tabelle BEZIRKE in der WORKING-STORAGE SECTION durch:

```
o1  BEZIRKE-TAB.
    o2  BEZIRKE  OCCURS 26 TIMES.
        o3  BEZIRKS-KENN-TAB  PICTURE 99.
        o3  BEZIRKS-NAME-TAB  PICTURE X(25).
```

so beschreibt das folgende Struktogramm den Algorithmus zum Laden der Tabelle BEZIRKE mit den entsprechenden Werten aus der Datei BEZIRKE-DATEI: [*])

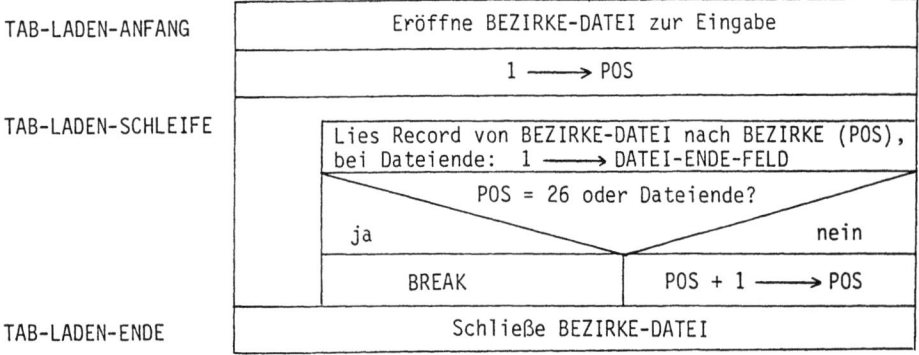

Adressieren wir die Tabellenelemente mit der Subskript-Methode, so können wir dieses Struktogramm folgendermaßen kodieren:

```
TAB-LADEN-ANFANG.
    OPEN INPUT BEZIRKE-DATEI.
    MOVE 1 TO POS.
TAB-LADEN-SCHLEIFE.
    READ BEZIRKE-DATEI INTO BEZIRKE (POS), AT END MOVE 1 TO DATEI-ENDE-FELD.
    IF POS = 26 OR DATEI-ENDE,
        GO TO TAB-LADEN-ENDE,
    ELSE
        ADD 1 TO POS.
    GO TO TAB-LADEN-SCHLEIFE.
TAB-LADEN-ENDE.
    CLOSE BEZIRKE-DATEI.
```

---

*) Um die Darstellung des Algorithmus zu vereinfachen, wollen wir den Ausnahmefall - vorzeitiges Erreichen des Dateiendes von BEZIRKE-DATEI wegen einer fehlerhaften Datei-Eintragung - nicht weiter erörtern. Trotzdem müssen wir - aus formalen Gründen (vgl. Fußnote auf S. 63) - eine Dateiende-Behandlung vorsehen.

Dabei muß man das Subskript POS und den Bedingungsnamen DATEI-ENDE durch die folgenden Eintragungen in der WORKING-STORAGE SECTION deklarieren:

```
77  POS  PICTURE 99.
77  DATEI-ENDE-FELD  PICTURE 9  VALUE ZERO.
    88  DATEI-ENDE  VALUE 1.
```

I.a. kann man eine Laufzeitverkürzung erreichen, wenn man POS nicht als ungepackte Dezimalzahl (vgl. 8.4) sondern durch die Eintragung:

```
77  POS  PICTURE 99  USAGE COMPUTATIONAL.
```

als Festpunktzahl vereinbart. Anstatt wie oben in der Dezimal-Arithmetik wird in diesem Fall in der schnelleren Binär-Arithmetik gerechnet.

Dieses Vorgehen ist jedoch i.a. nicht zu empfehlen, da mit der Index-Methode (s. 9.3) ein wesentlich effektiveres Verfahren zur Verfügung steht.

9.3 Index-Methode und variable Anzahl von Tabellenelementen
(SET-Anweisung und OCCURS-DEPENDING-ON-Klausel)

Index-Methode

Die Adressierung von Tabellenelementen mit der Subskript-Methode hat den gravierenden Nachteil, daß bei jedem Zugriff auf ein Tabellenelement der Subskript-Wert intern erst in die zum Tabellenanfang gehörige Relativadresse (displacement) umgewandelt werden muß. Da dieser Vorgang z.B. bei Suchprozessen in größeren Tabellen sehr zeitaufwendig ist, sieht COBOL als weitere Möglichkeit des Tabellenzugriffs die Index-Methode (indexing) vor. Bei der Adressierung mit dieser Methode reduziert sich i.a. der vom Kompilierer generierte Kode, und das Objektprogramm hat i.a. auch eine erheblich kürzere Laufzeit.

Bei der Index-Methode erfolgt der Zugriff auf ein Tabellenelement über einen sog. Index-Namen (index-name) in der Form:

```
datenfeldname (index-name)
```

Dabei enthält der Index-Name eine auf den Tabellenanfang bezogene Relativadresse als sog. Index-Wert. Diese Relativadresse korrespondiert mit der jeweiligen Positionsnummer, welche die Lage des Tabellenelements innerhalb der Tabelle festlegt.

Eine Relativadresse wird dabei stets in Byte angegeben. Legen wir die Tabellendefinition von BEZIRKE (s. S. 124) zugrunde, so beginnt BEZIRKE (1) bei der Relativadresse o und BEZIRKE (2) bei der Relativadresse 27, da jedes Tabellenelement aus 27 Bytes besteht.

Ist z.B. der Tabelle BEZIRKE der Index-Name IND zugeordnet (wie man dies erreicht, werden wir sogleich kennenlernen) und besitzt IND die Relativadresse 27 als Index-Wert, so adressiert

```
BEZIRKE (IND)
```

folglich das zweite Element der Tabelle BEZIRKE.

Definition von Index-Namen

Ein Index-Name wird stets bei der Deklaration der zugehörigen Tabelle durch die Eintragung in der INDEXED-Klausel in der Form:

```
INDEXED BY index-name-1 [index-name-2]...
```

im Anschluß an die OCCURS-Klausel vereinbart. Dabei ist die maximale Anzahl der Index-Namen, welche in der INDEXED-Klausel kodiert werden dürfen, von der jeweiligen
DVA abhängig.[*)] Bei den meisten Anwendungen reicht jedoch die Deklaration eines Index-Namens aus.

Der Speicherbereich, welcher durch einen Index-Namen adressiert wird, darf nicht
explizit deklariert werden (Index-Namen dürfen in keiner Datenfeld-Beschreibung
aufgeführt sein!), weil er vom Kompilierer automatisch reserviert wird.

Wenn wir die Elemente der Tabelle BEZIRKE über den Index-Namen IND adressieren wollen,
so müssen wir die oben angegebene Definition des Tabellenbereichs BEZIRKE-TAB folgendermaßen abändern:

```
ol BEZIRKE-TAB.
   o2 BEZIRKE  OCCURS 26 TIMES  INDEXED BY IND.
      o3 BEZIRKS-KENN-TAB  PICTURE 99.
      o3 BEZIRKS-NAME-TAB  PICTURE X(25).
```

In Abhängigkeit von der jeweiligen Tabellendefinition entspricht jedem Subskript-Wert
ein Index-Wert als korrespondierende Relativadresse und jedem Index-Wert ein Subskript-
Wert als entsprechende Positionsnummer. Im COBOL-Programm werden derartige Umrechnun-
gen stets vom Kompilierer durchgeführt - der Programmierer selbst darf keine expliziten
Berechnungen mit Index-Werten durchführen. Trotzdem wollen wir an dieser Stelle das
Verständnis für die Wirkung der Index-Methode vertiefen. Die Kenntnis der Korrespondenz
von Index- und Subskript-Werten ist nämlich besonders nützlich für das Verständnis der
SET-Anweisung, welche wir anschließend kennenlernen wollen.

Um den Unterschied zwischen der Subskript- und der Index-Methode in der Adressierung
von Tabellenelementen zu demonstrieren, verwenden wir die folgenden Vereinbarungen:

```
77  SUB  PICTURE 99.
ol  BEZIRKE-TAB-IND.
    o2  BEZIRKE-IND  PICTURE X(27)  OCCURS 26 TIMES  INDEXED BY IND.
ol  BEZIRKE-TAB-SUB  REDEFINES BEZIRKE-TAB-IND.
    o2  BEZIRKE-SUB  PICTURE X(27)  OCCURS 26 TIMES.
```

Die Namen BEZIRKE-TAB-IND und BEZIRKE-TAB-SUB adressieren vermöge der REDEFINES-Klausel denselben Speicherbereich. Verwenden wir den Bezeichner BEZIRKE-SUB, so setzen
wir die Subskript-Methode ein. Bezeichnen wir dagegen die Tabellenelemente mit dem
Namen BEZIRKE-IND, so adressieren wir mit der Index-Methode.
Enthält das Feld SUB z.B. den Wert 1, so bezeichnet BEZIRKE-SUB (SUB) das erste Tabellenelement. Bei der Index-Methode wird durch den Zugriff über BEZIRKE-IND (IND) dann

---

*) Bei den DVAn IBM (System OS/VS) und SIEMENS dürfen in einer INDEXED-Klausel bis
   zu 12 Index-Namen definiert sein.

das erste Tabellenelement adressiert, falls der Index-Name IND den Wert o enthält -
für das erste Tabellenelement ist o nämlich die entsprechende Relativadresse zum
Tabellenanfang.

Wollen wir z.B. das dritte Tabellenelement ansprechen, so müssen wir beim Zugriff
mit BEZIRKE-SUB (SUB) dem Subskript SUB den Wert 3 zugewiesen haben. Verwenden wir
dagegen den Bezeichner BEZIRKE-IND (IND), so muß der Index-Wert von IND gleich 54
sein, denn dieser Wert ist die entsprechende Relativadresse (gemessen in Byte) für
das dritte Tabellenelement.

Im Rahmen der angegebenen Tabellenvereinbarungen korrespondieren also jeweils die
folgenden Werte miteinander:

Wert des Subskripts SUB bei der Adressierung mit BEZIRKE-SUB (SUB)	1	2	3		i		26
Wert des Index-Namens IND bei der Adressierung mit BEZIRKE-IND (IND)	o	27	54		$(i - 1) * 27$		675

Im Gegensatz zu einem Subskript darf ein Index-Name niemals als Operand in einer
MOVE-Anweisung bzw. einer arithmetischen Anweisung aufgeführt werden. Stattdessen
muß jede Wertzuweisung an einen Index-Namen durch eine SET-Anweisung erfolgen.[*)]
Die Zuweisung des Index-Werts o bzw. 54 an den Index-Namen IND (s. oben) können wir
also durch eine geeignete SET-Anweisung vornehmen.

SET-Anweisung

Mit der SET-Anweisung kann einem Index-Namen der zu einem Subskript-Wert korrespondierende Index-Wert zugewiesen werden, und umgekehrt kann ein aktueller Index-Wert
in den zugeordneten Subskript-Wert umgewandelt werden.

Syntax der SET-Anweisung (Format-1)

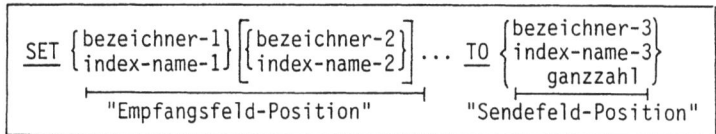

Das Feld bezeichner-3 muß numerisch ganzzahlig sein und eine positive ganze Zahl enthalten, welche eine Position in der jeweiligen Tabelle angibt.

Entspricht z.B. dem aktuellen Wert des Index-Namens IND, welcher der Tabelle
BEZIRKE-IND zugeordnet ist, die Positionsnummer 2 (der Index-Wert ist also gleich
27), so wird durch die Anweisung

    SET POS TO IND.

dem numerischen Datenfeld POS der Wert 2 zugewiesen.

Eine Wertzuweisung an die vor dem COBOL-Wort TO kodierten Datenfelder bzw. Index-
Namen wird bei der SET-Anweisung stets nach folgenden Regeln ausgeführt:

---

*) Eine automatische Veränderung von Index-Werten wird ferner durch spezielle Anwen-
   dungen der PERFORM- und der SEARCH-Anweisung bewirkt (s. S. 138ff und S. 177).

Empfangsfeld: (bezeichner-1,-2,... index-name-1,-2,...)	Sendefeld: (bezeichner-3, index-name-3, ganzzahl)	
	Index-Name	ganzzahl oder num. Datenfeld
Index-Name	Relativadresse *) ⟶ Relativadresse	Positionsnummer ⟶ Relativadresse
num. Datenfeld	Relativadresse ⟶ Positionsnummer	verboten !

Die Kenntnis dieser Konvertierungsregeln ist vor allen Dingen dann sehr wichtig, wenn ein mit der Index-Methode kodierter Lösungsalgorithmus einer Fehleranalyse unterzogen werden muß..

Während das Format-1 der SET-Anweisung nur einfache Zuweisungen an Index-Namen ermöglicht, können Additionen und Subtraktionen in folgender Form ausgeführt werden:

Syntax der SET-Anweisung (Format-2)

$$\underline{SET} \text{ index-name-1} \left[\text{index-name-2}\right] \ldots \left\{ \begin{array}{c} \underline{UP} \\ \underline{DOWN} \end{array} \right\} \underline{BY} \left\{ \begin{array}{c} \text{bezeichner} \\ \text{ganzzahl} \end{array} \right\}$$

Die Werte der vor dem COBOL-Wort UP bzw. DOWN angegebenen Index-Namen werden um den Wert des Felds bezeichner bzw. um die ganze Zahl ganzzahl erhöht (bei UP) bzw. vermindert (bei DOWN).

Entspricht z.B. dem aktuellen Wert des Index-Namens IND, welcher der Tabelle BEZIRKE-IND zugeordnet ist, die Positionsnummer 2 (der Index-Wert ist also gleich 27), so ergibt sich durch die Anweisung:

    SET IND UP BY 11.

als neuer Wert von IND die Größe, welche mit der Positionsnummer 13 korrespondiert (das ist der Index-Wert 324). Durch

    BEZIRKE-IND (IND)

wird folglich das 13. Tabellenelement von BEZIRKE-IND adressiert.

Vergleich mit Index-Namen

In Vergleichsrelationen dürfen Index-Namen sowohl mit Index-Namen, numerischen Datenfeldern als auch mit ganzzahligen numerischen Literalen verglichen werden:

Vergleich:	Wirkung:
Index-Name mit Index-Name	Vergleich der zugehörigen Positionsnummern
Index-Name mit num. Datenfeld bzw. ganzzahligem num. Literal	Vergleich der dem Wert des Index-Namens entsprechenden Positionsnummer mit dem Wert des Datenfelds bzw. mit dem ganzzahligen numerischen Literal

---

*) Aus dem Wert des Index-Namens auf Sendefeldposition wird die korrespondierende Positionsnummer ermittelt und der zugehörige Index-Wert wird in den Index-Namen auf Empfangsfeldposition eingetragen. Dieser Index-Wert bezieht sich auf die Tabelle, bei deren Definition der Index-Name auf Empfangsfeldposition vereinbart ist.

Ist IND als Index-Name der Tabelle BEZIRKE-IND definiert, so ist die Bedingung

    IND = 26

dann erfüllt, wenn der aktuelle Index-Wert von IND mit der Positionsnummer 26 korrespondiert (dazu muß die in IND abgespeicherte Relativadresse gleich dem Wert 675 sein, weil jedes Tabellenelement von BEZIRKE-IND aus 27 Bytes besteht).

Erweiterte Adressierung bei der Index-Methode

Wir haben gelernt, daß bei der Subskript-Methode jedes Tabellenelement durch:

    | datenfeldname (subskript) |

angesprochen wird.

Bei der Index-Methode ist eine erweiterte Adressierung in der Form:

$$\text{datenfeldname (index-name} \left[\begin{Bmatrix} + \\ - \end{Bmatrix} \text{ganzzahl} \right])$$

erlaubt.

Entspricht z.B. dem aktuellen Index-Wert des Index-Namens IND, welcher zur Tabelle BEZIRKE-IND gehört, die Positionsnummer 2 (der Index-Wert ist also gleich 27), so adressiert

    BEZIRKE-IND (IND - 1)

das erste und

    BEZIRKE-IND (IND + 4)

das sechste Tabellenelement von BEZIRKE-IND.

Wir wollen nun das am Ende von 9.2 angegebene Struktogramm zum Laden der Tabelle BEZIRKE mit Hilfe der Index-Methode kodieren. Um auf die Elemente der Tabelle BEZIRKE zugreifen zu können, vereinbaren wir:

    ol BEZIRKE-TAB.
        o2 BEZIRKE OCCURS 26 TIMES INDEXED BY POS.
            o3 BEZIRKS-KENN-TAB PICTURE 99.
            o3 BEZIRKS-NAME-TAB PICTURE X(25).

Damit ist POS als Index-Name definiert, und wir müssen den Strukturblock

    | . 1 ⟶ POS |

aus dem Struktogramm auf S. 124 durch die Anweisung

    SET POS TO 1.

und den Block

    | POS + 1 ⟶ POS |

durch folgende Anweisung realisieren:

    SET POS UP BY 1.

Dann können wir den Algorithmus zum Laden der Tabelle BEZIRKE folgendermaßen kodieren:

```
TAB-LADEN-ANFANG.
    OPEN INPUT BEZIRKE-DATEI.
    SET POS TO 1.  ←──────────────────geändert!
TAB-LADEN-SCHLEIFE.
    READ BEZIRKE-DATEI INTO BEZIRKE (POS), AT END MOVE 1 TO DATEI-ENDE-FELD.
    IF POS = 26 OR DATEI-ENDE,
        GO TO TAB-LADEN-ENDE,
    ELSE
        SET POS UP BY 1.  ←──────────────geändert!
    GO TO TAB-LADEN-SCHLEIFE.
TAB-LADEN-ENDE.
    CLOSE BEZIRKE-DATEI.
```

USAGE-INDEX-Klausel

Sollen Index-Werte zwischengespeichert werden, so muß man berücksichtigen, daß die Speicherablage von Index-Namen Anlagen-abhängig ist.[*] Um die Portabilität des Quellprogramms zu gewährleisten, müssen Index-Werte daher immer in besonderen Datenfeldern zwischengespeichert werden.

Diese Felder heißen Index-Datenfelder (index data item), welche in folgender Weise durch die USAGE-INDEX-Klausel vereinbart werden:[**]

```
stufennummer   bezeichner   USAGE IS INDEX.
```

Z.B. wird durch

    77 POS-MERKFELD USAGE INDEX.

das Index-Datenfeld POS-MERKFELD deklariert.

Bei der Vereinbarung eines Index-Datenfelds darf außer der USAGE-INDEX-Klausel keine weitere Klausel angegeben werden. Auf ein Index-Datenfeld darf man nur mit der SET- und der SEARCH-Anweisung (s. S. 138), nicht jedoch mit der MOVE-Anweisung zugreifen. Mit der SET-Anweisung kann einem Index-Datenfeld der aktuelle Wert eines Index-Namens (bzw. eines Index-Datenfelds) zugewiesen werden. Umgekehrt kann man einen Index-Wert, welcher in einem Index-Datenfeld zwischengespeichert ist, wieder mit der SET-Anweisung abrufen. In jedem Fall erfolgt bei diesen Zuweisungen keine Konvertierung der jeweiligen Index-Werte.

OCCURS-DEPENDING-ON-Klausel

Bislang haben wir bei einer Tabellendefinition immer eine Tabelle mit einer festen Anzahl von Tabellenelementen vereinbart. Bei der Zuordnung der Bezirkskennzahlen zu den jeweiligen Bezirken ist damit zu rechnen, daß sich neben der gegebenen Korrespondenz der Kennzahlen zu den Bezirken auch die Reihenfolge der Kennzahlen und die Anzahl der Bezirke ändern kann, indem z.B. alte Bezirke wegfallen und neue Bezirke hinzukom-

---

[*] Die Werte von Index-Namen werden i.a. in einem Ganzwort abgespeichert.

[**] Da Index-Datenfelder (im Gegensatz zu Index-Namen) in einer Datensatz-Beschreibung vereinbart werden können, ist auf diesem Weg auch eine Ein-/Ausgabe von Index-Werten möglich.

men können. Beim Einlesen der entsprechenden Daten aus einer Datei möchte man daher
nicht stets die Eintragung in der zur Tabelle BEZIRKE gehörigen OCCURS-Klausel ändern,
falls sich die Anzahl der Records von BEZIRKE-DATEI erhöht oder erniedrigt hat.

Um eine flexible Tabellenverarbeitung zu ermöglichen, erlaubt COBOL die Deklaration
von Tabellen mit einer variablen Anzahl von Tabellenelementen (variable-occurence
data item). Dazu muß bei der Tabellenvereinbarung die folgende spezielle OCCURS-
DEPENDING-ON-Klausel angegeben werden:

OCCURS ganzzahl-1 TO ganzzahl-2 TIMES DEPENDING ON bezeichner
---

Der Wert ganzzahl-1 muß kleiner als ganzzahl-2 sein, und bei dem Feld bezeichner muß
es sich um ein numerisches Datenfeld handeln. Vom Kompilierer wird ein Speicherbereich
für eine Tabelle mit ganzzahl-2 Elementen reserviert (der Wert ganzzahl-1 wird als
Kommentar aufgefaßt). Der jeweils aktuelle Wert des Felds bezeichner hat keinen Einfluß auf die Größe des Speicherbereichs, sondern fungiert als Parameter für die jeweilige (logische) Länge der Tabelle. Natürlich muß dieser Wert stets kleiner oder gleich
ganzzahl-2 sein, und er sollte auch stets größer oder gleich ganzzahl-1 sein (dies
wird bei der Programmausführung nicht automatisch abgeprüft).

Eine besondere Bedeutung kommt der OCCURS-DEPENDING-ON-Klausel im Zusammenhang mit
dem Tabellen-Durchsuchen zu. Bei der Ausführung der SEARCH-Anweisung (s. 9.5 und 9.6)
wird der aktuelle Inhalt des in dieser Klausel angegebenen Datenfelds bezeichner nämlich stets automatisch ausgewertet.

Deklarieren wir die Tabelle BEZIRKE nun als Tabelle mit einer variablen Anzahl von
Tabellenelementen (mindestens 1o und maximal 5o) in der Form:

```
ol  BEZIRKE-TAB.
    o2  BEZIRKE  OCCURS lo TO 5o TIMES  DEPENDING ON TAB-LAENGE  INDEXED BY POS.
        o3  BEZIRKS-KENN-TAB  PICTURE 99.
        o3  BEZIRKS-NAME-TAB  PICTURE X(25).
```

und vereinbaren wir zusätzlich die Datenfelder

```
77  DATEI-ENDE-FELD  PICTURE 9  VALUE ZERO.
    88  DATEI-ENDE  VALUE 1.
77  TAB-LAENGE       PICTURE 99.
```

so können wir den Schleifen-Strukturblock TAB-LADEN-SCHLEIFE des Struktogramms zum
Laden der Tabelle BEZIRKE (vgl. S. 124) wie folgt abändern:

TAB-LADEN-SCHLEIFE

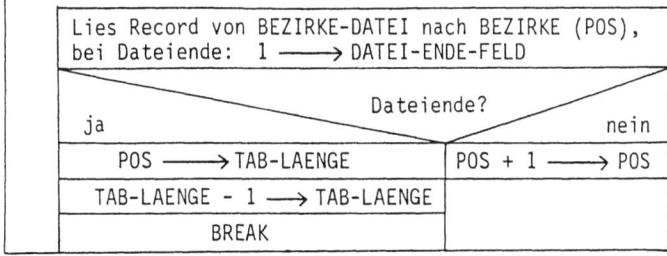

Den Algorithmus zum Laden der Tabelle BEZIRKE kodieren wir dann durch:

```
TAB-LADEN-ANFANG.
    OPEN INPUT BEZIRKE-DATEI.
    SET POS TO 1.
TAB-LADEN-SCHLEIFE.
    READ BEZIRKE-DATEI INTO BEZIRKE (POS), AT END MOVE 1 TO DATEI-ENDE-FELD.
    IF DATEI-ENDE,
        SET TAB-LAENGE TO POS,
        SUBTRACT 1 FROM TAB-LAENGE,
        GO TO TAB-LADEN-ENDE,
    ELSE
        SET POS UP BY 1.
    GO TO TAB-LADEN-SCHLEIFE.
TAB-LADEN-ENDE.
    CLOSE BEZIRKE-DATEI.
```

Damit braucht bei einer Änderung in der Datei BEZIRKE-DATEI, sofern die Anzahl der
Bezirke den Wert 5o nicht übersteigt, keine Programmänderung für das Laden der Tabelle mehr vorgenommen zu werden. Natürlich muß sichergestellt sein, daß nicht mehr als
5o Records in den Tabellenbereich BEZIRKE-TAB eingetragen werden, da sonst ungewollt
der Inhalt von anderen Datenfeldern (ohne Fehlermeldung) überschrieben würde. Um sich
gegenüber daraus resultierenden Folgefehlern abzusichern, sollte man z.B. nach der
Erhöhung von POS um den Wert 1 abfragen, ob die Bedingung "POS > 5o" erfüllt ist und
bei einer positiven Antwort gegebenenfalls den Programmlauf abbrechen.

9.4 Durchsuchen einer einstufigen Tabelle

Wir wollen nun das Anwendungsbeispiel LISTE-DER-NAMEN-UND-BEZIRKE des Abschnitts 9.2
wieder aufgreifen und den zugehörigen Lösungsalgorithmus unter Verwendung der Subskript-Methode als COBOL-Programm angeben. Dazu kodieren wir zunächst die beschreibenden Programmteile.

```
IDENTIFICATION DIVISION.
PROGRAM-ID.
    LISTE-DER-NAMEN-UND-BEZIRKE.
ENVIRONMENT DIVISION.
CONFIGURATION SECTION.
SOURCE-COMPUTER.
    dva-name-1.
OBJECT-COMPUTER.
    dva-name-2.
INPUT-OUTPUT SECTION.
FILE-CONTROL.
    SELECT VERTRETER-DATEI  ASSIGN TO SI.
    SELECT LISTE            ASSIGN TO LO.
DATA DIVISION.
FILE SECTION.
FD  VERTRETER-DATEI
    LABEL RECORD OMITTED
    DATA RECORD VERTRETER-INFORMATION.
o1  VERTRETER-INFORMATION.
    o2  FILLER       PICTURE XX.
    o2  BEZIRKS-KENN PICTURE 99.
    o2  FILLER       PICTURE XX.
    o2  NAME         PICTURE X(2o).
    o2  FILLER       PICTURE X(54).
```

```
FD  LISTE
    LABEL RECORD OMITTED
    DATA RECORD LISTE-NAMEN-BEZIRKE.
o1  LISTE-NAMEN-BEZIRKE.
    o2  FILLER          PICTURE X(16).
    o2  VERTRETER-NAME  PICTURE X(2o).
    o2  FILLER          PICTURE X(1o).
    o2  BEZIRKS-NAME    PICTURE X(25).
    o2  FILLER          PICTURE X(62).
WORKING-STORAGE SECTION.
77  DATEI-ENDE-FELD  PICTURE 9 VALUE ZERO.
    88  DATEI-ENDE  VALUE 1.
77  POS             PICTURE 99.  ⟵─────────────── (a)  *)
77  FEHLER-FELD     PICTURE 9 VALUE ZERO.
    88  KEINE-UEBEREINSTIMMUNG  VALUE 1.
o1  BEZIRKE-TAB-WERTE.
    o2  FILLER  PICTURE X(27)  VALUE "o4HAMBURG".
    o2  FILLER  PICTURE X(27)  VALUE "12NUERNBERG".
              :
    o2  FILLER  PICTURE X(27)  VALUE "95FRANKFURT".
o1  BEZIRKE-TAB  REDEFINES BEZIRKE-TAB-WERTE.⌐
    o2  BEZIRKE  OCCURS 26 TIMES.              │
        o3  BEZIRKS-KENN-TAB  PICTURE 99.      ⟵───── (b)  *)
        o3  BEZIRKS-NAME-TAB  PICTURE X(25). ⌐
```

Gemäß der Aufgabenstellung (s. S. 12o) adressieren wir von den Vertreterdaten die
Bezirkskennzahl (Spalten 3 und 4) durch den Bezeichner BEZIRKS-KENN und den Vertre-
ternamen (Spalten 7 bis 26) durch den Bezeichner NAME. Die Lochkarten-Datei bezeich-
nen wir mit VERTRETER-DATEI, und für den Datensatz wählen wir den Namen VERTRETER-
INFORMATION. Zur Bezeichnung der Druck-Datei, bei welcher wir den Vorschub durch die
Kodierung der ADVANCING-Klausel bei der WRITE-Anweisung steuern wollen, verwenden
wir den Namen LISTE, und den zugehörigen Datensatz nennen wir LISTE-NAMEN-BEZIRKE.
In diesem Record sind die für die Lösung benötigten Felder VERTRETER-NAME (Druckpositionen 16 bis 35) und BEZIRKS-NAME (Druckpositionen 46 bis 7o) definiert.
Da beim Ablochen der Bezirkskennzahlen in den Records von VERTRETER-DATEI oder beim
Kodieren der VALUE-Klauseln von BEZIRKE-TAB-WERTE Fehler auftreten können **)und
daher beim Suchvorgang gegebenenfalls keine Übereinstimmung zwischen den Tabellenwerten
und dem Inhalt von BEZIRKS-KENN gefunden werden kann, sehen wir für den Suchprozeß
einen gezielten Fehlerausgang vor (Programmabbruch!). In diesem Zusammenhang werden
das Datenfeld FEHLER-FELD und der Bedingungsname KEINE-UEBEREINSTIMMUNG benötigt.

Das Feld POS benutzen wir als sog. Suchindex, d.h. in POS ist die Positionsnummer des
Tabellenelements gespeichert, dessen Inhalt gerade mit dem von BEZIRKS-KENN verglichen
wird. Dabei werden wir den Namen POS zunächst als Subskript und anschließend als Index-Namen verwenden (bei der Subskript-Methode ist der Suchindex also ein Subskript-
Wert, und bei der Index-Methode ist er ein Index-Wert). Bei der Entwicklung des Lö-

---

*) In den Positionen (a) und (b) sind Änderungen vorzunehmen, falls die Tabelle
   BEZIRKE mit der Index-Methode adressiert wird (s. S. 136).

**) In der Praxis kann man von einer Ablochfehlerrate bei geprüften Daten von unge-
    fähr o.5% ausgehen.

sungsalgorithmus in Form eines Struktogramms brauchen wir jedoch noch keine Spezifizierung vorzunehmen.

Zum Tabellen-Durchsuchen der Tabelle BEZIRKE geben wir den folgenden Algorithmus TABELLEN-DURCHSUCHEN an:

Durchsuche die Tabelle BEZIRKE;

falls der Wert von BEZIRKS-KENN nicht mit dem Inhalt eines der Felder BEZIRKS-KENN-TAB übereinstimmt, weise FEHLER-FELD den Wert 1 zu und gib eine Fehlermeldung aus;

bei (der ersten) gefundenen Übereinstimmung übertrage (nach der Löschung des Bereichs LISTE-NAMEN-BEZIRKE) den zugehörigen Wert von BEZIRKS-NAME-TAB in das Feld BEZIRKS-NAME, übertrage den Inhalt von NAME nach VERTRETER-NAME und gib den Record LISTE-NAMEN-BEZIRKE mit anschließendem Vorschub um 1 Zeile auf dem Drucker aus!

Im folgenden wollen wir verschiedene Möglichkeiten aufzeigen, wie wir diesen Suchalgorithmus näher spezifizieren und als Programm formulieren können.

Zunächst geben wir einen Algorithmus an, bei dem die Tabelle BEZIRKE sukzessive vom ersten Tabellenelement an durchsucht und dabei der Suchindex schrittweise um jeweils eine Position erhöht wird. Dies geschieht solange bis entweder der gesuchte Wert gefunden ist oder bis das Tabellenende erreicht wird (der gesuchte Wert ist nicht in der Tabelle enthalten). Man spricht in diesem Fall von einer linearen oder sequentiellen Suche.

Diesen Algorithmus können wir durch das folgende Struktogramm beschreiben:

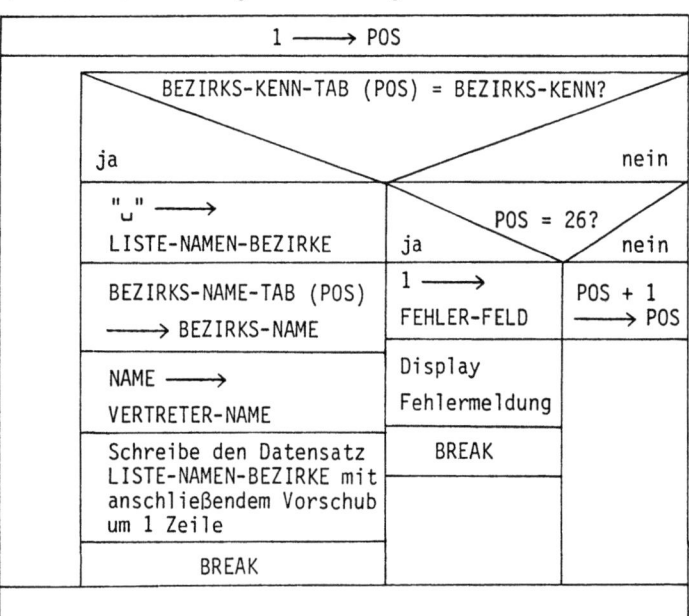

Der gesamte Lösungsalgorithmus für die Aufgabe LISTE-DER-NAMEN-UND-BEZIRKE ergibt sich dann mit folgendem Struktogramm:

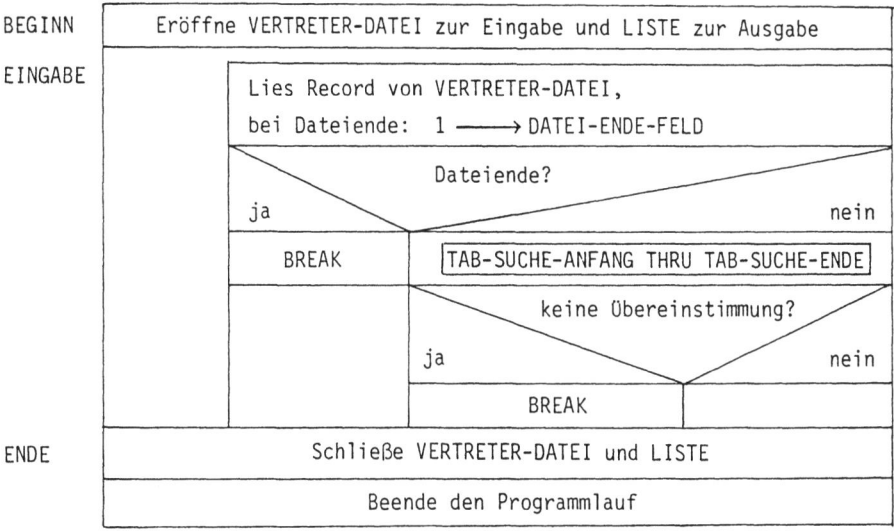

Als PROCEDURE DIVISION des Programms LISTE-DER-NAMEN-UND-BEZIRKE kodieren wir unter
Anwendung der Subskript-Methode:

```
PROCEDURE DIVISION.
BEGINN.
    OPEN INPUT VERTRETER-DATEI, OUTPUT LISTE.
EINGABE.
    READ VERTRETER-DATEI, AT END MOVE 1 TO DATEI-ENDE-FELD.
    IF DATEI-ENDE,
        GO TO ENDE,
    ELSE
        PERFORM TAB-SUCHE-ANFANG THRU TAB-SUCHE-ENDE,
        IF KEINE-UEBEREINSTIMMUNG,
            GO TO ENDE.
    GO TO EINGABE.
ENDE.
    CLOSE VERTRETER-DATEI  LISTE.
    STOP RUN.
TAB-SUCHE-ANFANG.
    MOVE 1 TO POS.
TAB-SUCHE-SCHLEIFE.
    IF BEZIRKS-KENN-TAB (POS) = BEZIRKS-KENN,
        MOVE SPACES TO LISTE-NAMEN-BEZIRKE,
        MOVE BEZIRKS-NAME-TAB (POS) TO BEZIRKS-NAME,
        MOVE NAME TO VERTRETER-NAME,
        WRITE LISTE-NAMEN-BEZIRKE BEFORE ADVANCING 1 LINE,
        GO TO TAB-SUCHE-ENDE,
    ELSE
        IF POS = 26,
            MOVE 1 TO FEHLER-FELD,
            DISPLAY "␣KEINE␣UEBEREINSTIMMUNG␣BEI␣KENNZAHL:" BEZIRKS-KENN,
            GO TO TAB-SUCHE-ENDE,
        ELSE
            ADD 1 TO POS.
    GO TO TAB-SUCHE-SCHLEIFE.
TAB-SUCHE-ENDE.
    EXIT.
```

Wenden wir bei der Adressierung der Tabellenelemente anstelle der Subskript-Methode
die Index-Methode an, so müssen wir in der DATA DIVISION (s. S. 133) die Vereinbarung
von POS in der Zeile (a) streichen und die Deklaration im Zeilenbereich (b) durch die
Eintragung:

```
o1 BEZIRKE-TAB  REDEFINES BEZIRKE-TAB-WERTE.
    o2 BEZIRKE  OCCURS 26 TIMES  INDEXED BY POS.
        o3 BEZIRKS-KENN-TAB  PICTURE 99.
        o3 BEZIRKS-NAME-TAB  PICTURE X(25).
```

ersetzen. Dann können wir die Prozeduren TAB-SUCHE-ANFANG, TAB-SUCHE-SCHLEIFE und
TAB-SUCHE-ENDE in folgender Weise kodieren:

```
TAB-SUCHE-ANFANG.
    SET POS TO 1. ←——————————————————————————— geändert!
TAB-SUCHE-SCHLEIFE.
    IF BEZIRKS-KENN-TAB (POS) = BEZIRKS-KENN,
        MOVE SPACES TO LISTE-NAMEN-BEZIRKE,
        MOVE BEZIRKS-NAME-TAB (POS) TO BEZIRKS-NAME,
        MOVE NAME TO VERTRETER-NAME,
        WRITE LISTE-NAMEN-BEZIRKE BEFORE ADVANCING 1 LINE,
        GO TO TAB-SUCHE-ENDE,
    ELSE
        IF POS = 26,
            MOVE 1 TO FEHLER-FELD,
            DISPLAY "⎵KEINE⎵UEBEREINSTIMMUNG⎵BEI⎵KENNZAHL:"  BEZIRKS-KENN,
            GO TO TAB-SUCHE-ENDE,
        ELSE
            SET POS UP BY 1. ←——————————————————————— geändert!
    .GO TO TAB-SUCHE-SCHLEIFE.
TAB-SUCHE-ENDE.
    EXIT.
```

9.5 Lineares Tabellen-Durchsuchen mit der SEARCH-Anweisung

Der im Programm LISTE-DER-NAMEN-UND-BEZIRKE kodierte Algorithmus TABELLEN-DURCHSUCHEN
(vgl. S. 134) wurde durch die folgende PERFORM-Anweisung aufgerufen (s. S. 135):

    PERFORM TAB-SUCHE-ANFANG THRU TAB-SUCHE-ENDE

Die dadurch ausgeführten Anweisungen waren in den drei Prozeduren TAB-SUCHE-ANFANG,
TAB-SUCHE-SCHLEIFE und TAB-SUCHE-ENDE kodiert.

Wir wollen nun eine kompaktere und übersichtlichere Darstellung in Form der SEARCH-
Anweisung kennenlernen, welche gleichzeitig zu einer effizienteren Kode-Generierung
durch den Kompilierer führt.

Ist POS ein Index-Name der Tabelle BEZIRKE, so kann man den Algorithmus TABELLEN-
DURCHSUCHEN (vgl. S. 134) durch die folgende Prozedur realisieren:

```
TABELLEN-DURCHSUCHEN.
    SET POS TO 1.
    SEARCH BEZIRKE  VARYING POS,
        AT END MOVE 1 TO FEHLER-FELD,
            DISPLAY "⎵KEINE⎵UEBEREINSTIMMUNG⎵BEI⎵KENNZAHL:"  BEZIRKS-KENN,
        WHEN BEZIRKS-KENN-TAB (POS) = BEZIRKS-KENN,
            MOVE SPACES TO LISTE-NAMEN-BEZIRKE,
            MOVE BEZIRKS-NAME-TAB (POS) TO BEZIRKS-NAME,
            MOVE NAME TO VERTRETER-NAME,
            WRITE LISTE-NAMEN-BEZIRKE BEFORE ADVANCING 1 LINE.
```

Durch die SEARCH-Anweisung (genaue Beschreibung s.u.) wird die Tabelle BEZIRKE
linear durchsucht. Ist die Bedingung

    BEZIRKS-KENN-TAB (POS) = BEZIRKS-KENN

für ein Tabellenelement BEZIRKS-KENN-TAB (POS) erfüllt, so werden die hinter der Bedingung kodierten Anweisungen ausgeführt. Wird jedoch in der gesamten Tabelle keine
Übereinstimmung festgestellt, so werden die Anweisungen der AT-END-Klausel ausgeführt.

Mit der angegebenen Prozedur TABELLEN-DURCHSUCHEN können wir die PROCEDURE DIVISION
des Programms LISTE-DER-NAMEN-UND-BEZIRKE (vgl. S. 135) nun folgendermaßen kodieren:

```
PROCEDURE DIVISION.
BEGINN.
    OPEN INPUT VERTRETER-DATEI, OUTPUT LISTE.
EINGABE.
    READ VERTRETER-DATEI, AT END MOVE 1 TO DATEI-ENDE-FELD.
    IF DATEI-ENDE,
        GO TO ENDE,
    ELSE
        PERFORM TABELLEN-DURCHSUCHEN,
        IF KEINE-UEBEREINSTIMMUNG,
            GO TO ENDE.
    GO TO EINGABE.
ENDE.
    CLOSE VERTRETER-DATEI  LISTE.
    STOP RUN.
TABELLEN-DURCHSUCHEN.
    SET POS TO 1.
    SEARCH BEZIRKE  VARYING POS,
        AT END MOVE 1 TO FEHLER-FELD,
            DISPLAY "␣KEINE␣UEBEREINSTIMMUNG␣BEI␣KENNZAHL:" BEZIRKS-KENN,
        WHEN BEZIRKS-KENN-TAB (POS) = BEZIRKS-KENN,
            MOVE SPACES TO LISTE-NAMEN-BEZIRKE,
            MOVE BEZIRKS-NAME-TAB (POS) TO BEZIRKS-NAME,
            MOVE NAME TO VERTRETER-NAME,
            WRITE LISTE-NAMEN-BEZIRKE BEFORE ADVANCING 1 LINE.
```

Mit der SEARCH-Anweisung können beliebige Tabellen linear durchsucht werden. Als
Suchindex fungiert dabei immer ein Index-Name, welcher mit der zu durchsuchenden
Tabelle definiert sein muß. Wir haben bereits in 9.3 darauf hingewiesen, daß bei
einer mit der OCCURS-DEPENDING-ON-Klausel deklarierten Tabelle der aktuelle Inhalt
des in dieser Klausel angegebenen Datenfelds automatisch von der SEARCH-Anweisung
zur Feststellung des Tabellenendes ausgewertet wird.

Als Anwendungsfall wollen wir nun in das numerische Feld ANZAHL-UEBERZIEHUNGEN die
Anzahl der Vertreter einspeichern, welche ihr Konto um mehr als 1ooo.oo DM überzogen
haben. Dazu gehen wir von folgender geänderter Definition der Tabelle NAME-KONTOSTAND
(vgl. S. 117) aus:

```
o1  NAME-KONTOSTAND-TAB.
    o2  NAME-KONTOSTAND  OCCURS 15o TO 3oo TIMES  DEPENDING ON VERTRETER-ZAHL
                         INDEXED BY POS.
        o3  NAME-TAB        PICTURE X(2o).
        o3  KONTOSTAND-TAB  PICTURE S9(5)V99.
```

Ferner sei in der WORKING-STORAGE SECTION vereinbart:

```
77  ANZAHL-UEBERZIEHUNGEN  PICTURE 999.
77  VERTRETER-ZAHL         PICTURE 999.
77  TABELLEN-ENDE-FELD     PICTURE 9  VALUE ZERO.
    88  TABELLEN-ENDE  VALUE 1.
```

Die Tabelle NAME-KONTOSTAND sei bereits mit Werten gefüllt, und das Feld VERTRETER-ZAHL enthalte die Anzahl der Vertreter, d.h. die logische Tabellenlänge. Das numerische Datenfeld TABELLEN-ENDE-FELD verwenden wir als Indikator für das Tabellenende (welches innerhalb der SEARCH-Anweisung automatisch über den Inhalt des Datenfelds VERTRETER-ZAHL verwaltet wird), d.h. ist das letzte Tabellenelement von NAME-KONTOSTAND erfolglos untersucht worden, so wird TABELLEN-ENDE-FELD der Wert 1 zugewiesen. Somit können wir folgenden Algorithmus formulieren:

```
        MOVE ZERO TO ANZAHL-UEBERZIEHUNGEN.
        SET POS TO 1.
    SUCHE-ANFANG.
        SEARCH NAME-KONTOSTAND  VARYING POS,
            AT END MOVE 1 TO TABELLEN-ENDE-FELD,
            WHEN KONTOSTAND-TAB (POS) < -1000.00,
                ADD 1 TO ANZAHL-UEBERZIEHUNGEN,
                SET POS UP BY 1.
        IF TABELLEN-ENDE,
            GO TO SUCHE-ENDE.
        GO TO SUCHE-ANFANG.
    SUCHE-ENDE.
        EXIT.
```

Bevor wir eine weitere Möglichkeit der Kodierung des Algorithmus TABELLEN-DURCHSUCHEN kennenlernen, wollen wir zunächst die Syntax und die Semantik der SEARCH-Anweisung beschreiben:

Syntax der SEARCH-Anweisung (noch unvollständig!)

```
SEARCH bezeichner-1  VARYING index-name

    [AT END unb-anw-1 [unb-anw-2]...]

    WHEN bedingung-1 { unb-anw-3 [unb-anw-4]...
                       NEXT SENTENCE            }

    [WHEN bedingung-2 { unb-anw-5 [unb-anw-6]...
                        NEXT SENTENCE            }] ...
```

Beim Einsatz dieser Anweisung sind die folgenden Regeln zu beachten:

- der Name bezeichner-1 adressiert die zu durchsuchende Tabelle, bei deren Definition mindestens ein Index-Name vereinbart sein muß,

- der hinter VARYING kodierte Index-Name fungiert als Suchindex und muß in einer INDEXED-Klausel definiert sein,

- der beim Aufruf der SEARCH-Anweisung aktuelle Wert des Suchindexes legt den Ausgangspunkt des Suchprozesses fest (diesem Feld muß also z.B. durch eine SET-Anweisung vorher explizit ein Wert zugewiesen sein!),

- die unbedingten Anweisungen der AT-END-Klausel werden immer dann ausgeführt, wenn
  das Ende der Tabelle erreicht ist; diese Anweisungen werden auch dann bearbeitet,
  wenn der aktuelle Wert des Suchindexes beim Aufruf von SEARCH größer als der durch
  die Tabellenvereinbarung zulässige Wert ist; beim Erreichen des Tabellenendes wird
  das Programm anschließend direkt hinter der SEARCH-Anweisung fortgesetzt, es sei
  denn, daß durch eine in der AT-END-Klausel kodierte Sprung-Anweisung an eine andere
  Stelle im Programm verzweigt wird (dies sollte beim "Strukturierten Programmieren"
  möglichst unterbleiben),
- ist die Tabelle mit der OCCURS-DEPENDING-ON-Klausel vereinbart, so wird der aktuelle
  Inhalt des in dieser Klausel angegebenen numerischen Datenfelds automatisch zur
  Feststellung des Tabellenendes ausgewertet,
- ohne Kodierung der AT-END-Klausel wird beim Erreichen des Tabellenendes stets hinter
  der SEARCH-Anweisung fortgefahren,
- nach jedem Suchschritt wird der Suchindex erhöht, so daß er auf das nächste Element
  der Tabelle bezeichner-1 zeigt,
- die in den WHEN-Klauseln angegebenen Bedingungen bedingung-1, bedingung-2,... werden
  in der Reihenfolge ihrer Kodierung bei jedem Suchschritt überprüft; mit der Erfüllung einer Bedingung ist der Suchprozeß beendet; dann werden die hinter dieser Bedingung angegebenen Anweisungen ausgeführt oder es wird im Fall der Kodierung von
  NEXT SENTENCE mit der hinter SEARCH folgenden Anweisung fortgefahren; nach der Ausführung der unbedingten Anweisungen in der WHEN-Klausel wird das Programm ebenfalls
  hinter der SEARCH-Anweisung fortgesetzt, es sei denn, daß durch eine in der WHEN-
  Klausel kodierte Sprung-Anweisung an eine andere Stelle im Programm verzweigt wird
  (dies sollte beim "Strukturierten Programmieren" möglichst unterbleiben).

Der in der VARYING-Klausel kodierte Index-Name braucht nicht unbedingt als Index-Name
in der zu durchsuchenden Tabelle bezeichner-1 definiert zu sein. Ist dieser Index-Name
bei der Vereinbarung einer anderen Tabelle (die nicht durchsucht werden soll) festgelegt worden, so nimmt bei der Ausführung der SEARCH-Anweisung der erste (bzw. einzige)
in der zur Tabelle bezeichner-1 gehörenden INDEXED-Klausel definierte Index-Name den
Suchindex auf. Diesem Index-Namen muß vor Aufruf der SEARCH-Anweisung ein Anfangswert
zugewiesen sein. Der in der VARYING-Klausel angegebene Index-Name wird - ausgehend von
einem Startwert - bei jedem Suchschritt erhöht, so daß er auf das nächste Element der
Tabelle zeigt, mit welcher er verknüpft ist (vgl. nachfolgendes Beispiel).

Von der geschilderten Möglichkeit wollen wir nun Gebrauch machen, indem wir zur Lösung
der Aufgabe LISTE-DER-NAMEN-UND-BEZIRKE den Suchprozeß in einer Tabelle durchführen,
welche nur die Bezirkskennzahlen als Suchbegriffe enthält. Bei erfolgreicher Suche
greifen wir dann mit dem in der VARYING-Klausel angegebenen Index-Namen unmittelbar
auf das korrespondierende Tabellenelement der Tabelle zu, in welcher die Bezirksnamen
abgespeichert sind.
Ersetzen wir nun die ursprüngliche Tabellendefinition im Programm LISTE-DER-NAMEN-
UND-BEZIRKE (vgl. S. 133) durch die Vereinbarung:

```
ol  BEZIRKE-TAB-1-WERTE  PICTURE X(52)
    VALUE "o412131415161718192o212223333444667374757689592939495".
ol  BEZIRKE-TAB-1  REDEFINES BEZIRKE-TAB-1-WERTE.
    o2  BEZIRKS-KENN-TAB  PICTURE 99  OCCURS 26 TIMES  INDEXED BY POS1.
ol  BEZIRKE-TAB-2-WERTE.
    o2  FILLER  PICTURE X(25)  VALUE "HAMBURG".
    o2  FILLER  PICTURE X(25)  VALUE "NUERNBERG".
            :
    o2  FILLER  PICTURE X(25)  VALUE "FRANKFURT".
ol  BEZIRKE-TAB-2  REDEFINES BEZIRKE-TAB-2-WERTE.
    o2  BEZIRKS-NAME-TAB  PICTURE X(25)  OCCURS 26 TIMES  INDEXED BY POS2.
```

so können wir den Suchprozeß in der Tabelle BEZIRKS-KENN-TAB ablaufen lassen und
dazu den Algorithmus TABELLEN-DURCHSUCHEN in folgender Form kodieren:

```
TABELLEN-DURCHSUCHEN.
    SET POS1  POS2 TO 1.
    SEARCH BEZIRKS-KENN-TAB  VARYING POS2,
        AT END MOVE 1 TO FEHLER-FELD,
            DISPLAY "␣KEINE␣UEBEREINSTIMMUNG␣BEI␣KENNZAHL:" BEZIRKS-KENN,
        WHEN BEZIRKS-KENN-TAB (POS1) = BEZIRKS-KENN,
            MOVE SPACES TO LISTE-NAMEN-BEZIRKE,
            MOVE BEZIRKS-NAME-TAB (POS2) TO BEZIRKS-NAME,
            MOVE NAME TO VERTRETER-NAME,
            WRITE LISTE-NAMEN-BEZIRKE BEFORE ADVANCING 1 LINE.
```

Es ist zulässig, die SEARCH-Anweisung auch ohne VARYING-Klausel zu kodieren. In diesem Fall wird der erste (bzw. einzige) für die zu durchsuchende Tabelle definierte
Index-Name als Suchindex benutzt. Diesem Index-Namen muß vor Aufruf der SEARCH-Anweisung ein Anfangswert zugewiesen sein.

Ohne Kodierung der VARYING-Klausel können wir den zuletzt angegebenen Algorithmus
TABELLEN-DURCHSUCHEN daher auch so formulieren:

```
TABELLEN-DURCHSUCHEN.
    SET POS1 TO 1.
    SEARCH BEZIRKS-KENN-TAB,
        AT END MOVE 1 TO FEHLER-FELD,
            DISPLAY "␣KEINE␣UEBEREINSTIMMUNG␣BEI␣KENNZAHL:" BEZIRKS-KENN,
        WHEN BEZIRKS-KENN-TAB (POS1) = BEZIRKS-KENN,
            SET POS2 TO POS1,
            MOVE SPACES TO LISTE-NAMEN-BEZIRKE,
            MOVE BEZIRKS-NAME-TAB (POS2) TO BEZIRKS-NAME,
            MOVE NAME TO VERTRETER-NAME,
            WRITE LISTE-NAMEN-BEZIRKE BEFORE ADVANCING 1 LINE.
```

Wir merken abschließend an, daß in der VARYING-Klausel der SEARCH-Anweisung anstelle
eines Index-Namens auch ein Index-Datenfeld, welches mit der USAGE-INDEX-Klausel vereinbart ist, oder auch ein numerisches Datenfeld in der Form:

```
VARYING bezeichner-2
```

angegeben werden darf. In diesen Fällen fungiert der erste (bzw. einzige) innerhalb
der zu durchsuchenden Tabelle bezeichner-1 deklarierte Index-Name als Suchindex.
Bezeichnet der Name bezeichner-2 ein Index-Datenfeld, so wird der Inhalt dieses Felds
bei jedem Suchschritt stets um denselben Wert erhöht, welcher zum Suchindex addiert

wird. Adressiert der Name bezeichner-2 dagegen ein <u>numerisches Datenfeld</u>, so wird der Inhalt dieses Felds bei jedem Suchschritt um den Wert 1 erhöht.

Abschließend können wir die allgemeine Form der SEARCH-Anweisung nun so darstellen:

Syntax der SEARCH-Anweisung (Format-1)

```
┌─────────────────────────────────────────────────────────────┐
│                         ┌        ⎧ bezeichner-2 ⎫ ⎤          │
│   SEARCH bezeichner-1    │ VARYING⎨              ⎬ ⎥          │
│                         └        ⎩ index-name   ⎭ ⎦          │
│        ┌                                ⎤                    │
│        │ AT END unb-anw-1 [unb-anw-2]...⎥                    │
│        └                                ⎦                    │
│                           ⎧ unb-anw-3 [unb-anw-4]...⎫        │
│          WHEN bedingung-1 ⎨                         ⎬        │
│                           ⎩ NEXT SENTENCE           ⎭        │
│        ┌                  ⎧ unb-anw-5 [unb-anw-6]...⎫⎤       │
│        │ WHEN bedingung-2 ⎨                         ⎬⎥ ...   │
│        └                  ⎩ NEXT SENTENCE           ⎭⎦       │
└─────────────────────────────────────────────────────────────┘
```

9.6 Logarithmisches Durchsuchen einer Tabelle (SEARCH ALL)

Beim linearen Durchsuchen einer Tabelle ist es unerheblich, ob zwischen den Inhalten der untersuchten Datenfelder irgendwelche Ordnungsbeziehungen existieren. Der Such-index wird, ausgehend von einem Startwert, jeweils um eine Position erhöht. Wenn jedoch die Anzahl der Tabellenelemente besonders groß ist oder im Abfrage-Algo-rithmus alle zu identifizierenden Werte ungefähr gleich häufig vorkommen, kann es sinnvoll sein, die Tabelle nicht linear sondern <u>logarithmisch</u> (binär) zu durchsuchen.

Der logarithmische Suchalgorithmus

Für die Durchführung der logarithmischen Suche muß eine <u>aufsteigende</u> (ascending) oder <u>absteigende</u> (descending) Sortierfolge-Ordnung [*] der Datenfeld-Inhalte vorausgesetzt werden. Das logarithmische Tabellen-Durchsuchen läuft nach der <u>Halbierungs-Methode</u> ab. Bei jedem Schritt wird der noch zu durchsuchende Tabellenbereich in zwei Hälften eingeteilt und es wird geprüft, in welcher Hälfte der gesuchte Wert auf Grund der Sortierung liegen muß.

Beim logarithmischen Durchsuchen der aufsteigend geordneten Tabelle BEZIRKS-KENN-TAB (s. S. 14o) wird demnach folgendermaßen vorgegangen:
Zunächst wird die Tabelle mit den Werten

    o4, 12, 13, 14, 15, 16, 17, 18, 19, 2o, 21, 22, 23,
    33, 34, 44, 66, 73, 74, 75, 76, 85, 92, 93, 94, 95

in die beiden Hälften o4 - 23 und 33 - 95 eingeteilt,[**] d.h. die erste Hälfte be-steht aus den ersten 13 Feldern, welche die Werte von o4 bis einschließlich 23 ent-halten, und die zweite Hälfte enthält die restlichen 13 Felder mit den Werten von 33

---

[*] Für alphanumerische Datenfelder wird die durch den Intern-Kode der jeweiligen Anlage implizierte Sortierfolge-Ordnung zugrunde gelegt. Da die Ordnung der in einer DVA darstellbaren Zeichen i.a. von DVA zu DVA variiert (s. A.3), muß sich jeder Anwender der logarithmischen Suche über die vorliegende Sortierfolge-Ord-nung seiner DVA informieren (s. dazu auch die Fußnote auf S. 89).

[**] Bei einer ungeraden Anzahl von Tabellenwerten wird der mittlere Wert stets ent-weder der ersten oder der zweiten Hälfte zugerechnet.

bis einschließlich 95. Durch den Vergleich mit dem Inhalt des Felds zu Beginn der
zweiten Tabellenhälfte kann wegen der aufsteigenden Ordnung festgestellt werden, ob
der gesuchte Wert in der ersten oder in der zweiten Hälfte liegt.
Ist der gesuchte Wert z.B. in der zweiten Tabellenhälfte enthalten, so beschreibt
das folgende Struktogramm den restlichen Teil des Suchalgorithmus:

33 - 74 , 75 - 95								
ja				< 75?					nein
33 - 44 , 66 - 74					75 - 85 , 92 - 95				
ja		< 66?		nein	ja		< 92?		nein
33 - 33 , 34 - 44		66 - 66 , 73 - 74		75 - 75 , 76 - 85		92 - 93 , 94 - 95	
ja	< 34?	nein	ja	< 73?	nein	ja	< 76?	nein	ja	< 94?	nein
33	34 , 44	66	73 , 74	75	76 , 85	92 , 93	94 , 95

Spätestens nach dem 5. Schritt ist das gesuchte Datenfeld und damit die entsprechende Tabellenposition identifiziert. Enthält z.B. das Feld BEZIRKS-KENN die Werte 33,
66 oder 75, so werden nur 4 Suchschritte benötigt. Für den Wert 95 brauchen wir beim
linearen Suchen 26 und beim logarithmischen Suchen nur 5 Schritte. Dagegen werden
die Werte o4, 12 bzw. 13 beim logarithmischen Suchen erst nach dem 5. bzw. 4. Schritt
identifiziert, während sie (in der angegebenen Reihenfolge) beim linearen Durchsuchen
schon beim 1., 2. bzw. 3. Suchschritt erkannt werden.

Allgemein läßt sich feststellen, daß beim Suchen mehrerer Werte die logarithmische
Suche durchschnittlich weitaus effektiver als die lineare Suche ist, da bei diesem
Suchalgorithmus nur maximal n Suchschritte bei einer Tabelle mit $2^n - 1$ Elementen
gebraucht werden.

KEY-Klausel
Zum logarithmischen Durchsuchen einer Tabelle müssen bei der Tabellenvereinbarung
- zwischen OCCURS- und INDEXED-Klausel - zusätzlich ein oder mehrere KEY-Klauseln
in der Form:

$$\left\{ \begin{array}{l} \underline{ASCENDING} \\ \underline{DESCENDING} \end{array} \right\} \text{KEY IS bezeichner-1} \left[\text{bezeichner-2}\right]...$$

aufgeführt werden, so daß eine Tabellendefinition generell durch das folgende Schema
beschrieben wird:

$$\underline{OCCURS} \left\{ \begin{array}{l} \text{ganzzahl-1 } \underline{TO} \text{ ganzzahl-2 TIMES } \underline{DEPENDING} \text{ ON bezeichner-1} \\ \text{ganzzahl-3 TIMES} \end{array} \right\}$$

$$\left[\left\{ \begin{array}{l} \underline{ASCENDING} \\ \underline{DESCENDING} \end{array} \right\} \text{KEY IS bezeichner-2} \left[\text{bezeichner-3}\right]... \right]...$$

$$\left[\underline{INDEXED} \text{ BY index-name-1} \left[\text{index-name-2}\right]... \right]$$

Dabei bezeichnen die hinter dem COBOL-Wort KEY angegebenen Datenfelder diejenigen
Felder in der Tabelle, welche die <u>Suchbegriffe</u> (key) enthalten.

Hinter dem Wort <u>ASCENDING</u> werden stets die Bezeichner angegeben, bei denen die Inhalte aufsteigend sortiert vorliegen, und mit <u>DESCENDING</u> werden die Felder festgelegt, deren Inhalte absteigend sortiert sind.

Bei der Kodierung mehrerer Bezeichner wird durch die bei der Kodierung festgelegte
Reihenfolge eine <u>Ordnungshierarchie</u> zwischen den einzelnen Suchbegriffen impliziert.
Dabei legt das zuerst angegebene Datenfeld den obersten Suchbegriff und die anschlie-
ßend aufgeführten Felder in absteigender Folge die nächstfolgenden untergeordneten
Ordnungsbegriffe fest.

Bei der Kodierung der Bezeichner innerhalb der KEY-Klauseln muß die folgende Regel
beachtet werden:

Entweder ist der Tabellenname, welcher zusammen mit der OCCURS-Klausel vereinbart
ist, als einziger Bezeichner angegeben oder alle kodierten Datenfelder sind

- in der Tabelle als <u>untergeordnete</u> Datenfelder enthalten,

- selbst <u>nicht</u> als Tabelle definiert und

- auch <u>keiner anderen</u> Tabelle untergeordnet.

Sind z.B. die Records von VERTRETER-DATEI nach aufsteigend sortierten Nachnamen,
relativ dazu nach absteigend sortierten Vornamen und wiederum relativ dazu nach aufsteigend sortierten Kennzahlen geordnet worden[*], so können wir alle Vertreterinformationen in eine einstufige Tabelle mit folgendem Inhalt eintragen:

Kennzahl	Nachname	Vorname	Kontostand
8544	BERGER	MANFRED	+12oo.3o
:	:	:	:
2444	MEYER	FRIEDRICH	-1ooo.oo
1718	MEYER	EGON	+64.6o
8413	MEYER	EGON	+38o.oo
:	:	:	:
4933	ZEISEL	FRANZ	-5.oo

Wollen wir nun die Kontostände ausgewählter Vertreter bestimmen, so können wir z.B.
die folgende einstufige Tabelle VERTRETER deklarieren:

```
o1 VERTRETER-TAB.
   o2 VERTRETER  OCCURS 8oo TO 12oo TIMES  DEPENDING ON VERTRETER-ZAHL
                 ASCENDING KEY IS NACHNAME-TAB
                 DESCENDING KEY IS VORNAME-TAB
                 ASCENDING KEY IS KENNZAHL-TAB  INDEXED BY SUCHINDEX.
      o3 KENNZAHL-TAB    PICTURE 9(4).
      o3 NACHNAME-TAB    PICTURE X(2o).
      o3 VORNAME-TAB     PICTURE X(2o).
      o3 KONTOSTAND-TAB  PICTURE S9(5)V99.
```

und die entsprechende Suchbedingung folgendermaßen formulieren:

---

[*] Dieses Beispiel ist natürlich sehr konstruiert. Es soll allein dazu dienen, die
    Wirksamkeit der KEY-Klausel zu demonstrieren.

```
    NACHNAME-TAB (SUCHINDEX) = nachname  AND  VORNAME-TAB (SUCHINDEX) = vorname
                AND  KENNZAHL-TAB (SUCHINDEX) = kennzahl
```

Den zugehörigen Suchalgorithmus können wir z.B. für den Vertreter Egon Meyer mit der
Kennzahl 8413 durch die folgende SEARCH-Anweisung - mit der Klausel ALL für das logarithmische Tabellen-Durchsuchen - kodieren: [*)]

```
    SEARCH ALL VERTRETER,
            AT END  PERFORM FEHLER-ROUTINE,
            WHEN NACHNAME-TAB (SUCHINDEX) = "MEYER"  AND  VORNAME-TAB (SUCHINDEX)
                = "EGON"  AND  KENNZAHL-TAB (SUCHINDEX) = 8413,
            MOVE KONTOSTAND-TAB (SUCHINDEX) TO KONTOSTAND-ED.
```

Allgemein muß für das logarithmische Tabellen-Durchsuchen die folgende spezielle
Form der uns vom linearen Suchalgorithmus her bekannten SEARCH-Anweisung angegeben
werden:

Syntax der SEARCH-Anweisung (Format-2)

```
┌──────────────────────────────────────────────────────────────┐
│  SEARCH ALL bezeichner                                         │
│          ⎡AT END unb-anw-1 ⎡unb-anw-2⎤...⎤                      │
│          ⎣                 ⎣         ⎦   ⎦                      │
│                          ⎧unb-anw-3 ⎡unb-anw-4⎤...⎫            │
│          WHEN bedingung  ⎨                       ⎬            │
│                          ⎩    NEXT SENTENCE       ⎭            │
└──────────────────────────────────────────────────────────────┘
```

Der Name bezeichner adressiert die Tabelle, welche logarithmisch durchsucht werden
soll. Diese Tabelle muß mit einer INDEXED-Klausel vereinbart sein und der erste (bzw.
einzige) in dieser Klausel definierte Index-Name fungiert als Suchindex. Da alle
Wertzuweisungen an diesen Suchindex automatisch vorgenommen werden, braucht diesem
Feld beim logarithmischen Suchen kein Anfangswert zugewiesen zu werden. Demzufolge
kann auch immer nur die gesamte Tabelle durchsucht werden. Ist die Tabelle mit einer
OCCURS-DEPENDING-ON-Klausel vereinbart (vgl. S. 13o), so wird der aktuelle Inhalt
des in dieser Klausel angegebenen Datenfelds automatisch ausgewertet, um das (logische) Tabellenende zu bestimmen.

In der WHEN-Klausel muß man immer eine einfache oder eine mehrfache Bedingung in folgender Weise kodieren:

```
┌──────────────────────────────────────────────────────────────┐
│  gleichheitsrelation-1 ⎡AND gleichheitsrelation-2⎤...          │
│                        ⎣                         ⎦             │
└──────────────────────────────────────────────────────────────┘
```

In diesen Gleichheitsrelationen müssen die Datenfelder - indiziert mit dem Suchindex -
in der Reihenfolge auftreten, in welcher sie in den KEY-Klauseln bei der Tabellenvereinbarung kodiert sind. Neben den zu prüfenden Datenfeldern müssen ferner alle diejenigen Datenfelder in die Bedingung einbezogen werden, welche in einer KEY-Klausel
vor einem zu prüfenden Datenfeld aufgeführt sind.

---

*) Natürlich ist durch die Vertreterkennzahl der zugehörige Vertreter Egon Meyer ein-
   deutig charakterisiert. Jedoch ist der angegebene Suchalgorithmus insofern sinnvoll, weil Kodierfehler in den Records der Vertreterdaten nicht unwahrscheinlich
   sind und damit das Ablochen einer falschen Kennzahl nicht ausgeschlossen werden
   kann. In jedem Fall hätte aber der Tabellenbereich mit den Kennzahlen nicht logarithmisch, sondern nur linear durchsucht werden können, weil die Kennzahlen weder
   aufsteigend noch absteigend geordnet sind.

Gehen wir von der auf der S. 143 angegebenen Definition der Tabelle VERTRETER aus,
so ist z.B. die folgende SEARCH-Anweisung unzulässig:

```
SEARCH ALL VERTRETER,
         AT END PERFORM FEHLER-ROUTINE,
         WHEN KENNZAHL-TAB (SUCHINDEX) = 8413,
             MOVE KONTOSTAND-TAB (SUCHINDEX) TO KONTOSTAND-ED.
```

Nach den angegebenen Regeln müssen nämlich die Datenfelder NACHNAME-TAB und
VORNAME-TAB ebenfalls in Gleichheitsrelationen innerhalb der WHEN-Klausel kodiert
werden.

Bei erfolgreicher Suche wird die identifizierte Tabellenposition in den Suchindex
gespeichert und die Ausführung der SEARCH-Anweisung mit der Bearbeitung der hinter
der Bedingung kodierten unbedingten Anweisungen abgeschlossen.
Bei erfolgloser Suche werden - falls eine AT-END-Klausel angegeben ist - die in der
AT-END-Klausel kodierten unbedingten Anweisungen ausgeführt.

Da in dem Programm LISTE-DER-NAMEN-UND-BEZIRKE (s. S. 133) die Bezirkskennzahlen in
aufsteigender Folge in den Datenfeldern BEZIRKS-KENN-TAB eingetragen sind, können
wir den Algorithmus TABELLEN-DURCHSUCHEN (vgl. S. 134) als logarithmische Suche in
folgender Weise durchführen:
Wir ersetzen die Tabellendefinition in den Programmzeilen (b) auf S. 133 durch:

```
o1 BEZIRKE-TAB  REDEFINES BEZIRKE-TAB-WERTE.
   o2 BEZIRKE  OCCURS 26 TIMES  ASCENDING KEY IS BEZIRKS-KENN-TAB
               INDEXED BY POS.
      o3 BEZIRKS-KENN-TAB  PICTURE 99.
      o3 BEZIRKS-NAME-TAB  PICTURE X(25).
```

löschen die Zeile (a) mit dem Inhalt:

```
77 POS  PICTURE 99.
```

und kodieren den Algorithmus TABELLEN-DURCHSUCHEN der PROCEDURE DIVISION auf S. 137
durch die Prozedur:

```
·TABELLEN-DURCHSUCHEN.
    SEARCH ALL BEZIRKE,
         AT END MOVE 1 TO FEHLER-FELD,
             DISPLAY "␣KEINE␣UEBEREINSTIMMUNG␣BEI␣KENNZAHL:" BEZIRKS-KENN,
         WHEN BEZIRKS-KENN-TAB (POS) = BEZIRKS-KENN,
             MOVE SPACES TO LISTE-NAMEN-BEZIRKE,
             MOVE BEZIRKS-NAME-TAB (POS) TO BEZIRKS-NAME,
             MOVE NAME TO VERTRETER-NAME,
             WRITE LISTE-NAMEN-BEZIRKE BEFORE ADVANCING 1 LINE.
```

Abschließend weisen wir darauf hin, daß im Standard ANSI-74 bei der Kodierung einer
Gleichheitsrelation in der WHEN-Klausel einer SEARCH-ALL-Anweisung folgendes beachtet werden muß:
Vor einem Gleichheitszeichen muß immer ein Bezeichner angegeben sein, welcher in
einer KEY-Klausel aufgeführt ist. Dagegen darf hinter einem Gleichheitszeichen niemals ein Bezeichner kodiert werden, welcher in einer KEY-Klausel angegeben ist.

9.7 Mehrstufige .Tabellen

In den vorangegangenen Abschnitten haben wir uns ausführlich mit der Behandlung von einstufigen Tabellen befaßt. Als Erweiterung wollen wir nun die Vereinbarung von mehrstufigen Tabellen kennenlernen.

Definition mehrstufiger Tabellen

Einem mit der OCCURS-Klausel beschriebenen Datenfeld können Datenfelder untergeordnet werden, deren Datenfeld-Beschreibungen wiederum OCCURS-Klauseln enthalten. Dabei dürfen bis zu drei jeweils einander untergeordnete OCCURS-Klauseln auftreten. Die mehrstufigen Tabellen beschränken sich in COBOL daher auf zwei- und dreistufige Tabellen.

Handelt es sich bei den Elementen einer Tabelle wieder um Tabellen, so dürfen diese Tabellen nur mit einer OCCURS-Klausel, nicht aber mit einer OCCURS-DEPENDING-ON-Klausel vereinbart sein. Eine OCCURS-DEPENDING-ON-Klausel darf folglich nur dann kodiert werden, falls man eine Tabelle der ersten Stufe definieren will.

Soll z.B. in einem Programm vor der Druck-Ausgabe die gesamte Information einer Druckseite (bestehend aus 66 Zeilen) im Arbeitsspeicher zwischengespeichert werden, so kann dies mit Hilfe der folgenden zweistufigen Tabelle erreicht werden:

```
o1  DRUCKSEITE.
    o2  ZEILE  OCCURS 66 TIMES.
        o3  SPALTE  PICTURE X  OCCURS 133 TIMES.
```

Dabei enthält die (äußere) Tabelle ZEILE 66 Tabellenelemente. Jedes dieser Elemente besteht aus einer (inneren) Tabelle namens SPALTE, welche aus jeweils 133 Tabellenelementen aufgebaut ist.

Zur flexiblen Verwaltung der Zeilenzahl pro Druckseite könnte man die OCCURS-DEPENDING-ON-Klausel z.B. folgendermaßen einsetzen:

```
o1  DRUCKSEITE.
    o2  ZEILE  OCCURS 6o TO 7o TIMES  DEPENDING ON SEITEN-LAENGE.
        o3  SPALTE  PICTURE X  OCCURS 133 TIMES.
```

Dabei muß SEITEN-LAENGE ein ganzzahlig numerisches Datenfeld sein.

Genau wie einstufige Tabellen kann man auch mehrstufige Tabellen entweder mit der Subskript- oder mit der Index-Methode adressieren. Bei Verwendung der Index-Methode müssen für die entsprechenden Tabellenstufen - im Anschluß an die jeweiligen OCCURS-Klauseln - ein oder mehrere Index-Namen mit der INDEXED-Klausel kodiert werden.

Als Anwendungsbeispiel für die Bearbeitung mehrstufiger Tabellen wählen wir die Lagerhaltung des Unternehmens ("HOCHREGAL-LAGER-VERWALTUNG"), welches die von uns schon so oft bemühten Vertreter beschäftigt. Bei dem Lager soll es sich um ein Hochregallager handeln, welches aus 12 Regalen mit jeweils 17 Reihen besteht, wobei jede Reihe jeweils 32 Fächer enthält.

Die angemessene Datenorganisation zur Beschreibung dieser Lagerhaltung ist die dreistufige Tabelle. Wir deklarieren dazu auf der ersten Stufe eine Tabelle REGAL mit
12 Elementen, welche die Regale darstellen. Jedes Tabellenelement von REGAL kann
dann als Tabelle auf der zweiten Stufe aufgefaßt werden. Jede dieser Tabellen soll
17 Elemente enthalten und den Namen REIHE tragen. Jedes Tabellenelement von REIHE
wiederum deklarieren wir als Tabelle auf der dritten Stufe mit dem Namen FACH und
jeweils 32 Tabellenelementen.
Damit können wir das Hochregallager durch den Tabellenbereich HOCHREGAL-LAGER - zunächst noch unvollständig - in folgender Weise beschreiben:

```
o1  HOCHREGAL-LAGER.
    o2  REGAL  OCCURS 12 TIMES.
        o3  REIHE  OCCURS 17 TIMES.
            o4  FACH  OCCURS 32 TIMES.

               Beschreibung der Datenfelder, welche FACH untergeordnet sind
```

Bevor wir die Elemente FACH in geeigneter Weise strukturieren und damit diese Tabellendefinition auch syntaktisch einwandfrei gestalten, erklären wir zunächst die
Adressierung der einzelnen Tabellenelemente bei einer mehrstufigen Tabelle.

Adressierung von Elementen mehrstufiger Tabellen

Für den Zugriff auf eine mehrstufige Tabelle ist bezüglich jeder Tabellenstufe die
Angabe je einer Positionsnummer notwendig.[*)] Die entsprechenden Positionsnummern werden gemäß der Reihenfolge der Tabellenstufen - beginnend bei der mit der niedrigsten
Stufennummer - hintereinander aufgeführt. Sie werden durch Kommata - mit jeweils mindestens einem nachfolgenden Leerzeichen - voneinander getrennt (die Trennung darf auch
nur mit Leerzeichen vorgenommen werden), durch die Klammern "(" und ")" eingeschlossen
und folgen dem Bezeichner[**)] des entsprechenden Tabellenelements.
Setzen wir bei der Adressierung mit der Subskript-Methode für die Positionsnummern
numerische Literale ein, so können wir die Elemente des Tabellenbereichs HOCHREGAL-
LAGER folgendermaßen bezeichnen:[***)]

[*)] Bei der Subskript-Methode wird die Positionsnummer durch ein Subskript festgelegt, und bei der Index-Methode muß der Wert des entsprechenden Index-Namens
mit der zugehörigen Positionsnummer korrespondieren.

[**)] Der Bezeichner des Tabellenelementes darf auch Qualifizierer enthalten (s. 1o.1).
Im Standard ANSI-68 muß zwischen dem Bezeichner und der öffnenden Klammer immer
mindestens ein Leerzeichen stehen.

[***)] Für die Adressierung mit der Index-Methode muß bei der Tabellendefinition auf
jeder Tabellenstufe eine INDEXED-Klausel kodiert werden. Als jeweilige Positionsnummern dürfen dann anstelle von Index-Namen gegebenenfalls auch ganzzahlige numerische Literale (aber keine numerischen Datenfelder!) aufgeführt sein.

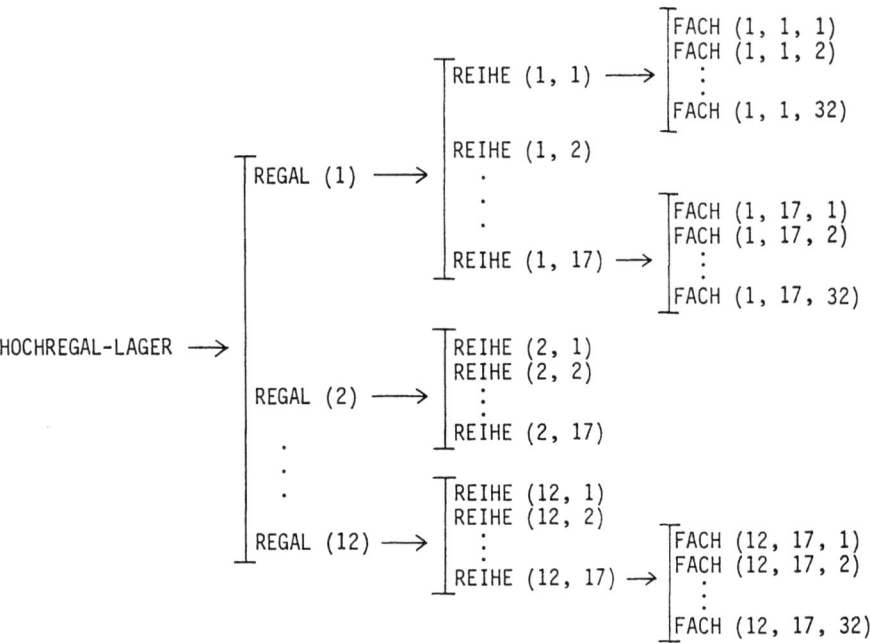

Somit können wir z.B. durch FACH (3, 4, 1o) auf den Inhalt des Fachs zugreifen, welches im Regal-3 in der dortigen Reihe-4 und dort wiederum als Fach-1o eingetragen ist.

Die Aufgabe HOCHREGAL-LAGER-VERWALTUNG

Auf Grund der vorliegenden Bestellungen soll auf das Hochregallager zugegriffen werden. Dabei gehen wir davon aus, daß diese Bestellungen in Form einer Lochkarten-Datei mit folgender Record-Struktur vorliegen:

Spaltenbereich:	Information:
1 - 4	Vertreterkennzahl
11 - 16	Artikelnummer
21 - 23	Stückzahl

Wir bezeichnen diese Datei mit dem Namen BESTELL-DATEI und definieren die folgende Datei-Beschreibung:

```
FD  BESTELL-DATEI
       LABEL RECORD OMITTED
       DATA RECORD BESTELL-RECORD.
o1  BESTELL-RECORD.
       o2  KENNZAHL        PICTURE 9(4).
       o2  FILLER          PICTURE X(6).
       o2  ARTIKEL-NUMMER  PICTURE 9(6).
       o2  FILLER          PICTURE X(4).
       o2  STUECKZAHL      PICTURE 999.
       o2  FILLER          PICTURE X(57).
```

Im Paragraphen FILE-CONTROL ordnen wir dieser Datei zu:

```
SELECT BESTELL-DATEI  ASSIGN TO SI.
```

Für jeden Record von BESTELL-DATEI muß im Hochregallager das Fach identifiziert werden, für welches die zugehörige Artikelnummer mit der Artikelnummer aus dem Record
übereinstimmt (s. S. 153).

Bei der Abbuchung der bestellten Mengen soll gedruckt werden:

    AN DEN VERTRETER MIT DER KENNZAHL kennzahl WURDEN

    stück STUECK DES ARTIKELS bezeichnung MIT DEM GESAMTPREIS preis DM AUSGELIEFERT.

Ist die Anzahl der vorrätigen Exemplare eines Artikels kleiner als die Bestellmenge,
so ist der folgende Text auszugeben:

    VON DEM ARTIKEL MIT DER NUMMER nummer SIND stück STUECK VOM VERTRETER MIT
                                  KENNZAHL kennzahl BESTELLT WORDEN.

    ES SIND ZUR ZEIT JEDOCH NUR stück STUECK VORRAETIG.

    PREIS FUER DIE AUSGELIEFERTEN ARTIKEL : preis DM

Ist kein Exemplar des bestellten Artikels vorrätig, so ist folgendes einzutragen:

    VON DEM ARTIKEL MIT DER NUMMER nummer SIND stück STUECK VOM VERTRETER MIT
                                  KENNZAHL kennzahl BESTELLT WORDEN.

    DIESER ARTIKEL IST ZUR ZEIT NICHT VORRAETIG.

Kann jedoch auf Grund von Kodier- oder Lochfehlern kein Fach des Lagers identifiziert
werden, so soll folgende Meldung gedruckt werden:

    FEHLER : ARTIKEL-NUMMER NICHT VORHANDEN : nummer

Wir nennen die Druck-Datei wiederum LISTE, vereinbaren sie durch:

```
FD  LISTE
    LABEL RECORD OMITTED
    DATA  RECORD ZEILE.
o1  ZEILE  PICTURE X(133).
```

und kodieren im Paragraphen FILE-CONTROL:

```
SELECT LISTE  ASSIGN TO LO.
```

Die auszugebenden Zeilen legen wir durch die folgenden Eintragungen innerhalb der
WORKING-STORAGE SECTION fest:

```
o1  S-1-ZEILE-1-WS.
    o2  FILLER                 PICTURE X(35)
            VALUE " AN DEN VERTRETER MIT DER KENNZAHL ".
    o2  KENNZAHL-1-A           PICTURE 9(4).
    o2  FILLER                 PICTURE X(94)  VALUE " WURDEN ".
o1  S-1-ZEILE-2-WS.
    o2  FILLER                 PICTURE X  VALUE SPACE.
    o2  STUECKZAHL-1-A         PICTURE ZZ9.
    o2  FILLER                 PICTURE X(21)  VALUE " STUECK DES ARTIKELS ".
    o2  ARTIKEL-BEZEICHNUNG-A  PICTURE X(25).
    o2  FILLER                 PICTURE X(21)  VALUE " MIT DEM GESAMTPREIS ".
    o2  PREIS-1-A              PICTURE Z(9).99.
    o2  FILLER                 PICTURE X(5o)  VALUE "DM AUSGELIEFERT.".
o1  S-2-ZEILE-1-WS.
    o2  FILLER                 PICTURE X(32)
            VALUE   " VON DEM ARTIKEL MIT DER NUMMER ".
    o2  ARTIKEL-NR-A           PICTURE 9(6).
    o2  FILLER                 PICTURE X(6)  VALUE " SIND ".
```

```
        o2  STUECKZAHL-2-A     PICTURE ZZ9.
        o2  FILLER             PICTURE X(35)
                VALUE "␣STUECK␣VOM␣VERTRETER␣MIT␣KENNZAHL␣".
        o2  KENNZAHL-2-A       PICTURE 9(4).
        o2  FILLER             PICTURE X(47)  VALUE "␣BESTELLT␣WORDEN.".
    o1  S-2-ZEILE-2-WS.
        o2  FILLER             PICTURE X(29)  VALUE "␣ES␣SIND␣ZUR␣ZEIT␣JEDOCH␣NUR␣".
        o2  ARTIKEL-ANZAHL-A   PICTURE ZZZ9.
        o2  FILLER             PICTURE X(1oo)  VALUE "␣STUECK␣VORRAETIG.".
    o1  S-2-ZEILE-3-WS.
        o2  FILLER             PICTURE X(41)
                VALUE "␣PREIS␣FUER␣DIE␣AUSGELIEFERTEN␣ARTIKEL␣:␣".
        o2  PREIS-2-A          PICTURE Z(9).99.
        o2  FILLER             PICTURE X(8o)  VALUE "DM".
    o1  S-2-ZEILE-4-WS         PICTURE X(133)
            VALUE "␣DIESER␣ARTIKEL␣IST␣ZUR␣ZEIT␣NICHT␣VORRAETIG."
    o1  S-3-ZEILE-WS.
        o2  FILLER             PICTURE X(43)
                VALUE "␣FEHLER␣:␣ARTIKEL-NUMMER␣NICHT␣VORHANDEN␣:␣".
        o2  ARTIKEL-NUMMER-A   PICTURE 9(6).
        o2  FILLER             PICTURE X(84)  VALUE SPACES.
```

Auf der S. 147 haben wir mit der Beschreibung des Tabellenbereichs HOCHREGAL-LAGER begonnen. Wir ergänzen nun diese Darstellung, indem wir die folgenden Informationen als Datenelemente in die Tabelle FACH aufnehmen:

- Artikelnummer,
- Artikelbezeichnung,
- Artikelbestand und
- Artikelpreis.

Da wir die Tabelle FACH mit der Index-Methode durchsuchen wollen, vereinbaren wir gleichzeitig für jede Tabellenstufe einen geeigneten Index-Namen:

```
    o1  HOCHREGAL-LAGER.
        o2  REGAL  OCCURS 12 TIMES  INDEXED BY REGAL-I.
            o3  REIHE  OCCURS 17 TIMES  INDEXED BY REIHE-I.
                o4  FACH  OCCURS 32 TIMES  INDEXED BY FACH-I.
                    o5  ARTIKEL-NR          PICTURE 9(6).
                    o5  ARTIKEL-BEZEICHNUNG PICTURE X(25).
                    o5  ARTIKEL-ANZAHL      PICTURE 9(4).
                    o5  ARTIKEL-PREIS       PICTURE 9(5)V99.
```

Durch diese Eintragung in der WORKING-STORAGE SECTION legen wir fest, daß

- die Artikelnummern (abgespeichert in ARTIKEL-NR) aus 6 Ziffern bestehen,
- jede Artikelbezeichnung (abgespeichert in ARTIKEL-BEZEICHNUNG) maximal 25 Zeichen enthält,
- die Anzahl der in einem Fach enthaltenen Artikel (abgespeichert in ARTIKEL-ANZAHL) nicht größer als 9999 ist und
- jeder Artikel nicht mehr als 99999.99 DM kostet (der Betrag ist in ARTIKEL-PREIS abgespeichert).

Gemäß der Definition des Tabellenbereichs HOCHREGAL-LAGER adressiert dann z.B.

    ARTIKEL-ANZAHL (3, 7, 9)

das Datenfeld, in welchem die Anzahl der Exemplare desjenigen Artikels abgelegt ist, welcher im 3. Regal in der dortigen 7. Reihe und dort wiederum im 9. Fach lagert.

Vorbesetzung des Tabellenbereichs HOCHREGAL-LAGER

Die aktuellen Werte des Tabellenbereichs HOCHREGAL-LAGER sollen in einer Platten-Datei namens LAGER-DATEI-ALT abgespeichert sein. Als Information enthalte jeder Record die 42 Bytes eines Tabellenelements der Tabelle FACH. Dabei soll die Reihenfolge der Records in der Datei mit der Reihenfolge der Tabellenelemente von FACH innerhalb des Bereichs HOCHREGAL-LAGER übereinstimmen (dabei ist zu berücksichtigen, daß der letzte Index am schnellsten und der erste am langsamsten läuft):

FACH (1, 1, 1)	1. Record
:⋮	
FACH (1, 17, 32)	(17 * 32). = 544. Record
:⋮	
FACH (12, 17, 32)	(12 * 17 * 32). = 6528. Record = letzter Record

Als zugehörige Datei-Beschreibung vereinbaren wir:

```
FD  LAGER-DATEI-ALT
    LABEL RECORD STANDARD
    DATA RECORD LAGER-ALT-RECORD.
o1  LAGER-ALT-RECORD  PICTURE X(42).
```

und im Paragraphen FILE-CONTROL kodieren wir:

```
    SELECT LAGER-DATEI-ALT  ASSIGN TO DI.
```

Für die Vorbesetzung von HOCHREGAL-LAGER geben wir das folgende Struktogramm an: [*)]

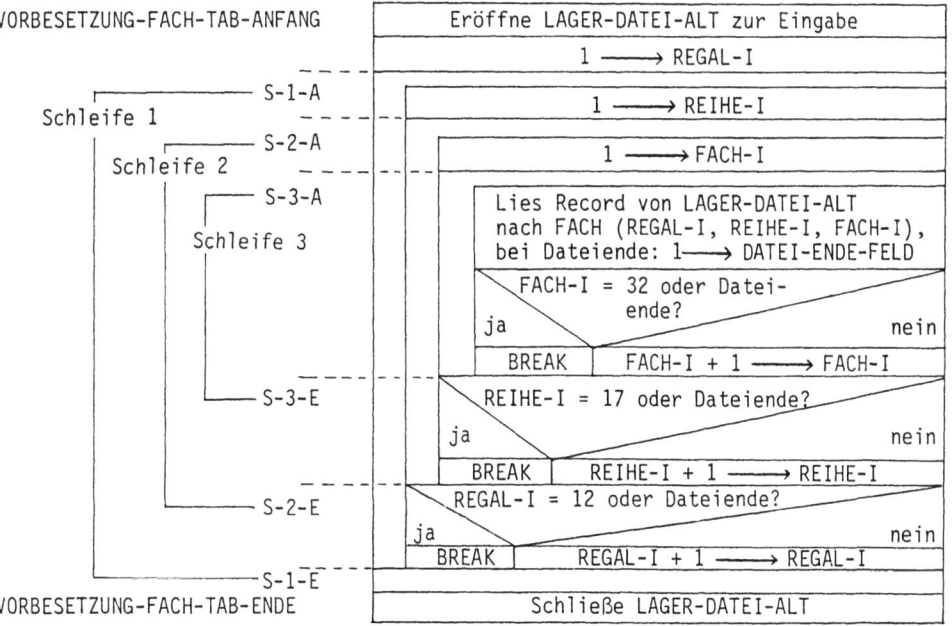

*) Um die Darstellung des Algorithmus zu vereinfachen, wollen wir den Ausnahmefall - die Datei enthält keine 6528 Records - nicht erörtern. Trotzdem müssen wir - aus formalen Gründen (vgl. Fußnote auf S. 63) - eine Dateiende-Behandlung vorsehen.

Sicherung des Tabellenbereichs HOCHREGAL-LAGER

Da die Werte der Datenfelder ARTIKEL-ANZAHL bei der Durchführung der Bestellungen
geändert werden, müssen wir zum Abschluß des Programms den aktuellen Datenbestand
in einer Datei sichern. Wir erstellen dazu eine Platten-Datei namens LAGER-DATEI-NEU
und speichern die Werte der Tabelle FACH - nach dem bei der Datei LAGER-DATEI-ALT
angegebenen Schema (s. S. 151) - als Records in dieser Datei ab.
Dazu vereinbaren wir die Datei-Beschreibung

```
FD  LAGER-DATEI-NEU
    LABEL RECORD STANDARD
    DATA RECORD LAGER-NEU-RECORD.
o1  LAGER-NEU-RECORD  PICTURE X(42).
```

und kodieren im Paragraphen FILE-CONTROL:
```
    SELECT LAGER-DATEI-NEU  ASSIGN TO DO.
```

In Analogie zum soeben erarbeiteten Algorithmus für die Vorbesetzung geben wir für
die Sicherung der Werte von FACH das folgende Struktogramm an:

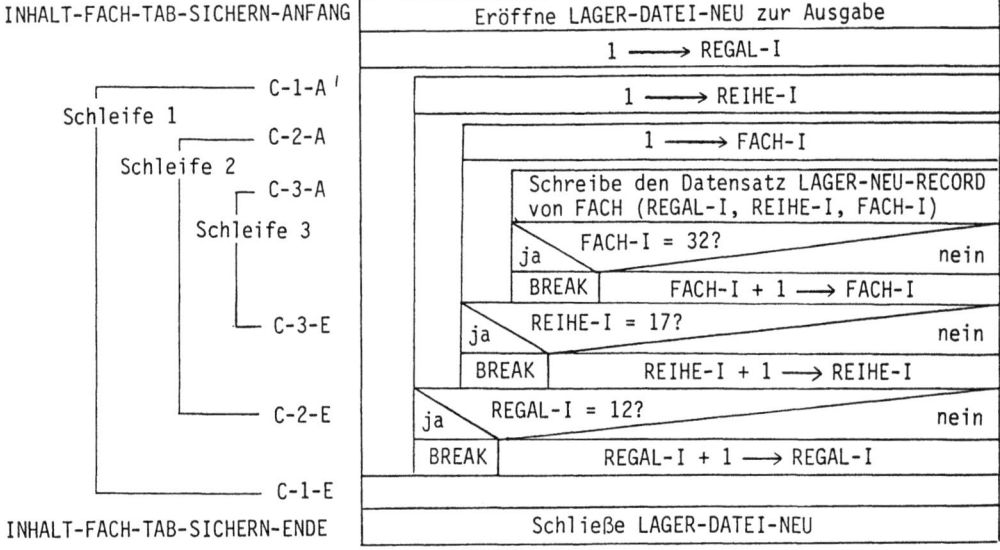

Lösungsalgorithmus für die Aufgabe HOCHREGAL-LAGER-VERWALTUNG

Nachdem wir uns bereits die Teil-Algorithmen für die Vorbesetzung und die Sicherung
des Tabellenbereichs HOCHREGAL-LAGER erarbeitet haben, stellen wir nun den gesamten
Lösungsalgorithmus durch die folgenden Struktogramme dar:

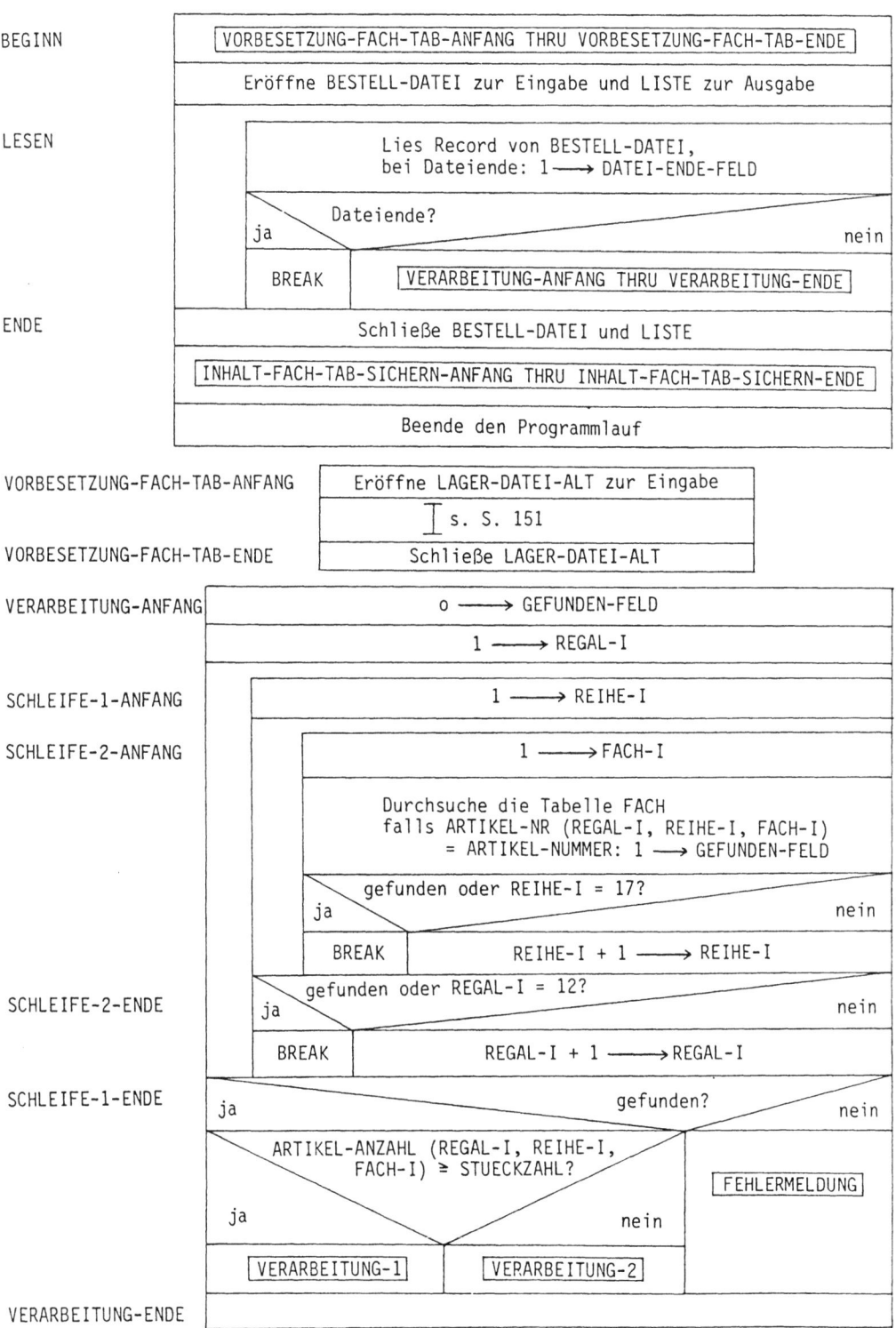

BEGINN

| VORBESETZUNG-FACH-TAB-ANFANG THRU VORBESETZUNG-FACH-TAB-ENDE |

Eröffne BESTELL-DATEI zur Eingabe und LISTE zur Ausgabe

LESEN

Lies Record von BESTELL-DATEI,
bei Dateiende: 1 ⟶ DATEI-ENDE-FELD

Dateiende?
ja   nein

BREAK | VERARBEITUNG-ANFANG THRU VERARBEITUNG-ENDE |

ENDE

Schließe BESTELL-DATEI und LISTE

| INHALT-FACH-TAB-SICHERN-ANFANG THRU INHALT-FACH-TAB-SICHERN-ENDE |

Beende den Programmlauf

VORBESETZUNG-FACH-TAB-ANFANG   Eröffne LAGER-DATEI-ALT zur Eingabe

s. S. 151

VORBESETZUNG-FACH-TAB-ENDE   Schließe LAGER-DATEI-ALT

VERARBEITUNG-ANFANG   o ⟶ GEFUNDEN-FELD

1 ⟶ REGAL-I

SCHLEIFE-1-ANFANG   1 ⟶ REIHE-I

SCHLEIFE-2-ANFANG   1 ⟶ FACH-I

Durchsuche die Tabelle FACH
falls ARTIKEL-NR (REGAL-I, REIHE-I, FACH-I)
= ARTIKEL-NUMMER: 1 ⟶ GEFUNDEN-FELD

gefunden oder REIHE-I = 17?
ja   nein

BREAK   REIHE-I + 1 ⟶ REIHE-I

gefunden oder REGAL-I = 12?
SCHLEIFE-2-ENDE   ja   nein

BREAK   REGAL-I + 1 ⟶ REGAL-I

SCHLEIFE-1-ENDE   ja   gefunden?   nein

ARTIKEL-ANZAHL (REGAL-I, REIHE-I,
FACH-I) ≧ STUECKZAHL?

ja   nein | FEHLERMELDUNG |

| VERARBEITUNG-1 | | VERARBEITUNG-2 |

VERARBEITUNG-ENDE

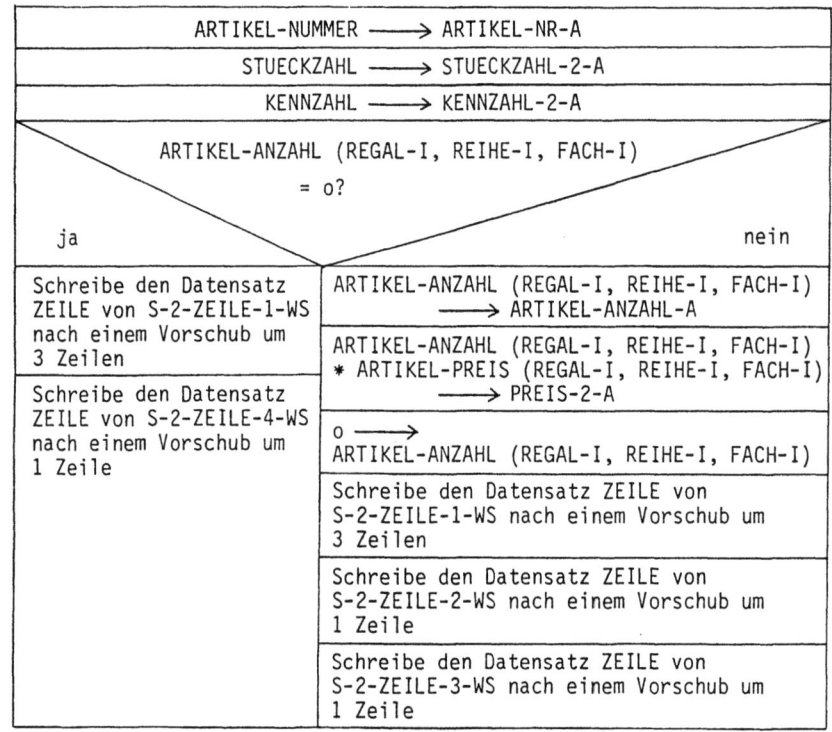

VERARBEITUNG-1

KENNZAHL ──→ KENNZAHL-1-A
STUECKZAHL ──→ STUECKZAHL-1-A
ARTIKEL-BEZEICHNUNG (REGAL-I, REIHE-I, FACH-I) ──→ ARTIKEL-BEZEICHNUNG-A
STUECKZAHL * ARTIKEL-PREIS (REGAL-I, REIHE-I, FACH-I) ──→ PREIS-1-A
ARTIKEL-ANZAHL (REGAL-I, REIHE-I, FACH-I) - STUECKZAHL ──→ ARTIKEL-ANZAHL (REGAL-I, REIHE-I, FACH-I)
Schreibe den Datensatz ZEILE von S-1-ZEILE-1-WS nach einem Vorschub um 3 Zeilen
Schreibe den Datensatz ZEILE von S-1-ZEILE-2-WS nach einem Vorschub um 1 Zeile

VERARBEITUNG-2

ARTIKEL-NUMMER ──→ ARTIKEL-NR-A

STUECKZAHL ──→ STUECKZAHL-2-A

KENNZAHL ──→ KENNZAHL-2-A

ARTIKEL-ANZAHL (REGAL-I, REIHE-I, FACH-I) = o?

ja / nein

ja:

Schreibe den Datensatz ZEILE von S-2-ZEILE-1-WS nach einem Vorschub um 3 Zeilen

Schreibe den Datensatz ZEILE von S-2-ZEILE-4-WS nach einem Vorschub um 1 Zeile

nein:

ARTIKEL-ANZAHL (REGAL-I, REIHE-I, FACH-I) ──→ ARTIKEL-ANZAHL-A

ARTIKEL-ANZAHL (REGAL-I, REIHE-I, FACH-I) * ARTIKEL-PREIS (REGAL-I, REIHE-I, FACH-I) ──→ PREIS-2-A

o ──→ ARTIKEL-ANZAHL (REGAL-I, REIHE-I, FACH-I)

Schreibe den Datensatz ZEILE von S-2-ZEILE-1-WS nach einem Vorschub um 3 Zeilen

Schreibe den Datensatz ZEILE von S-2-ZEILE-2-WS nach einem Vorschub um 1 Zeile

Schreibe den Datensatz ZEILE von S-2-ZEILE-3-WS nach einem Vorschub um 1 Zeile

FEHLERMELDUNG

ARTIKEL-NUMMER ──→ ARTIKEL-NUMMER-A
Schreibe den Datensatz ZEILE von S-3-ZEILE-WS nach einem Vorschub um 3 Zeilen

INHALT-FACH-TAB-SICHERN-ANFANG

Eröffne LAGER-DATEI-NEU zur Ausgabe
s. S. 152

INHALT-FACH-TAB-SICHERN-ENDE

Schließe LAGER-DATEI-NEU

Aus diesen Struktogrammen entnehmen wir, daß die WORKING-STORAGE SECTION noch um die Definition der Datenfelder DATEI-ENDE-FELD und GEFUNDEN-FELD mit den zugehörigen Bedingungsnamen DATEI-ENDE und GEFUNDEN durch folgende Eintragung ergänzt werden muß:

```
77  DATEI-ENDE-FELD  PICTURE 9  VALUE ZERO.
    88  DATEI-ENDE  VALUE 1.
77  GEFUNDEN-FELD  PICTURE 9.
    88  GEFUNDEN  VALUE 1.
```

Dann können wir den Lösungsalgorithmus durch das folgende COBOL-Programm beschreiben:

```
IDENTIFICATION DIVISION.
PROGRAM-ID.
    HOCHREGAL-LAGER-VERWALTUNG.
ENVIRONMENT DIVISION.
CONFIGURATION SECTION.
SOURCE-COMPUTER.
    dva-name-1.
OBJECT-COMPUTER.
    dva-name-2.
INPUT-OUTPUT SECTION.
FILE-CONTROL.
    SELECT LAGER-DATEI-ALT  ASSIGN TO DI.
    SELECT LAGER-DATEI-NEU  ASSIGN TO DO.
    SELECT BESTELL-DATEI    ASSIGN TO SI.
    SELECT LISTE            ASSIGN TO LO.
DATA DIVISION.
FILE SECTION.
FD  LAGER-DATEI-ALT
    LABEL RECORD STANDARD
    DATA RECORD LAGER-ALT-RECORD.
o1  LAGER-ALT-RECORD  PICTURE X(42).
FD  LAGER-DATEI-NEU
    LABEL RECORD STANDARD
    DATA RECORD LAGER-NEU-RECORD.
o1  LAGER-NEU-RECORD  PICTURE X(42).
FD  BESTELL-DATEI
    LABEL RECORD OMITTED
    DATA RECORD BESTELL-RECORD.
o1  BESTELL-RECORD.
    o2  KENNZAHL        PICTURE 9(4).
    o2  FILLER          PICTURE X(6).
    o2  ARTIKEL-NUMMER  PICTURE 9(6).
    o2  FILLER          PICTURE X(4).
    o2  STUECKZAHL      PICTURE 999.
    o2  FILLER          PICTURE X(57).
FD  LISTE
    LABEL RECORD OMITTED
    DATA RECORD ZEILE.
o1  ZEILE  PICTURE X(133).
WORKING-STORAGE SECTION.
77  DATEI-ENDE-FELD  PICTURE 9  VALUE ZERO.
    88  DATEI-ENDE  VALUE 1.
77  GEFUNDEN-FELD  PICTURE 9.
    88  GEFUNDEN  VALUE 1.
o1  S-1-ZEILE-1-WS.
        :
o1  S-2-ZEILE-4-WS  PICTURE X(133)
        VALUE "␣DIESER␣ARTIKEL␣IST␣ZUR␣ZEIT␣NICHT␣VORRAETIG.".
o1  S-3-ZEILE-WS.
        :
```

siehe Eintragung
auf S. 149f

```
o1  HOCHREGAL-LAGER.
    o2  REGAL   OCCURS 12 TIMES   INDEXED BY REGAL-I.
        o3  REIHE  OCCURS 17 TIMES   INDEXED BY REIHE-I.
            o4  FACH  OCCURS 32 TIMES   INDEXED BY FACH-I.
                o5  ARTIKEL-NR              PICTURE 9(6).
                o5  ARTIKEL-BEZEICHNUNG  PICTURE X(25).
                o5  ARTIKEL-ANZAHL         PICTURE 9(4).
                o5  ARTIKEL-PREIS          PICTURE 9(5)V99.
PROCEDURE DIVISION.
BEGINN.
    PERFORM VORBESETZUNG-FACH-TAB-ANFANG THRU VORBESETZUNG-FACH-TAB-ENDE.
    OPEN INPUT BESTELL-DATEI, OUTPUT LISTE.
LESEN.
    READ BESTELL-DATEI, AT END MOVE 1 TO DATEI-ENDE-FELD.
    IF DATEI-ENDE,
        GO TO ENDE,
    ELSE
        PERFORM VERARBEITUNG-ANFANG THRU VERARBEITUNG-ENDE.
    GO TO LESEN.
ENDE.
    CLOSE BESTELL-DATEI  LISTE.
    PERFORM INHALT-FACH-TAB-SICHERN-ANFANG THRU INHALT-FACH-TAB-SICHERN-ENDE.
    STOP RUN.

VORBESETZUNG-FACH-TAB-ANFANG.
    OPEN INPUT LAGER-DATEI-ALT.
    SET REGAL-I TO 1.
S-1-A.
    SET REIHE-I TO 1.
S-2-A.
    SET FACH-I TO 1.
S-3-A.
    READ LAGER-DATEI-ALT INTO FACH (REGAL-I, REIHE-I, FACH-I),
        AT END MOVE 1 TO DATEI-ENDE-FELD.
    IF FACH-I = 32 OR DATEI-ENDE,
        GO TO S-3-E,
    ELSE
        SET FACH-I UP BY 1.
    GO TO S-3-A.
S-3-E.
    IF REIHE-I = 17 OR DATEI-ENDE,
        GO TO S-2-E,
    ELSE
        SET REIHE-I UP BY 1.
    GO TO S-2-A.
S-2-E.
    IF REGAL-I = 12 OR DATEI-ENDE,
        GO TO S-1-E,
    ELSE
        SET REGAL-I UP BY 1.
    GO TO S-1-A.
S-1-E.
    EXIT.
VORBESETZUNG-FACH-TAB-ENDE.
    CLOSE LAGER-DATEI-ALT.

VERARBEITUNG-ANFANG.
    MOVE ZERO TO GEFUNDEN-FELD.
    SET REGAL-I TO 1.
SCHLEIFE-1-ANFANG.
    SET REIHE-I TO 1.
SCHLEIFE-2-ANFANG.
    SET FACH-I TO 1.
```

```
      SEARCH FACH  VARYING FACH-I,
            WHEN ARTIKEL-NR (REGAL-I, REIHE-I, FACH-I) = ARTIKEL-NUMMER,
                MOVE 1 TO GEFUNDEN-FELD.
      IF GEFUNDEN OR REIHE-I = 17,
         GO TO SCHLEIFE-2-ENDE,       *)
      ELSE
         SET REIHE-I UP BY 1.
      GO TO SCHLEIFE-2-ANFANG.
  SCHLEIFE-2-ENDE.
      IF GEFUNDEN OR REGAL-I = 12,
         GO TO SCHLEIFE-1-ENDE,       *)
      ELSE
         SET REGAL-I UP BY 1.
      GO TO SCHLEIFE-1-ANFANG.
  SCHLEIFE-1-ENDE.
      IF GEFUNDEN,
         IF STUECKZAHL NOT > ARTIKEL-ANZAHL (REGAL-I, REIHE-I, FACH-I),
            PERFORM VERARBEITUNG-1,
         ELSE
            PERFORM VERARBEITUNG-2,
      ELSE
         PERFORM FEHLERMELDUNG.
  VERARBEITUNG-ENDE.
      EXIT.

  VERARBEITUNG-1.
      MOVE KENNZAHL TO KENNZAHL-1-A.
      MOVE STUECKZAHL TO STUECKZAHL-1-A.
      MOVE ARTIKEL-BEZEICHNUNG (REGAL-I, REIHE-I, FACH-I) TO ARTIKEL-BEZEICHNUNG-A.
      MULTIPLY STUECKZAHL BY ARTIKEL-PREIS (REGAL-I, REIHE-I, FACH-I)
              GIVING PREIS-1-A.
      SUBTRACT STUECKZAHL FROM ARTIKEL-ANZAHL (REGAL-I, REIHE-I, FACH-I).
      WRITE ZEILE FROM S-1-ZEILE-1-WS AFTER ADVANCING 3 LINES.
      WRITE ZEILE FROM S-1-ZEILE-2-WS AFTER ADVANCING 1 LINE.

  VERARBEITUNG-2.
      MOVE ARTIKEL-NUMMER TO ARTIKEL-NR-A.
      MOVE STUECKZAHL TO STUECKZAHL-2-A.
      MOVE KENNZAHL TO KENNZAHL-2-A.
      IF ARTIKEL-ANZAHL (REGAL-I, REIHE-I, FACH-I) = ZERO,
         WRITE ZEILE FROM S-2-ZEILE-1-WS AFTER ADVANCING 3 LINES,
         WRITE ZEILE FROM S-2-ZEILE-4-WS AFTER ADVANCING 1 LINE,
      ELSE
         MOVE ARTIKEL-ANZAHL (REGAL-I, REIHE-I, FACH-I) TO ARTIKEL-ANZAHL-A,
         MULTIPLY ARTIKEL-ANZAHL (REGAL-I, REIHE-I, FACH-I) BY ARTIKEL-PREIS
                (REGAL-I, REIHE-I, FACH-I) GIVING PREIS-2-A,
         MOVE ZERO TO ARTIKEL-ANZAHL (REGAL-I, REIHE-I, FACH-I),
         WRITE ZEILE FROM S-2-ZEILE-1-WS AFTER ADVANCING 3 LINES,
         WRITE ZEILE FROM S-2-ZEILE-2-WS AFTER ADVANCING 1 LINE,
         WRITE ZEILE FROM S-2-ZEILE-3-WS AFTER ADVANCING 1 LINE.

  FEHLERMELDUNG.
      MOVE ARTIKEL-NUMMER TO ARTIKEL-NUMMER-A.
      WRITE ZEILE FROM S-3-ZEILE-WS AFTER ADVANCING 3 LINES.
  INHALT-FACH-TAB-SICHERN-ANFANG.
      OPEN OUTPUT LAGER-DATEI-NEU.
      SET REGAL-I TO 1.
```

---

*) Wir haben die Kodierung gemäß der Struktogramm-Darstellung (s. S. 153) durchge-
führt. Natürlich kann man durch eine entsprechende GO-Anweisung direkt aus der
SEARCH-Anweisung ans Ende der äußersten Schleife, d.h. zur Prozedur
SCHLEIFE-1-ENDE springen.

```
C-1-A.
   SET REIHE-I TO 1.
C-2-A.
   SET FACH-I TO 1.
C-3-A.
   WRITE LAGER-NEU-RECORD FROM FACH (REGAL-I, REIHE-I, FACH-I).
   IF FACH-I = 32,
      GO TO C-3-E,
   ELSE
      SET FACH-I UP BY 1.
   GO TO C-3-A.
C-3-E.
   IF REIHE-I = 17,
      GO TO C-2-E,
   ELSE
      SET REIHE-I UP BY 1.
   GO TO C-2-A.
C-2-E.
   IF REGAL-I = 12,
      GO TO C-1-E,
   ELSE
      SET REGAL-I UP BY 1.
   GO TO C-1-A.
C-1-E.
   EXIT.
INHALT-FACH-TAB-SICHERN-ENDE.
   CLOSE LAGER-DATEI-NEU.
```

Aufgabe 2o

Der als Lösung für die Aufgabe 18 (siehe S. 111) entwickelte Prüfziffern-
Algorithmus ist zu modifizieren, indem die Datenfelder KENNZAHL und
PRUEFZIFFER des Records VERTRETER-INFORMATION geeignet redefiniert werden.
Der Prüfziffern-Algorithmus ist ferner um die folgenden Prüfungen zu erwei-
tern:

- Inhalt von KENNZAHL > 1 und < 5000 ?
- Inhalt von NAME alphabetisch ?

Aufgabe 21

Es ist ein Algorithmus anzugeben, welcher die Inhalte der durch
```
01  ZAHLEN-WERTE.
   02  ZAHLEN  PICTURE S9(5)  OCCURS 2o TIMES.
```
definierten Tabelle aufsteigend sortiert.
Diese Tabelle soll vorher durch die Eingabe von 2 Lochkarten gefüllt werden,
wobei auf jeder Karte jeweils 10 numerische Werte in den Spaltenbereichen
5-9, 10-14, 15-19, 20-24, 25-29, 30-34, 35-39, 40-44, 45-49 und 50-54 kodiert
sind.

Aufgabe 22

Es ist ein Programm zur Auswertung von Lotto-Tipreihen zu erstellen. Pro
Tip existiere ein Record in der Platten-Datei LOTTO-TIP mit folgendem Aufbau:

Zeichenbereich 1 - 49 : Leerzeichen oder "X" für die jeweils angekreuzte Zahl
               5o - 8o : Name und Adresse des Spielers und Kennziffer (Kon-
                         trollnummer) der Annahmestelle

Wir gehen davon aus, daß bei jeder Tipreihe genau sechs Zahlen angekreuzt
wurden. Die aktuellen Gewinnzahlen und die Zusatzzahl seien in dieser Reihenfolge in jeweils zwei Spalten auf einer Lochkarte kodiert.

Es ist eine Liste der Gewinner zu erstellen, an deren Ende die Gesamtzahl der
Gewinner und die jeweilige Anzahl der Gewinne in den einzelnen Gewinnklassen
geeignet druckaufbereitet ausgegeben wird.

Aufgabe 23

Gegeben seien die Datensatz-Beschreibungen:

```
o1  A  PICTURE X(6)  VALUE "41o2o1".
o1  B  REDEFINES A.
    o2  C  OCCURS 2 TIMES.
        o3  D  PICTURE 9  OCCURS 2 TIMES.
    o2  E  PICTURE 99.
o1  F  REDEFINES A.
    o2  G  PICTURE 99  OCCURS 3 TIMES.
```

Welche Resultate liefern die folgenden Anweisungen, wenn man stets von der
Speicherbelegung ausgeht, welche durch die jeweils vorausgehende Anweisung
erzeugt wurde?
a) ADD D (1, 1) D (2, 1) G (2) TO G (3) E.
b) MOVE D (2, 2) TO G (1).
c) MULTIPLY G (2) BY G (2) GIVING D (1, 1).
d) DIVIDE G (2) BY 5 GIVING G (1) REMAINDER G (3).

Aufgabe 24

Die in der Aufgabe 11 (s. S. 76) beschriebenen Artikel-Karten seien als Loch-
karten-Datei ARTIKEL-BESTELL-L bereitgestellt. Dabei sollen alle Karten, wel-
che die von einem Vertreter vertriebenen Artikel kennzeichnen, ohne Unterbre-
chung aufeinanderfolgen. Die Vertreterdaten seien in der Platten-Datei
VERTRETER-DATEI-P (maximal 6oo Records) abgespeichert. Es ist eine Druck-
Datei zu erstellen, welche die in Aufgabe 11 beschriebene Struktur besitzt.
Dabei sind wiederum die folgenden Informationen geeignet auszugeben:
- Umsatz pro Artikel und
- Gesamtumsatz des Vertreters.
Wie kann der Algorithmus verbessert werden, wenn die Records von
VERTRETER-DATEI-P bzgl. der Vertreterkennzahl aufsteigend sortiert sind?

lo. Qualifizierung

Bislang haben wir für verschiedene Datenfelder stets verschiedene Bezeichner verwendet. Im Abschnitt lo.1 erklären wir, wie man gegebenenfalls gleichnamige Datenfelder qualifizieren kann und welche Regeln dabei beachtet werden müssen.

Die Möglichkeit der Qualifizierung von Datenfeldnamen bildet die Basis für die Anwendung der CORRESPONDING-Klausel bei den Anweisungen MOVE, ADD und SUBTRACT. Dies stellen wir im Abschnitt lo.2 dar. Im Abschnitt lo.3 lernen wir, daß die Struktur der PROCEDURE DIVISION durch eine Einteilung in Kapitel verfeinert werden kann. Ferner stellen wir dar, daß auch Paragraphennamen in der PROCEDURE DIVISION in bestimmten Fällen qualifiziert werden dürfen.

lo.1 Qualifizierung von Datenfeldnamen

Bisher haben wir die Namen für Datenfelder immer eindeutig vergeben. Was würde z.B. geschehen, wenn wir die Datensatz-Beschreibungen des Programms LISTE-DER-VERTRETER-NAMEN (vgl. S. 24) in

```
ol  VERTRETER-INFORMATION.
    o2  FILLER        PICTURE X(6).
    o2  NAME.
        o3  NACHNAME  PICTURE X(2o).
        o3  VORNAME   PICTURE X(2o).
    o2  FILLER        PICTURE X(34).
```

und

```
ol  LISTE-INFORMATION.
    o2  FILLER    PICTURE X(15).
    o2  NACHNAME  PICTURE X(2o).
    o2  FILLER    PICTURE X(97).
```

abändern würden und in der PROCEDURE DIVISION den Nachnamen aus dem Eingabe- in den Ausgabe-Bereich übertragen wollten?

Sicherlich wäre die Anweisung

```
MOVE NACHNAME TO NACHNAME.
```

nicht sinnvoll, da eine eindeutige Zuordnung des Bezeichners zu dem entsprechenden Datenfeld nicht mehr möglich ist.

Da es aber wichtige Gründe geben kann, in einem Programm mehrere Datenfelder mit gleichem Namen zu versehen, bietet COBOL die Möglichkeit der Qualifizierung (Kennzeichnung).

Wir können dann z.B. schreiben:

```
MOVE NACHNAME IN VERTRETER-INFORMATION TO NACHNAME IN LISTE-INFORMATION.
```

Die Qualifizierung eines Datennamens geschieht durch das Anfügen eines oder mehrerer Qualifizierer (qualifier) an den Datennamen, um die Eindeutigkeit des Datennamens zu erlangen. Jedem Qualifizierer muß dabei des reservierte COBOL-Wort IN

oder <u>OF</u> (beide sind gleichwertig) vorangehen. IN und OF heißen <u>Verbindungs-Wörter</u>
(connectives).

Den Bezeichner-Begriff werden wir von nun an auf qualifizierte Datenfelder
(qualified data-name) ausweiten.

Ein Qualifizierer ist immer ein Datenfeldname aus der gleichen Struktur, der
jedoch mit einer niedrigeren Stufennummer vereinbart wurde. Werden mehrere Qualifizierer in einer Qualifizierung verwendet, so müssen sie hierarchisch, d.h. nach
fallenden Stufennummern angeordnet sein.

Das Datenfeld NACHNAME im Record VERTRETER-INFORMATION kann daher

durch   NACHNAME IN VERTRETER-INFORMATION

oder   NACHNAME IN NAME

oder durch   NACHNAME IN NAME IN VERTRETER-INFORMATION

qualifiziert werden. VERTRETER-INFORMATION und NAME werden dabei als Qualifizierer
benutzt.

Innerhalb einer Struktur dürfen zwei Datenfelder nur dann denselben Bezeichner
haben, wenn man durch eine geeignete Qualifizierung auf jedes der Felder <u>eindeutig</u>
zugreifen kann.

So darf z.B. kein Datenfeld einem anderen Datenfeld gleichen Namens untergeordnet
sein.

Die Vereinbarung

```
              o1  VERTRETER-SATZ.
                  o2  NAME.
                      o3  ANSCHRIFT  PICTURE X(3o).
falsch!               o3  NAME       PICTURE X(4o).
```

ist daher verboten.

Die Deklaration

```
      o1  VERTRETER-SATZ.
          o2  NAME.
              o3  VORNAME    PICTURE X(2o).
              o3  NACHNAME   PICTURE X(2o).
          o2  ORT.
falsch!       o3  NAME       PICTURE X(2o).
              o3  BUNDESLAND PICTURE X(2o).
```

ist ebenfalls unzulässig, da der Bezeichner NAME nicht eindeutig qualifiziert werden kann.

Erlaubt ist dagegen die Definition von

```
o1  VERTRETER-DUO.
    o2  VERTRETER-1.
        o3  NACHNAME  PICTURE X(2o).
        o3  VORNAME   PICTURE X(2o).
    o2  VERTRETER-2.
        o3  NACHNAME  PICTURE X(2o).
        o3  VORNAME   PICTURE X(2o).
```

Hier kann man nämlich das erste Datenfeld NACHNAME durch

```
NACHNAME IN VERTRETER-1
```

und das zweite durch

```
NACHNAME IN VERTRETER-2
```

eindeutig qualifizieren.

Bei der Tabellendeklaration

```
o1  NAME-KONTOSTAND-TAB.
    o2  NAME-KONTOSTAND OCCURS 2oo TIMES.
        o3  NAME-TAB         PICTURE X(2o).
        o3  KONTOSTAND-TAB   PICTURE 9(5)V99.
```

kann das Tabellenelement KONTOSTAND-TAB (POS) durch

```
KONTOSTAND-TAB IN NAME-KONTOSTAND (POS)
```

oder

```
KONTOSTAND-TAB IN NAME-KONTOSTAND-TAB (POS)
```

oder auch durch

```
KONTOSTAND-TAB IN NAME-KONTOSTAND IN NAME-KONTOSTAND-TAB (POS)
```

qualifiziert werden.

Bei Datenfeldern aus Datei-Beschreibungen kann man i.a. über die Stufennummer o1 hinaus auch den Dateinamen als Qualifizierer benutzen. Auch die Namen der Datenfelder, für welche Bedingungsnamen definiert sind, können als Qualifizierer verwendet werden. Daher darf man auch Bedingungsnamen qualifizieren.

Beispielsweise ist bei der Deklaration von

```
o1  AMPEL-1  PICTURE 9.
    88  ROT    VALUE 1.
    88  GELB   VALUE 2.
    88  GRUEN  VALUE 3.
o1  AMPEL-2  PICTURE 9.
    88  ROT    VALUE 1.
    88  GELB   VALUE 2.
    88  GRUEN  VALUE 3.
```

die Abfrage

```
IF ROT IN AMPEL-1,...
```

zulässig.

Generell läßt sich hinsichtlich der Vereinbarung von Programmierer-Wörtern in der DATA DIVISION folgendes feststellen:

Alle Dateinamen in der FILE SECTION, alle Bezeichner der obersten Hierarchiestufe in der WORKING-STORAGE SECTION und alle Index-Namen müssen eindeutig definiert sein. Bei allen anderen Bezeichnern muß eine evtl. vorhandene Mehrdeutigkeit durch eine entsprechende Qualifizierung jederzeit zur Eindeutigkeit führen können. Dabei ist dann eine Qualifizierung erforderlich.

Zusammenfassend sind beim Qualifizieren folgende Regeln zu beachten:

- ein Qualifizierer muß innerhalb der gleichen Hierarchie liegen und eine kleinere Stufennummer besitzen als der zu qualifizierende Datenfeldname und die vor ihm stehenden Qualifizierer,

- um zu vermeiden, daß ein Datenfeldname durch einen gleichlautenden Qualifizierer qualifiziert werden könnte, darf Namensgleichheit nicht auf verschiedenen Ebenen einer Hierarchie bestehen,

- es müssen ausreichend viele Qualifizierer angegeben werden, um die eindeutige Zuordnung eines Datenfeldnamens zu einem Datenfeld zu ermöglichen und

- jede Kombination von Qualifizierern, welche diese eindeutige Zuordnung ermöglicht, ist erlaubt; dies gilt auch dann, wenn eine Qualifizierung nicht erforderlich ist.

1o.2 CORRESPONDING-Klausel bei MOVE, ADD und SUBTRACT

In diesem Abschnitt werden wir lernen, wie wir den Schreibaufwand bei speziellen Operationen mit gleichbenannten Datenfeldern erheblich reduzieren können.

Wollen wir z.B. alle Informationen der Records von VERTRETER-DATEI geeignet ausgeben und haben wir die Datensatz-Beschreibungen der Eingabe-Datei VERTRETER-DATEI (vgl. auch S. 18) durch

```
o1  VERTRETER-INFORMATION.
    o2  KENNZAHL    PICTURE 9(4).
    o2  FILLER      PICTURE XX.
    o2  NACHNAME    PICTURE X(2o).
    o2  VORNAME     PICTURE X(2o).
    o2  FILLER      PICTURE X(25).
    o2  KONTOSTAND  PICTURE S9(5)V99.
    o2  FILLER      PICTURE XX.
```

und die der Ausgabe-Datei LISTE durch

```
o1  LISTE-INFORMATION.
    o2  VORNAME     PICTURE X(2o).
    o2  FILLER      PICTURE X.
    o2  NACHNAME    PICTURE X(2o).
    o2  FILLER      PICTURE X(13).
    o2  KENNZAHL    PICTURE 9(4).
    o2  FILLER      PICTURE X(15).
    o2  KONTOSTAND  PICTURE +(6).99.
    o2  FILLER      PICTURE X(5o).
```

definiert, so können wir die einzelnen Informationen folgendermaßen übertragen:

```
MOVE VORNAME    IN VERTRETER-INFORMATION TO VORNAME    IN LISTE-INFORMATION.
MOVE NACHNAME   IN VERTRETER-INFORMATION TO NACHNAME   IN LISTE-INFORMATION.
MOVE KENNZAHL   IN VERTRETER-INFORMATION TO KENNZAHL   IN LISTE-INFORMATION.
MOVE KONTOSTAND IN VERTRETER-INFORMATION TO KONTOSTAND IN LISTE-INFORMATION.
```

Durch die Kodierung der <u>CORRESPONDING-Klausel</u> in der Form:[*)]

CORRESPONDING

im Anschluß an das COBOL-Wort MOVE lassen sich diese vier einzelnen Anweisungen zu einer Anweisung der Form:

MOVE CORRESPONDING VERTRETER-INFORMATION TO LISTE-INFORMATION.

komprimieren, weil dann korrespondierende Datenfelder übertragen werden, d.h. Datenfelder, welche in den Strukturen VERTRETER-INFORMATION und LISTE-INFORMATION <u>gleich</u> benannt wurden - die Reihenfolge ist dabei unerheblich, und die durch das Wort FILLER gekennzeichneten Bereiche bleiben natürlich stets unberührt.

Die CORRESPONDING-Klausel kann bei den Anweisungen MOVE, ADD und SUBTRACT gemäß der folgenden Syntax eingesetzt werden:

<u>MOVE</u>   CORRESPONDING bezeichner-1 <u>TO</u>   bezeichner-2
<u>ADD</u>   CORRESPONDING bezeichner-1 <u>TO</u>   bezeichner-2 [ROUNDED]
<u>SUBTRACT</u> CORRESPONDING bezeichner-1 <u>FROM</u> bezeichner-2 [ROUNDED]

Die Namen bezeichner-1 und bezeichner-2 sind Bezeichner von Datengruppen und dürfen qualifiziert sein.

Jede Anweisung mit CORRESPONDING-Klausel wird vom Kompilierer in eine Folge einfacher Anweisungen aufgelöst, welche jeweils auf den <u>Paaren korrespondierender Datenfelder</u> operieren.

Dabei korrespondiert ein dem Feld bezeichner-1 untergeordnetes Datenfeld mit einem dem Feld bezeichner-2 untergeordneten Datenfeld, wenn folgende Eigenschaften erfüllt sind:

- beide Datenfelder sind elementar (bei MOVE braucht nur jeweils ein Datenfeld elementar zu sein)
- die Namen der Datenfelder sind identisch und
- für beide Datenfelder gibt es bis zur Stufe von bezeichner-1 und bezeichner-2 die <u>gleiche lückenlose Qualifizierung</u>.

Von den Operationen werden <u>alle die Datenfelder ausgeschlossen</u>, für welche eine REDEFINES-, OCCURS- oder USAGE-INDEX-Klausel (oder RENAMES-Klausel)[**)] vereinbart

---

*) Das Wort CORRESPONDING darf durch <u>CORR</u> abgekürzt werden.

**) Die Beschreibung der RENAMES-Klausel erfolgt auf der S. 235.

ist. Allerdings dürfen die Felder bezeichner-1 und bezeichner-2 selbst oder ihnen übergeordnete Datenfelder in ihrer Vereinbarung eine REDEFINES- oder OCCURS-Klausel enthalten.

Bei den Anweisungen ADD und SUBTRACT müssen alle korrespondierenden Datenfelder numerisch sein, und bei der MOVE-Anweisung müssen die Kategorien der Sende- und Empfangsfelder miteinander verträglich sein (vgl. 5.1).

Mit den Vereinbarungen:

```
o1  S-1.
    o2  S-A.
        o4  S-B  PICTURE 99.
        o4  S-C.
            o6   S-D  PICTURE 99.
            o6   S-E  PICTURE 99.
            o6   S-F  PICTURE 99.
        o4 S-G  PICTURE 99.
    o2  S-H.
        o3  S-I  PICTURE 99.
        o3  S-J  PICTURE 99.
    o2  S-K  PICTURE 99.
o1  S-2.
    o3  S-A.
        o6  S-B  PICTURE 99.
        o6  S-C  PICTURE 99.
        o6  S-G  PICTURE 99.
    o3  S-H.
        o9  S-I  PICTURE 99.
        o9  S-J  PICTURE 99.
    o3  S-F  PICTURE 99.
    o3  S-E.
        o8  S-D  PICTURE 99.
        o8  S-K  PICTURE 99.
```

entspricht dann z.B. die ADD-Anweisung

```
ADD CORRESPONDING S-1 TO S-2.
```

den einzelnen Anweisungen

```
ADD S-B IN S-1 TO S-B IN S-2.
ADD S-G IN S-1 TO S-G IN S-2.
ADD S-I IN S-1 TO S-I IN S-2.
ADD S-J IN S-1 TO S-J IN S-2.
```

und die SUBTRACT-Anweisung

```
SUBTRACT CORRESPONDING S-H IN S-1 FROM S-H IN S-2.
```

faßt die folgenden beiden Anweisungen zusammen:

```
SUBTRACT S-I IN S-H IN S-1 FROM S-I IN S-H IN S-2.
SUBTRACT S-J IN S-H IN S-1 FROM S-J IN S-H IN S-2.
```

Durch die MOVE-Anweisung

```
MOVE CORRESPONDING S-1 TO S-2.
```

werden - genau wie bei der obigen ADD-Anweisung - die Datenelemente S-B, S-G, S-I und S-J bearbeitet, und zusätzlich wird noch die Anweisung

```
MOVE S-C IN S-1 TO S-C IN S-2.
```

ausgeführt (bei "MOVE CORRESPONDING" braucht nur ein Feld elementar zu sein), d.h. es wird der Inhalt von S-D IN S-1 nach S-C IN S-2 übertragen (vgl. S. 49).

Unter Verwendung der CORRESPONDING-Klausel kann z.B. eine Zeichenvertauschung
bei den folgendermaßen definierten Datenfeldern:

```
o1  NUMMER-KODIERT.
    o2  N1   PICTURE X.
    o2  N2   PICTURE X.
    o2  N3   PICTURE X.
    o2  N4   PICTURE X.
    o2  N5   PICTURE X.
o1  NUMMER-UNKODIERT.
    o2  N5   PICTURE X.
    o2  N1   PICTURE X.
    o2  N4   PICTURE X.
    o2  N2   PICTURE X.
    o2  N3   PICTURE X.
```

sehr einfach durch die Ausführung der Anweisung

MOVE CORRESPONDING NUMMER-KODIERT TO NUMMER-UNKODIERT.

erreicht werden.

1o.3 Qualifizierung von Paragraphennamen

Der Kapitel-Begriff

Im Abschnitt 3.3 haben wir den Begriff des Kapitels als eine den Paragraphen übergeordnete Struktureinheit kennengelernt (Kapitelnamen sind z.B. CONFIGURATION,
INPUT-OUTPUT, FILE und WORKING-STORAGE).

Zur Strukturierung der PROCEDURE DIVISION und zur Adressierung von Prozeduren
haben wir bisher nur den Paragraphen-Begriff benutzt. Dieser Begriff reicht jedoch
u.a. dann nicht mehr aus, wenn z.B. ein COBOL-Objektprogramm segmentiert
(siehe 13.3) oder ein COBOL-Internsort (siehe 13.4) durchgeführt werden soll.

Genau wie in den beschreibenden Programmteilen kann man auch in der PROCEDURE
DIVISION ein oder mehrere Paragraphen zu einem Kapitel (section) zusammenfassen:

```
kapitelname SECTION.
paragraphenname-1.
    :
    :
[paragraphenname-2.
    :              ]...
```

Bei der Kodierung des COBOL-Pogramms auf einem Datenträger wird jeder Kapitelname
(section-name) genauso wie ein Paragraphenname vom Beginn des Bereichs A
(Spalten 8-11) an eingetragen. Die Kapitel-Überschrift (section header) besteht
aus dem Kapitelnamen und dem reservierten COBOL-Wort SECTION (getrennt durch mindestens ein Leerzeichen).

Ein Kapitel reicht jeweils bis zur Deklaration eines nachfolgenden Kapitels oder
bis zum Programmende. Im Gegensatz zu den anderen Divisions ist das COBOL-Wort
kapitelname in der PROCEDURE DIVISION ein Programmierer-Wort. Da die Kapitelnamen
neben den Paragraphennamen zu den Prozedurnamen zählen, dürfen sie in den Steuer-

anweisungen GO, PERFORM usw. zur Adressierung benutzt werden.

Die Gleichwertigkeit der beiden folgenden gegenübergestellten Programmteile unterstreicht, daß die Verwendung des Kapitelbegriffs in vielen Fällen die Ablaufsteuerung
in einem COBOL-Programm vereinfacht und den Lösungsalgorithmus übersichtlicher gestaltet:

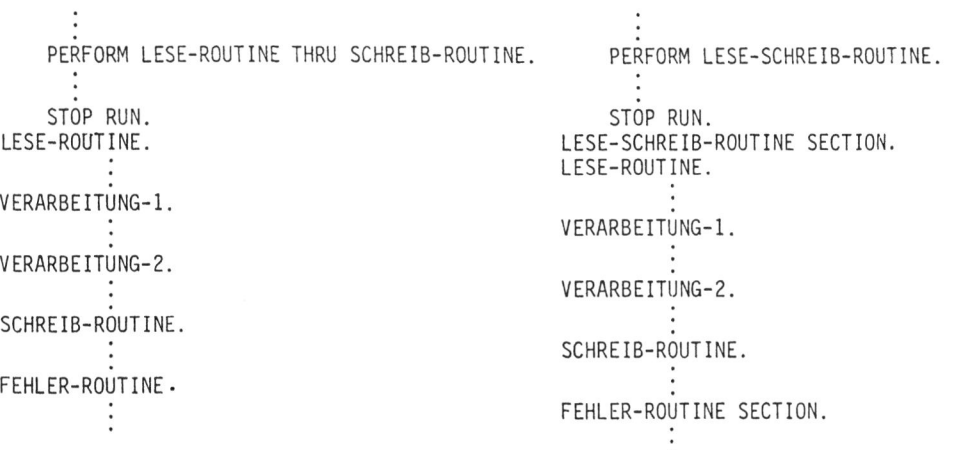

```
        :                                          :
    PERFORM LESE-ROUTINE THRU SCHREIB-ROUTINE.        PERFORM LESE-SCHREIB-ROUTINE.
        :                                          :
    STOP RUN.                                      STOP RUN.
LESE-ROUTINE.                                   LESE-SCHREIB-ROUTINE SECTION.
        :                                       LESE-ROUTINE.
VERARBEITUNG-1.                                        :
        :                                       VERARBEITUNG-1.
VERARBEITUNG-2.                                        :
        :                                       VERARBEITUNG-2.
SCHREIB-ROUTINE.                                       :
        :                                       SCHREIB-ROUTINE.
FEHLER-ROUTINE.                                        :
        :                                       FEHLER-ROUTINE SECTION.
                                                       :
```

Struktur der PROCEDURE DIVISION

Die PROCEDURE DIVISION ist grundsätzlich entweder nur in Paragraphen oder vollständig in Kapitel eingeteilt. Bei einer Strukturierung in Kapitel muß das erste Kapitel direkt im Anschluß an die Überschrift "PROCEDURE DIVISION" vereinbart werden.
Für diesen Fall ergibt sich als allgemeines Schema:

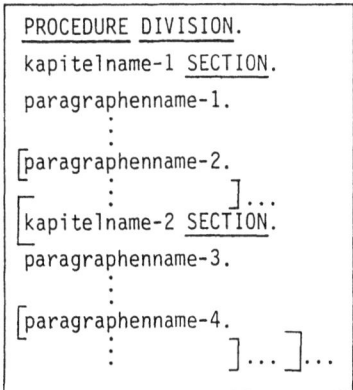

```
PROCEDURE DIVISION.
 kapitelname-1 SECTION.
 paragraphenname-1.
        :
[paragraphenname-2.
        :          ]...
[kapitelname-2 SECTION.
 paragraphenname-3.
        :
[paragraphenname-4.
        :          ]... ]...
```

Der Vollständigkeit halber wollen wir an dieser Stelle noch einmal die Bausteine
der PROCEDURE DIVISION und ihre hierarchische Beziehung angeben:
- die PROCEDURE DIVISION besteht entweder vollständig aus Kapiteln oder nur aus Paragraphen,
- ein Kapitel umfaßt jeweils einen oder mehrere Paragraphen, und
- jeder Paragraph ist aus COBOL-Sätzen aufgebaut, welche sich jeweils aus einer oder
  mehreren COBOL-Anweisungen zusammensetzen.

Qualifizierung

Alle in der PROCEDURE DIVISION vereinbarten Kapitelnamen müssen sich voneinander unterscheiden, d.h. ein Kapitelname muß eindeutig sein. Gleichfalls müssen alle in einem Kapitel eingetragenen Paragraphennamen eindeutig sein. Dagegen dürfen Paragraphen in verschiedenen Kapiteln gleichbenannt werden. Es gibt nämlich neben der im Abschnitt lo.1 geschilderten Form der Qualifizierung von Datenfeldnamen auch die Möglichkeit, einen Paragraphennamen durch die Angabe eines ihm übergeordneten Kapitelnamens zu qualifizieren.

Ein qualifizierter Paragraphenname besitzt die Form: [*]

```
paragraphenname IN kapitelname
```

In dem folgenden Beispiel ist der Paragraphenname ENDE durch eine entsprechende Qualifizierung innerhalb der GO-Anweisungen eindeutig gemacht worden:

```
PROCEDURE DIVISION.
RAHMEN SECTION.
BEGINN.
    .
    .
EINGABE SECTION.
ANFANG.
    .
    .
    GO TO ENDE IN EINGABE.
    .
    .
ENDE.
    .
    .
AUSGABE SECTION.
ANFANG.
    .
    .
    GO TO ENDE IN AUSGABE.
    .
    .
ENDE.
    .
    .
```

Nachdem wir die Qualifizierung von Paragraphennamen kennengelernt haben, können wir abschließend die Struktur der Prozedurnamen folgendermaßen kennzeichnen:

$$\left\{ \begin{array}{l} \text{kapitelname} \\ \text{paragraphenname} \left[\underline{\text{IN}} \text{ kapitelname} \right] \end{array} \right\}$$

Aufgabe 25

Unter Einsatz möglichst weniger MOVE-Anweisungen sollen die Inventurdaten-Sätze, welche durch den Record ARTIKEL-SATZ in Aufgabe 2 (siehe S. 15) beschrieben sind, geeignet druckaufbereitet und in eine Druck-Datei ausgegeben werden. Für jeden Artikel ist zusätzlich der Wert des aktuellen Lagerbestands auszudrucken!

---

[*] Bei der Qualifizierung von Paragraphennamen darf das Wort IN durch OF ersetzt werden.

11. Erweiterte Steueranweisungen

Im Kapitel 7 haben wir gelernt, wie man mit der PERFORM-Anweisung den einmaligen Durchlauf einer Prozedur bzw. eines Prozedurbereichs formulieren muß.
Im Abschnitt 11.1 werden wir erläutern, wie PERFORM-Anweisungen ineinander
verschachtelt werden können und wie man eine Prozedur bzw. einen Prozedurbereich mehrfach durchlaufen kann. Dazu werden wir die TIMES-, die UNTIL- und
die VARYING-Klausel geeignet anwenden.

Wir demonstrieren ferner, wie man die PERFORM-Anweisung mit der VARYING-
Klausel wirksam bei der Tabellenverarbeitung einsetzen kann, indem wir den
Lösungsalgorithmus HOCHREGAL-LAGER-VERWALTUNG (vgl. 9.7) wirkungsvoller und
übersichtlicher programmieren.

Als Erweiterung der GO-Anweisung stellen wir in 11.2 die DEPENDING-ON-Klausel
vor. Diese Anweisungsform unterstützt die Ablaufsteuerung bei einer Mehrfachverzweigung. Im Struktogramm beschreiben wir diese Situation durch den Case-
Strukturblock.

Wir schließen dieses Kapitel ab, indem wir die Aufgabe LISTE-DER-NAMEN-UND-
ANREDEN lösen, bei welcher wir die erweiterten Steueranweisungen im Zusammenhang mit der Bearbeitung einer zweistufigen Tabelle üben.

11.1 Komplexes PERFORM

Schachtelung von PERFORM-Anweisungen

Sollen die Datensätze einer Eingabe-Datei auf zwei verschiedene Arten aufbereitet und
anschließend in zwei entsprechende Ausgabe-Dateien übertragen werden, so können wir
diesen Vorgang z.B. durch die folgenden Struktogramme beschreiben:

```
                        ┌─────────────────────┐
                        │          :          │
                        │      ┌────────┐      │
                        │      │ LESEN  │      │
                        │  ┌────────────────┐  │
                        │  │ VERARBEITUNG-1 │  │
                        │  ┌────────────────┐  │
                        │  │ VERARBEITUNG-2 │  │
                        │          :          │
                        └─────────────────────┘

                        ┌─────────────────────┐
VERARBEITUNG-1          │          :          │
                        │    ┌────────────┐   │
                        │    │ SCHREIBEN-1 │  │
                        └─────────────────────┘

                        ┌─────────────────────┐
VERARBEITUNG-2          │          :          │
                        │    ┌────────────┐   │
                        │    │ SCHREIBEN-2 │  │
                        └─────────────────────┘

                        ┌─────────────────────┐
LESEN                   │          :          │
                        └─────────────────────┘

                        ┌─────────────────────┐
SCHREIBEN-1             │          :          │
                        └─────────────────────┘

                        ┌─────────────────────┐
SCHREIBEN-2             │          :          │
                        └─────────────────────┘
```

Wir wollen nun diskutieren, ob die angegebenen Prozeduraufruf-Blöcke - bei dieser Schachtelung - ebenfalls durch PERFORM-Anweisungen realisiert werden können.

Generell dürfen in einem durch PERFORM aufgerufenen Prozedurbereich (bestehend aus einer oder mehreren Prozeduren) weitere PERFORM-Anweisungen kodiert werden. Bei dieser Schachtelung von PERFORM-Anweisungen muß jedoch immer die folgende grundlegende Regel beachtet werden:

Enthält ein durch eine PERFORM-Anweisung aufgerufener Prozedurbereich (a) eine weitere PERFORM-Anweisung, welche wiederum einen Prozedurbereich (b) aufruft, so muß entweder (b) echt innerhalb von (a) oder ganz außerhalb von (a) liegen.[*)]

Damit sind grundsätzlich nur die beiden folgenden Schachtelungsformen erlaubt:

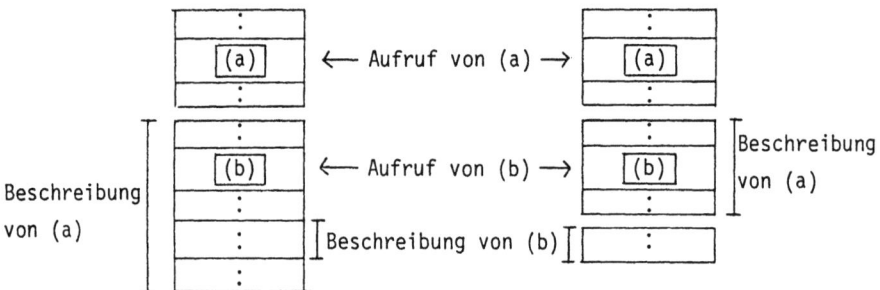

Das oben angegebene Beispiel verstößt nicht gegen diese Regel (da es der rechten Konfigurationsform entspricht) und kann daher so kodiert werden:

```
           :
           :
      PERFORM LESEN.
      PERFORM VERARBEITUNG-1 THRU VERARBEITUNG-2.
           :
           :
   VERARBEITUNG-1.
           :
           :
      PERFORM SCHREIBEN-1.
   VERARBEITUNG-2.
           :
           :
      PERFORM SCHREIBEN-2.
   LESEN.
           :
           :
   SCHREIBEN-1.
           :
           :
   SCHREIBEN-2.
           :
           :
```

Gegen die angegebene Regel verstößt jedoch die folgende Schachtelung, welche wir im Hinblick auf den zu diskutierenden Programmablauf mit den Rückverzweigungsroutinen und den zugehörigen Rückverzweigungspunkten darstellen (vgl. 7.1):

---

*) "echt innerhalb" bedeutet, daß die bei der Kompilierung erzeugte Rückverzweigungsroutine von (b) vor derjenigen von (a) liegt.

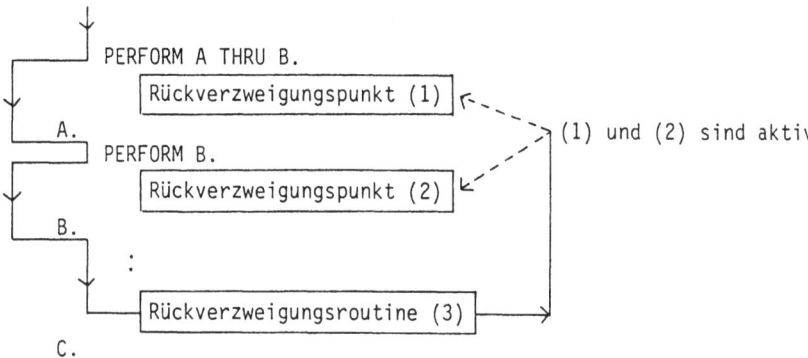

In diesem Fall <u>begrenzt</u> die durch die Anweisung

    PERFORM B.

aufgerufene Prozedur B den Prozedurbereich, welcher aus den Prozeduren A und B besteht und welcher durch die Anweisung

    PERFORM A THRU B.

aufgerufen wurde. Die Prozedur B liegt folglich weder ganz außerhalb noch echt innerhalb des durch die Anweisung

    PERFORM A THRU B.

aufgerufenen Prozedurbereichs. Würde daher bei der Programmausführung das Ende der Prozedur B erreicht werden, so wären die Rückverzweigungspunkte (1) und (2) aktiv und die Rückverzweigungsroutine (3) hätte kein eindeutiges Sprungziel.

Mit Hilfe der in 7.5 besprochenen EXIT-Anweisung können wir jedoch auch diese Schachtelung sehr leicht in eine zulässige Schachtelung abändern. Dazu fügen wir vor der Prozedur C die Hilfs-Prozedur B1 in der Form:

    B1.
        EXIT.

ein und ändern die PERFORM-Anweisung mit der THRU-Klausel in die Anweisung

    PERFORM A THRU B1.

ab. Damit ergibt sich bei der Programmausführung der folgende gewünschte Ablauf:

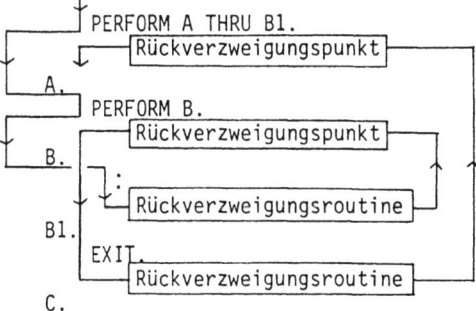

Abschließend betrachten wir als weiteres Beispiel für eine Schachtelung von PERFORM-
Anweisungen die Ausführung der ersten PERFORM-Anweisung des folgenden Programmteils:

```
        .
        .
      PERFORM EINLESEN THRU SCHREIBEN-2.
        .
        .
  EINLESEN.
        .
        .
      PERFORM VERARBEITUNG-1 THRU SCHREIBEN-1.
        .
        .
  VERARBEITUNG-1.
        .
        .
      PERFORM VERARBEITUNG-2 THRU SCHREIBEN.
        .
        .
  VERARBEITUNG-2.
        .
        .
  SCHREIBEN.
        .
        .
  SCHREIBEN-1.
      EXIT.
  SCHREIBEN-2.
      EXIT.
```

Dadurch werden die folgenden Prozeduren in der angegebenen Reihenfolge durchlaufen:

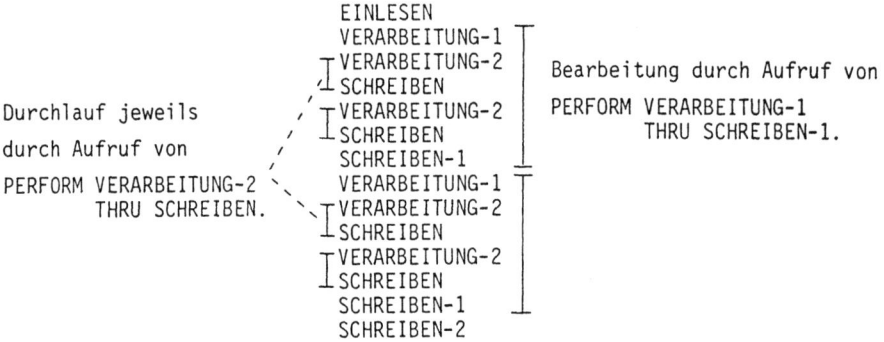

PERFORM-Anweisung mit mehrfachem Proceduraufruf

Bislang haben wir durch die Kodierung der PERFORM-Anweisung in der Form:

> PERFORM prozedurname-1 [THRU prozedurname-2]

nur einen einmaligen Durchlauf des angegebenen Prozedurbereichs beschreiben können.[*)]
Bei vielen Anwendungen müssen bestimmte Prozedurbereiche jedoch nach gewissen Kriterien wiederholt durchlaufen werden. Dabei ist die Anzahl derartiger Wiederholungen

- fest vorgegeben oder
- davon abhängig, ob eine Bedingung erfüllt ist oder nicht.

Die typischen Formen der Wiederholung können wir somit durch die beiden folgenden
modifizierten Schleifen-Strukturblöcke beschreiben:

---

*) Dieser Prozedurbereich besteht entweder nur aus der Prozedur prozedurname-1 oder
   aus dem Bereich, welcher von den Prozeduren prozedurname-1 und prozedurname-2 eingeschlossen wird.

```
┌─────────────────────────────────┐   ┌─────────────────────────────────┐
│ n TIMES                         │   │ UNTIL bedingung                 │
│ ┌─────────────────────────────┐ │   │ ┌─────────────────────────────┐ │
│ │prozedur bzw. prozedurbereich│ │   │ │prozedur bzw. prozedurbereich│ │
│ └─────────────────────────────┘ │   │ └─────────────────────────────┘ │
└─────────────────────────────────┘   └─────────────────────────────────┘
```

Diese beiden Schleifen-Blöcke erhöhen die Übersichtlichkeit in der Darstellung des Algorithmus und können durch die folgende erweiterte Form der PERFORM-Anweisung (direkt) realisiert werden:

Syntax der PERFORM-Anweisung (Format-2)

$$\text{PERFORM prozedurname-1} \left[\underline{\text{THRU}} \text{ prozedurname-2}\right] \left\{ \begin{matrix} \left\{ \begin{matrix} \text{bezeichner} \\ \text{ganzzahl} \end{matrix} \right\} \underline{\text{TIMES}} \\ \underline{\text{UNTIL}} \text{ bedingung} \end{matrix} \right\}$$

Die Namen prozedurname-1 und -2 sind Paragraphen- oder Kapitelnamen.[*)] Die Prozedur prozedurname-1 muß vor prozedurname-2 kodiert sein, und das Datenfeld bezeichner muß numerisch ganzzahlig sein.

Bei Verwendung der TIMES-Klausel legt der entsprechende Wert fest, wie oft der angegebene Prozedurbereich durchlaufen werden soll. Ist dieser Wert nicht positiv, so wird das Programm - ohne Aufruf des Prozedurbereichs - mit der Anweisung fortgesetzt, welche hinter der PERFORM-Anweisung kodiert ist.

Beim Einsatz der UNTIL-Klausel wird der Prozedurbereich solange wiederholt durchlaufen, bis die angegebene Abbruch-Bedingung erfüllt ist. Ist diese Bedingung schon vor Aufruf der PERFORM-Anweisung erfüllt, so wird das Programm - ohne Aufruf des Prozedurbereichs - mit der Anweisung fortgesetzt, welche hinter der PERFORM-Anweisung kodiert ist. Es muß sichergestellt sein, daß die angegebene Bedingung irgendwann einmal innerhalb des aufgerufenen Prozedurbereichs erfüllt wird und damit die Programmschleife beendet werden kann.

Durch die Anwendung der UNTIL-Klausel innerhalb der PERFORM-Anweisung können wir nun z.B. den Lösungsalgorithmus LISTE-DER-VERTRETER-NAMEN (vgl. S. 24) auch ohne eine GO-Anweisung - was beim "Strukturierten Programmieren" stets anzustreben ist - in folgender Weise kodieren:

```
IDENTIFICATION DIVISION.
PROGRAM-ID.
    LISTE-DER-VERTRETER-NAMEN.
      :
WORKING-STORAGE SECTION.
77 DATEI-ENDE-FELD  PICTURE 9  VALUE ZERO.
    88 DATEI-ENDE  VALUE 1.
PROCEDURE DIVISION.
BEGINN.
    OPEN INPUT VERTRETER-DATEI, OUTPUT LISTE.
    READ VERTRETER-DATEI, AT END MOVE 1 TO DATEI-ENDE-FELD.
    PERFORM VERARBEITUNG UNTIL DATEI-ENDE.
    CLOSE VERTRETER-DATEI  LISTE.
    STOP RUN.
```

---

*) Man darf auch einen Kapitelnamen zusammen mit einem Paragraphennamen angeben.

```
    VERARBEITUNG.
        MOVE SPACES TO LISTE-INFORMATION.
        MOVE NACHNAME TO VERTRETER-NAME.
        WRITE LISTE-INFORMATION.
        READ VERTRETER-DATEI, AT END MOVE 1 TO DATEI-ENDE-FELD.
```

Den Algorithmus zur Ermittlung der Anzahl von Vertretern, welche ihr Konto um mehr
als looo.oo DM überzogen haben (vgl. S. 137), können wir nun so kodieren:

```
        :
        PERFORM VORBEREITUNG-SUCHE.
        PERFORM SUCHE UNTIL TABELLEN-ENDE.
        :
    VORBEREITUNG-SUCHE.
        MOVE ZERO TO ANZAHL-UEBERZIEHUNGEN.
        SET POS TO 1.
    SUCHE.
        SEARCH NAME-KONTOSTAND  VARYING POS,
            AT END MOVE 1 TO TABELLEN-ENDE-FELD,
            WHEN KONTOSTAND-TAB (POS) < -looo.oo,
                ADD 1 TO ANZAHL-UEBERZIEHUNGEN,
                SET POS UP BY 1.
```

Ferner können wir den durch das Struktogramm (vgl. S. 124):

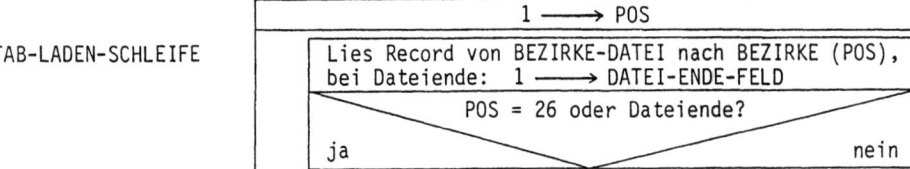

dargestellten Algorithmus auch folgendermaßen beschreiben (vgl. Fußnote auf S. 124):

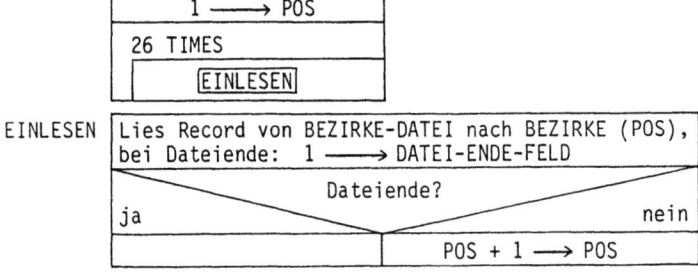

und ihn (mit der Subskript-Methode) durch den Einsatz der TIMES-Klausel so kodieren:

```
        :
        MOVE 1 TO POS.
        PERFORM EINLESEN 26 TIMES.
        :
    EINLESEN.
        READ BEZIRKE-DATEI INTO BEZIRKE (POS), AT END MOVE 1 TO DATEI-ENDE-FELD.
        IF DATEI-ENDE,
            NEXT SENTENCE,
        ELSE
            ADD 1 TO POS.
```

PERFORM-Anweisung mit der VARYING-Klausel

Für die Verarbeitung von ein- und mehrstufigen Tabellen stellt COBOL ein weiteres
Format der PERFORM-Anweisung bereit. Ausgehend von vorgegebenen Anfangswerten spezieller Laufvariablen kann dabei ein Prozedurbereich mehrfach wiederholt durchlaufen
werden. Dabei werden die aktuellen Werte der Laufvariablen vor jedem Durchlauf um entsprechende Schrittweiten-Werte erhöht, und der Wiederholungsprozeß wird dann beendet,
wenn die vorgegebenen (Abbruch-)Bedingungen erfüllt sind.

Wir betrachten dazu zunächst das Struktogramm aus dem Abschnitt 9.2 (s. S. 124), das
wir soeben durch die Anwendung der TIMES-Klausel kodiert haben (s. S. 174). Dieses
Struktogramm kann der allgemeinen Form:

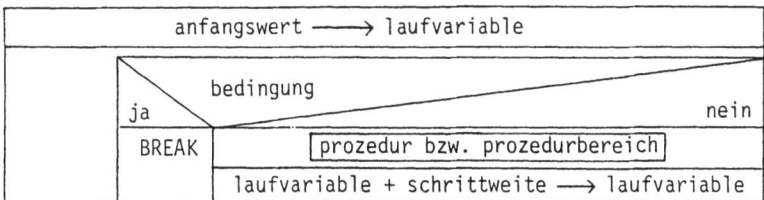

in folgender Weise als Spezialfall untergeordnet werden:

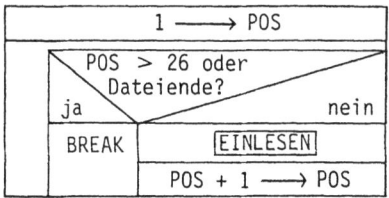

EINLESEN	Lies Record von BEZIRKE-DATEI nach BEZIRKE (POS), bei Dateiende: 1 ⟶ DATEI-ENDE-FELD

Bei der Ausführung wird der Laufvariablen POS der Anfangswert 1 zugewiesen. Anschlie-
ßend wird die Prozedur EINLESEN solange wiederholt durchlaufen, bis die Bedingung
"POS > 26 oder Dateiende?" erfüllt ist. Nach jedem Aufruf der Prozedur EINLESEN
wird der Inhalt der Laufvariablen POS um den Schrittweiten-Wert 1 erhöht.
Den ersten Strukturblock wollen wir abkürzend durch den folgenden modifizierten
Schleifen-Block beschreiben:

varying POS from 1 by 1 until POS > 26 oder Dateiende
EINLESEN

so daß wir den gesamten Algorithmus durch die folgenden Programmzeilen sehr einfach
(direkt) kodieren können (genaue Syntax von PERFORM mit der VARYING-Klausel s. S. 177):

```
        :
    PERFORM EINLESEN VARYING POS FROM 1 BY 1 UNTIL POS > 26 OR DATEI-ENDE.
        :
  EINLESEN.
    READ BEZIRKE-DATEI INTO BEZIRKE (POS), AT END MOVE 1 TO DATEI-ENDE-FELD.
```

Allgemein kann durch eine PERFORM-Anweisung mit der VARYING-Klausel ein bis zu drei-
fach verschachtelter Wiederholungsprozeß dargestellt werden.

Als Beispiel für die Bearbeitung einer dreistufigen Tabelle betrachten wir das Struktogramm für die Vorbesetzung des Tabellenbereichs HOCHREGAL-LAGER im Algorithmus
HOCHREGAL-LAGER-VERWALTUNG (vgl. 9.7). Dazu formen wir die ursprüngliche Darstellung
(s. S. 151) in die folgenden äquivalenten Struktogramme um:

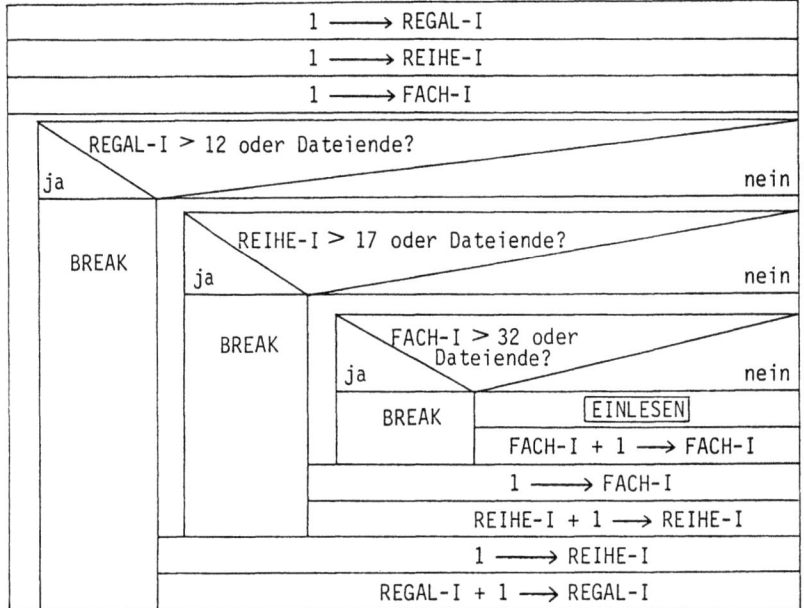

EINLESEN	Lies Record von LAGER-DATEI-ALT nach FACH (REGAL-I, REIHE-I, FACH-I), bei Dateiende: 1 ⟶ DATEI-ENDE-FELD

Diese Struktogramme lassen sich kurz und übersichtlich so kodieren:

```
          PERFORM EINLESEN VARYING REGAL-I FROM 1 BY 1 UNTIL REGAL-I > 12 OR DATEI-ENDE
                           AFTER REIHE-I FROM 1 BY 1 UNTIL REIHE-I > 17 OR DATEI-ENDE
                           AFTER FACH-I FROM 1 BY 1 UNTIL FACH-I > 32 OR DATEI-ENDE.
              :
          EINLESEN.
              READ LAGER-DATEI-ALT INTO FACH (REGAL-I, REIHE-I, FACH-I),
                  AT END MOVE 1 TO DATEI-ENDE-FELD.
```

Bei dieser Verschachtelung muß der Bezeichner REGAL-I hinter dem Wort VARYING und der
Bezeichner FACH-I hinter dem zuletzt aufgeführten Wort AFTER angegeben werden, weil
die in der letzten AFTER-Klausel kodierte Laufvariable stets am schnellsten und die
in der VARYING-Klausel angegebene Laufvariable am langsamsten läuft.

Nach den oben gegebenen Beispielen zur Anwendung der PERFORM-Anweisung mit der
VARYING-Klausel wollen wir uns nun mit der allgemeinen Form dieses PERFORM-Formats
vertraut machen.

Syntax der PERFORM-Anweisung (Format-3)

```
┌──────────────────────────────────────────────────────────────────────────┐
│ PERFORM prozedurname-1 [THRU prozedurname-2]                               │
│        VARYING bezeichner-1 FROM {bezeichner-2} BY {bezeichner-3} UNTIL bedingung-1
│                                 {ganzzahl-1  }    {ganzzahl-2  }          │
│        [AFTER bezeichner-4 FROM {bezeichner-5} BY {bezeichner-6} UNTIL bedingung-2
│                                 {ganzzahl-3  }    {ganzzahl-4  }          │
│        [AFTER bezeichner-7 FROM {bezeichner-8} BY {bezeichner-9} UNTIL bedingung-3]]
│                                 {ganzzahl-5  }    {ganzzahl-6  }          │
└──────────────────────────────────────────────────────────────────────────┘
```

Bei der Anwendung dieses Formats - mit welchem wir auch mehrstufige Tabellen verarbeiten können - müssen wir die folgenden Regeln beachten:
- die Namen prozedurname-1 und prozedurname-2 sind Paragraphen- oder Kapitelnamen,
- die Prozedur prozedurname-1 muß vor prozedurname-2 kodiert sein,
- die Bezeichner sind Namen von ganzzahlig numerischen Feldern oder Index-Namen (s.u.),
- die Werte der Datenfelder bezeichner-2, -3, -5, -6, -8 und -9 müssen positiv sein.

Die Inhalte der Laufvariablen (bezeichner-1, -4 und -7), welche im Anschluß an die
reservierten COBOL-Wörter VARYING und AFTER kodiert sind, werden - ausgehend von den
in den FROM-Klauseln vereinbarten Anfangswerten - schrittweise um die in den BY-
Klauseln angegebenen Schrittweiten-Werte erhöht. Dabei werden die Schleifen (beginnend bei der innersten Schleife und durch die hinter dem letzten Wort AFTER kodierte
Laufvariable gesteuert) solange abgearbeitet, bis die angegebenen (Abbruch-)Bedingun-
gen erfüllt sind (siehe dazu das Beispiel auf der S. 176).
Bei der Anwendung dieses PERFORM-Formats müssen wir darauf achten, daß zu bestimmten
Zeitpunkten alle angegebenen Bedingungen erfüllt sind, so daß das Programm die Aus-
führung der Wiederholungsprozesse beenden kann.

Bei der oben angegebenen vereinfachten Darstellung des Algorithmus zur Vorbesetzung
des Tabellenbereichs HOCHREGAL-LAGER (vgl. S. 15o) haben wir - aufgrund der früheren
Definitionen - von der Möglichkeit Gebrauch gemacht, die Index-Methode zur Adressierung der Tabellenelemente der Tabelle FACH zu verwenden.

Generell darf man nämlich auch Index-Namen in den VARYING, AFTER- und FROM-Klauseln
kodieren. Damit legen wir für das oben angegebene Syntax-Gerüst ergänzend fest, daß
es sich bei den Namen bezeichner-1, -2, -4, -5, -7 und -8 entweder um ganzzahlig
numerische Datenfelder oder um Index-Namen handeln muß.[*)]

Wir schließen diesen Abschnitt ab, indem wir zeigen, wie der Algorithmus HOCHREGAL-
LAGER-VERWALTUNG (vgl. 9.7) wirkungsvoller und übersichtlicher programmiert werden
kann, wenn wir das zuletzt angegebene Format-3 der PERFORM-Anweisung benutzen.

Den ursprünglichen Prozedurbereich von Prozedur VERARBEITUNG-ANFANG bis Prozedur
VERARBEITUNG-ENDE (s. S. 156) kodieren wir nun durch die beiden Kapitel VERARBEITUNG

---

*) Dabei ist auch eine Mischung von Index-Namen und numerischen Datenfeldern erlaubt.
   In diesem Fall erfolgen die jeweiligen Zuweisungen an die Laufvariablen automatisch
   nach den Regeln der SET-Anweisung.

und SUCHE in der folgenden Form:

```
    VERARBEITUNG SECTION.
    VERARBEITUNG-ANFANG.
        MOVE ZERO TO GEFUNDEN-FELD.
        PERFORM SUCHE VARYING REGAL-I FROM 1 BY 1 UNTIL REGAL-I > 12 OR GEFUNDEN
                        AFTER REIHE-I FROM 1 BY 1 UNTIL REIHE-I > 17 OR GEFUNDEN.
        IF GEFUNDEN,
            SET REIHE-I TO REIHE-I-D,
            SET REGAL-I TO REGAL-I-D,
            IF STUECKZAHL NOT > ARTIKEL-ANZAHL (REGAL-I, REIHE-I, FACH-I),
                PERFORM VERARBEITUNG-1,
            ELSE
                PERFORM VERARBEITUNG-2,
        ELSE
                PERFORM FEHLERMELDUNG.
    SUCHE SECTION.
    SUCHE-ANFANG.
        SET FACH-I TO 1.                 *)
        SEARCH FACH  VARYING FACH-I,
                    WHEN ARTIKEL-NR (REGAL-I, REIHE-I, FACH-I) = ARTIKEL-NUMMER,
                        MOVE 1 TO GEFUNDEN-FELD,
                        SET REGAL-I-D TO REGAL-I,
                        SET REIHE-I-D TO REIHE-I.
```

Da nämlich die Inhalte der Index-Namen REGAL-I und REIHE-I nach der Identifizierung
des gesuchten Fachs im Rahmen der Abschlußbehandlung der Anweisung

```
    PERFORM SUCHE VARYING REGAL-I FROM 1 BY 1 UNTIL REGAL-I > 12 OR GEFUNDEN
                    AFTER REIHE-I FROM 1 BY 1 UNTIL REIHE-I > 17 OR GEFUNDEN.
```

noch verändert werden (der Index-Wert von REIHE-I wird auf den Anfangswert 1 gesetzt
und der Index-Wert von REGAL-I wird um den Wert 1 erhöht), sichern wir noch innerhalb
des Kapitels SUCHE die aktuellen Werte dieser Index-Namen in den Index-Datenfeldern
REGAL-I-D und REIHE-I-D. Diese Felder müssen wir durch die Vereinbarungen

```
    77  REGAL-I-D  USAGE INDEX.
    77  REIHE-I-D  USAGE INDEX.
```

zusätzlich in der WORKING-STORAGE SECTION des Programms HOCHREGAL-LAGER-VERWALTUNG
deklarieren.

Nach der Ausführung der PERFORM-Anweisung tragen wir die gesicherten Index-Werte (im
Ja-Zweig der nachfolgenden IF-Anweisung) wieder in die Index-Namen REIHE-I und
REGAL-I ein.

Wir strukturieren die PROCEDURE DIVISION des Programms HOCHREGAL-LAGER-VERWALTUNG in
die Kapitel RAHMEN, VORBESETZUNG-FACH-TAB, EINLESEN, VERARBEITUNG, SUCHE, AUSGABE,
VERARBEITUNG-1-2 und INHALT-FACH-TAB-SICHERN und erhalten damit das folgende Programm:

---

*) Die SEARCH-Anweisung variiert nur den dritten Index. Der erste und der zweite
   Index sind jeweils durch die aktuellen Laufvariablen-Werte der PERFORM-Anweisung
   festgelegt, welche das Kapitel SUCHE bearbeitet.

```
IDENTIFICATION DIVISION.
PROGRAM-ID.
    HOCHREGAL-LAGER-VERWALTUNG.
ENVIRONMENT DIVISION.
    :
WORKING-STORAGE SECTION.
77  REGAL-I-D  USAGE INDEX.
77  REIHE-I-D  USAGE INDEX.
77  DATEI-ENDE-FELD  PICTURE 9  VALUE ZERO.
    88  DATEI-ENDE  VALUE 1.
    :
PROCEDURE DIVISION.
RAHMEN SECTION.
BEGINN.
    PERFORM VORBESETZUNG-FACH-TAB.
    OPEN INPUT BESTELL-DATEI, OUTPUT LISTE.
LESEN.
    READ BESTELL-DATEI, AT END MOVE 1 TO DATEI-ENDE-FELD.
    IF DATEI-ENDE,
        GO TO ENDE,
    ELSE
        PERFORM VERARBEITUNG.
    GO TO LESEN.
ENDE.
    CLOSE BESTELL-DATEI  LISTE.
    PERFORM INHALT-FACH-TAB-SICHERN.
    STOP RUN.

VORBESETZUNG-FACH-TAB SECTION.
VORBESETZUNG-FACH-TAB-ANFANG.                                    *)
    OPEN INPUT LAGER-DATEI-ALT.
    PERFORM EINLESEN VARYING REGAL-I FROM 1 BY 1 UNTIL REGAL-I > 12 OR DATEI-ENDE
                AFTER REIHE-I FROM 1 BY 1 UNTIL REIHE-I > 17 OR DATEI-ENDE
                AFTER FACH-I FROM 1 BY 1 UNTIL FACH-I > 32 OR DATEI-ENDE.
    CLOSE LAGER-DATEI-ALT.
EINLESEN SECTION.
EINLESE-VORGANG.
    READ LAGER-DATEI-ALT INTO FACH (REGAL-I, REIHE-I, FACH-I),
        AT END MOVE 1 TO DATEI-ENDE-FELD.
VERARBEITUNG SECTION.
VERARBEITUNG-ANFANG.
    MOVE ZERO TO GEFUNDEN-FELD.
    PERFORM SUCHE VARYING REGAL-I FROM 1 BY 1 UNTIL REGAL-I > 12 OR GEFUNDEN
                AFTER REIHE-I FROM 1 BY 1 UNTIL REIHE-I > 17 OR GEFUNDEN.
    IF GEFUNDEN,
        SET REIHE-I TO REIHE-I-D,
        SET REGAL-I TO REGAL-I-D,
        IF STUECKZAHL NOT > ARTIKEL-ANZAHL (REGAL-I, REIHE-I, FACH-I),
            PERFORM VERARBEITUNG-1,
        ELSE
            PERFORM VERARBEITUNG-2,
    ELSE
        PERFORM FEHLERMELDUNG.
SUCHE SECTION.
SUCHE-ANFANG.
    SET FACH-I TO 1.
```

diese Programmzeilen stimmen mit den entsprechenden Zeilen des ursprünglichen Programms überein (vgl. S. 155)

*) s. Fußnote auf der S. 151

```
         SEARCH FACH  VARYING FACH-I,
                      WHEN ARTIKEL-NR (REGAL-I, REIHE-I, FACH-I) = ARTIKEL-NUMMER,
                      MOVE 1 TO GEFUNDEN-FELD,
                      SET REGAL-I-D TO REGAL-I,
                      SET REIHE-I-D TO REIHE-I.
      VERARBEITUNG-1-2 SECTION.
      VERARBEITUNG-1.
                        Diese Paragraphen enthalten dieselben Anweisungen
      VERARBEITUNG-2.
                        wie das ursprüngliche Programm auf der S. 157
      FEHLERMELDUNG.

      INHALT-FACH-TAB-SICHERN SECTION.
      INHALT-FACH-TAB-SICHERN-ANFANG.
         OPEN OUTPUT LAGER-DATEI-NEU.
         PERFORM AUSGABE VARYING REGAL-I FROM 1 BY 1 UNTIL REGAL-I > 12
                         AFTER REIHE-I FROM 1 BY 1 UNTIL REIHE-I > 17
                         AFTER FACH-I FROM 1 BY 1 UNTIL FACH-I > 32.
         CLOSE LAGER-DATEI-NEU.
      AUSGABE SECTION.
      AUSGABE-ANFANG.
         WRITE LAGER-NEU-RECORD FROM FACH (REGAL-I, REIHE-I, FACH-I).
```

11.2 GO-Anweisung mit der DEPENDING-ON-Klausel

In 7.2 haben wir gelernt, daß eine einfache Verzweigung durch den Bedingungs-Strukturblock dargestellt und durch die IF-Anweisung im Programm kodiert wird.

Sehr oft hängt die Ablaufsteuerung in einem Algorithmus jedoch nicht allein von der
Erfüllung einer (einzigen) Bedingung sondern (allgemeiner) von dem aktuellen Wert
eines Indikator-Felds ab. Im Fall dieser sog. Mehrfachverzweigung muß man eine ver-
allgemeinerte Sprunganweisung der folgenden Form anwenden:

Syntax der GO-Anweisung (Format-2)

```
 GO TO prozedurname-1 [prozedurname-2]... DEPENDING ON bezeichner
```

In der Liste der Prozedurnamen prozedurname-i können beliebig viele Namen aufgeführt
sein. In Abhängigkeit vom Wert des Datenfelds bezeichner, bei welchem es sich um ein
ganzzahlig numerisches Feld handeln muß, wird zu einer der in der Liste eingetragenen
Prozeduren verzweigt und zwar zur ersten, falls der Wert des Felds bezeichner gleich
1 ist, zur zweiten, falls der Wert gleich 2 ist usw.

So wird z.B. bei der Ausführung der Anweisung

    GO TO SCHREIBEN EINLESEN PRUEFEN DEPENDING ON TYP.

verzweigt zu den Prozeduren:

    SCHREIBEN, falls TYP den Wert 1 hat,

    EINLESEN, falls TYP den Wert 2 hat,

    PRUEFEN,   falls TYP den Wert 3 hat.

Hat das ganzzahlig numerische Feld TYP einen Wert, welcher kleiner als 1 oder größer
als 3 ist, so wird diese GO-Anweisung "überlesen".

Case-Strukturblock

In einem Struktogramm kann man die Mehrfachverzweigung, welche von einem Indikator-
Feld bezeichner gesteuert wird, durch den sog. Case-Strukturblock - mit dem folgenden Aufbau - darstellen:

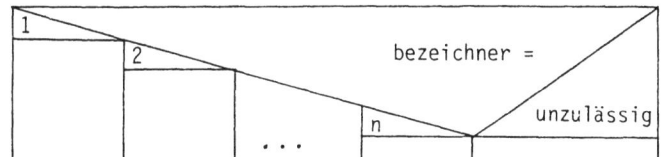

der Inhalt des Felds
bezeichner ist ganzzahlig,
größer oder gleich 1 und
kleiner oder gleich n

Bei der Ausführung dieses Blocks wird in Abhängigkeit vom aktuellen Wert des Felds
bezeichner die Steuerung an denjenigen Zweig des Case-Blocks übertragen, dessen Ordnungsnummer mit dem Wert dieses Felds übereinstimmt. Dabei hat der am weitesten links
dargestellte Zweig die Ordnungsnummer 1, der sich rechts anschließende Zweig die Nummer 2 usw. Weicht der Wert des Felds bezeichner von den zulässigen Ordnungsnummern ab
(z.B. wegen einer fehlerhaften Eingabe oder einer falschen Berechnung), so wird in
den Teil verzweigt, welcher durch das Wort "unzulässig" gekennzeichnet ist.
Die Bearbeitung eines Case-Blocks ist dann beendet, wenn alle Strukturblöcke des ange-
steuerten Zweigs ausgeführt sind.

Da die Kodierung des Case-Blocks von COBOL nicht vollständig unterstützt wird, müssen
wir - genauso wie bei der Umsetzung des Schleifen-Blocks - auch hier die GO-Anweisung
mit dem Format-1 (vgl. 7.3) verwenden, und zwar springen wir vom Ende jeder Prozedur
zur ersten Anweisung, welche hinter der letzten ansteuerbaren Prozedur kodiert ist.
So kann z.B. der Case-Block

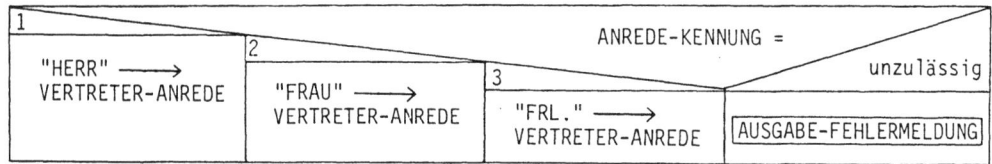

in die folgenden Programmzeilen umgesetzt werden:

```
    GO TO AN-1  AN-2  AN-3  DEPENDING ON ANREDE-KENNUNG.
    PERFORM AUSGABE-FEHLERMELDUNG.
    GO TO AN-4.
AN-1.
    MOVE "HERR" TO VERTRETER-ANREDE.
    GO TO AN-4.
AN-2.
    MOVE "FRAU" TO VERTRETER-ANREDE.
    GO TO AN-4.
AN-3.
    MOVE "FRL." TO VERTRETER-ANREDE.
    GO TO AN-4.
AN-4.
    EXIT.
```

Die Aufgabe LISTE-DER-NAMEN-UND-ANREDEN

Zum Abschluß dieses Kapitels wollen wir die Anwendung der erweiterten Steueranweisungen im Zusammenhang mit der Verarbeitung einer zweistufigen Tabelle üben. Dazu stellen wir uns die Aufgabe LISTE-DER-NAMEN-UND-ANREDEN: *)

> Es ist eine Liste zu erstellen, in welche die Vertreternamen zusammen mit den jeweiligen Anreden der Vertreter einzutragen sind. Diese Informationen sollen nach den drei Gebieten geordnet sein, in welchen die Vertreter eingesetzt werden.

Dazu nehmen wir an, daß in den Records der Lochkarten-Datei VERTRETER-DATEI (vgl. S. 18) in der Spalte 6 eine der Gebietskennziffern 1, 2 und 3 und in der Spalte 47 die Anredekennung eingetragen sind. Dabei stehen die Werte 1 für die Anrede "Herr", 2 für "Frau" und 3 für "Frl.". Der Einfachheit halber setzen wir voraus, daß bei der Erfassung dieser Werte keine Lochfehler aufgetreten sind, so daß an der 6. und an der 47. Spaltenposition keine anderen Werte als 1, 2 und 3 erscheinen können.

Für die Eingabe- und Ausgabe-Dateien legen wir daher die folgenden Datei-Beschreibungen fest:

```
FD  VERTRETER-DATEI
    LABEL RECORD OMITTED
    DATA RECORD VERTRETER-INFORMATION.
o1  VERTRETER-INFORMATION.
    o2  FILLER              PICTURE X(5).
    o2  GEBIETSKENNZIFFER   PICTURE 9.
    o2  ZUNAME              PICTURE X(2o).
    o2  FILLER              PICTURE X(2o).
    o2  ANREDE-KENNUNG      PICTURE 9.
    o2  FILLER              PICTURE X(33).
FD  LISTE
    LABEL RECORD OMITTED
    DATA RECORD LISTE-NAMEN-ANREDEN.
o1  LISTE-NAMEN-ANREDEN.
    o2  FILLER              PICTURE X(11).
    o2  VERTRETER-ANREDE    PICTURE X(4).
    o2  FILLER              PICTURE X.
    o2  VERTRETER-NAME      PICTURE X(2o).
    o2  FILLER              PICTURE X(97).
```

Vor der Ausgabe der drei Teillisten für die drei Gebiete müssen wir die Anredekennungen und die Vertreternamen, geordnet nach Gebieten, im Arbeitsspeicherbereich zwischenspeichern. Dazu vereinbaren wir in der WORKING-STORAGE SECTION die folgende zweistufige Tabelle:

```
o1  ZWISCHENSPEICHER-TAB.
    o2  GEBIET  OCCURS 3 TIMES.
        o3  NACHNAME-ANREDE  OCCURS 2oo TIMES.
            o4  NACHNAME PICTURE X(2o).
            o4  ANREDE   PICTURE 9.
```

Wir unterstellen dabei, daß in jedem der drei Gebiete höchstens 2oo Vertreter tätig

---

*) Für diese Aufgabe werden wir in 12.2 einen weiteren Lösungsalgorithmus angeben.

sind. Da wir bei der Tabellendefinition keine Index-Namen vereinbart haben, werden
wir die Tabellenelemente mit der Subskript-Methode adressieren.

Als Indikatoren für die aktuelle Position in den Tabellen GEBIET definieren wir die
Datenfelder ZAEHLER und besetzen sie mit der Anfangsposition 1 in folgender Weise vor:

```
ol  ZAEHLER-TAB-WERTE  PICTURE X(9)  VALUE "ooloolool".
ol  ZAEHLER-TAB  REDEFINES ZAEHLER-TAB-WERTE.
    o2  ZAEHLER  OCCURS 3 TIMES  PICTURE 999.
```

Zur Adressierung der Tabellenelemente vereinbaren wir die Datenfelder I, J und POS,
und zur Erzeugung eines geeigneten Druckbilds reservieren wir die Felder STERN-ZEILE
und LISTENKOPF-ZEILE gemäß:

```
77  I    PICTURE 9.
77  J    PICTURE 999.
77  POS  PICTURE 999.
ol  STERN-ZEILE.
    o2  FILLER  PICTURE X.
    o2  STERN   PICTURE X(132)  VALUE ALL "*".
ol  LISTENKOPF-ZEILE.
    o2  LISTEN-NAME    PICTURE X(7)  VALUE "ᵤLISTE-".
    o2  LISTEN-NUMMER  PICTURE 9.
    o2  FILLER         PICTURE X(125)  VALUE SPACES.
```

Als Lösungsalgorithmus geben wir nun die folgenden Struktogramme an:

BEGINN

Eröffne VERTRETER-DATEI zur Eingabe
Lies Record von VERTRETER-DATEI, bei Dateiende: 1 ⟶ DATEI-ENDE-FELD
UNTIL Dateiende
ZWISCHENSPEICHERUNG
Schließe VERTRETER-DATEI
AUSGABE
Beende den Programmlauf

ZWISCHENSPEICHERUNG

ZAEHLER (GEBIETSKENNZIFFER) ⟶ POS
ANREDE-KENNUNG ⟶ ANREDE (GEBIETSKENNZIFFER, POS)
ZUNAME ⟶ NACHNAME (GEBIETSKENNZIFFER, POS)
ZAEHLER (GEBIETSKENNZIFFER) + 1 ⟶ ZAEHLER (GEBIETSKENNZIFFER)
Lies Record von VERTRETER-DATEI, bei Dateiende: 1 ⟶ DATEI-ENDE-FELD

AUSGABE

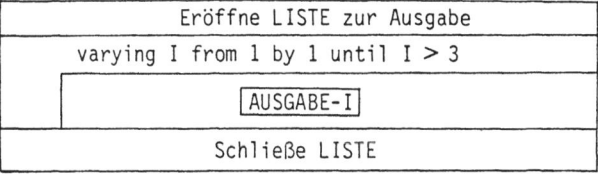

Eröffne LISTE zur Ausgabe
varying I from 1 by 1 until I > 3
AUSGABE-I
Schließe LISTE

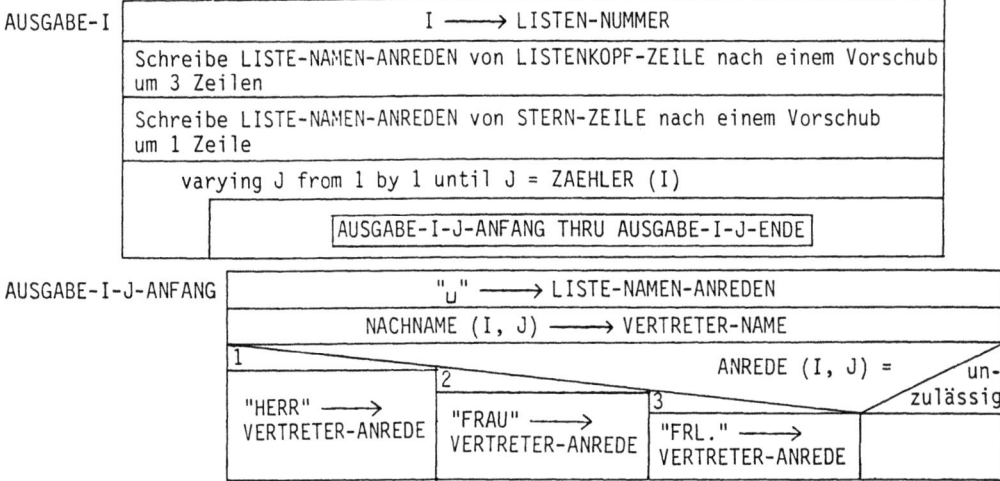

Diese Struktogramme setzen wir nun in das folgende Quellprogramm um:

```
      IDENTIFICATION DIVISION.
      PROGRAM-ID.
          LISTE-DER-NAMEN-UND-ANREDEN.
    *   GETRENNT NACH DEN 3 GEBIETEN
      ENVIRONMENT DIVISION.
      CONFIGURATION SECTION.
      SOURCE-COMPUTER.
          dva-name-1.
      OBJECT-COMPUTER.
          dva-name-2.
      INPUT-OUTPUT SECTION.
      FILE-CONTROL.
          SELECT VERTRETER-DATEI  ASSIGN TO SI.
          SELECT LISTE            ASSIGN TO LO.
      DATA DIVISION.
      FILE SECTION.
      FD  VERTRETER-DATEI
          LABEL RECORD OMITTED
          DATA RECORD VERTRETER-INFORMATION.
      o1  VERTRETER-INFORMATION.
          o2 FILLER             PICTURE X(5).
          o2 GEBIETSKENNZIFFER  PICTURE 9.
          o2 ZUNAME             PICTURE X(2o).
          o2 FILLER             PICTURE X(2o).
          o2 ANREDE-KENNUNG     PICTURE 9.
          o2 FILLER             PICTURE X(33).
      FD  LISTE
          LABEL RECORD OMITTED
          DATA RECORD LISTE-NAMEN-ANREDEN.
      o1  LISTE-NAMEN-ANREDEN.
          o2 FILLER             PICTURE X(11).
          o2 VERTRETER-ANREDE   PICTURE X(4).
          o2 FILLER             PICTURE X.
          o2 VERTRETER-NAME     PICTURE X(2o).
          o2 FILLER             PICTURE X(97).
```

```
WORKING-STORAGE SECTION.
77  DATEI-ENDE-FELD  PICTURE 9  VALUE ZERO.
    88  DATEI-ENDE  VALUE 1.
77  I    PICTURE 9.
77  J    PICTURE 999.
77  POS  PICTURE 999.
o1  ZWISCHENSPEICHER-TAB.
    o2  GEBIET  OCCURS 3 TIMES.
        o3  NACHNAME-ANREDE  OCCURS 2oo TIMES.
            o4  NACHNAME  PICTURE X(2o).
            o4  ANREDE    PICTURE 9.
o1  ZAEHLER-TAB-WERTE  PICTURE X(9)  VALUE "oolooloo1".
o1  ZAEHLER-TAB  REDEFINES ZAEHLER-TAB-WERTE.
    o2  ZAEHLER  OCCURS 3 TIMES  PICTURE 999.
o1  STERN-ZEILE.
    o2  FILLER  PICTURE X.
    o2  STERN   PICTURE X(132)  VALUE ALL "*".
o1  LISTENKOPF-ZEILE.
    o2  LISTEN-NAME    PICTURE X(7)  VALUE "␣LISTE-".
    o2  LISTEN-NUMMER  PICTURE 9.
    o2  FILLER         PICTURE X(125)  VALUE SPACES.
PROCEDURE DIVISION.
BEGINN.
    OPEN INPUT VERTRETER-DATEI.
    READ VERTRETER-DATEI, AT END MOVE 1 TO DATEI-ENDE-FELD.
    PERFORM ZWISCHENSPEICHERUNG  UNTIL DATEI-ENDE.
    CLOSE VERTRETER-DATEI.
    PERFORM AUSGABE.
    STOP RUN.
ZWISCHENSPEICHERUNG.
    MOVE ZAEHLER (GEBIETSKENNZIFFER) TO POS.
*ANREDE (GEBIETSKENNZIFFER, ZAEHLER(GEBIETSKENNZIFFER)) IST UNZULAESSIG
    MOVE ANREDE-KENNUNG TO ANREDE (GEBIETSKENNZIFFER, POS).
    MOVE ZUNAME TO NACHNAME (GEBIETSKENNZIFFER, POS).
    ADD 1 TO ZAEHLER (GEBIETSKENNZIFFER).
    READ VERTRETER-DATEI, AT END MOVE 1 TO DATEI-ENDE-FELD.
AUSGABE.
    OPEN OUTPUT LISTE.
    PERFORM AUSGABE-I VARYING I FROM 1 BY 1 UNTIL I > 3.
    CLOSE LISTE.
AUSGABE-I.
    MOVE I TO LISTEN-NUMMER.
    WRITE LISTE-NAMEN-ANREDEN FROM LISTENKOPF-ZEILE AFTER ADVANCING 3 LINES.
    WRITE LISTE-NAMEN-ANREDEN FROM STERN-ZEILE AFTER ADVANCING 1 LINE.
    PERFORM AUSGABE-I-J-ANFANG THRU AUSGABE-I-J-ENDE
        VARYING J FROM 1 BY 1 UNTIL J = ZAEHLER (I).
AUSGABE-I-J-ANFANG.
    MOVE SPACES TO LISTE-NAMEN-ANREDEN.
    MOVE NACHNAME (I, J) TO VERTRETER-NAME.
    GO TO AN-1  AN-2  AN-3  DEPENDING ON ANREDE (I, J).
AN-1.
    MOVE "HERR" TO VERTRETER-ANREDE.
    GO TO AUSGABE-I-J-ENDE.
AN-2.
    MOVE "FRAU" TO VERTRETER-ANREDE.
    GO TO AUSGABE-I-J-ENDE.
AN-3.
    MOVE "FRL." TO VERTRETER-ANREDE.
    GO TO AUSGABE-I-J-ENDE.
AUSGABE-I-J-ENDE.
    WRITE LISTE-NAMEN-ANREDEN AFTER ADVANCING 1 LINE.
```

12. Datei-Verarbeitung

In diesem Kapitel beschäftigen wir uns mit den verschiedenen Organisations-
formen von Dateien und den entsprechenden Zugriffs-Methoden, welche durch
die ORGANIZATION- und die ACCESS-Klauseln im Paragraphen FILE-CONTROL festgelegt werden. Ferner erweitern wir die Menge der uns bereits bekannten Anweisungen zur Datei-Bearbeitung um die Anweisungen REWRITE, DELETE und
START.

Im Abschnitt 12.1 ergänzen wir zunächst unsere Kenntnisse über den Aufbau
der Puffer-Bereiche bei der Datei-Verarbeitung. Wir werden lernen, daß man
mehrere Records zu einem Block zusammenfassen und mehrere Puffer-Bereiche
definieren und zeitlich überlappend verarbeiten kann. Dazu muß die BLOCK-
Klausel in der Datei-Beschreibung bzw. die RESERVE-Klausel im Paragraphen
FILE-CONTROL angegeben werden.

Im Abschnitt 12.2 erläutern wir zusammenfassend die sequentielle Datei-Organisation und die sequentielle Zugriffs-Methode, und wir wenden die hier ge-
wonnenen Kenntnisse an, indem wir die in 11.2 dargestellte Lösung der Aufgabe LISTE-DER-NAMEN-UND-GEBIETE modifizieren.

Wollen wir auf die Datensätze einer Datei nicht nur sequentiell sondern auch
direkt zugreifen, so müssen wir als Datei-Organisation die relative oder die
index-sequentielle Organisationsform und als Zugriffs-Methode gegebenenfalls
den Random-Zugriff wählen. Dazu müssen die RELATIVE- bzw. die RECORD-Klausel
im Paragraphen FILE-CONTROL kodiert werden.

Diese Möglichkeiten stellen wir für die relative Organisationsform in 12.3
und für die index-sequentielle Organisation in 12.4 dar.

Die relative Datei-Organisation ist besonders geeignet, wenn die Positionsnummer eines Records direkt oder durch eine einfache Rechnung ermittelt
werden kann. Ist dies nicht möglich oder soll der Zugriff über einen alphanumerischen Schlüsselbegriff erfolgen, so muß man die Ablage in Form einer
index-sequentiellen Datei organisieren.

12.1 Kenngrößen von Dateien

Organisation und Zugriffs-Methoden

In den vorausgehenden Abschnitten haben wir die Verarbeitung von Lochkarten-, Druck-
und Platten-Dateien dargestellt. Alle bearbeiteten Dateien hatten die folgenden cha-
rakteristischen Merkmale:

- die logische Abfolge der Records in der Datei war durch die Reihenfolge bestimmt,
  in der die Records in die Datei eingetragen worden waren, und

- der Zugriff auf einen speziellen Record war nur möglich, nachdem alle vor ihm lie-
  genden Records eingelesen worden waren.

Die erste dieser Eigenschaften beschreibt die Datei-Organisation und die zweite charakterisiert die Zugriffs-Methode.

Generell kennzeichnet die Datei-Organisation (file organization), wie die Records einer Datei auf dem zugehörigen Datenträger abgespeichert sind und in welcher Beziehung die logische Reihenfolge und die physikalische Ablage zueinander stehen. Unter einer Zugriffs-Methode (access mode) versteht man allgemein das Verfahren, nach dem der Zugriff auf einen bestimmten Record erfolgt.

Bisher haben wir stets sequentiell organisierte Dateien (sequential file) mit der sequentiellen Zugriffs-Methode (sequential access) verarbeitet, d.h. ein Record wird nach dem anderen verarbeitet - ein Abweichen von dieser Abfolge ist nicht möglich. Als weitere Dateiformen werden wir die relative (RELATIVE) und die index-sequentielle Organisationsform (INDEXED) sowie als weitere Zugriffs-Methode den Random-Zugriff (RANDOM) kennenlernen.

Bevor wir eine Aufstellung der physikalischen und logischen Kenngrößen einer Datei angeben, wollen wir uns zunächst näher mit dem Aufbau und dem Transport der Blöcke (physikalischen Datensätze) befassen.

Blockung von Datensätzen
Wir haben gelernt (vgl. 3.2), daß bei der Bearbeitung einer Datei vom Betriebssystem ein Puffer-Bereich im Hauptspeicher eingerichtet und der Inhalt als ein Block transportiert wird. Bisher sind wir davon ausgegangen, daß ein Puffer immer genau einen Record enthält, d.h. die logische Satzlänge - bestimmt durch die Strukturierung des Datensatzes - stimmte immer mit der Blocklänge überein.
Als Nachteile dieser Verarbeitungsform sind u.a. zu nennen:
- die Zeit für die Ein- oder Ausgabe eines Blocks ist im Verhältnis zur Ausführungszeit der Maschineninstruktionen unverhältnis hoch [*] und
- die Speicherausnutzung auf den Datenträgern Magnetplatte und Magnetband ist umso
  geringer, je kleiner die Blocklänge ist. [**]

COBOL bietet die Möglichkeit, mehrere Records zu einem Block zusammenzufassen. Diesen Vorgang nennt man Blockung und die Anzahl der jeweils zusammengefaßten Sätze den Blockungsfaktor.
Die Blockung wird im Quellprogramm durch die optionale Block-Klausel in Form von:

```
BLOCK CONTAINS [ganzzahl-1 TO] ganzzahl-2 { CHARACTERS }
                                           { RECORDS    }
```

innerhalb der Datei-Beschreibung festgelegt. Bei der Kodierung des COBOL-Worts RECORDS gibt der Wert ganzzahl-2 die Anzahl der Records an, welche zu einem Block

*) Block-Transporte vom Haupt- zum Magnetplattenspeicher erfolgen im Millisekunden-
   bereich (1 msec = 10^{-3} sec), und die Ausführungszeiten der meisten Maschineninstruktionen liegen im Mikrosekundenbereich (1 μsec = 10^{-6} sec).
**) Auf einem magnetischen Datenträger werden je zwei Blöcke durch einen Zwischenraum,
   der sog. Blocklücke (interblock gap) voneinander getrennt, der dadurch für die
   Speicherung von Informationen verlorengeht.

zusammengefaßt werden.[*)]

Bei der Blockung ist folgendes zu beachten:

- je höher der Blockungsfaktor, desto größer ist der benötigte Hauptspeicherbereich für die Einrichtung des Puffers, und
- die maximal zulässige Blocklänge ist eine Anlagen-abhängige Größe.

Bei jeder Anwendung muß man daher die Größe des Puffer-Bereichs gegenüber der Wahl des Blockungsfaktors abwägen.

In COBOL können Dateien mit konstanter und variabler Satzlänge verarbeitet werden. Die Länge eines Records wird stets durch die entsprechenden Eintragungen in der zugehörigen Datensatz-Beschreibung festgelegt.[**)] Um die Satzlängen in der Datei-Beschreibung zu dokumentieren, kann die optionale RECORD-Klausel (welche die gleiche Struktur wie die BLOCK-Klausel besitzt) in der folgenden Form angegeben werden:

```
RECORD CONTAINS [ganzzahl-1 TO] ganzzahl-2 CHARACTERS
```

Enthält die Datei unterschiedlich lange Sätze, so wird mit ganzzahl-1 die Zeichenzahl des kürzesten Records und mit ganzzahl-2 die des längsten Records festgelegt. Bei konstanter Satzlänge wird nur ganzzahl-2 angegeben.

Vereinbaren wir z.B. innerhalb der FILE SECTION für eine Platten-Datei:

```
FD  VERTRETER-DATEI-P
    BLOCK CONTAINS 3 RECORDS
    LABEL RECORD STANDARD
    DATA RECORD VERTRETER-SATZ.
ol  VERTRETER-SATZ  PICTURE X(8o).
```

so besteht der zugehörige Puffer-Bereich aus 24o Bytes (zuzüglich der Bytes für den Blockheader) zur Aufnahme von je drei (logischen) Datensätzen der Länge 8o.

Wir wollen uns nun die Vorgänge beim sequentiellen Zugriff auf die sequentiell organisierte Datei VERTRETER-DATEI-P näher veranschaulichen.

Wird VERTRETER-DATEI-P zur Eingabe eröffnet, so stellt das Betriebssystem für den Eingabe-Puffer 24o Bytes im Hauptspeicher zur Verfügung. Bei der Ausführung der ersten READ-Anweisung wird der erste Datei-Block in den Puffer transportiert und VERTRETER-SATZ adressiert die ersten 8o Bytes als ersten Record. Beim zweiten READ wird automatisch auf den zweiten Record im Puffer und beim dritten READ auf den dritten Record positioniert. Erst beim vierten READ wird der zweite Datei-Block in den Puffer transportiert und VERTRETER-SATZ adressiert dann die ersten 8o Bytes des zweiten Blocks.

---

*) Der Speicherbereich, welcher für den sog. Blockheader und gegebenenfalls auch für die interne Verwaltung der Records notwendig ist, wird vom Kompilierer automatisch berücksichtigt. Für einen speziellen Einsatz der BLOCK-Klausel - Kodierung von ganzzahl-1 oder des Worts CHARACTERS - s. die jeweilige Hersteller-Beschreibung.

**) Bei einer Datei mit unterschiedlich langen Sätzen muß entweder für jeden Satz-Typ eine entsprechende Datensatz-Beschreibung angegeben werden oder es muß die OCCURS-DEPENDING-ON-Klausel (vgl. 9.3) innerhalb der zugehörigen Datensatz-Beschreibung kodiert sein und die jeweilige Satzlänge dynamisch festgelegt werden.

Das Betriebssystem positioniert bei jeder READ-Anweisung <u>automatisch</u> auf den jeweils
aktuellen Teil des Puffer-Bereichs und führt die nächste Block-Übertragung erst dann
durch, wenn der letzte Puffer-Teil bearbeitet wurde (<u>entblocken</u>).
Ist der letzte in der Datei vorhandene Record bearbeitet worden, so wird bei der
nachfolgenden READ-Anweisung das Dateiende festgestellt. Anschließend werden die Anweisungen ausgeführt, welche innerhalb der AT-END-Klausel in der READ-Anweisung
kodiert sind.

Wird VERTRETER-DATEI-P als <u>Ausgabe-Datei</u> eröffnet, so wird ein Puffer-Bereich von
24o Bytes eingerichtet.
Bei der ersten WRITE-Anweisung adressiert VERTRETER-SATZ die ersten 8o Bytes des
Puffers. Bei der zweiten WRITE-Anweisung wird durch VERTRETER-SATZ der zweite Teil
des Puffer-Bereichs und bei der dritten WRITE-Anweisung der dritte Teil angesprochen.
Dies geschieht automatisch - der Programmierer braucht diese Vorgänge also nicht zu
überwachen. Nach dem dritten WRITE ist der Puffer gefüllt, und der Inhalt wird als
Block auf die Magnetplatte geschrieben. Beim nächsten WRITE wird durch VERTRETER-SATZ
wiederum der erste Teil des Puffers adressiert.
Das Betriebssystem positioniert nach jedem WRITE <u>automatisch</u> auf den entsprechenden
Puffer-Teil und gibt erst einen vollen Puffer als Block auf den Datenträger aus
(<u>blocken</u>).
Beim Schließen der Datei überprüft das Betriebssystem, ob der Puffer noch Informa-
tionen enthält, die übertragen werden müssen. Ist dies der Fall, so wird der Puffer-
Inhalt als letzter Block in die Datei transportiert.

Graphisch können wir uns diese Vorgänge so veranschaulichen:

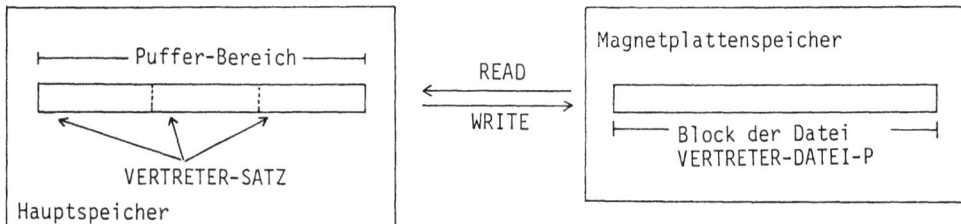

<u>Zeitlich überlappende Verarbeitung</u>
Bei der Übertragung eines Blocks in einen Eingabe- oder aus einem Ausgabe-Puffer muß
der Transport abgeschlossen sein, bevor die nächste READ- bzw. WRITE-Anweisung ausgeführt werden kann. Um diese Wartezeiten so gering wie möglich zu halten, unterstützt COBOL die Einrichtung <u>mehrerer Puffer-Bereiche</u> und ihre <u>zeitlich überlappende</u>
<u>Verarbeitung</u>.
Dazu kann als Ergänzung der SELECT-Klausel im Paragraphen FILE-CONTROL die <u>RESERVE-</u>
<u>Klausel</u> - welche die Anzahl der Puffer festlegt - so kodiert werden:

```
RESERVE ganzzahl { AREAS }
                 { AREA  }
```

Standardmäßig werden vom Betriebssystem i.a. zwei Puffer-Bereiche angelegt (Doppel-pufferung).

Für die zeitlich überlappende Verarbeitung gilt:
- Beim Lesen werden parallel zur Verarbeitung der Records im aktuellen Puffer schon die nächsten Datei-Blöcke in den weiteren Puffern bereitgestellt, und
- beim Schreiben werden parallel zur Ausgabe des gerade gefüllten Puffers die nächsten Records schon in die weiteren Puffer eingetragen.

Die zeitlich überlappende Verarbeitung erklärt nun auch, warum wir bei der Druck-Ausgabe in unseren Beispielprogrammen nicht mit der einmaligen Löschung des Ausgabe-Puffers zu Programmbeginn ausgekommen sind. Grundsätzlich ist daher zu empfehlen, die zu druckenden Records im Arbeitsspeicherbereich aufzubauen und in der WRITE-Anweisung die FROM-Klausel zu verwenden. In diesem Fall reicht eine einmalige Löschung der entsprechenden Arbeitsspeicherbereiche zu Programmbeginn aus.

Datei-Kenngrößen

Wir geben nun zusammenfassend eine Aufstellung der Kenngrößen für die physikalische und logische Beschaffenheit einer Datei an.

Die logische Beschaffenheit einer Datei wird durch die Festlegung von:
- Blockungsfaktor (BLOCK-Klausel),
- logischer Satzlänge (RECORD-Klausel),
- Kennsätzen (LABEL-Klausel) und
- Struktur der Records (DATA-Klausel)
in der Datei-Beschreibung innerhalb der FILE SECTION nach dem folgenden Schema vereinbart:

```
FD  dateiname
      [BLOCK CONTAINS [ganzzahl-1 TO] ganzzahl-2 {CHARACTERS}]
                                                 {RECORDS  }

      [RECORD CONTAINS [ganzzahl-3 TO] ganzzahl-4 CHARACTERS]

      LABEL {RECORD  IS } {STANDARD}
            {RECORDS ARE} {OMITTED }

      [DATA {RECORD  IS } datensatzname-1 [datensatzname-2]...]
            {RECORDS ARE}

    01  datensatzname-1
                         Datensatz-Beschreibung von datensatzname-1
    [01  datensatzname-2
                         Datensatz-Beschreibung von datensatzname-2]...
```

Im Abschnitt 2.3 haben wir gelernt, wie die Datensatz-Beschreibungen aufgebaut sind, und in den vorausgegangenen Kapiteln haben wir die Möglichkeiten dargestellt, wie wir die einem Record untergeordneten Datenfelder vereinbaren können.
An dieser Stelle geben wir nun einen zusammenfassenden Überblick über die Syntax

einer Datenfeld-Beschreibung, welche innerhalb einer Datei-Beschreibung kodiert werden darf.[*)]

Syntax der Datenfeld-Beschreibung

Format-1:

```
stufennummer-von-o1-bis-49  {bezeichner-1}
                            { FILLER     }

   [REDEFINES bezeichner-2]

   [{JUSTIFIED}       ]
   [{ JUST    } RIGHT ]

   [PICTURE IS picture-maske]

   [          {DISPLAY         } ]
   [USAGE IS  {COMPUTATIONAL   } ]
   [          {COMPUTATIONAL-3 } ]

   [USAGE IS INDEX]

   [OCCURS {ganzzahl-1 TO ganzzahl-2 TIMES  DEPENDING ON bezeichner-3} ]
   [       {ganzzahl-3 TIMES                                         } ]

      [{ASCENDING }                                    ]
      [{DESCENDING} KEY IS bezeichner-4 [bezeichner-5]...] ...

         [INDEXED BY index-name-1 [index-name-2]...] ]

   [BLANK WHEN ZERO]
```

Format-2:

```
88  bedingungsname VALUE IS literal-1 [THRU literal-2]
                           [literal-3 [THRU literal-4]] ...
```

Die physikalische Beschaffenheit einer Datei wird im Paragraphen FILE-CONTROL durch
die Angaben von:

- Datenträger und Ein-/Ausgabe-Gerätetyp (ASSIGN-Klausel),
- Datei-Organisation (ORGANIZATION-Klausel),
- Zugriffs-Methode (ACCESS-Klausel) und
- Struktur des Puffer-Bereichs (RESERVE-Klausel)

als Ergänzung der SELECT-Klausel in folgender Form vereinbart:

```
SELECT dateiname ASSIGN TO gerätebezeichnung

                     {SEQUENTIAL}
   [ORGANIZATION IS  {RELATIVE  } ]
                     {INDEXED   }

                    {SEQUENTIAL}
   [ACCESS MODE IS  {RANDOM    } ]

   [RESERVE ganzzahl {AREAS} ]
                     {AREA }
```

[*)] Die Stufennummer 77 und die VALUE-Klausel zur Vorbesetzung von Datenfeldern dürfen
    in einer Datei-Beschreibung nicht kodiert werden.

Mit der ORGANIZATION- und der ACCESS-Klausel werden wir uns in den folgenden Abschnitten näher beschäftigen.

Datenträger-Vereinbarung

Der Datenträger, welcher einer Datei zugeordnet wird, muß durch die Angabe innerhalb der ASSIGN-Klausel im Paragraphen FILE-CONTROL spezifiziert werden. Diese Anlagen-abhängige Gerätebezeichnung *) besteht entweder aus einem symbolischen Namen, welchem erst vor dem Objektlauf durch eine entsprechende Kommando-Karte der physikalische Datenträger zugewiesen wird, oder bereits aus zusätzlicher Datenträger-spezifischer Detailinformation.

Bei unseren Beispielprogrammen haben wir als Gerätebezeichnungen für Lochkarten-, Druck- und Platten-Dateien immer die symbolischen Bezeichnungen SI (Standard Input), LO (List Output), DO (Disc Output) bzw. DI (Disc Input) benutzt.

Die Gerätebezeichnung ist der jeweiligen DVA entsprechend zu wählen und beim Übergang von einem Speichermedium zu einem anderen bzw. beim Wechsel auf eine andere DVA gegebenfalls entsprechend zu ändern.
Wollen wir z.B. auf der DVA SIEMENS (Betriebssystem BS 1000) eine sequentielle Magnetband-Datei bearbeiten, so müssen wir (vgl. A.5) z.B. folgendes kodieren:

    SELECT dateiname ASSIGN TO UT-TAPE-S-SYSo1o.

Arbeiten wir auf der DVA SIEMENS (Betriebssystem BS 2000), so vereinbaren wir z.B.:

    SELECT dateiname ASSIGN TO UT-TAPE-S-BAND.

und auf der TR 440 legen wir in diesem Fall z.B. fest:

    SELECT dateiname ASSIGN TO MDS-o2.

12.2 Sequentielle Datei-Organisation

Organisationsform und Zugriffs-Methode

Bei der sequentiellen Organisation (ORGANIZATION IS SEQUENTIAL) ist die logische Abfolge der Datensätze durch die Reihenfolge festgelegt, in welcher die Records in die Datei eingetragen wurden, d.h. auf einen Record kann nur nach dem Einlesen aller vorangehender Records zugegriffen werden, und ein Abweichen von der bestehenden Abfolge ist unmöglich.
Als Datenträger für diese Organisationsform sind sowohl Lochkarten, Druckerpapier und alle magnetischen Datenträger zugelassen.
Die einzig mögliche Zugriffs-Methode für sequentiell organisierte Dateien ist der sequentielle Zugriff (ACCESS MODE IS SEQUENTIAL), d.h.
- bei einer Eingabe-Datei kann der Zugriff auf einen speziellen Record nur durch das vorhergehende Einlesen aller vor ihm abgespeicherten Sätze erfolgen, und
- bei einer Ausgabe-Datei können die einzelnen Sätze nur sequentiell in die Datei

---

*) Die Gerätebezeichnungen einiger ausgewählter DVAn sind in A.5 aufgeführt.

eingetragen werden.

Deklaration von Datei-Organisation und Zugriffs-Methode

Soll eine sequentiell organisierte Datei verarbeitet werden, so müssen wir den sequentiellen Zugriff wählen und daher im Paragraphen FILE-CONTROL folgendes kodieren:

```
SELECT dateiname ASSIGN TO gerätebezeichnung
ORGANIZATION IS SEQUENTIAL
ACCESS MODE IS SEQUENTIAL.
```

Da eine Datei, für welche keine Angaben gemacht werden, vom Kompilierer stets als sequentielle Datei angesehen wird, darf man zur Abkürzung auch folgendes schreiben:

```
SELECT dateiname ASSIGN TO gerätebezeichnung.
```

Verarbeitungsformen

Wir geben nun die möglichen Anweisungen zur Verarbeitung einer sequentiell organisierten Datei an. Dazu fassen wir zunächst die (uns bekannten) Anweisungen zur Verarbeitung einer Eingabe- und einer Ausgabe-Datei zusammen:

Bearbeitung als Eingabe-Datei:

COBOL-Anweisung	Bedeutung
OPEN INPUT dateiname ...	Eröffnen zur Eingabe
READ dateiname RECORD [INTO bezeichner] [AT END unb-anw-1 [unb-anw-2]...]	Einlesen des nächsten Records - beim Erreichen des Dateiendes werden die Anweisungen der AT-END-Klausel ausgeführt
CLOSE dateiname ...	Abschließen der Verarbeitung

Bearbeitung als Ausgabe-Datei:

COBOL-Anweisung	Bedeutung
OPEN OUTPUT dateiname ...	Eröffnen zur Ausgabe
WRITE datensatzname [FROM bezeichner]	Schreiben des Records datensatzname
CLOSE dateiname ...	Abschließen der Verarbeitung

Sollen bei einer sequentiell organisierten Platten-Datei alte Records durch neue Records mit gleicher Satzlänge ersetzt (überschrieben) werden, so muß man die Datei als sog. Update-Datei (input-output file) verarbeiten.
Dazu muß die Datei durch eine OPEN-Anweisung der Form:

```
OPEN I-O dateiname
```

eröffnet werden. Will man nun einen alten Record durch einen neuen ersetzen, so liest man zunächst den alten Satz durch eine READ-Anweisung ein und überschreibt ihn dann durch die Ausführung einer REWRITE-Anweisung in der Form:

```
REWRITE datensatzname [FROM bezeichner]
```

Damit nimmt der Record datensatzname die Position des alten Records ein.

Wir fassen zusammen:

Bearbeitung als Update-Datei:	
COBOL-Anweisung	Bedeutung
OPEN I-O dateiname ...	Eröffnen als Update-Datei
READ dateiname RECORD [INTO bezeichner] [AT END unb-anw-1 [unb-anw-2] ...]	Einlesen des nächsten Records - beim Erreichen des Dateiendes werden die Anweisungen der AT-END-Klausel ausgeführt
REWRITE datensatzname [FROM bezeichner]	Ersetzen (überschreiben) des alten Records, welcher durch die vorausgehende READ-Anweisung eingelesen wurde, durch den Record datensatzname (gleiche Satzlänge!)
CLOSE dateiname ...	Abschließen der Verarbeitung

Haben wir z.B. unsere Vertreterdaten zur langfristigen Lagerung in der sequentiellen Platten-Datei VERTRETER-DATEI-P abgespeichert, und wollen wir z.B. den Record mit der Vertreterkennzahl 8413 durch den Inhalt des Datenfelds VERTRETER-INF-8413-WS erneuern (updaten), so können wir kodieren:

```
        :
FILE SECTION.
FD  VERTRETER-DATEI-P
    BLOCK CONTAINS 3 RECORDS
    LABEL RECORD STANDARD
    DATA RECORD VERTRETER-SATZ.
o1  VERTRETER-SATZ.
    o2  KENNZAHL  PICTURE 9(4).
    o2  FILLER    PICTURE X(76).
WORKING-STORAGE SECTION.
77  DATEI-ENDE-FELD  PICTURE 9  VALUE ZERO.
    88  DATEI-ENDE  VALUE 1.
77  SATZ-ERSETZT-FELD  PICTURE 9  VALUE ZERO.
    88  SATZ-ERSETZT  VALUE 1.
o1  VERTRETER-INF-8413-WS  PICTURE X(8o)  VALUE " ... ".
PROCEDURE DIVISION.
ANFANG.
    OPEN I-O VERTRETER-DATEI-P.
    READ VERTRETER-DATEI-P, AT END MOVE 1 TO DATEI-ENDE-FELD.
    PERFORM VERARBEITUNG UNTIL DATEI-ENDE OR SATZ-ERSETZT.
    IF DATEI-ENDE,
        DISPLAY " DATEIENDE ERREICHT OHNE UEBEREINSTIMMUNG ZU FINDEN!".
    CLOSE VERTRETER-DATEI-P.
    STOP RUN.
VERARBEITUNG.
    IF KENNZAHL = 8413,
        REWRITE VERTRETER-SATZ FROM VERTRETER-INF-8413-WS,
        MOVE 1 TO SATZ-ERSETZT-FELD,
    ELSE
        READ VERTRETER-DATEI-P, AT END MOVE 1 TO DATEI-ENDE-FELD.
```

Es ist i.a. erlaubt, daß innerhalb eines COBOL-Programms ein und dieselbe Datei auf
verschiedene Arten verarbeitet wird - z.B. zunächst als Ausgabe-Datei und anschließend als Eingabe-Datei (vgl. nachfolgendes Programm). Natürlich muß die Datei jedes-
mal ordnungsgemäß abgeschlossen werden, bevor die Verarbeitungsart geändert wird.

Anwendungsbeispiel

Im Abschnitt 11.2 haben wir das Programm LISTE-DER-NAMEN-UND-ANREDEN zum Andrucken
der Vertreternamen incl. der zugehörigen Anreden erstellt, wobei die Informationen
nach den drei Einsatzgebieten des Unternehmens geordnet waren. Bei dem in 11.2 angegebenen Lösungsalgorithmus haben wir die Informationen für die drei Teillisten in
einem zweistufigen Tabellenbereich namens ZWISCHENSPEICHER-TAB zwischengespeichert.
Wir nehmen nun an, daß aus Kapazitätsgründen der Arbeitsspeicher nicht ausreicht, um
den Tabellenbereich aufzunehmen. Daher wollen wir die Informationen für die Teillisten in drei sequentiellen Platten-Dateien zwischenspeichern. Diese Platten-Dateien
vereinbaren wir in der FILE SECTION durch die drei Datei-Beschreibungen (i = 1,2,3):

```
FD  GEBIET-i
    LABEL RECORD STANDARD
    DATA RECORD NACHNAME-ANREDE-i.
o1  NACHNAME-ANREDE-i.
    o2  NACHNAME  PICTURE X(2o).
    o2  ANREDE    PICTURE 9.
```

Anstelle der ursprünglichen Tabellendeklaration vereinbaren wir die folgenden Felder
in der WORKING-STORAGE SECTION (vgl. S. 185):

```
77  ANREDE-KENNUNGS-FELD  PICTURE 9.
o1  NACHNAME-ANREDE.
    o2  NACHNAME  PICTURE X(2o).
    o2  ANREDE    PICTURE 9.
```

Den zugehörigen Lösungsalgorithmus stellen wir durch folgende Struktogramme dar (dabei geben wir schon die entsprechenden Kapitelnamen an, welche wir bei der Kodierung
verwenden werden):

Kapitel RAHMEN:

BEGINN	Eröffne die Datei VERTRETER-DATEI zur Eingabe und die Dateien GEBIET-1, GEBIET-2 und GEBIET-3 zur Ausgabe
	o ⟶ DATEI-ENDE-FELD
	Lies Record von VERTRETER-DATEI, bei Dateiende: 1 ⟶ DATEI-ENDE-FELD
	UNTIL Dateiende
	⟩ ZWISCHENSPEICHERUNG
	Schließe VERTRETER-DATEI, GEBIET-1, GEBIET-2 und GEBIET-3
	AUSGABE
	Beende den Programmlauf

Kapitel ZWISCHENSPEICHERUNG

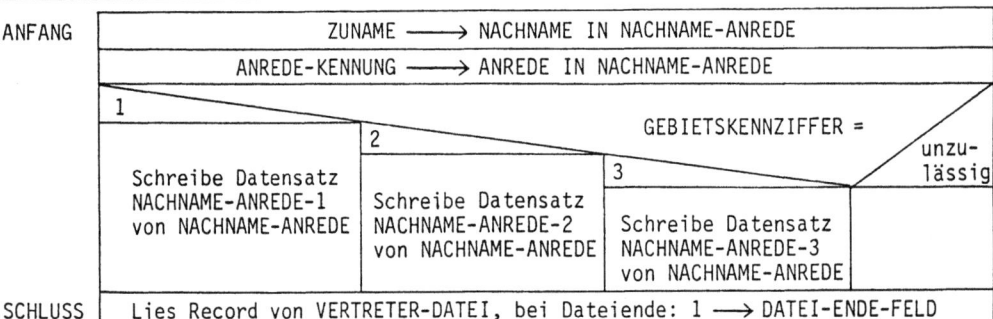

| ANFANG | ZUNAME ⟶ NACHNAME IN NACHNAME-ANREDE |
| | ANREDE-KENNUNG ⟶ ANREDE IN NACHNAME-ANREDE |

GEBIETSKENNZIFFER =

1	2	3	unzu-lässig
Schreibe Datensatz NACHNAME-ANREDE-1 von NACHNAME-ANREDE	Schreibe Datensatz NACHNAME-ANREDE-2 von NACHNAME-ANREDE	Schreibe Datensatz NACHNAME-ANREDE-3 von NACHNAME-ANREDE	

SCHLUSS | Lies Record von VERTRETER-DATEI, bei Dateiende: 1 ⟶ DATEI-ENDE-FELD

Kapitel AUSGABE

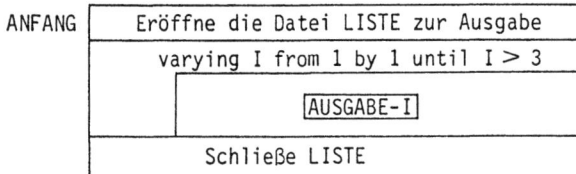

ANFANG	Eröffne die Datei LISTE zur Ausgabe
	varying I from 1 by 1 until I > 3
	AUSGABE-I
	Schließe LISTE

Kapitel AUSGABE-I

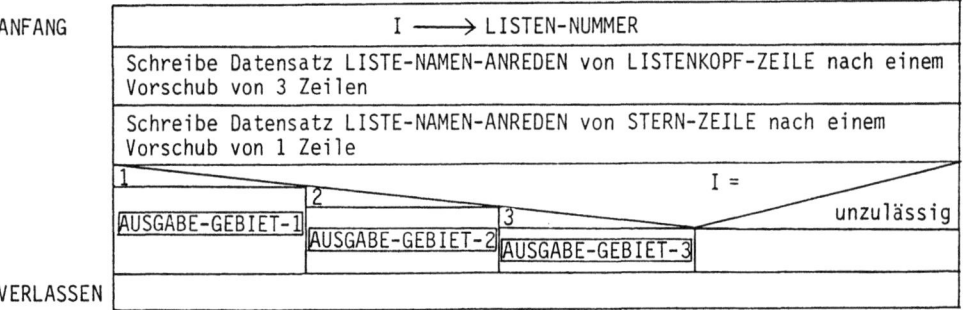

ANFANG	I ⟶ LISTEN-NUMMER
	Schreibe Datensatz LISTE-NAMEN-ANREDEN von LISTENKOPF-ZEILE nach einem Vorschub von 3 Zeilen
	Schreibe Datensatz LISTE-NAMEN-ANREDEN von STERN-ZEILE nach einem Vorschub von 1 Zeile

I =

1	2	3	unzulässig
AUSGABE-GEBIET-1	AUSGABE-GEBIET-2	AUSGABE-GEBIET-3	

VERLASSEN |

Kapitel AUSGABE-GEBIET-i (i=1,2,3)

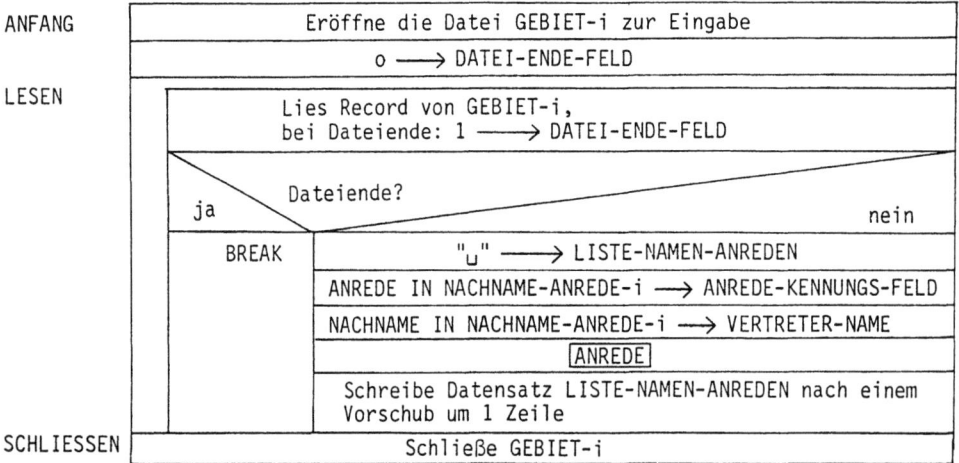

ANFANG	Eröffne die Datei GEBIET-i zur Eingabe
	o ⟶ DATEI-ENDE-FELD
LESEN	Lies Record von GEBIET-i, bei Dateiende: 1 ⟶ DATEI-ENDE-FELD

Dateiende?

ja	nein
BREAK	"␣" ⟶ LISTE-NAMEN-ANREDEN
	ANREDE IN NACHNAME-ANREDE-i ⟶ ANREDE-KENNUNGS-FELD
	NACHNAME IN NACHNAME-ANREDE-i ⟶ VERTRETER-NAME
	ANREDE
	Schreibe Datensatz LISTE-NAMEN-ANREDEN nach einem Vorschub um 1 Zeile

SCHLIESSEN | Schließe GEBIET-i

Kapitel ANREDE-SEC

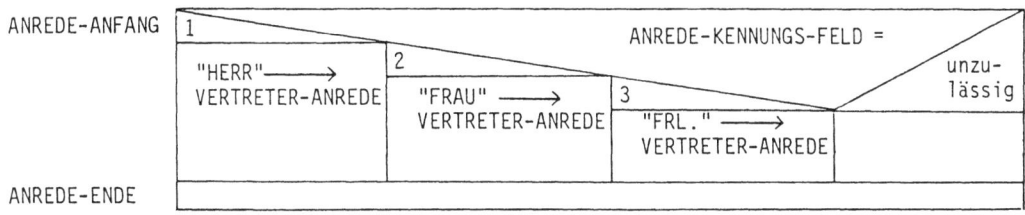

ANREDE-ANFANG

1 "HERR" ⟶ VERTRETER-ANREDE	ANREDE-KENNUNGS-FELD =
2 "FRAU" ⟶ VERTRETER-ANREDE	unzu-lässig
3 "FRL." ⟶ VERTRETER-ANREDE	

ANREDE-ENDE

Damit erhalten wir als Aufgabenlösung das folgende COBOL-Quellprogramm:

```
    IDENTIFICATION DIVISION.
    PROGRAM-ID.
        LISTE-DER-NAMEN-UND-ANREDEN.
*       GETRENNT NACH DEN 3 GEBIETEN
    ENVIRONMENT DIVISION.
    CONFIGURATION SECTION.
    SOURCE-COMPUTER.
        dva-name-1.
    OBJECT-COMPUTER.
        dva-name-2.
    INPUT-OUTPUT SECTION.
    FILE-CONTROL.
        SELECT VERTRETER-DATEI  ASSIGN TO SI.
        SELECT LISTE            ASSIGN TO LO.
        SELECT GEBIET-1         ASSIGN TO DIO1.
        SELECT GEBIET-2         ASSIGN TO DIO2.
        SELECT GEBIET-3         ASSIGN TO DIO3.
    DATA DIVISION.
    FILE SECTION.
    FD  VERTRETER-DATEI
        LABEL RECORD OMITTED
        DATA RECORD VERTRETER-INFORMATION.
    o1  VERTRETER-INFORMATION.
        o2  FILLER              PICTURE X(5).
        o2  GEBIETSKENNZIFFER   PICTURE 9.
        o2  ZUNAME              PICTURE X(2o).
        o2  FILLER              PICTURE X(2o).
        o2  ANREDE-KENNUNG      PICTURE 9.
        o2  FILLER              PICTURE X(33).
    FD  LISTE
        LABEL RECORD OMITTED
        DATA RECORD LISTE-NAMEN-ANREDEN.
    o1  LISTE-NAMEN-ANREDEN.
        o2  FILLER              PICTURE X(11).
        o2  VERTRETER-ANREDE    PICTURE X(4).
        o2  FILLER              PICTURE X.
        o2  VERTRETER-NAME      PICTURE X(2o).
        o2  FILLER              PICTURE X(97).
    FD  GEBIET-1
        LABEL RECORD STANDARD
        DATA RECORD NACHNAME-ANREDE-1.
    o1  NACHNAME-ANREDE-1.
        o2  NACHNAME  PICTURE X(2o).
        o2  ANREDE    PICTURE 9.
```

```
FD  GEBIET-2
    LABEL RECORD STANDARD
    DATA RECORD NACHNAME-ANREDE-2.
o1  NACHNAME-ANREDE-2.
    o2  NACHNAME  PICTURE X(2o).
    o2  ANREDE    PICTURE 9.
FD  GEBIET-3
    LABEL RECORD STANDARD
    DATA RECORD NACHNAME-ANREDE-3.
o1  NACHNAME-ANREDE-3.
    o2  NACHNAME  PICTURE X(2o).
    o2  ANREDE    PICTURE 9.
WORKING-STORAGE SECTION.
77  DATEI-ENDE-FELD  PICTURE 9.
    88  DATEI-ENDE  VALUE 1.
77  I  PICTURE 9.
77  ANREDE-KENNUNGS-FELD  PICTURE 9.
o1  NACHNAME-ANREDE.
    o2  NACHNAME  PICTURE X(2o).
    o2  ANREDE    PICTURE 9.
o1  LISTENKOPF-ZEILE.
    o2  LISTEN-NAME    PICTURE X(7)  VALUE "␣LISTE-".
    o2  LISTEN-NUMMER  PICTURE 9.
    o2  FILLER         PICTURE X(125)  VALUE SPACES.
o1  STERN-ZEILE.
    o2  FILLER  PICTURE X.
    o2  STERN   PICTURE X(132)  VALUE ALL "*".
PROCEDURE DIVISION.
RAHMEN SECTION.
BEGINN.
    OPEN INPUT VERTRETER-DATEI, OUTPUT GEBIET-1  GEBIET-2  GEBIET-3.
    MOVE ZERO TO DATEI-ENDE-FELD.
    READ VERTRETER-DATEI, AT END MOVE 1 TO DATEI-ENDE-FELD.
    PERFORM ZWISCHENSPEICHERUNG UNTIL DATEI-ENDE.
    CLOSE VERTRETER-DATEI GEBIET-1  GEBIET-2  GEBIET-3.
    PERFORM AUSGABE.
    STOP RUN.

ZWISCHENSPEICHERUNG SECTION.
ANFANG.
    MOVE ZUNAME TO NACHNAME IN NACHNAME-ANREDE.
    MOVE ANREDE-KENNUNG TO ANREDE IN NACHNAME-ANREDE.
    GO TO G-1  G-2  G-3  DEPENDING ON GEBIETSKENNZIFFER.
G-1.
    WRITE NACHNAME-ANREDE-1 FROM NACHNAME-ANREDE.
    GO TO SCHLUSS.
G-2.
    WRITE NACHNAME-ANREDE-2 FROM NACHNAME-ANREDE.
    GO TO SCHLUSS.
G-3.
    WRITE NACHNAME-ANREDE-3 FROM NACHNAME-ANREDE.
    GO TO SCHLUSS.
SCHLUSS.
    READ VERTRETER-DATEI, AT END MOVE 1 TO DATEI-ENDE-FELD.

AUSGABE SECTION.
ANFANG.
    OPEN OUTPUT LISTE.
    PERFORM AUSGABE-I  VARYING I FROM 1 BY 1 UNTIL I > 3.
    CLOSE LISTE.
```

```
AUSGABE-I SECTION.
ANFANG.
    MOVE I TO LISTEN-NUMMER.
    WRITE LISTE-NAMEN-ANREDEN FROM LISTENKOPF-ZEILE AFTER ADVANCING 3 LINES.
    WRITE LISTE-NAMEN-ANREDEN FROM STERN-ZEILE AFTER ADVANCING 1 LINE.
    GO TO A-1  A-2  A-3  DEPENDING ON I.
A-1.
    PERFORM AUSGABE-GEBIET-1.
    GO TO VERLASSEN.
A-2.
    PERFORM AUSGABE-GEBIET-2.
    GO TO VERLASSEN.
A-3.
    PERFORM AUSGABE-GEBIET-3.
    GO TO VERLASSEN.
VERLASSEN.
    EXIT.

AUSGABE-GEBIET-1 SECTION.
ANFANG.
    OPEN INPUT GEBIET-1.
    MOVE ZERO TO DATEI-ENDE-FELD.
LESEN.
    READ GEBIET-1, AT END MOVE 1 TO DATEI-ENDE-FELD.
    IF DATEI-ENDE,
       GO TO SCHLIESSEN IN AUSGABE-GEBIET-1,
    ELSE
       MOVE SPACES TO LISTE-NAMEN-ANREDEN,
       MOVE ANREDE IN NACHNAME-ANREDE-1 TO ANREDE-KENNUNGS-FELD,
       MOVE NACHNAME IN NACHNAME-ANREDE-1 TO VERTRETER-NAME,
       PERFORM ANREDE-SEC,
       WRITE LISTE-NAMEN-ANREDEN AFTER ADVANCING 1 LINE.
    GO TO LESEN IN AUSGABE-GEBIET-1.
SCHLIESSEN.
    CLOSE GEBIET-1.

AUSGABE-GEBIET-2 SECTION.
    :
    :
AUSGABE-GEBIET-3 SECTION.
    :
    :
```

> Die Programmzeilen dieser Kapitel stimmen
> - bis auf die Ersetzung von "-1" durch
> "-2" bzw. "-3" - mit den Programmzeilen
> vom Kapitel AUSGABE-GEBIET-1 überein.

```
ANREDE-SEC SECTION.
ANREDE-ANFANG.
    GO TO AN-1  AN-2  AN-3  DEPENDING ON ANREDE-KENNUNGS-FELD.
AN-1.
    MOVE "HERR" TO VERTRETER-ANREDE.
    GO TO ANREDE-ENDE.
AN-2.
    MOVE "FRAU" TO VERTRETER-ANREDE.
    GO TO ANREDE-ENDE.
AN-3.
    MOVE "FRL." TO VERTRETER-ANREDE.
    GO TO ANREDE-ENDE.
ANREDE-ENDE.
    EXIT.
```

12.3 Relative Datei-Organisation

Organisationsform und Zugriffs-Methode

Ein entscheidender Nachteil bei der sequentiellen Datei-Organisation besteht darin,
daß der Zugriff auf einen speziellen Satz nur über das zusätzliche Einlesen aller vor
ihm abgespeicherten Records möglich ist. Will man bei speziellen Anwendungen (aus
Gründen der Zeitersparnis) auf jeden beliebigen Record direkt zugreifen können, so
muß eine andere Organisationsform gewählt werden.
Die physikalische Voraussetzung für einen Direktzugriff ist die Abspeicherung der
Datei auf einem Direktzugriffs-Medium wie z.B. dem Magnetplattenspeicher.

Als eine der möglichen Datei-Organisationsformen für den Direktzugriff wollen wir in
diesem Abschnitt die relative Organisation (ORGANIZATION IS RELATIVE) kennenlernen.
Diese Organisationsform ist erstmalig mit dem Standard ANSI-74 genormt worden und
wird von den meisten Kompilierern unterstützt.
Bei dieser Organisation ist die Position jedes Records durch seine relative Lage zum
Dateianfang bestimmt. Jeder Record ist daher eindeutig durch seine Positionsnummer
(relative key) identifizierbar. Die Positionsnummer des ersten Datensatzes wird durch
den Wert 1 und die des n-ten Satzes durch den Wert n spezifiziert.
Eine relativ organisierte Datei (relative file) können wir uns somit als einstufige
Tabelle auf dem Magnetplattenspeicher vorstellen, bei der wir über die Positionsnummer auf das entsprechende Tabellenelement, d.h. auf den jeweils zugeordneten Record
zugreifen können. Die physikalische Ablage der Records impliziert folglich keine
logische Reihenfolge bzgl. der Verarbeitung mehr.

Deklaration von Datei-Organisation und Zugriffs-Methode

Bei der Bearbeitung einer relativ organisierten Datei wird vorwiegend der Random-
Zugriff, d.h. die wahlweise Zugriffs-Methode RANDOM (ACCESS MODE IS RANDOM) verwendet.[*] Will man mit dieser Methode auf einen Record zugreifen, so muß die entsprechende Positionsnummer vorher in einem speziellen ganzzahlig numerischen Datenfeld
bereitgestellt werden.[**] Der Name dieses Felds muß in der RELATIVE-Klausel in der
Form:

```
RELATIVE KEY IS relative-key-feld.
```

eingetragen sein, und im Paragraphen FILE-CONTROL muß die der relativ organisierten
Datei zugeordnete SELECT-Klausel um die folgende Eintragung ergänzt werden:

```
ORGANIZATION IS RELATIVE
ACCESS MODE IS RANDOM
RELATIVE KEY IS relative-key-feld.
```

---

[*] Auf die Darstellung der sequentiellen Zugriffs-Methode (SEQUENTIAL) verzichten
wir aus Platzgründen.

[**] Bei der Verwaltung der Positionsnummern muß darauf geachtet werden, daß die Anzahl der in einer Datei speicherbaren Records beschränkt ist.

Wollen wir z.B. unsere Vertreterdaten zur langfristigen Lagerung in einer relativ organisierten Platten-Datei namens VERTRETER-DATEI-P abspeichern, so deklarieren wir:

```
FILE-CONTROL.
    SELECT VERTRETER-DATEI-P  ASSIGN TO DO
    ORGANIZATION IS RELATIVE
    ACCESS MODE IS RANDOM
    RELATIVE KEY IS KEY-FELD.
```

Dabei muß das Datenfeld KEY-FELD innerhalb der WORKING-STORAGE SECTION als ganzzahlig numerisches Feld vereinbart werden, z.B. durch:

```
77 KEY-FELD  PICTURE 9(4).
```

Verarbeitungsformen

Bei der Verarbeitung einer relativ organisierten Datei mit dem Random-Zugriff adressieren wir die Records (genau wie beim Zugriff auf Tabellenelemente) über eine Positionsnummer, welche wir zuvor in dem Datenfeld relative-key-feld bereitstellen müssen (wir sprechen abkürzend von der "Positionsnummer r-k-f"). Im Gegensatz zur Tabellenverarbeitung im Hauptspeicher müssen wir jedoch beachten, daß man Records "logisch" löschen kann, so daß ein späterer lesender Zugriff auf diese Sätze nicht mehr möglich ist.[*] Allerdings darf man anschließend wieder neue Sätze an diese Positionen eintragen.

Beim Random-Zugriff können wir eine relativ organisierte Datei mit den folgenden Anweisungen als Ausgabe-, Eingabe- oder Update-Datei verarbeiten:

COBOL-Anweisung	Bedeutung
OPEN OUTPUT dateiname ...	Eröffnen als Ausgabe-Datei
OPEN INPUT dateiname ...	Eröffnen als Eingabe-Datei
OPEN I-O dateiname ...	Eröffnen als Update-Datei
READ dateiname RECORD [INTO bezeichner] INVALID KEY unb-anw-1 [unb-anw-2] ...	Einlesen des Records mit der Positionsnummer r-k-f - ist dieser Record nicht in der Datei vorhanden, so werden die Anweisungen der INVALID-KEY-Klausel ausgeführt
WRITE datensatzname [FROM bezeichner] INVALID KEY unb-anw-1 [unb-anw-2] ...	Schreiben des Records datensatzname an die Position r-k-f - ist an dieser Position bereits ein Satz eingetragen oder liegt die Position außerhalb der Datei, so werden die Anweisungen der INVALID-KEY-Klausel ausgeführt.

---

[*] Dazu muß in der Datensatz-Beschreibung des Records i.a. ein zusätzliches Byte am Satzanfang vorgesehen werden, welches vom Betriebssystem automatisch verwaltet wird.

COBOL-Anweisung	Bedeutung
<u>REWRITE</u> datensatzname ⌈<u>FROM</u> bezeichner⌉ <u>INVALID</u> KEY unb-anw-1 ⌊unb-anw-2⌋ ...	Ersetzen (überschreiben) des alten Records an der Position r-k-f durch den Record datensatzname (gleiche Länge!) - ist an dieser Position kein Satz vorhanden, so werden die Anweisungen der INVALID-KEY-Klausel ausgeführt
<u>DELETE</u> dateiname RECORD <u>INVALID</u> KEY unb-anw-1 ⌊unb-anw-2⌋ ...	"Logisches" Löschen des Records an der Position r-k-f - ist an dieser Position kein Satz vorhanden, so werden die Anweisungen der INVALID-KEY-Klausel ausgeführt
<u>CLOSE</u> dateiname ...	Abschließen der Verarbeitung

Beim Aufbau einer relativ organisierten Datei müssen wir diese Datei zur Ausgabe eröffnen (OPEN OUTPUT), um anschließend die Records durch WRITE-Anweisungen eintragen zu können.

Sollen nun einzelne Records einer bestehenden relativ organisierten Datei gelesen werden, so verarbeitet man diese Datei als Eingabe-Datei. Dazu sind nach der Eröffnung (OPEN INPUT) entsprechende READ-Anweisungen zu kodieren.

Will man den Inhalt einer relativ organisierten Datei verändern, so muß man diese Datei als Update-Datei verarbeiten. Nach der Eröffnung (OPEN I-O) darf man dann vorhandene Records ersetzen (REWRITE) oder auch löschen (DELETE). Ferner dürfen neue Records eingetragen (WRITE) und vorhandene Records gelesen (READ) werden.

Wir wollen nun die Vertreterdaten in der relativ organisierten Platten-Datei VERTRETER-DATEI-P abspeichern. Dabei setzen wir voraus, daß höchstens 6oo Vertretersätze existieren und daß die Kennzahlen je zweier Vertreter sich in den ersten drei Ziffern unterscheiden. Demzufolge wählen wir die folgende Ablagestrategie:
Wir ordnen jedem Record die Positionsnummer zu, welche durch die ersten drei Ziffern seiner Kennzahl beschrieben wird. Um keinen Speicherplatz zu verschenken, berücksichtigen wir noch, daß die aus den ersten drei Ziffern gebildeten Zahlen stets größer als der Wert 1oo sind.
Somit werden bei der Ablage in der relativ organisierten Datei VERTRETER-DATEI-P von den 899 (= 999 - 1oo) möglichen Positionsnummern nur höchstens 6oo mit Records belegt. Das Verhältnis des tatsächlich belegten Speicherbereichs (max. 6oo Records) zum für die Datei zu reservierenden Speicherbereich (899 Records) fällt also nicht besonders günstig aus. Dieses Mißverhältnis akzeptieren wir jedoch im Hinblick auf

die Möglichkeiten des Direktzugriffs.

Zur Erstellung der Datei VERTRETER-DATEI-P kodieren wir das folgende Programm (wobei wir für die Records dieser Datei kein zusätzliches Byte am Satzanfang vorsehen, vgl. die Fußnote auf der S. 2o1):

```
      :
 FILE-CONTROL.
     SELECT VERTRETER-DATEI  ASSIGN TO SI.
     SELECT VERTRETER-DATEI-P  ASSIGN TO DO
     ORGANIZATION IS RELATIVE
     ACCESS MODE IS RANDOM
     RELATIVE KEY IS KEY-FELD.
 DATA DIVISION.
 FILE SECTION.
 FD  VERTRETER-DATEI
     LABEL RECORD OMITTED
     DATA RECORD VERTRETER-INFORMATION.
 o1  VERTRETER-INFORMATION.
     o2 POS     PICTURE 999.
     o2 FILLER  PICTURE X(77).
 FD  VERTRETER-DATEI-P
     LABEL RECORD STANDARD
     DATA RECORD PLATTEN-SATZ.
 o1  PLATTEN-SATZ PICTURE X(8o).
 WORKING-STORAGE SECTION.
 77  DATEI-ENDE-FELD  PICTURE 9  VALUE ZERO.
     88  DATEI-ENDE  VALUE 1.
 77  KEY-FELD  PICTURE 9(4).
 PROCEDURE DIVISION.
 BEGINN.
     OPEN INPUT VERTRETER-DATEI, OUTPUT VERTRETER-DATEI-P.
     READ VERTRETER-DATEI, AT END MOVE 1 TO DATEI-ENDE-FELD.
     PERFORM AUSGABE UNTIL DATEI-ENDE.
     CLOSE VERTRETER-DATEI  VERTRETER-DATEI-P.
     STOP RUN.
 AUSGABE.
     SUBTRACT 1oo FROM POS GIVING KEY-FELD.
     WRITE PLATTEN-SATZ FROM VERTRETER-INFORMATION, INVALID KEY PERFORM FEHLER.
     READ VERTRETER-DATEI, AT END MOVE 1 TO DATEI-ENDE-FELD.
 FEHLER.
     DISPLAY "⊔FEHLER:" ...
```

Soll z.B. zu einem späteren Zeitpunkt für den Vertreter mit der Kennzahl 2413 der Inhalt des Felds VERTRETER-INF-2413 als neuer Record in die Datei VERTRETER-DATEI-P eingefügt werden, so kann dies durch ein Programm mit folgender PROCEDURE DIVISION geschehen:

```
 PROCEDURE DIVISION.
 BEGINN.
     OPEN I-O VERTRETER-DATEI-P.
     MOVE 141 TO KEY-FELD.
 * DA 241 MINUS 1oo GLEICH 141 IST
     WRITE PLATTEN-SATZ FROM VERTRETER-INF-2413, INVALID KEY PERFORM FEHLER.
     CLOSE VERTRETER-DATEI-P.
     STOP RUN.
 FEHLER.
     DISPLAY "⊔FEHLER:" ...
```

Die relative Datei-Organisation ist besonders geeignet, wenn
- die Positionsnummer eines Records direkt oder durch eine einfache Rechnung ermittelt werden kann und
- das Verhältnis zwischen den genutzten und ungenutzten Positionsnummern im Hinblick auf die Möglichkeiten des Direktzugriffs vertretbar ist, d.h. falls nur ein geringer Bereich des reservierten Magnetplattenspeichers nicht mit Sätzen gefüllt wird.

Bei vielen Anwendungen liegt jedoch die folgende Situation vor:
- der Inhalt des Schlüssel-Felds, welches den Record charakterisiert, besteht entweder nicht nur aus Ziffern oder
- es gibt keinen geeigneten Algorithmus zur Berechnung von eindeutigen Positionsnummern, d.h. es besteht die Möglichkeit, daß zwei verschiedene Records auf dieselbe Positionsnummer abgebildet werden können.[*]
Soll in diesen Fällen dennoch ein direkter Zugriff auf die einzelnen Datensätze möglich sein, so muß die index-sequentielle Datei-Organisation als Ablageform gewählt werden. Bei dieser Organisation darf nämlich als Schlüssel-Feld ein alphanumerisches Datenfeld auftreten - gegenüber einem rein numerischen Feld beim Zugriff auf eine relativ organisierte Datei.

12.4 Index-sequentielle Datei-Organisation

Organisationsform und Zugriffs-Methode

Ist die relative Datei-Organisation aus Speicherplatzgründen für die Ablage von Direktzugriffs-Sätzen ungeeignet oder handelt es sich bei den Satz-Schlüsseln um alphanumerische Informationen, so kann man die Abspeicherung in Form einer <u>index-sequentiellen</u> Datei-Organisationsform (<u>ORGANIZATION</u> IS <u>INDEXED</u>) wählen. Diese Organisationsform kann gleichfalls nur auf einem Direktzugriffs-Medium wie z.B. dem Magnetplattenspeicher realisiert werden.
Bei dieser Zugriffs-Methode wird jedem Record ein eindeutiger <u>Satz-Schlüssel</u> zugeordnet, welcher in einem speziellen alphanumerischen <u>Schlüssel-Feld</u> (record key) innerhalb des Records abgespeichert ist.[**] Alle Datensätze, welche in die Datei eingespeichert werden, müssen daher verschiedene Satz-Schlüssel besitzen.

Bei der Einrichtung einer index-sequentiell organisierten Datei (indexed file) wird vom Betriebssystem eine Schlüssel-Tabelle angelegt, in welche jeder Satz-Schlüssel zusammen mit der entsprechenden Speicheradresse des zugehörigen Records eingetragen wird. Die Satz-Schlüssel werden dabei i.a. in aufsteigender Sortierfolge-Ordnung gespeichert.
Jedem Zugriff auf einen Record geht die Identifizierung der in der Tabelle abgelegten Speicheradresse voraus. Der Zugriff erfolgt also nicht wie bei relativ organisierten

---

[*] Dieses Problem ist z.B. durch die Verkettung von Sätzen unter Einsatz von sog. Hash-Algorithmen möglich.

[**] I.a. darf die Länge eines Satz-Schlüssels bis zu 255 Bytes betragen.

Dateien durch direkte sondern durch eine indirekte Adressierung der Records. Vor jedem Direktzugriff muß das Betriebssystem den entsprechenden Satz-Schlüssel in der
Schlüssel-Tabelle suchen. Um diesen Suchprozeß bei größeren Datenbeständen effizient
zu gestalten, wird die Schlüssel-Tabelle i.a. in mehrere Tabellen zergliedert. In
jedem Fall ist der Direktzugriff auf einen Record intern mit einem Tabellen-Suchpro-
zeß verbunden. Der Zugriff bei der index-sequentiellen Speicherung ist also zeitauf-
wendiger als bei der relativen Datei-Organisation. Dafür wird bei der Ablage der
Records aber kein Speicherplatz verschenkt.*) Bei der Errichtung einer index-sequentiellen Datei werden nämlich i.a. alle Sätze in der Abfolge ihrer Eingabe hintereinander in die Datei eingespeichert - die Records müssen bzgl. ihrer Satz-Schlüssel
deshalb in aufsteigender Sortierfolge-Ordnung vorliegen.

Als Zugriffs-Methoden für index-sequentiell organisierte Dateien sind der sequentielle
Zugriff (ACCESS MODE IS SEQUENTIAL) und der Random-Zugriff (ACCESS MODE IS RANDOM)
möglich.

Vom Programmierer ist der sequentielle Zugriff dann vorzusehen, wenn eine Datei ein-
gerichtet wird oder wenn die Datensätze in der durch die Satz-Schlüssel implizierten
Reihenfolge verarbeitet werden sollen. Wird eine Datei als Update-Datei eröffnet, so
können beim sequentiellen Lesen einzelne Records "logisch" gelöscht oder durch neue
Sätze mit denselben Satz-Schlüsseln ersetzt werden.
Den Random-Zugriff muß man dann vorsehen, wenn bei einer Update-Datei gezielt einzelne
Sätze gelesen, ersetzt, gelöscht oder zusätzliche Records eingespeichert werden sollen.

Deklaration von Datei-Organisation und Zugriffs-Methode
Bei der Eintragung im Paragraphen FILE-CONTROL müssen für eine index-sequentielle
Datei die folgenden Klauseln als Ergänzung der SELECT-Klausel kodiert werden:**)

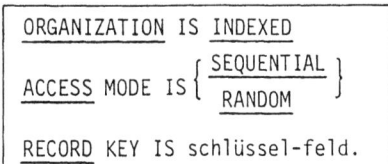

```
ORGANIZATION IS INDEXED
                     ⎧ SEQUENTIAL ⎫
ACCESS MODE IS ⎨            ⎬
                     ⎩ RANDOM     ⎭
RECORD KEY IS schlüssel-feld.
```

Das Datenfeld schlüssel-feld enthält den Satz-Schlüssel für den Datei-Zugriff. Dieses
Feld muß alphanumerisch und innerhalb der Datensatz-Beschreibung deklariert sein, welche die Record-Struktur der index-sequentiell organisierten Datei beschreibt.

---

*) Allerdings werden vom Betriebssystem zusätzlich sog. Überlaufblöcke eingerichtet.
**) Bei Kompilierern, welche nicht den Sprachumfang des Standards ANSI-74 beherrschen,
    muß man gegebenenfalls zusätzlich die Klausel
        SYMBOLIC KEY IS symbolic-key-feld
    oder
        NOMINAL KEY IS nominal-key-feld
    eintragen. Das Feld symbolic-key-feld bzw. nominal-key-feld muß innerhalb der
    WORKING-STORAGE SECTION definiert sein und vor speziellen Datei-Zugriffen mit
    dem jeweiligen Satz-Schlüssel besetzt werden.

Wollen wir z.B. unsere Vertreterdaten in einer index-sequentiell organisierten Platten-Datei namens VERTRETER-DATEI-P abspeichern (mit der sequentiellen Zugriffs-Methode), so deklarieren wir:

```
FILE-CONTROL.
    SELECT VERTRETER-DATEI-P  ASSIGN TO DO
    ORGANIZATION IS INDEXED
    ACCESS MODE IS SEQUENTIAL
    RECORD KEY IS KENNZAHL IN PLATTEN-SATZ.
```

Dabei ist PLATTEN-SATZ der Datensatzname, welcher die Record-Struktur der Datei VERTRETER-DATEI-P beschreibt, und KENNZAHL ein diesem Datensatz untergeordnetes alphanumerisches Datenfeld, welches den jeweiligen Satz-Schlüssel enthält.

Der sequentielle Zugriff

Mit der sequentiellen Zugriffs-Methode kann eine index-sequentiell organisierte Datei als Ausgabe-, als Eingabe- oder als Update-Datei verarbeitet werden.

Bearbeitung als Ausgabe-Datei (sequentieller Zugriff):	
COBOL-Anweisung	Bedeutung
OPEN OUTPUT dateiname ...	Eröffnen zur Ausgabe
WRITE datensatzname [FROM bezeichner] INVALID KEY unb-anw-1 [unb-anw-2]...	Schreiben des Records datensatzname
CLOSE dateiname ...	Abschließen der Verarbeitung

Bei der Einrichtung einer index-sequentiell organisierten Datei müssen die Records stets in aufsteigender Schlüssel-Sortierfolge in die Datei eingetragen werden. Wird diese Sortierfolge unterbrochen bzw. kommt ein Satz-Schlüssel doppelt vor, so werden die in der INVALID-KEY-Klausel kodierten unbedingten Anweisungen ausgeführt. Diese Anweisungen werden auch dann aktiviert, wenn der für die Datei reservierte Speicherbereich ausgeschöpft ist und der aktuelle Record nicht mehr in die Datei übertragen werden kann.

Bearbeitung als Eingabe-Datei (sequentieller Zugriff):	
COBOL-Anweisung	Bedeutung
OPEN INPUT dateiname ...	Eröffnen zur Eingabe
START dateiname *) INVALID KEY unb-anw-1 [unb-anw-2]...	Positionieren auf den Record, dessen Schlüssel sich im Schlüssel-Feld befindet - ist zu diesem Schlüssel kein Record in der Datei vorhanden, so werden die Anweisungen der INVALID-KEY-Klausel ausgeführt

*) Mit der nächsten READ-Anweisung wird der Datensatz, auf den so positioniert wurde, eingelesen.

COBOL-Anweisung	Bedeutung
<u>READ</u> dateiname RECORD [<u>INTO</u> bezeichner] AT <u>END</u> unb-anw-1 [unb-anw-2]...	Einlesen des nächsten Records - beim Errei- chen des Dateiendes werden die Anweisungen der AT-END-Klausel ausgeführt
<u>CLOSE</u> dateiname ...	Abschließen der Verarbeitung

Bei der Ausführung der ersten READ-Anweisung wird stets der erste Record eingelesen -
es sei denn, daß durch eine vorausgehende START-Anweisung auf einen anderen Record
positioniert wurde.[*] Durch jede nachfolgende READ-Anweisung wird immer der jeweils
nächste Record eingelesen, d.h. der Record mit dem (in der Sortierfolge-Ordnung) nachfolgenden Satz-Schlüssel. Dabei darf der Einlesevorgang jederzeit durch die Ausführung
einer START-Anweisung unterbrochen und die Verarbeitung an einer anderen Stelle fortgesetzt werden.

Sollen bei einer index-sequentiell organisierten Datei einzelne Records "logisch"
gelöscht[**] oder alte Sätze durch neue Records ersetzt (überschrieben) werden, so muß
man die Datei als Update-Datei verarbeiten.

<u>Bearbeitung als Update-Datei (sequentieller Zugriff):</u>

COBOL-Anweisung	Bedeutung
<u>OPEN</u> I-O dateiname ...	Eröffnen als Update-Datei
<u>START</u> dateiname <u>INVALID</u> KEY unb-anw-1 [unb-anw-2]...	Positionieren auf den Record, dessen Schlüs- sel sich im Schlüssel-Feld befindet - ist zu diesem Schlüssel kein Record in der Datei vorhanden, so werden die Anweisungen der INVALID-KEY-Klausel ausgeführt
<u>READ</u> dateiname RECORD [<u>INTO</u> bezeichner] AT <u>END</u> unb-anw-1 [unb-anw-2]...	Einlesen des in der Schlüssel-Folge nächsten Records - beim Erreichen des Dateiendes wer- den die Anweisungen der AT-END-Klausel aus- geführt
<u>REWRITE</u> datensatzname [<u>FROM</u> bezeichner] <u>INVALID</u> KEY unb-anw-1 [unb-anw-2]...	Ersetzen (überschreiben) des Records, wel- cher durch die vorausgehende READ-Anweisung eingelesen wurde, durch den Record datensatzname (gleiche Satzlänge!) - falls der Schlüssel des neuen Records nicht mit

*) Der erste Record ist der Satz mit dem (in der Sortierfolge-Ordnung) kleinsten
   Satz-Schlüssel.

**) Um das "logische" Löschen von Records zu ermöglichen, muß in der Datensatz-Be-
    schreibung des Records i.a. ein zusätzliches Byte am Satzanfang vorgesehen werden,
    welches vom Betriebssystem automatisch verwaltet wird.

COBOL-Anweisung	Bedeutung
	dem alten Schlüssel übereinstimmt, werden die Anweisungen der INVALID-KEY-Klausel ausgeführt
<u>DELE</u>TE dateiname RECORD	"Logisches" Löschen des Records, welcher durch das vorausgehende READ eingelesen wurde
<u>CLOSE</u> dateiname ...	Abschließen der Verarbeitung

Geht der ersten READ-Anweisung keine START-Anweisung voraus, so wird automatisch der erste und durch jede weitere READ-Anweisung immer der jeweils nächste Record eingelesen. Der Einlesevorgang kann jederzeit durch die Ausführung einer START-Anweisung unterbrochen und die Verarbeitung an einer anderen Stelle fortgesetzt werden.

Jeder eingelesene Record darf durch eine nachfolgende DELETE-Anweisung "logisch" gelöscht oder über eine REWRITE-Anweisung durch einen anderen (gleich langen!) Satz mit demselben Satz-Schlüssel ersetzt werden. I.a. muß man die Sätze einer Datei in eine andere Datei übertragen (Kopieren einer Datei), wenn "logisch" gelöschte Records auch "physikalisch" gelöscht werden sollen.

Generell ist der sequentielle Zugriff auf eine Update-Datei nur dann sinnvoll, falls man sehr viele Records verarbeiten will.

Als Anwendungsfall für die sequentielle Bearbeitung einer index-sequentiell organisierten Datei wollen wir nun die Errichtung unserer Platten-Datei VERTRETER-DATEI-P demonstrieren. Als Schlüssel-Feld unseres Records wählen wir das Datenfeld, in welchem die Kennzahl des Vertreters abgespeichert ist. Sind die Records aufsteigend nach den Kennzahlen geordnet, so können wir z.B. das folgende Programm angeben:

```
          :
          :
    FILE-CONTROL.
        SELECT VERTRETER-DATEI  ASSIGN TO SI.
        SELECT VERTRETER-DATEI-P  ASSIGN TO DO
        ORGANIZATION IS INDEXED
        ACCESS MODE IS SEQUENTIAL
        RECORD KEY IS KENNZAHL IN PLATTEN-SATZ.
    DATA DIVISION.
    FILE SECTION.
    FD  VERTRETER-DATEI-P
        LABEL RECORD STANDARD
        DATA RECORD PLATTEN-SATZ.
    o1  PLATTEN-SATZ.
        o2 FILLER    PICTURE X.
  *     BYTE FUERS BETRIEBSSYSTEM ZUR KENNZEICHNUNG EINER LOESCHUNG
        o2 KENNZAHL  PICTURE X(4).
        o2 FILLER    PICTURE X(76).
```

```
FD  VERTRETER-DATEI
    LABEL RECORD OMITTED
    DATA RECORD VERTRETER-INFORMATION.
o1  VERTRETER-INFORMATION.
    o2 KENNZAHL  PICTURE X(4).
    o2 FILLER    PICTURE X(76).
WORKING-STORAGE SECTION.
77 DATEI-ENDE-FELD PICTURE 9 VALUE ZERO.
    88 DATEI-ENDE  VALUE 1.
o1 PLATTEN-SATZ-WS.
    o2 FILLER               PICTURE X  VALUE SPACE.
    o2 PLATTEN-SATZ-WS-INF  PICTURE X(8o).
PROCEDURE DIVISION.
BEGINN.
    OPEN INPUT VERTRETER-DATEI, OUTPUT VERTRETER-DATEI-P.
    READ VERTRETER-DATEI  INTO PLATTEN-SATZ-WS-INF,
        AT END MOVE 1 TO DATEI-ENDE-FELD.
    PERFORM AUSGABE  UNTIL DATEI-ENDE.
    CLOSE VERTRETER-DATEI  VERTRETER-DATEI-P.
    STOP RUN.
AUSGABE.
    WRITE PLATTEN-SATZ  FROM PLATTEN-SATZ-WS, INVALID KEY PERFORM FEHLER.
    READ VERTRETER-DATEI  INTO PLATTEN-SATZ-WS-INF,
        AT END MOVE 1 TO DATEI-ENDE-FELD.
FEHLER.
    DISPLAY "_FEHLER: ... " ... .
```

Der Random-Zugriff

Sollen nur wenige Records einer index-sequentiell organisierten Datei geändert oder gelöscht werden, so sollte man den Random-Zugriff wählen. Diese Zugriffsart ist ferner notwendig, falls weitere Records in eine vorhandene Datei eingetragen oder gezielt einzelne Records gelesen werden sollen.

Wollen wir die index-sequentielle Datei VERTRETER-DATEI-P mit dem Random-Zugriff bearbeiten, so müssen wir kodieren:

```
FILE-CONTROL.
    SELECT VERTRETER-DATEI-P  ASSIGN TO DI
    ORGANIZATION IS INDEXED
    ACCESS MODE IS RANDOM
    RECORD KEY IS KENNZAHL IN PLATTEN-SATZ.
```

Mit dem Random-Zugriff kann man eine Datei entweder als Eingabe- oder als Update-Datei verarbeiten.

Bearbeitung als Eingabe-Datei (Random-Zugriff):

COBOL-Anweisung	Bedeutung
OPEN INPUT dateiname ...	Eröffnen zur Eingabe
READ dateiname RECORD [INTO bezeichner] INVALID KEY unb-anw-1 [unb-anw-2]...	Einlesen des Records, dessen Schlüssel sich im Schlüssel-Feld befindet - ist kein Record mit diesem Schlüssel in der Datei vorhanden,

COBOL-Anweisung	Bedeutung
	so werden die Anweisungen der INVALID-KEY-Klausel ausgeführt
CLOSE dateiname ...	Abschließen der Verarbeitung

Bearbeitung als Update-Datei (Random-Zugriff):

COBOL-Anweisung	Bedeutung
OPEN I-O dateiname ...	Eröffnen als Update-Datei
READ dateiname RECORD [INTO bezeichner] INVALID KEY unb-anw-1 [unb-anw-2] ...	Einlesen des Records, dessen Schlüssel sich im Schlüssel-Feld befindet - ist kein Record mit diesem Schlüssel in der Datei vorhanden, so werden die Anweisungen der INVALID-KEY-Klausel ausgeführt
WRITE datensatzname [FROM bezeichner] INVALID KEY unb-anw-1 [unb-anw-2] ...	Schreiben des Records datensatzname - ist bereits ein Record mit dem im Schlüssel-Feld enthaltenen Schlüssel in der Datei vorhanden oder ist der für die Datei reservierte Speicherbereich ausgeschöpft, so werden die Anweisungen der INVALID-KEY-Klausel ausgeführt
REWRITE datensatzname [FROM bezeichner] INVALID KEY unb-anw-1 [unb-anw-2] ...	Ersetzen (überschreiben) des alten Records, der durch den Schlüssel im Schlüssel-Feld gekennzeichnet ist, durch den Record datensatzname (gleiche Satzlänge!) - ist unter diesem Schlüssel kein Record in der Datei vorhanden, so werden die Anweisungen der INVALID-KEY-Klausel ausgeführt
DELETE dateiname RECORD INVALID KEY unb-anw-1 [unb-anw-2] ...	"Logisches" Löschen des Records, der durch den Schlüssel im Schlüssel-Feld gekennzeichnet wird - ist unter diesem Schlüssel kein Record in der Datei vorhanden, so werden die Anweisungen der INVALID-KEY-Klausel ausgeführt
CLOSE dateiname ...	Abschließen der Verarbeitung

Mit der WRITE-Anweisung ist also ein gezieltes Überschreiben von vorhandenen Sätzen nicht möglich - für einen derartigen Vorgang muß stets die REWRITE-Anweisung kodiert werden.

Als Anwendungsbeispiel wollen wir auf unsere index-sequentiell organisierte Datei
VERTRETER-DATEI-P zugreifen und dazu ein Programm mit folgendem Leistungsumfang erstellen:

Die Records der Lochkarten-Datei STEUER-KARTEN sollen in den Spalten 1 bis 4 die Vertreterkennzahl und in Spalte 5 eine Anforderung in Form der folgenden Kodes enthalten:

    1 : Löschen

    2 : Einfügen

    3 : Einlesen und Ausdrucken   des Records mit der kodierten Kennzahl   *)

    4 : Ersetzen

Bei den Kodes 2 und 4 enthalten die Spalten 6 bis 8o zusätzlich die entsprechenden
Vertreterdaten gemäß der Record-Struktur, welche den Datensätzen der Datei
VERTRETER-DATEI-P zugrundeliegt (bei der Eintragung in die Datei muß der Wert 2 bzw.
4 durch ein Leerzeichen ersetzt werden).

Die Datei STEUER-KARTEN kann dann z.B. durch das folgende Programm verarbeitet werden:

```
          :
          :
     FILE-CONTROL.
         SELECT STEUER-KARTEN  ASSIGN TO SI.
         SELECT VERTRETER-DATEI-P  ASSIGN TO DI
         ORGANIZATION IS INDEXED
         ACCESS MODE IS RANDOM
         RECORD KEY IS KENNZAHL IN PLATTEN-SATZ.
         SELECT LISTE  ASSIGN TO LO.
     DATA DIVISION.
     FILE SECTION.
     FD  VERTRETER-DATEI-P
         LABEL RECORD STANDARD
         DATA RECORD PLATTEN-SATZ.
     o1  PLATTEN-SATZ.
         o2 LOESCH-BYTE  PICTURE X.
 *       BYTE FUERS BETRIEBSSYSTEM ZUR KENNZEICHNUNG EINER LOESCHUNG
         o2  PLATTEN-SATZ-INF.
             o3  KENNZAHL  PICTURE X(4).
             o3  FILLER    PICTURE X(76).
     FD  STEUER-KARTEN
         LABEL RECORD OMITTED
         DATA RECORD STEUER-KARTEN-SATZ.
     o1  STEUER-KARTEN-SATZ.
         o2  KENNZAHL  PICTURE X(4).
         o2  KENNUNG    PICTURE 9.
         o2  KENNUNG-ALPHA  REDEFINES KENNUNG  PICTURE X.
 *       DIESE REDEFINITION WIRD DURCHGEFUEHRT, UM BEIM EINFUEGEN UND ERSETZEN
 *       DEN INHALT DES FELDS KENNUNG MIT EINEM LEERZEICHEN ZU LOESCHEN
         o2  FILLER    PICTURE X(75).
     FD  LISTE
         LABEL RECORD OMITTED
         DATA RECORD LISTEN-SATZ.
     o1  LISTEN-SATZ  PICTURE X(132).
     WORKING-STORAGE SECTION.
     77  DATEI-ENDE-FELD  PICTURE 9  VALUE ZERO.
         88  DATEI-ENDE  VALUE 1.
```

---

*) Der Einfachheit halber setzen wir voraus, daß in der Spalte 5 keine Fehllochungen
auftreten können.

```
PROCEDURE DIVISION.
STEUER SECTION.
BEGINN.
    OPEN INPUT STEUER-KARTEN, I-O VERTRETER-DATEI-P, OUTPUT LISTE.
    READ STEUER-KARTEN, AT END MOVE 1 TO DATEI-ENDE-FELD.
    PERFORM VERARBEITUNG UNTIL DATEI-ENDE.
    CLOSE VERTRETER-DATEI-P STEUER-KARTEN LISTE.
    STOP RUN.

VERARBEITUNG SECTION.
VERARBEITUNG-ANFANG.
    MOVE KENNZAHL IN STEUER-KARTEN-SATZ TO KENNZAHL IN PLATTEN-SATZ.
    GO TO LOESCHEN  EINFUEGEN  EINLESEN-AUSDRUCKEN  ERSETZEN
          DEPENDING ON KENNUNG.
LOESCHEN.
    DELETE VERTRETER-DATEI-P,
           INVALID KEY PERFORM FEHLER-BEIM-LOESCHEN.
    GO TO VERARBEITUNG-ENDE.
EINFUEGEN.
    MOVE SPACES TO KENNUNG-ALPHA  LOESCH-BYTE.
    MOVE STEUER-KARTEN-SATZ TO PLATTEN-SATZ-INF.
    WRITE PLATTEN-SATZ, INVALID KEY PERFORM FEHLER-BEIM-EINFUEGEN.
    GO TO VERARBEITUNG-ENDE.
EINLESEN-AUSDRUCKEN.
    READ VERTRETER-DATEI-P,
        INVALID KEY PERFORM FEHLER-BEIM-EINLESEN,
                    GO TO VERARBEITUNG-ENDE.
    WRITE LISTEN-SATZ  FROM PLATTEN-SATZ-INF.
    GO TO VERARBEITUNG-ENDE.
ERSETZEN.
    MOVE SPACES TO KENNUNG-ALPHA  LOESCH-BYTE.
    MOVE STEUER-KARTEN-SATZ TO PLATTEN-SATZ-INF.
    REWRITE PLATTEN-SATZ, INVALID KEY PERFORM FEHLER-BEIM-ERSETZEN.
    GO TO VERARBEITUNG-ENDE.
VERARBEITUNG-ENDE.
    READ STEUER-KARTEN, AT END MOVE 1 TO DATEI-ENDE-FELD.

FEHLER SECTION.
FEHLER-BEIM-LOESCHEN.
    DISPLAY "ᵤFEHLERᵤBEIMᵤLOESCHEN:" KENNZAHL IN STEUER-KARTEN-SATZ.
FEHLER-BEIM-EINFUEGEN.
    DISPLAY "ᵤFEHLERᵤBEIMᵤEINFUEGEN:" KENNZAHL IN STEUER-KARTEN-SATZ.
FEHLER-BEIM-EINLESEN.
    DISPLAY "ᵤFEHLERᵤBEIMᵤEINLESEN:" KENNZAHL IN STEUER-KARTEN-SATZ.
FEHLER-BEIM-ERSETZEN.
    DISPLAY "ᵤFEHLERᵤBEIMᵤERSETZEN:" KENNZAHL IN STEUER-KARTEN-SATZ.
```

Anmerkung

Im Standard ANSI-74 unterstützt der Kompilierer für die Bearbeitung von relativ und index-sequentiell organisierten Dateien auch die sog. dynamische Zugriffs-Methode (ACCESS MODE IS DYNAMIC), welche sowohl den sequentiellen Zugriff als auch den Random-Zugriff umfaßt.

Ferner kann beim sequentiellen Zugriff auf eine index-sequentiell organisierte Eingabe- oder Update-Datei eine erweiterte START-Anweisung in folgender Form eingesetzt werden:

```
┌─                                    ─                              ─┐
│  START dateiname ┌ KEY IS ⎧   =   ⎫ bezeichner ┐                  │
│                  └        ⎨   >   ⎬            ┘                  │
│                           ⎩ NOT < ⎭                              │
│         INVALID KEY unb-anw-1 [unb-anw-2] ...                     │
└───────────────────────────────────────────────────────────────────┘
```

Bei der Ausführung dieser START-Anweisung wird auf den Record positioniert, dessen
Satz-Schlüssel

= :   gleich dem Inhalt des Schlüssel-Felds bezeichner ist,

> :   mit dem nächst größeren Schlüssel übereinstimmt, d.h. mit dem (in der Sor-
        tierfolge-Ordnung) kleinsten Schlüssel, welcher größer als der Inhalt des
        Schlüssel-Felds ist oder

NOT < : gleich dem angegebenen oder nächst größeren Schlüssel ist, d.h. gleich dem
        (in der Sortierfolge-Ordnung) kleinsten Schlüssel, welcher größer oder gleich
        dem Inhalt des Schlüssel-Felds ist.

Gibt es in der Datei keinen Record mit einem Satz-Schlüssel, welcher die angegebene
Relation erfüllt, so werden die Anweisungen der INVALID-KEY-Klausel ausgeführt.

Ist ferner für eine Datei die dynamische Zugriffs-Methode vereinbart und sollen die
Datensätze dieser Datei sequentiell gelesen werden, so ist die Leseanweisung READ
um das COBOL-Wort NEXT in folgender Weise zu ergänzen:

```
┌──────────────────────────────────────────────────────────────────────┐
│ READ dateiname NEXT RECORD [INTO bezeichner] AT END unb-anw-1 [unb-anw-2]... │
└──────────────────────────────────────────────────────────────────────┘
```

13. Ergänzende Programmiertechniken

In den bisherigen Kapiteln haben wir die grundlegenden Kenntnisse erworben, um Aufgabenlösungen in der Programmiersprache COBOL zu beschreiben. Abschließend wollen wir in diesem Kapitel einige ausgewählte ergänzende Programmiertechniken darstellen. Wir werden dabei lernen, wie man die EXAMINE-Anweisung zur Zeichenverarbeitung einsetzt (s. 13.1), COBOL-Unterprogramme kodiert (s. 13.2) und Programme zur Einsparung von Hauptspeicherraum segmentiert (s. 13.3).

In 13.4 lernen wir den COBOL-Internsort kennen, und in 13.5. stellen wir Möglichkeiten vor, wie man Programme austesten kann. Zum Abschluß dieses Kapitels geben wir in 13.6 eine Auswahl weiterer COBOL-Sprachelemente an.

13.1 Zeichenverarbeitung (EXAMINE)

Als Hauptanwendungsgebiete der Zeichenverarbeitung in einem COBOL-Programm sind zu nennen:
- die Untersuchung von Eingabedaten auf zulässige Zeichen, d.h. ob die entsprechenden Datenfelder korrekt gefüllt sind,
- das Aufbereiten von Informationen, welche durch Trennzeichen voneinander abgeteilt sind, und
- die Umwandlung spezieller Zeichen.

Ist z.B. in der Ziffernfolge für das numerische Datenfeld KONTOSTAND (aus Unachtsamkeit) ein Leerzeichen anstelle einer Null kodiert worden, so können wir diesen Fehler folgendermaßen beheben:
Wir redefinieren KONTOSTAND durch die Vereinbarung:

```
o2  KONTOSTAND  PICTURE S9(5)V99.
o2  KONTOSTAND-ALPHA  REDEFINES KONTOSTAND  PICTURE X(7).
```

und überprüfen (examine) KONTOSTAND-ALPHA durch die Anweisung:

```
EXAMINE KONTOSTAND-ALPHA REPLACING ALL "ப" BY "o".
```

Hierdurch werden alle Leerzeichen durch Nullen ersetzt, und es kann anschließend z.B. bei der Ausführung von arithmetischen Operationen kein Fehler auftreten, der zum Programmabbruch führt.

Die mit der EXAMINE-Anweisung möglichen Zeichenmanipulationen werden durch das folgende Syntax-Gerüst beschrieben: [*)]

Syntax der EXAMINE-Anweisung

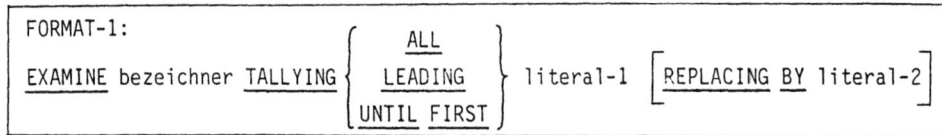

---

*) Im Standard ANSI-74 ist die EXAMINE-Anweisung durch die komfortablere INSPECT-Anweisung ersetzt worden, welche wir wegen ihrer Komplexität nicht darstellen.

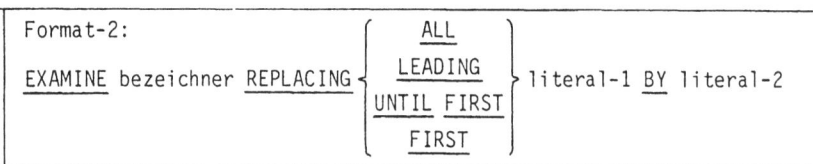

Das Datenfeld bezeichner muß explizit oder implizit mit der Klausel "USAGE DISPLAY"
(vgl. S. 1o9) vereinbart sein. Ferner müssen die Literale literal-1 und literal-2
von derselben Kategorie wie das Feld bezeichner sein und dürfen nur aus jeweils einem
Zeichen bestehen.

Bei der Ausführung der EXAMINE-Anweisung wird der Inhalt des Felds bezeichner zeichen-
weise von links nach rechts untersucht.[*)]

Bei der Verwendung von Format-1 in der Form:

```
EXAMINE bezeichner TALLYING { ALL  } literal-1
                             { LEADING }
```

wird gezählt (tallying), wie oft das Zeichen literal-1 im Feld bezeichner vorkommt.
Dabei werden alle Zeichen des Felds bezeichner untersucht, falls das COBOL-Wort ALL
kodiert ist. Ist dagegen das COBOL-Wort LEADING angegeben, so wird gezählt, wie oft
das Literal literal-1 ohne Unterbrechung von Beginn an im Feld bezeichner enthalten
ist.

Wird das Format-1 jedoch in der Form:

```
EXAMINE bezeichner TALLYING UNTIL FIRST literal-1
```

benutzt, so wird die Anzahl der Zeichen gezählt, welche vor dem erstmaligen Auftreten des Zeichens literal-1 im Feld bezeichner enthalten sind.

Das Resultat derartiger Zählvorgänge wird immer in einem besonderen Datenfeld mit dem
Namen TALLY (Kerbholz) abgespeichert. Dieses Feld wird vom Kompilierer i.a. in der
Form:[**)]

    77 TALLY PICTURE 9(5) USAGE COMPUTATIONAL.

festgelegt und darf daher nicht vom Programmierer vereinbart werden.

Wird nun im Format-1 zusätzlich die REPLACING-Klausel angegeben, so werden (bei ALL
und bei LEADING) die mit dem Zeichen literal-1 übereinstimmenden Zeichen oder (bei
UNTIL FIRST) alle vor literal-1 auftretenden Zeichen des Felds bezeichner durch das
Zeichen literal-2 ersetzt (vgl. Syntax von EXAMINE).[***)]

Verwendet man das Format-2, so wird - unter Verzicht auf den Zählvorgang - nach demselben Algorithmus wie im Format-1 verfahren.

---

  *) Handelt es sich um ein mit dem Maskenzeichen "S" vereinbartes numerisches Feld,
     so wird beim Suchvorgang die Vorzeicheninformation an der letzten Zeichenposi-
     tion ignoriert.

 **) Im Standard ANSI-68 ist TALLY ein reserviertes COBOL-Wort, und das Ablageformat
     des Felds TALLY ist Anlagen-abhängig.

***) Bei einem numerischen Feld, welches mit dem Maskenzeichen "S" vereinbart ist,
     bleibt die alte Vorzeicheninformation erhalten, falls das letzte Zeichen ersetzt
     wird.

Allerdings gibt es in der Form von:

```
REPLACING FIRST literal-1 BY literal-2
```

die zusätzliche Möglichkeit, allein das erste auftretende Zeichen, welches mit lite-
ral-1 übereinstimmt, durch das Zeichen literal-2 zu ersetzen.

Als Beispiel für die Aufbereitung von Informationen wollen wir die folgende Entzerrung
durchführen:

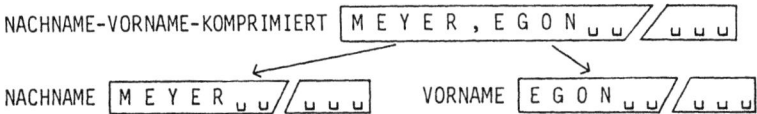

Für die Übertragung des Vor- und des Nachnamens der komprimierten Information

   Nachname,Vorname   (wie z.B. MEYER,EGON)

in die Felder NACHNAME und VORNAME treffen wir die folgenden Vereinbarungen in der
WORKING-STORAGE SECTION:

```
77  TALLY-ALT  PICTURE 9(5)  USAGE COMPUTATIONAL.
o1  NACHNAME-VORNAME-KOMPRIMIERT.
    o2  KOMPRIMIERT  PICTURE X  OCCURS 3o TIMES  INDEXED BY I-KOMP.
o1  NAME.
    o2  N-NACH  PICTURE X  OCCURS 2o TIMES  INDEXED BY I-NACH.
    o2  N-VOR  PICTURE X  OCCURS 2o TIMES  INDEXED BY I-VOR.
```

Setzen wir nun voraus, daß der Inhalt von NACHNAME-VORNAME-KOMPRIMIERT auch tatsächlich die Struktur "nachname,vorname" besitzt, so kodieren wir die Entzerrung durch:

```
         MOVE SPACES TO NAME.
         SET I-VOR  I-NACH TO 1.
         EXAMINE NACHNAME-VORNAME-KOMPRIMIERT TALLYING UNTIL FIRST ",".
         ADD 2  TALLY GIVING TALLY-ALT.
         PERFORM TRANSPORT-NACHNAME  VARYING I-KOMP FROM 1 BY 1 UNTIL I-KOMP > TALLY.
         EXAMINE NACHNAME-VORNAME-KOMPRIMIERT TALLYING UNTIL FIRST "ᵤ".
         PERFORM TRANSPORT-VORNAME  VARYING I-KOMP FROM TALLY-ALT BY 1
                                    UNTIL I-KOMP > TALLY.
            ⋮
     TRANSPORT-NACHNAME.
         MOVE KOMPRIMIERT (I-KOMP) TO N-NACH (I-NACH).
         SET I-NACH UP BY 1.
     TRANSPORT-VORNAME.
         MOVE KOMPRIMIERT (I-KOMP) TO N-VOR (I-VOR).
         SET I-VOR UP BY 1.
```

Abschließend geben wir Beispiele für die Veränderung des Felds TALLY und von

   EINGABE-WERT   `o 8 4 1 5 4̄`

an. Durch die Ausführung von

   EXAMINE EINGABE-WERT TALLYING ALL 4 REPLACING BY 1.

erhält TALLY den Wert 2 und das Feld EINGABE-WERT erhält den neuen Inhalt

   `o 8 1 1 5 1̄`

Nach der Ausführung von

EXAMINE EINGABE-WERT REPLACING UNTIL FIRST 1 BY 1.

ist der Inhalt von TALLY unverändert (gleich 2), da keine TALLYING-Klausel angegeben wurde. Der neue Inhalt von EINGABE-WERT ergibt sich zu:

| 1 1 1 1 5 1 |

Mit der Anweisung

EXAMINE EINGABE-WERT TALLYING LEADING 1 REPLACING BY o.

erhält TALLY den Wert 4, und die führenden vier Einsen von EINGABE-WERT werden durch Nullen ersetzt.

13.2 Unterprogrammtechnik (CALL)

Bei der Entwicklung des Lösungsalgorithmus für ein komplexes Problem ist es oftmals sehr sinnvoll, das gesamte Problem durch "strukturierende Vorgehensweise" in überschaubare Teilprobleme zu zergliedern und die zugehörigen Teil-Algorithmen in Form jeweils eigenständiger Programme zu kodieren.

Für diese sog. Unterprogrammtechnik spricht zusätzlich u.a.:[*]

- durch Aufteilung der Teil-Algorithmen auf mehrere Programmierer kann die Programmentwicklungszeit i.a. erheblich reduziert werden, und

- ständig gebrauchte Teil-Algorithmen können in einer Algorithmen-Bibliothek aufbewahrt und von dort aus jederzeit in andere Programme eingebunden werden.

Wir wollen nun die im Standard ANSI-74 festgelegte Form der Unterprogrammtechnik kennenlernen.

Struktur eines COBOL-Unterprogramms

Bei der "strukturierenden Vorgehensweise" wird der Lösungsalgorithmus in einen Rahmen-Algorithmus und in die zugehörigen Teil-Algorithmen zergliedert. Der Rahmen - zur Ablaufsteuerung der Teil-Algorithmen - wird in Form eines sog. COBOL-Hauptprogramms (main program) realisiert, und die Teil-Algorithmen werden als sog. COBOL-Unterprogramme (subprogram) erstellt und können durch CALL-Anweisungen aktiviert werden.

Dabei besitzt ein COBOL-Unterprogramm immer den folgenden Aufbau:

```
IDENTIFICATION DIVISION.
PROGRAM-ID.
     unterprogramm-name.
ENVIRONMENT DIVISION.
     :
DATA DIVISION.
FILE SECTION.
     :
```

---

[*] Die Anwendung der Unterprogrammtechnik ist i.a. nicht nur auf COBOL-Unterprogramme beschränkt. Es hängt von der jeweiligen DVA ab, welche anderen Programmiersprachen verwendet werden dürfen, um in COBOL aufrufbare Unterprogramme zu erstellen.

```
WORKING-STORAGE SECTION.
    :
LINKAGE SECTION.

        ⌐ Datenfeld-Beschreibungen der formalen Parameter up-bez-1, up-bez-2 usw.⌐
PROCEDURE DIVISION ⌐USING up-bez-1 ⌐up-bez-2⌐ ...⌐

        ⌐ eine oder mehrere Prozeduren
```

Gegenüber dem Aufbau eines COBOL-Hauptprogramms, d.h. eines "normalen" COBOL-Programms hat man also für ein COBOL-Unterprogramm die folgenden Ergänzungen vorzunehmen:
- in die DATA DIVISION ist gegebenenfalls die LINKAGE SECTION als zusätzliches Kapitel einzutragen, und
- im Anschluß an die Überschrift "PROCEDURE DIVISION" muß man u.U. eine sog. USING-Klausel kodieren.

Dabei sind die LINKAGE SECTION und die USING-Klausel entweder beide gleichzeitig aufgeführt oder sie fehlen beide.

Der Programmname unterprogramm-name im Paragraphen PROGRAM-ID wird benutzt, um das Unterprogramm vom rufenden Programm (calling program) aus zu aktivieren.[*)] Soll das gerufene Unterprogramm auf spezielle Datenfelder des rufenden Programms (welche sich von Aufruf zu Aufruf ändern können) zugreifen können, so muß die USING-Klausel in der Form:

```
USING up-bez-1 ⌐up-bez-2⌐ ...
```

hinter der Programmteil-Überschrift "PROCEDURE DIVISION" angegeben werden.
Die Bezeichner up-bez-1, -2 usw. heißen formale Parameter. Sie müssen in der LINKAGE SECTION durch eine Datenfeld-Beschreibung mit den Stufennummern 77 oder o1 vereinbart sein. Jedes mit der Stufennummer o1 deklariertes Feld darf auch strukturiert sein.

CALL- und EXIT-Anweisung

Mit den Datenfeldnamen, welche in der LINKAGE SECTION des gerufenen Programms (called program) vereinbart sind, kann in der PROCEDURE DIVISION auf spezielle Datenfelder des rufenden Programms zugegriffen werden. Dazu muß man die Namen dieser Datenfelder in der CALL-Anweisung aufführen, welche das Unterprogramm aufruft (call).

Syntax der CALL-Anweisung

```
CALL "unterprogramm-name" ⌐USING bezeichner-1 ⌐bezeichner-2⌐ ...⌐
```

Mit dieser Anweisung wird das Unterprogramm unterprogramm-name aktiviert. In der USING-Klausel müssen alle die Datenfelder als aktuelle Parameter aufgeführt werden, auf welche das gerufene Unterprogramm zugreifen soll.

---

*) Zur Länge eines Unterprogrammnamens s. die Anmerkung auf der S. 28.

Die aktuellen Parameter müssen mit den Stufennummern <u>77 oder o1</u> vereinbart sein.
Bzgl. der Korrespondenz zwischen den aktuellen Parametern des rufenden Programms und
den formalen Parametern des gerufenen Unterprogramms gelten die folgenden Regeln:
- die Zuordnung der Datenfelder erfolgt gemäß der Reihenfolge, in welcher die Datenfelder in den jeweiligen USING-Klauseln aufgeführt sind,
- die Anzahl der Parameter in den beiden USING-Klauseln muß übereinstimmen, und
- die jeweils korrespondierenden Felder dürfen verschiedene Namen haben.

Bei der Ausführung der CALL-Anweisung im rufenden Programm wird die Ablaufsteuerung
an das gerufene Programm - mit dem Namen unterprogramm-name - übertragen, und die
Ausführung des Unterprogramms wird mit der ersten Anweisung in dessen PROCEDURE
DIVISION begonnen.

Mit den Anweisungen in der PROCEDURE DIVISION des gerufenen Programms kann über die
Namen der in der LINKAGE SECTION vereinbarten Datenfelder auf diejenigen Felder zugegriffen werden, welche in der CALL-Anweisung des rufenden Programms als aktuelle
Parameter aufgeführt sind. Dabei können einerseits Informationen für das gerufene
Programm bereitgestellt werden und andererseits auch Ergebnisse in das rufende Programm übermittelt werden.
Will man keine Werte zwischen rufendem und gerufenem Programm austauschen, so braucht
man auch keine formalen und keine aktuellen Parameter zu kodieren. In diesem Fall
fehlen sowohl die USING-Klausel in der CALL-Anweisung des rufenden Programms als auch
die USING-Klausel in der Überschrift "PROCEDURE DIVISION" des gerufenen Unterprogramms. Ferner entfällt die LINKAGE SECTION in der DATA DIVISION des Unterprogramms.

An der Stelle, wo vom gerufenen Unterprogramm wieder in das rufende Programm zurück-
verzweigt werden soll, muß man - als einzige Anweisung in einer Prozedur - die folgende erweiterte Form der uns bereits bekannten EXIT-Anweisung kodieren (vgl. 7.5):

<u>Syntax der EXIT-Anweisung (Format-2)</u>

```
EXIT PROGRAM
```

Durch die Ausführung dieser Anweisung erfolgt der <u>Rücksprung</u> des aufgerufenen Unterprogramms in das rufende Programm, in welchem die Programmausführung mit der Bearbeitung derjenigen Anweisung fortgesetzt wird, welche der CALL-Anweisung folgt.

Generell darf ein Hauptprogramm mehrere Unterprogramme aktivieren, und ein Unterprogramm kann mit der CALL-Anweisung weitere Unterprogramme aufrufen. Allerdings darf
ein Unterprogramm niemals ein Unterprogramm aktivieren, welches in der Aufruf-Reihen-
folge vor ihm steht. Damit soll verhindert werden, daß ein Unterprogramm sich direkt
oder indirekt (über andere Unterprogramme) selbst aufrufen kann.

Wird ein Unterprogramm mehrmals aktiviert, so sind die Inhalte der in diesem Unterprogramm definierten Datenfelder bei jedem Aufruf in dem Zustand, in welchem sie sich

beim letzten Rücksprung in das rufende Programm befunden haben. Bei mehrmaligem Unter-
programmaufruf enthalten daher die Felder des Unterprogramms i.a. nicht mehr die Werte, welche sie z.B. durch Vorbesetzungen mit der VALUE-Klausel zu Beginn des Objektlaufs besessen haben. Vielmehr resultieren die jeweiligen Speicherinhalte aus den
zuletzt erfolgten expliziten Wertzuweisungen.

Anwendung der Unterprogrammtechnik

Als Anwendungsbeispiel wollen wir die folgende Aufgabe lösen:

    Die Vertreter einer Vertriebsgesellschaft sollen am Jahresende eine Gratifikation
    erhalten, welche vom Familienstand und vom jeweiligen Jahresumsatz eines Vertre-
    ters abhängt.

Die für die Auswertung erforderlichen Informationen sind in der Platten-Datei
VERTRETER-DATEI-P in der folgenden Form abgespeichert:

Zeichenbereich:	Inhalt:
1 - 4	vierstellige Vertreterkennzahl
5 - 5	einstelliger numerischer Kode für den Familienstand
13 - 22	Umsatz des Vertreters im Geschäftsjahr
23 - 62	Vertretername

Bei der Ablage auf dem Magnetplattenspeicher sind jeweils fünf Records zu einem Block
zusammengefaßt.

Diese Aufgabe kann natürlich ohne Schwierigkeiten direkt - ohne Zerlegung in Rahmen-
und Teil-Algorithmus - gelöst werden. Um jedoch die Wirkungsweise der Unterprogrammtechnik zu demonstrieren, gliedern wir die Aufgabenlösung in einen Rahmen-Algorithmus, in dem die Informationseinheiten "Familienstand" und "Umsatz" bereitgestellt
werden und der Gratifikationsbetrag zusammen mit der Kennzahl und dem Vertreternamen
in eine Druck-Datei ausgegeben werden, und in einen Teil-Algorithmus, in welchem der
Gratifikationsbetrag berechnet wird. Den Rahmen-Algorithmus kodieren wir als COBOL-
Hauptprogramm mit dem Namen RAHMEN, und den Teil-Algorithmus geben wir als COBOL-
Unterprogramm namens RECHNUNG in der folgenden Form an:

```
IDENTIFICATION DIVISION.
PROGRAM-ID.
    RAHMEN.
ENVIRONMENT DIVISION.
CONFIGURATION SECTION.
SOURCE-COMPUTER.
    dva-name-1.
OBJECT-COMPUTER.
    dva-name-2.
INPUT-OUTPUT SECTION.
FILE-CONTROL.
    SELECT VERTRETER-DATEI-P  ASSIGN TO DI.
    SELECT LISTE              ASSIGN TO LO.
```

```
DATA DIVISION.
FILE SECTION.
FD  VERTRETER-DATEI-P
    BLOCK CONTAINS 5 RECORDS
    LABEL RECORD STANDARD
    DATA RECORD EINGABE-SATZ.
o1  EINGABE-SATZ.
    o2  KENNZAHL       PICTURE 9(4).
    o2  FAMILIENSTAND  PICTURE 9.
    o2  FILLER         PICTURE X(7).
    o2  UMSATZ         PICTURE 9(8)V99.
    o2  NAME           PICTURE X(4o).
FD  LISTE
    LABEL RECORD OMITTED
    DATA RECORD AUSGABE-SATZ.
o1  AUSGABE-SATZ  PICTURE X(132).
WORKING-STORAGE SECTION.
77  DATEI-ENDE-FELD  PICTURE 9  VALUE ZERO.
    88  DATEI-ENDE  VALUE 1.
77  GRATIFIKATION-WS  PICTURE 9(5)V99.
o1  AUSGABE-SATZ-WS.
    o2  FILLER         PICTURE X(1o)  VALUE "ᵤᵤNAME:".
    o2  NAME-A         PICTURE X(4o).
    o2  FILLER         PICTURE X(15)  VALUE "ᵤKENNZAHLᵤ:ᵤ".
    o2  KENNZAHL-A     PICTURE 9B9B9B9B.
    o2  FILLER         PICTURE X(15)  VALUE "ᵤᵤᵤBETRAG:".
    o2  GRATIFIKATION-A  PICTURE Z(5).99.
    o2  FILLER         PICTURE X(36)  VALUE "DM".
PROCEDURE DIVISION.
EROEFFNEN.
    OPEN INPUT VERTRETER-DATEI-P, OUTPUT LISTE.
    READ VERTRETER-DATEI-P, AT END MOVE 1 TO DATEI-ENDE-FELD.
    PERFORM VERARBEITUNG UNTIL DATEI-ENDE.
    CLOSE VERTRETER-DATEI-P  LISTE.
    STOP RUN.
VERARBEITUNG.
    CALL "RECHNUNG"  USING EINGABE-SATZ  GRATIFIKATION-WS.
    MOVE GRATIFIKATION-WS TO GRATIFIKATION-A.
    MOVE KENNZAHL TO KENNZAHL-A.
    MOVE NAME TO NAME-A.
    WRITE AUSGABE-SATZ FROM AUSGABE-SATZ-WS.
    READ VERTRETER-DATEI-P, AT,END MOVE 1 TO DATEI-ENDE-FELD.


IDENTIFICATION DIVISION.
PROGRAM-ID.
    RECHNUNG.
ENVIRONMENT DIVISION.
CONFIGURATION SECTION.
SOURCE-COMPUTER.
    dva-name-1.
OBJECT-COMPUTER.
    dva-name-2.
DATA DIVISION.
WORKING-STORAGE SECTION.
77  PROZENTSATZ  PICTURE V9(5).
LINKAGE SECTION.
77  GRATIFIKATION-UP  PICTURE 9(5)V99.
```

```
o1  EINGABE-SATZ-UP.
    o2  FILLER              PICTURE X(4).
    o2  FAMILIENSTAND-UP    PICTURE 9.
        88  LEDIG               VALUE 1.
        88  VERHEIRATET         VALUE 2.
        88  VERH-MIT-KINDERN    VALUE 3.
    o2  FILLER              PICTURE X(7).
    o2  UMSATZ-UP           PICTURE 9(8)V99.
    o2  FILLER              PICTURE X(4o).
PROCEDURE DIVISION  USING EINGABE-SATZ-UP  GRATIFIKATION-UP.
ANFANG.
    IF LEDIG,
       MOVE .oo1 TO PROZENTSATZ,
    ELSE
       IF VERHEIRATET,
          MOVE .oo125 TO PROZENTSATZ,
       ELSE
          IF VERH-MIT-KINDERN,
             MOVE .oo15 TO PROZENTSATZ.
    MULTIPLY PROZENTSATZ BY UMSATZ-UP GIVING GRATIFIKATION-UP.
    IF UMSATZ-UP > 15oooo0.oo,
       COMPUTE GRATIFIKATION-UP ROUNDED =
              GRATIFIKATION-UP + (UMSATZ-UP - 15ooooo.oo) * o.oo025.
ENDE.
    EXIT PROGRAM.
```

13.3 Segmentierung

Zur optimalen Ausnutzung des Hauptspeichers bietet COBOL das Konzept der Segmentierung (segmentation) an. Mit diesem Verfahren ist es möglich, ein Objektprogramm so zu strukturieren, daß für dessen Ausführung nur ein Minimum an Hauptspeicher bereitgestellt werden muß.*)

Bestimmte Segmente (Regeln s.u.) bleiben nicht im Hauptspeicher sondern werden auf Anforderung von einem Plattenbereich in einen Überlagerungsbereich des Hauptspeichers hinzugeladen. Die Verwaltung (Nachladen, Reservierung der Speicherbereiche) wird vom Betriebssystem automatisch durchgeführt.

Für die Segmentierung muß die PROCEDURE DIVISION des Quellprogramms in Kapitel eingeteilt sein. Ferner muß jedem Kapitel eine sog. Segmentnummer (segment-number) durch die folgende Vereinbarung zugeordnet werden:

> kapitelname SECTION [segmentnummer].

Bei der Vergabe der Segmentnummern sind die folgenden Regeln zu beachten:

- eine Segmentnummer muß eine ganze Zahl zwischen o und 99 sein, und
- ohne Angabe einer Segmentnummer wird dem betreffenden Kapitel automatisch die Segmentnummer o zugewiesen.

Alle Kapitel mit gleicher Segmentnummer werden zu jeweils einem Segment zusammengefaßt. Die Segmente mit einer Segmentnummer kleiner oder gleich 49 bilden den residenten Teil (fixed portion) des Objektprogramms. Zu diesem Bereich gehören auch alle in der DATA DIVISION vereinbarten Datenfelder.

---

*) Dies ist allerdings mit dem Nachteil verbunden, daß sich die Laufzeit durch das jeweilige Zuladen der einzelnen Segmente erhöht.

Der nichtresidente Teil des Objektprogramms besteht aus den unabhängigen Overlay-
Segmenten (independent segment), welche jeweils aus den Kapiteln mit einer Segmentnummer größer oder gleich 5o gebildet werden.

Beim Start des Objektprogramms werden alle Segmente des residenten Teils in den
Hauptspeicher geladen. Alle unabhängigen Overlay-Segmente werden in einem Plattenbereich bereitgehalten und erst bei Bedarf jeweils einzeln in den Hauptspeicher übertragen. Ein unabhängiges Overlay-Segment wird immer im Anfangszustand geladen.[*)]
Dabei kann es den Speicherbereich eines bereits geladenen unabhängigen Overlay-Seg-
ments einnehmen und auch jederzeit von einem solchen Segment überschrieben werden.

Der benötigte Hauptspeicher für ein segmentiertes Objektprogramm ergibt sich damit
als Summe des erforderlichen Speicherbereichs für den residenten Teil und dem Maxi-
mum der Speicherbereiche, welche von jedem einzelnen unabhängigen Overlay-Segment
belegt werden.

Ist dieser benötigte Speicherbereich noch zu groß, so kann man die Segmente des residenten Teils weiter in

- permanente Segmente (permanent segment) und in
- überlagerbare feste Segmente (overlayable fixed segment)

unterteilen. Dazu muß man im Paragraphen OBJECT-COMPUTER durch die Kodierung der
SEGMENT-LIMIT-Klausel in der Form:

> SEGMENT-LIMIT IS segmentgrenze

eine Segmentgrenze (segment-limit) mit einem Wert zwischen 1 und 49 festlegen.
Alle Kapitel mit einer Segmentnummer zwischen der Segmentgrenze und 49 bilden dann
die überlagerbaren festen Segmente. Diese Segmente werden beim Start des Objektprogramms ebenfalls auf dem Plattenspeicher bereitgestellt und erst bei Bedarf in den
Hauptspeicher übertragen. Im Gegensatz zu den unabhängigen Overlay-Segmenten werden
sie jedoch i.a. immer in dem Zustand geladen, in welchem sie beim letzten Aufruf verlassen wurden. [**)]

Damit ergibt sich zur Laufzeit eines segmentierten Objektprogramms das folgende Bild:

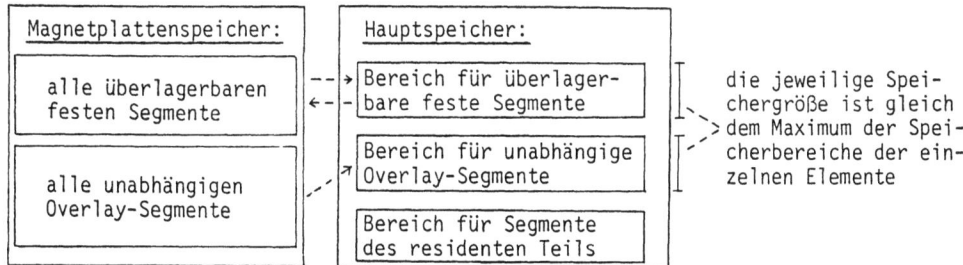

---

*) Von dieser Strategie wird nur dann abgewichen, wenn eine CALL-Anweisung in einem
   unabhängigen Overlay-Segment enthalten ist. In diesem Fall wird das Segment bei
   der Rückkehr aus dem gerufenen Unterprogramm in dem Zustand geladen, in dem es
   sich vor dem Einsprung ins Unterprogramm befunden hat.

**) Das Zurückschreiben von Segmenten ist i.a. nur dann notwendig, wenn innerhalb des
    Programms spezielle Anweisungen wie z.B. ALTER (s. S. 243) kodiert sind.

Als Grundregeln für die Segmentierung sind zu beachten:
- alle Kapitel, in denen oft aufeinander Bezug genommen wird, sollten dieselbe Segmentnummer besitzen, und
- diejenigen Kapitel, deren Anweisungen sehr oft ausgeführt werden, sollten kleinere
  Segmentnummern als andere Kapitel haben.

Äußerste Vorsicht ist beim Einsatz der PERFORM-Anweisung in einem segmentierten Programm geboten. Ist nämlich eine PERFORM-Anweisung in einem Kapitel kodiert, dessen
Segmentnummer größer oder gleich der Segmentgrenze ist, so darf mit ihr nur in ein
Kapitel verzweigt werden, welches entweder in demselben Segment liegt oder aber in
einem Segment enthalten ist, dessen Segmentnummer kleiner als die Segmentgrenze ist.
Ist eine PERFORM-Anweisung dagegen in einem Kapitel kodiert, dessen Segmentnummer
kleiner als die Segmentgrenze ist, so darf mit ihr nur in diejenigen Kapitel verzweigt werden, deren Segmentnummern kleiner als 5o sind oder welche vollständig in
einem einzigen unabhängigen Overlay-Segment liegen.

Generell ist zu bemerken, daß die Segmentierung durch die Struktur der modernen DVAn
(großer Hauptspeicher, virtuelle Speichertechniken, Demand-Paging) immer mehr an Bedeutung verliert.

13.4 COBOL-Internsort

Eines der Hauptanwendungsgebiete der EDV in Wirtschaft und Verwaltung ist die Sortierung von großen Datenmengen nach bestimmten Sortierkriterien.
Jeder DVA-Hersteller stellt für diese Aufgaben mindestens ein Standard-Sortierpro-
gramm bereit. Ein solches Programm liegt als eigenständiges Objektprogramm vor und
führt i.a. nur einen speziellen Sortierprozeß (ohne Anwendungs-spezifische Eingriffs-
möglichkeiten) durch. Oftmals ist es jedoch von Vorteil, den Sortiervorgang in einen
allgemeineren Algorithmus zu integrieren. Zu diesem Zweck stellt COBOL den Internsort
als zusätzliches Sprachelement zur Verfügung.

Sortiervorgang

Wir wollen die Benutzung des COBOL-Internsorts an der folgenden Aufgabe
SORTIEREN-DER-VERTRETERDATEN demonstrieren:

   Die Vertreternamen in den Records der Vertreterdaten-Datei (vgl. S. 7) sollen aufsteigend sortiert und anschließend in eine Druck-Datei ausgegeben werden. Dabei
   soll der Nachname der Haupt-Sortier-Schlüssel und der Vorname ein untergeordneter
   Sortier-Schlüssel sein.

Allgemein versteht man unter einem Sortier-Schlüssel (key) einen Bezeichner, dessen
Datenfeld-Inhalte entweder aufsteigend (ascending) oder absteigend (descending) geordnet werden sollen. Dabei wird i.a. die durch den Intern-Kode [*] der jeweiligen

---

[*] Beim Standard ANSI-74 darf man eine vom Intern-Kode abweichende Sortierfolge-Ord-
    nung im Programm (im Paragraphen SPECIAL-NAMES) definieren (s. Hersteller-Manual).

Anlage implizierte Sortierfolge-Ordnung zugrunde gelegt (s. A.3).

Zur Lösung unserer Aufgabe wählen wir für die unsortierte und sequentiell organisierte Ausgangs-Datei der Vertreterdaten wiederum den Namen VERTRETER-DATEI, und die zu
erstellende sortierte und sequentiell organisierte Ziel-Datei (der Liste mit den Vertreternamen) bezeichnen wir erneut mit dem Namen LISTE.
Für den Sortiervorgang muß man zusätzlich eine sog. Sortier-Arbeits-Datei - kurz:
Sortier-Datei (sort file) - bereitstellen. Daher können wir das folgende Schema für
die Beschreibung eines Sortiervorgangs angeben:

unsortierte Ausgangs-Datei(en)	→	Sortier-Datei	→	sortierte Ziel-Datei(en)

Die Sortier-Datei muß immer sequentiell organisiert sein und in der FILE SECTION
durch einen sog. SD-Eintrag (sort-file description) in der folgenden Weise
deklariert werden:

```
SD  sortier-dateiname
    DATA { RECORD IS   } datensatzname-1 [datensatzname-2] ...
         { RECORDS ARE }
ol  datensatzname-1 ┬
                    │ Datensatz-Beschreibung von datensatzname-1
[ol datensatzname-2 ┬
                    │ Datensatz-Beschreibung von datensatzname-2] ...
```

In den kodierten Datensatz-Beschreibungen müssen alle Sortier-Schlüssel vereinbart
sein, welche für den Sortiervorgang erforderlich sind. Neben dem SD-Eintrag muß man
für eine Sortier-Datei auch eine entsprechende SELECT-Klausel im Paragraphen FILE-
CONTROL angeben.

Für unsere Sortier-Datei wählen wir den Namen SORT-DATEI und ordnen ihr die Gerätebezeichnung DS (Disc Sort) in der folgenden Form zu:

    SELECT SORT-DATEI ASSIGN TO DS.

Damit können wir zur Lösung unserer Aufgabe die folgenden beschreibenden Programmteile angeben:

```
IDENTIFICATION DIVISION.
PROGRAM-ID.
    SORTIEREN-DER-VERTRETERDATEN.
ENVIRONMENT DIVISION.
CONFIGURATION SECTION.
SOURCE-COMPUTER.
    dva-name-1.
OBJECT-COMPUTER.
    dva-name-2.
INPUT-OUTPUT SECTION.
FILE-CONTROL.
    SELECT VERTRETER-DATEI   ASSIGN TO SI.
    SELECT LISTE             ASSIGN TO LO.
    SELECT SORT-DATEI        ASSIGN TO DS.
```

```
        DATA DIVISION.
        FILE SECTION.
        FD  VERTRETER-DATEI
            LABEL RECORD OMITTED
            DATA RECORD VERTRETER-INFORMATION.
        o1  VERTRETER-INFORMATION. PICTURE X(8o).
        FD  LISTE
            LABEL RECORD OMITTED
            DATA RECORD AUSGABE-SATZ.
        o1  AUSGABE-SATZ  PICTURE X(132).
        SD  SORT-DATEI
            DATA RECORD SORT-SATZ.
        o1  SORT-SATZ.
            o2  FILLER     PICTURE X(6).
            o2  NACHNAME  PICTURE X(2o).
            o2  VORNAME   PICTURE X(2o).
            o2  FILLER     PICTURE X(34).
        WORKING-STORAGE SECTION.
        77  DATEI-ENDE-FELD  PICTURE 9.
            88  DATEI-ENDE  VALUE 1.
```

Die SORT-Anweisung

Bevor der Sortiervorgang durchgeführt werden kann, muß man die Sortier-Datei erstellen. Dies kann man durch die Ausführung der sog. Eingabe-Prozedur (INPUT PROCEDURE)
erreichen. Diese Prozedur muß man in Form eines oder mehrerer Kapitel kodieren, und
in ihr legt man fest, wie man die Sortier-Datei aus einer oder mehreren Ausgangs-
Dateien aufbaut.

Die Durchführung des Sortierlaufs geschieht durch den Aufruf der SORT-Anweisung (zur
Syntax und Anwendung s. S. 227f).

Nach der Sortierung kann man die Records der Sortier-Datei durch die Ausführung der
sog. Ausgabe-Prozedur (OUTPUT PROCEDURE) in eine oder mehrere Ziel-Dateien übertragen. Diese Prozedur wird ebenfalls in Form eines oder mehrerer Kapitel kodiert.

Ist nur eine Ausgangs-Datei vorhanden und stimmt die Datei-Struktur mit derjenigen
der Sortier-Datei überein (d.h. insbesondere sequentielle Organisation und gleiche
Satzlänge), so braucht keine Eingabe-Prozedur angegeben zu werden. Stattdessen kann
man in der SORT-Anweisung eine entsprechende USING-Klausel kodieren (s. S. 23o).

Soll nur eine Ziel-Datei erstellt werden und ist die Datei-Struktur mit derjenigen
der Sortier-Datei identisch, so braucht man keine Ausgabe-Prozedur zu vereinbaren.
Stattdessen kann man in der SORT-Anweisung eine entsprechende GIVING-Klausel angeben
(s. S. 231).

Bevor wir lernen, wie man die Sortier-Vorschrift formuliert, geben wir zunächst die
allgemeine Form der SORT-Anweisung an:

Syntax der SORT-Anweisung

```
SORT sortier-dateiname

     ON { ASCENDING  } KEY bezeichner-1 [bezeichner-2] ...
        { DESCENDING }

   [ ON { ASCENDING  } KEY bezeichner-3 [bezeichner-4] ...] ...
        { DESCENDING }

   { INPUT PROCEDURE IS kapitelname-1 [THRU kapitelname-2] }
   {       USING dateiname-1                               }
   { OUTPUT PROCEDURE IS kapitelname-3 [THRU kapitelname-4]}
   {       GIVING dateiname-2                              }
```

In den ASCENDING- bzw. DESCENDING-Klauseln muß man die Reihenfolge und die Hierarchie
der Sortier-Schlüssel festlegen. Dabei werden die Sortier-Schlüssel stets in absteigender Folge angegeben, d.h. der zuerst kodierte Sortier-Schlüssel ist der oberste
Ordnungsbegriff.

In der ASCENDING-Klausel werden die Bezeichner kodiert, bei denen die Datenfeld-
Inhalte aufsteigend sortiert werden sollen. Die Bezeichner, bei welchen die Datenfeld-
Inhalte absteigend zu sortieren sind, müssen in einer DESCENDING-Klausel angegeben
sein. Ferner muß man die in diesen Klauseln aufgeführten Sortier-Schlüssel in einer
Datensatz-Beschreibung der Sortier-Datei deklarieren.

Zur Lösung unserer Aufgabe SORTIEREN-DER-VERTRETERDATEN geben wir die Sortier-Vorschrift daher durch die folgende Klausel an:

```
ASCENDING KEY NACHNAME  VORNAME
```

Kodieren wir nun die Eingabe-Prozedur im Kapitel EINGABE und die Ausgabe-Prozedur im
Kapitel AUSGABE, so wird der Sortierlauf durch die folgende SORT-Anweisung veranlaßt:

```
SORT SORT-DATEI
     ASCENDING KEY NACHNAME  VORNAME
     INPUT PROCEDURE EINGABE
     OUTPUT PROCEDURE AUSGABE.
```

Bevor wir nun die zugehörigen Algorithmen für die Erstellung der Sortier-Datei und
die Ausgabe der sortierten Records in die Druck-Datei LISTE in Form der Prozeduren
EINGABE und AUSGABE angeben, wollen wir uns zunächst damit beschäftigen, wie man
Datensätze in die Sortier-Datei ausgeben und von dort aus wieder lesen kann.

Für den Sortierlauf mit vorausgehender Ausführung einer Eingabe-Prozedur und der
nachfolgenden Bearbeitung einer Ausgabe-Prozedur können wir das folgende Schema angeben, das im weiteren erläutert werden soll:

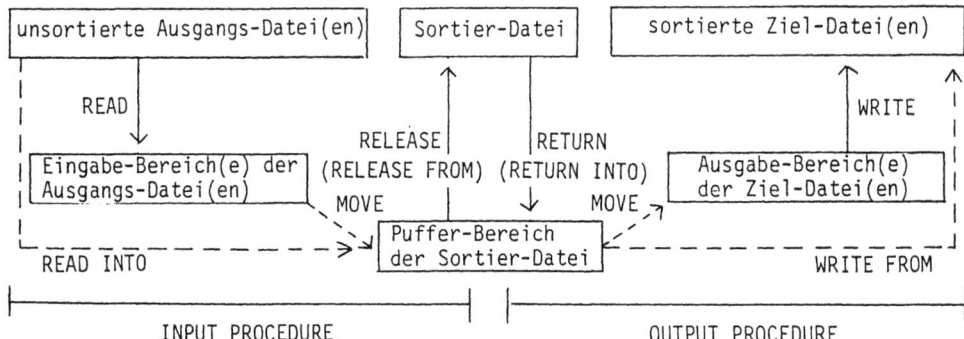

Eingabe- und Ausgabe-Prozeduren

Die in dem Syntax-Gerüst der SORT-Anweisung angegebene Prozedur kapitelname-1 bzw.
der Prozedurbereich vom Kapitel kapitelname-1 bis zum Kapitel kapitelname-2 enthält
die Anweisungen, mit welchen die Sortier-Datei aus den unsortierten Datensätzen
einer oder mehrerer Ausgangs-Dateien aufgebaut wird.

Zur Kodierung einer Eingabe-Prozedur [*)] gibt es keine Alternative, falls:

- eine Ausgangs-Datei index-sequentiell oder relativ organisiert ist oder
- nicht alle Records einer Ausgangs-Datei in die Sortier-Datei übertragen werden sollen oder
- die Sätze der Ausgangs-Datei noch modifiziert werden müssen oder
- die Satzlängen von Ausgangs- und Sortier-Datei nicht übereinstimmen oder
- mehr als eine Ausgangs-Datei existiert.

Bei der Kodierung einer Eingabe-Prozedur müssen die folgenden Regeln beachtet werden:

- auf die Ausgangs-Datei(en) muß mit den "normalen Ein-/Ausgabe-Anweisungen" OPEN,
  READ und CLOSE zugegriffen werden,
- die Sortier-Datei darf weder mit OPEN eröffnet noch mit CLOSE abgeschlossen werden,
  und
- die aus Ausgangs-Dateien zu übertragenden Records müssen mit der speziellen Schreib-
  anweisung RELEASE (welche wir auf S. 229 erläutern) in die Sortier-Datei eingetragen
  werden, d.h. die Anweisungen OPEN, WRITE und CLOSE sind im Zusammenhang mit der Bearbeitung einer Sortier-Datei verboten.

Die in dem Syntax-Gerüst der SORT-Anweisung angegebene Prozedur kapitelname-3 bzw.
der Prozedurbereich vom Kapitel kapitelname-3 bis zum Kapitel kapitelname-4 enthält
die Anweisungen, mit denen die sortierten Records der Sortier-Datei (nach dem Sortierlauf) in die jeweiligen Ziel-Dateien übertragen werden.

Die Kodierung einer Ausgabe-Prozedur [*)] ist unumgänglich, falls:

- eine Ziel-Datei index-sequentiell oder relativ organisiert ist oder
- nicht alle Records der Sortier-Datei in eine Ziel-Datei übernommen werden sollen
  oder

[*)] Diese Prozedur darf weder durch eine Steueranweisung verlassen noch darf von außen
in diese Prozedur gesprungen werden.

- die Sätze der Sortier-Datei noch modifiziert werden sollen oder
- die Satzlängen von Sortier- und Ziel-Datei nicht übereinstimmen oder
- mehr als eine Ziel-Datei erstellt werden soll.

Bei der Kodierung einer Ausgabe-Prozedur müssen die folgenden Regeln beachtet werden:
- auf die Ziel-Datei(en) muß mit den "normalen Ein-/Ausgabe-Anweisungen" OPEN, WRITE
  und CLOSE zugegriffen werden,
- die Sortier-Datei darf weder mit OPEN eröffnet noch mit CLOSE abgeschlossen werden,
  und
- die Datensätze der Sortier-Datei dürfen nur mit der speziellen Eingabeanweisung
  RETURN (welche wir unten erläutern) eingelesen werden, d.h. die Anweisungen OPEN,
  READ und CLOSE dürfen auf keine Sortier-Datei angewandt werden.

Eingabe- und Ausgabe-Anweisungen für die Bearbeitung der Sortier-Datei

Wie auf S. 228 bereits angegeben, darf die Übertragung von unsortierten Sätzen einer
Ausgangs-Datei in die Sortier-Datei nur mit der RELEASE-Anweisung erfolgen.

Syntax der RELEASE-Anweisung

```
RELEASE datensatzname [ FROM bezeichner ]
```

Diese Anweisung darf nur in einer Eingabe-Prozedur in Verbindung mit der Ausführung
einer SORT-Anweisung kodiert sein. Dabei muß der Record datensatzname in der Datei-
Beschreibung der Sortier-Datei vereinbart sein.
Bei der Ausführung dieser Anweisung wird der Inhalt des Felds datensatzname als
Record in die Sortier-Datei übertragen. Ist die FROM-Klausel angegeben, so wird der
Inhalt des Datenfelds bezeichner zunächst (nach den Regeln der MOVE-Anweisung) in den
Ausgabe-Puffer datensatzname und von dort als Record in die Sortier-Datei ausgegeben.

Die Übergabe von sortierten Sätzen aus der Sortier-Datei in eine Ziel-Datei ist nur
durch die Ausführung der RETURN-Anweisung in folgender Form möglich:

Syntax der RETURN-Anweisung

```
RETURN sortier-dateiname RECORD [ INTO bezeichner ] AT END unb-anw-1 [ unb-anw-2 ] ...
```

Diese Anweisung darf nur in einer Ausgabe-Prozedur in Verbindung mit der Ausführung
einer SORT-Anweisung kodiert sein. Dabei muß der Name sortier-dateiname eine Sortier-
Datei bezeichnen, welche durch einen SD-Eintrag in der FILE SECTION definiert ist.
Bei der Ausführung dieser Anweisung wird der aktuelle Record der Sortier-Datei in den
zugehörigen Eingabe-Puffer dieser Datei übertragen. Ist die INTO-Klausel angegeben,
so wird der Inhalt des Puffers zusätzlich (nach den Regeln der MOVE-Anweisung) im
Datenfeld bezeichner bereitgestellt.
Ist bereits das Dateiende der Sortier-Datei erreicht, so werden die unbedingten An-
weisungen der AT-END-Klausel ausgeführt.

Als Lösung unserer Aufgabe SORTIEREN-DER-VERTRETERDATEN geben wir nun abschließend die folgende PROCEDURE DIVISION an: [*])

```
PROCEDURE DIVISION.
SORTIEREN SECTION 5o.
BEGINN.
    SORT SORT-DATEI
        ASCENDING KEY NACHNAME  VORNAME
        INPUT PROCEDURE EINGABE
        OUTPUT PROCEDURE AUSGABE.
    STOP RUN.
EINGABE SECTION 6o.
ANFANG.
    OPEN INPUT VERTRETER-DATEI.
    MOVE ZERO TO DATEI-ENDE-FELD.
LESEN.
    READ VERTRETER-DATEI, AT END MOVE 1 TO DATEI-ENDE-FELD.
    IF DATEI-ENDE,
        GO TO ENDE IN EINGABE,
    ELSE
        RELEASE SORT-SATZ FROM VERTRETER-INFORMATION.
    GO TO LESEN.
ENDE.
    CLOSE VERTRETER-DATEI.
AUSGABE SECTION 7o.
ANFANG.
    OPEN OUTPUT LISTE.
    MOVE ZERO TO DATEI-ENDE-FELD.
SCHREIBEN.
    RETURN SORT-DATEI, AT END MOVE 1 TO DATEI-ENDE-FELD.
    IF DATEI-ENDE,
        GO TO ENDE IN AUSGABE,
    ELSE
        WRITE AUSGABE-SATZ FROM SORT-SATZ.
    GO TO SCHREIBEN.
ENDE.
    CLOSE LISTE.
```

Die USING- und GIVING-Klauseln

Falls die Datei-Struktur der Sortier-Datei mit derjenigen der Ausgangs-Datei bzw. der Ziel-Datei übereinstimmt, kann man in der SORT-Anweisung anstelle der INPUT PROCEDURE bzw. der OUTPUT PROCEDURE auch die USING- bzw. die GIVING-Klausel kodieren. Durch die USING-Klausel in der Form:

USING dateiname-1

wird nämlich zur Laufzeit des Objektprogramms folgendes automatisch durchgeführt:

- die sequentielle Ausgangs-Datei dateiname-1 wird zur Eingabe und die Sortier-Datei zur Ausgabe eröffnet,
- alle Records der Ausgangs-Datei werden in die Sortier-Datei übertragen, und
- die Ausgangs- und die Sortier-Datei werden abgeschlossen.

---

*) Zur optimalen Ausnutzung des Hauptspeichers verwendet man bei Sortierprozessen i.a. die Technik der Segmentierung, welche wir in 13.3 kennengelernt haben und die wir hier einsetzen wollen.

Falls die GIVING-Klausel in der Form:

```
GIVING dateiname-2
```

in der SORT-Anweisung kodiert ist, werden zur Laufzeit die folgenden Vorgänge automatisch durchgeführt:
- die sequentielle Ziel-Datei wird zur Ausgabe und die Sortier-Datei zur Eingabe eröffnet,
- die sortierten Records der Sortier-Datei werden in die Ziel-Datei übertragen, und
- die Sortier- und die Ziel-Datei werden abgeschlossen.

Durch die vereinfachte Form der SORT-Anweisung in der Fassung:

```
SORT sortier-dateiname
    ON { ASCENDING  } KEY bezeichner-1 [bezeichner-2] ...
       { DESCENDING }
    [ ON { ASCENDING  } KEY bezeichner-3 [bezeichner-4] ... ] ...
         { DESCENDING }
    USING dateiname-1
    GIVING dateiname-2
```

wird daher der Inhalt der Ausgangs-Datei dateiname-1 in die Sortier-Datei sortier-
dateiname transportiert und dort nach den Angaben in den ASCENDING- und DESCENDING-
Klauseln sortiert. Anschließend werden die sortierten Records in die Ziel-Datei
dateiname-2 übertragen. Alle diese Vorgänge laufen bei dieser Form der SORT-Anweisung automatisch ab.

Da in unserem Beispiel die Datei-Strukturen der Ausgangs-Datei VERTRETER-DATEI und
der Sortier-Datei SORT-DATEI übereinstimmen, können wir die PROCEDURE DIVISION des
Programms SORTIEREN-DER-VERTRETERDATEN auch folgendermaßen kodieren:

```
PROCEDURE DIVISION.
SORTIEREN SECTION 5o.
BEGINN.
    SORT SORT-DATEI
        ASCENDING KEY NACHNAME  VORNAME
        USING VERTRETER-DATEI    ←——————— geändert!
        OUTPUT PROCEDURE AUSGABE.
    STOP RUN.
AUSGABE SECTION 6o.
ANFANG.
    OPEN OUTPUT LISTE.
    MOVE ZERO TO DATEI-ENDE-FELD.
SCHREIBEN.
    RETURN SORT-DATEI, AT END MOVE 1 TO DATEI-ENDE-FELD.
    IF DATEI-ENDE,
       GO TO ENDE,
    ELSE
       WRITE AUSGABE-SATZ FROM SORT-SATZ.
    GO TO SCHREIBEN.
ENDE.
    CLOSE LISTE.
```

13.5 Testen von Programmen

Alle in einem COBOL-Quellprogramm vorhandenen Syntaxfehler werden vom Kompilierer bei der Programmanalyse entdeckt und als Fehlermeldungen ins Ablaufprotokoll (oder in eine entsprechende Fehler-Datei) eingetragen. Die Beseitigung derartiger Fehler ist i.a. problemlos.

Weitaus schwerwiegender sind Fehler in der Programmlogik, d.h. wenn der erwartete und der tatsächliche Programmablauf nicht übereinstimmen. In diesen Fällen müssen die kodierten Programmanweisungen mit dem entwickelten Lösungsalgorithmus systematisch verglichen werden. Wird hierbei kein Flüchtigkeitsfehler oder Kodierfehler entdeckt, muß man den entwickelten Lösungsalgorithmus überdenken. Bei diesem Prozeß kann man auf die i.a. vom Kompilierer und Betriebssystem bereitgestellten Hilfsmittel zurückgreifen.

Weil der Programmierer in erster Linie an einer Ablaufprotokollierung auf Quellebene interessiert ist, kann man sich in COBOL sowohl die Namen der bearbeiteten Prozeduren mit den TRACE-Anweisungen der Form: *)

$$\left\{ \begin{array}{c} \underline{READY} \\ \underline{RESET} \end{array} \right\} \underline{TRACE}$$

andrucken lassen als auch die Inhalte von Datenfeldern durch EXHIBIT-Anweisungen der folgenden Form ausgeben lassen: *)

$$EXHIBIT \left\{ \begin{array}{c} \underline{NAMED} \\ \underline{CHANGED} \ \underline{NAMED} \\ \underline{CHANGED} \end{array} \right\} \left\{ \begin{array}{c} bezeichner\text{-}1 \\ alphanum\text{-}lit\text{-}1 \end{array} \right\} \left[\begin{array}{c} bezeichner\text{-}2 \\ alphanum\text{-}lit\text{-}2 \end{array} \right] \ldots$$

TRACE-Anweisungen

Nach dem Aufruf der Anweisung

    READY TRACE.

werden alle Namen der im Anschluß bearbeiteten Prozeduren (nicht jedoch die Namen der in diesen Prozeduren ausgeführten Anweisungen) ausgegeben. Diese Protokollierung wird durch den Aufruf der Anweisung

    RESET TRACE.

beendet und kann jederzeit wieder durch die Anweisung

    READY TRACE.

fortgesetzt werden.

Um in der Testphase ein übersichtliches Protokoll der durchlaufenen Prozeduren zu erhalten, sollte man jedem Paragraphen, welcher durch einen PERFORM-Aufruf aktiviert wird, einen Abschluß-Paragraphen folgen lassen, welcher nur eine EXIT-Anweisung der

---

*) Die Anweisungen TRACE und EXHIBIT gehören nicht zum genormten Sprachumfang.

Form:

   EXIT.

enthält. Natürlich muß man dann auch bei der Kodierung von PERFORM (durch die Verwendung der THRU-Klausel) dafür sorgen, daß auch der jeweilige Abschluß-Paragraph
mit durchlaufen wird.

Unter diesen Gesichtspunkten könnte man z.B. den Algorithmus zur Ermittlung der Anzahl von Vertretern, welche ihr Konto um mehr als 1ooo.oo DM überzogen haben (vgl.
S. 174), folgendermaßen kodieren:

```
          :
     READY TRACE.
     PERFORM VORBEREITUNG-SUCHE-ANFANG THRU VORBEREITUNG-SUCHE-ENDE.
     PERFORM SUCHE-ANFANG THRU SUCHE-ENDE UNTIL TABELLEN-ENDE.
     RESET TRACE.
          :
 VORBEREITUNG-SUCHE-ANFANG.
     MOVE ZERO TO ANZAHL-UEBERZIEHUNGEN.
     SET POS TO 1.
 VORBEREITUNG-SUCHE-ENDE.
     EXIT.
 SUCHE-ANFANG.
     SEARCH NAME-KONTOSTAND  VARYING POS,
            AT END MOVE 1 TO TABELLEN-ENDE-FELD,
            WHEN KONTOSTAND-TAB (POS) < -1ooo.oo,
               ADD 1 TO ANZAHL-UEBERZIEHUNGEN,
               SET POS UP BY 1.
 SUCHE-ENDE.
     EXIT.
          :
```

Sind dann in der Tabelle NAME-KONTOSTAND z.B. zwei Werte enthalten, welche kleiner
als -1ooo.oo sind, so würden die folgenden Paragraphennamen bei der Ausführung dieses
Programmteils protokolliert:

```
 VORBEREITUNG-SUCHE-ANFANG
 VORBEREITUNG-SUCHE-ENDE
 SUCHE-ANFANG
 SUCHE-ENDE
 SUCHE-ANFANG
 SUCHE-ENDE
 SUCHE-ANFANG
 SUCHE-ENDE
```

EXHIBIT-Anweisungen

Mit einer EXHIBIT-Anweisung (Syntax s.o.) kann man die jeweils aktuellen Werte der
angegebenen Operanden in einem Anlagen-abhängigen Druckformat ins Ablaufprotokoll
ausgeben lassen.
Dabei werden bei der Angabe des COBOL-Worts NAMED die Werte der Felder, welche als
Operanden kodiert sind, zusammen mit den zugehörigen Datenfeldnamen ausgegeben.

Bei der Verwendung des COBOL-Worts CHANGED werden immer nur diejenigen Operanden-Werte ausgegeben, welche sich gegenüber dem letzten Aufruf derselben EXHIBIT-Anweisung geändert haben. Wird eine EXHIBIT-Anweisung mit der CHANGED-Klausel erstmalig durchlaufen, so werden stets alle Werte protokolliert.

Alle alphanumerischen Literale, die bei einer EXHIBIT-Anweisung als Operanden aufgeführt sind, werden (unverändert) stets ins Ablaufprotokoll eingetragen. Diese Informationen können z.B. Kommentare sein, welche zur Identifizierung der entsprechenden EXHIBIT-Anweisung dienen.
Die Kodierung von mehr als einem Datenfeld in einer EXHIBIT-Anweisung mit der CHANGED- und ohne die NAMED-Klausel ist nicht sinnvoll und bei vielen DVAn daher auch nicht zulässig.

DEBUGGING-MODE-Klausel

Im Standard ANSI-74 besteht die Möglichkeit, Testhilfe-Anweisungen in sog. Debug-Zeilen, welche durch die Kodierung des Buchstabens "D" in Spalte 7 gekennzeichnet sind, in ein Programm einzutragen. Derartige Zeilen werden bei der Kompilierung nur dann übersetzt, falls im Paragraphen SOURCE-COMPUTER die folgende Eintragung gemacht wird:

```
SOURCE-COMPUTER.
     dva-name WITH DEBUGGING MODE.
```

Nach dem Austesten des Programms brauchen die Debug-Zeilen nicht aus dem Programm entfernt zu werden. Verzichtet man nämlich auf die Kodierung der DEBUGGING-MODE-Klausel, so faßt der Kompilierer den Inhalt der Debug-Zeilen als Kommentar auf. Somit kann man bei einer späteren Fehleranalyse durch eine erneute Kompilierung - diesmal mit kodierter DEBUGGING-MODE-Klausel - sofort auf die vorhandenen Testhilfeanweisungen zurückgreifen.

13.6 Weitere COBOL-Sprachelemente

Die alphabetische Datenfeld-Kategorie (Maskenzeichen A)

Neben den von uns bisher kennengelernten Kategorien der numerischen, der alphanumerischen, der numerisch-druckaufbereiteten und der alphanumerisch-druckaufbereiteten Datenfelder gibt es die sog. alphabetischen Datenfelder als weitere Kategorie.
Die Picture-Maske eines alphabetischen Felds (alphabetic) darf nur das Maskenzeichen "A" enthalten, und in diesem Datenfeld dürfen nur die Buchstaben des Alphabets (d.h. die Zeichen A,B,...,Z)[*] und das Leerzeichen abgespeichert werden.

Zusätzliche Paragraphen der IDENTIFICATION DIVISION

Im Anschluß an den Paragraphen PROGRAM-ID der IDENTIFICATION DIVISION dürfen Informationen über den Autor (AUTHOR), den Anlagenstandort (INSTALLATION), das Datum der

---

[*] Bei der DVA HONEYWELL z.B. sind auch die Kleinbuchstaben a,b,c,...,y,z zugelassen.

Programmerstellung (DATE-WRITTEN), das Datum der Kompilierung (DATE-COMPILED) und die
Sicherheitsstufe des Programms (SECURITY) in entsprechenden weiteren Paragraphen des
Erkennungsteils in der folgenden Reihenfolge eingetragen werden:

```
IDENTIFICATION DIVISION.
PROGRAM-ID.
      programmname.
[AUTHOR.
      kommentar-1.]
[INSTALLATION.
      kommentar-2.]
[DATE-WRITTEN.
      kommentar-3.]
[DATE-COMPILED.
      kommentar-4.]
[SECURITY.
      kommentar-5.]
```

Die Stufennummer 66

Sollen innerhalb einer Datensatz-Beschreibung einzelne Datenfelder durch einen zusätzlichen Bezeichner benannt oder mehrere Felder bzgl. der Adressierung zu einem Datenfeld zusammengefaßt werden, so kann dies mit der Stufennummer 66 in Verbindung mit
der RENAMES-Klausel in der Form:

```
66  bezeichner-1 · RENAMES bezeichner-2 [THRU bezeichner-3]
```

am Ende der entsprechenden Datensatz-Beschreibung geschehen.

Die voneinander verschiedenen Felder bezeichner-2 und bezeichner-3, welche nicht mit
den Stufennummern o1, 66, 77 und 88 deklariert sein dürfen, müssen entweder beide
elementar oder beide nichtelementar sein. Ferner müssen beide Felder in derjenigen
Datensatz-Beschreibung vereinbart sein, welche der Eintragung mit der Stufennummer
66 unmittelbar vorausgeht.

Sie dürfen weder mit einer OCCURS-Klausel vereinbart noch irgendwelchen mit der
OCCURS-Klausel definierten Datenfeldern untergeordnet sein.

Die Deklaration des Felds bezeichner-3 muß immer auf die Definition des Felds
bezeichner-2 folgen, und bezeichner-3 darf dem Feld bezeichner-2 nicht untergeordnet
sein.

Im Anschluß an eine Datensatz-Beschreibung darf man beliebig viele, untereinander
aufgeführte Vereinbarungen mit der Stufennummer 66 angeben.

Z.B. ist die Datensatz-Beschreibung der Datei VERTRETER-DATEI (vgl. S. 14)

```
o1  VERTRETER-INFORMATION.
    o2  KENNZAHL     PICTURE 9(4).
    o2  FILLER       PICTURE XX.
    o2  NAME.
        o3  NACHNAME   PICTURE X(2o).
        o3  VORNAME    PICTURE X(2o).
    o2  FILLER       PICTURE X(25).
    o2  KONTOSTAND   PICTURE S9(5)V99.
    o2  FILLER       PICTURE XX.
```

zur folgenden Vereinbarung äquivalent:

```
o1  VERTRETER-INFORMATION.
    o2  KENNZAHL   PICTURE 9(4).
    o2  FILLER     PICTURE XX.
    o2  NACHNAME   PICTURE X(2o).
    o2  VORNAME    PICTURE X(2o).
    o2  FILLER     PICTURE X(25).
    o2  KONTOSTAND PICTURE S9(5)V99.
    o2  FILLER     PICTURE XX.
    66  NAME  RENAMES NACHNAME THRU VORNAME.
```

Die SYNCHRONIZED-Klausel

Nach unserer bisherigen Kenntnis hat man durch die Datenfeld-Definitionen keinen Einfluß auf die Speicherplatzvergabe, welche vom Kompilierer automatisch vorgenommen wird. Dabei werden nämlich alle Datenelemente einer Struktur und alle durch die Stufennummer 77 eingeleiteten Datenfelder stets <u>hintereinander</u> im Speicher abgelegt, und das durch die USAGE-Klausel implizierte Ablageformat hat keinen Einfluß darauf, ob ein Feld auf einer <u>Wortgrenze</u> beginnt (alignment) oder nicht.

Deshalb werden alle Felder, welche nicht bereits durch die Speicherplatzvergabe auf Wortgrenzen ausgerichtet sind, vor allen arithmetischen Operationen in geeignete Zwischenspeicher-Felder übertragen, welche stets auf Wortgrenzen beginnen.

Um die Ausführung der jeweils dazu erforderlichen Maschineninstruktionen zu vermeiden (Kode-Optimierung!), kann man den Kompilierer bei der Datenfeld-Definition mit der SYNCHRONIZED-Klausel in der Form:

$$\left\{ \begin{array}{c} \underline{\text{SYNCHRONIZED}} \\ \underline{\text{SYNC}} \end{array} \right\} \left\{ \begin{array}{c} \underline{\text{LEFT}} \\ \underline{\text{RIGHT}} \end{array} \right\}$$

anweisen, das zugehörige Datenfeld auf eine Wortgrenze hin auszurichten. Dabei ist ein Feld bei der Angabe des COBOL-Worts <u>LEFT</u> auf den Anfang und bei der Angabe von <u>RIGHT</u> auf das Ende hin auszurichten.

Bei dieser Speicherplatzvergabe werden i.a. sog. <u>Füll-Bytes</u> (padding character, slack bytes) generiert, so daß diese zusätzliche Vergabe von Speicherraum stets gegenüber der daraus resultierenden Kode-Optimierung abzuwägen ist.

In jedem Fall ist die SYNCHRONIZED-Klausel wegen der jeweils Anlagen-abhängigen Speicherplatz-Ausrichtung der Datenelemente mit großer Vorsicht einzusetzen, da z.B. ein Programm, in welchem die REDEFINES- und die SYNCHRONIZED-Klausel in einer Datensatz-Beschreibung <u>gleichzeitig</u> verwendet werden, u.U. nicht mehr portabel ist.

Weitere Picture-Maskenzeichen für die Druckaufbereitung

Neben den uns bisher bekannten Möglichkeiten zur Druckaufbereitung numerischer Datenfelder können wir ferner die Maskenzeichen ",", "ß", "CR" und "DB" einsetzen.

Das <u>Einfügungszeichen "," (Komma)</u> wird gewählt, falls bei der Druck-Ausgabe eines numerischen Werts die Ziffern, welche vor dem Dezimalpunkt auszugeben sind, optisch entzerrt werden sollen.

Z.B. führt eine MOVE-Anweisung vom Sendefeld

```
o 1 2 7 4 3 o 1 5 ō
```

in das mit der Picture-Maske ++9,9(3),9(3).99 vereinbarte Empfangsfeld zum Resultat:

```
ս - 1 , 2 7 4 , 3 o 1 . 5 o
+ + 9 , 9 9 9 , 9 9 9 . 9 9
```

Das Währungssymbol "$" (currency sign) hat dieselbe Wirkung wie die gleitenden Ersetzungszeichen "+" und "-" (vgl. 6.4) mit dem Unterschied, daß anstelle eines Vorzeichens das Dollarzeichen als Währungszeichen ausgegeben wird.

Z.B. führt eine MOVE-Anweisung vom Sendefeld

```
o 3 4 1 o 4 5
```

in das mit der Picture-Maske $(6).99 vereinbarte Empfangsfeld zum Resultat:

```
ս $ 3 4 1 o . 4 5
$ $ $ $ $ $ . 9 9
```

Zur Ausgabe eines Vorzeichens hinter einem numerischen Wert kann eines der Maskenzeichen "+", "-", "CR" (für Kredit) und "DB" (Debit) am Ende der zugehörigen Picture-Maske kodiert werden.

Ist der auszugebende numerische Wert negativ, so wird bei "+" und "-" das Minuszeichen und bei "DB" bzw. "CR" die Zeichenfolge DB bzw. CR hinter der letzten Ziffer eingetragen.

Bei einem positiven Ausgabewert werden bei den Maskenzeichen "CR" und "DB" jeweils zwei Leerzeichen, bei "-" ein Leerzeichen und bei "+" ein Pluszeichen an den Wert angefügt.

Z.B. führt eine MOVE-Anweisung vom Sendefeld

```
o 4 5 1 5̄
```

zu folgenden Inhalten der mit ihren Picture-Masken angegebenen Empfangsfelder:

```
o 4 5 . 1 5 -      o 4 5 . 1 5 C R      o 4 5 . 1 5 D B
9 9 9 . 9 9 -      9 9 9 . 9 9 C R      9 9 9 . 9 9 D B
```

Als weiteres Maskenzeichen zur Druckaufbereitung darf im Standard ANSI-74 auch der Schrägstrich "/" (slash) als Einfügungszeichen benutzt werden.

Z.B. führt eine MOVE-Anweisung vom Sendefeld

```
o 4 o 7 7 9
```

in das mit der Picture-Maske 99/99/99 vereinbarte Empfangsfeld zum Resultat:

```
o 4 / o 7 / 7 9
9 9 / 9 9 / 9 9
```

Änderung der Bedeutung von Picture-Maskenzeichen

Soll das Maskenzeichen "$" durch ein anderes Währungssymbol (currency symbol) ersetzt werden, so kann dies durch eine Eintragung in der CURRENCY-SIGN-Klausel, welche im Paragraphen SPECIAL-NAMES (vgl. S. 68 und S. 241) vorgenommen wird, in der folgenden Form erreicht werden:

> CURRENCY SIGN IS alphanumerisches-literal

Damit übernimmt das hinter dem COBOL-Wort IS angegebene alphanumerische Literal, welches nur aus einem Zeichen bestehen darf, die Funktion des Dollarzeichens in entsprechenden Picture-Masken.

Das neue Währungssymbol darf mit keinem anderen Picture-Maskenzeichen übereinstimmen und fungiert wie das Dollarzeichen als gleitendes Ersetzungszeichen.

Falls die CURRENCY-SIGN-Klausel

    CURRENCY SIGN IS "M"

im Paragraphen SPECIAL-NAMES kodiert ist, führt z.B. eine MOVE-Anweisung vom Sendefeld

> o 4 2 7 3 5

in das mit der Picture-Maske MMM99.99 vereinbarte Empfangsfeld zum Resultat:

> u M 4 2 7 . 3 5
> M M M 9 9 . 9 9

Da im deutschen Sprachraum die Verwendung des Dezimalkommas anstelle des Dezimalpunkts vertrauter ist, kann man für die Druck-Ausgabe und für die Darstellung von numerischen Literalen die Funktion der Zeichen "," und "." vertauschen. Dazu muß die DECIMAL-POINT-Klausel in der Form:

> DECIMAL-POINT IS COMMA

im Paragraphen SPECIAL-NAMES eingetragen werden (vgl. S. 68 und S. 241).

Dann führt z.B. eine MOVE-Anweisung vom Sendefeld ZAHL, welches durch

    77 ZAHL PICTURE 9(5)V99 VALUE 1275o,4o.

deklariert ist, in das mit der Picture-Maske 99.999,99 vereinbarte Empfangsfeld ZAHL-ED zum Resultat:

    ZAHL-ED   1 2 . 7 5 o , 4 o
              9 9 . 9 9 9 , 9 9

Wollen wir nun das Zeichen "M" als Währungssymbol vereinbaren und zusätzlich die Bedeutung von Dezimalpunkt und Dezimalkomma vertauschen, so müssen wir kodieren:

    SPECIAL-NAMES.
        CURRENCY SIGN IS "M"
        DECIMAL-POINT IS COMMA.

Die ACCEPT-Anweisung zur Ermittlung von Datum und Tageszeit

Im Standard ANSI-74 kann durch die Ausführung der ACCEPT-Anweisung in der Form:

$$\text{ACCEPT bezeichner } \underline{\text{FROM}} \left\{ \begin{array}{l} \underline{\text{DATE}} \\ \underline{\text{DAY}} \\ \underline{\text{TIME}} \end{array} \right\}$$

das (normale) Datum (DATE), das Industrie-Datum (DAY) bzw. die Tageszeit (TIME) in das numerische oder numerisch-druckaufbereitete Datenfeld bezeichner eingetragen werden. Dabei implizieren die einzelnen Klauseln die folgenden Ablageformen:

Klausel:	obligatorische Picture-Maske des Empfangsfelds:	Ablageform:
DATE	sechs Ziffernstellen	yymmdd (jahr-monat-tag)
DAY	fünf Ziffernstellen	yyddd (jahr-tagesordnungsnummer)[*]
TIME	acht Ziffernstellen	hhmmsshh (stunden-minuten-sekunden-hundertstelsekunden)

Wird z.B. mit den Vereinbarungen:

```
77  TIME-FELD   PICTURE 9(8).
77  DATE-FELD   PICTURE 9(6).
77  DAY-FELD    PICTURE 9(5).
```

die Anweisung

```
ACCEPT TIME-FELD FROM TIME.
```

am 1.3.79 um 12^{47} Uhr lo.16 Sekunden aufgerufen, so ergibt sich für das Empfangsfeld:

TIME-FELD   `1 2 4 7 1 o 1 6`
                9 9 9 9 9 9 9 9

Die anschließende Ausführung der Anweisungen

```
ACCEPT DATE-FELD FROM DATE.
ACCEPT DAY-FELD FROM DAY.
```

liefert das Resultat:

DATE-FELD   `7 9 o 3 o 1`   und   DAY-FELD   `7 9 o 6 o`
           9 9 9 9 9   9 9 9 9 9

Die ACCEPT-Anweisung zur Eingabe geringer Datenmengen

Die Eingabe geringer Datenmengen (von der Operator-Konsole, vom Kartenleser oder vom Terminal) kann man durch die Ausführung einer modifizierten ACCEPT-Anweisung gemäß der folgenden Syntax vornehmen:

$$\text{ACCEPT bezeichner } \left[\underline{\text{FROM}} \text{ merkname} \right]$$

---

[*] Z.B. ist die Tagesordnungsnummer vom lo. Januar gleich olo und die vom 15. Februar gleich o46.

Dabei muß der Name merkname analog zum Vorgehen bei der Vereinbarung eines Seiten-Vorschubs im Standard ANSI-68 (s. 6.3) einem Anlagen-spezifischen Funktionsnamen in der folgenden Form - im Paragraphen SPECIAL-NAMES - zugewiesen werden:

```
funktionsname IS merkname
```

In Abhängigkeit von dem jeweiligen Eingabe-Gerät - dem Terminal (im Dialogbetrieb), der Operator-Konsole oder dem Kartenleser (im Stapelbetrieb) - sind dabei z.B. die folgenden Funktionsnamen zu kodieren:

Name der DVA	Funktionsnamen für		
	Terminal	Operator-Konsole	Kartenleser
SIEMENS	TERMINAL *)	CONSOLE	SYSIN
IBM	SYSIN *)	CONSOLE	SYSIN
HONEYWELL	SYSIN	CONSOLE **)	SYSIN
TR 44o	NOE		NEM

Gibt man bei einer ACCEPT-Anweisung keine FROM-Klausel an, so wird i.a. der Lochkartenleser als Eingabe-Gerät gewählt.

Während die Eingabe vom Terminal und von der Operator-Konsole bezüglich der Länge einer übertragenen Zeichenkette Anlagen-abhängig ist, gilt bei der Eingabe vom Kartenleser, daß stets die Länge des entsprechenden Empfangsfelds maßgebend ist. Dabei wird bei der Ausführung einer ACCEPT-Anweisung stets auf den Anfang einer neuen Lochkarte positioniert. Ist nun das hinter dem COBOL-Wort ACCEPT kodierte Datenfeld kürzer als 8o Bytes, so werden die auf der Lochkarte evtl. vorhandenen weiteren Informationen ignoriert. Enthält das Empfangsfeld jedoch mehr als 8o Bytes, so wird automatisch auf entsprechende nachfolgende Lochkarten positioniert und deren Inhalt hintereinander im Empfangsfeld abgespeichert.

Ist die Länge des Empfangsfelds kein ganzzahliges Vielfaches von 8o, so steht der restliche Teil der letzten Lochkarte nicht zur Verfügung.

Z.B. wird bei einem auf der DVA SIEMENS ablaufenden Programm mit der Vereinbarung:

```
    SPECIAL-NAMES.
        SYSIN IS KARTENLESER.
      :
    WORKING-STORAGE SECTION.
    77  KARTENLESER-FELD  PICTURE X(16o).
```

durch die Ausführung der Anweisung

```
                              ***)
    ACCEPT KARTENLESER-FELD FROM KARTENLESER.
```

der Inhalt von zwei Lochkarten hintereinander in das Feld KARTENLESER-FELD übertragen.

---

*) Dies gilt bei SIEMENS nur für das System BS 2000 und bei IBM z.B. für MVS/TSO.

**) Dies gilt nur für das System GCOS.

***) Da mit der ACCEPT-Anweisung keine Lochkarten-Datei bearbeitet wird, braucht man auch keine entsprechende Datei-Beschreibung zu kodieren.

Die DISPLAY-Anweisung zur Ausgabe geringer Datenmengen

Im Abschnitt 6.5 haben wir gelernt, wie man mit der DISPLAY-Anweisung Kurzinformatio-
nen ins Ablaufprotokoll übertragen kann.

Darüberhinaus fungiert die DISPLAY-Anweisung als Pendant der ACCEPT-Anweisung, und
man kann mit ihr auch Nachrichten auf die Operator-Konsole und (im Dialogbetrieb)
auch auf ein Terminal ausgeben. Dazu muß man die DISPLAY-Anweisung in der folgenden
Form kodieren:

$$\underline{\text{DISPLAY}} \left\{ \begin{matrix} \text{bezeichner-1} \\ \text{literal-1} \end{matrix} \right\} \left[\left\{ \begin{matrix} \text{bezeichner-2} \\ \text{literal-2} \end{matrix} \right\} \right] \cdots \left[\underline{\text{UPON}} \text{ merkname} \right]$$

Wird die UPON-Klausel weggelassen, so fungiert i.a. der Drucker als Ausgabe-Gerät.
Ansonsten müssen in der UPON-Klausel - über den angegebenen Merknamen - die entsprechenden Ausgabe-Geräte spezifiziert werden. Dazu muß man dem gewählten Merknamen den
entsprechenden Anlagen-abhängigen Funktionsnamen im Paragraphen SPECIAL-NAMES zuordnen. Beispiele für derartige Funktionsnamen sind:

	Funktionsnamen für		
Name der DVA	Terminal	Operator-Konsole	Drucker
SIEMENS	TERMINAL *)	CONSOLE	SYSOUT
IBM	SYSOUT *)	CONSOLE	SYSOUT
HONEYWELL	SYSOUT	CONSOLE **)	SYSOUT
TR 44o	NOA		NAM

Soll z.B. durch die Ausführung der Anweisung

    DISPLAY AUSGABE-FELD UPON DRUCKER.

der Inhalt des Felds AUSGABE-FELD ins Ablaufprotokoll übertragen werden, so muß z.B.
bei einem auf der DVA SIEMENS ablaufenden Programm die folgende Zuordnung geschehen:

    SPECIAL-NAMES.
        SYSOUT IS DRUCKER.

Bei der Ausführung der DISPLAY-Anweisung werden alle Inhalte von Datenfeldern, welche
nicht in der ungepackten Dezimal-Darstellung abgespeichert sind, zunächst intern in
diese Speicherungsform übertragen und dann (ohne Druckaufbereitung) auf dem zugewie-
senen Ausgabe-Gerät ausgegeben.

Der Sondernamen-Paragraph SPECIAL-NAMES

Wir haben bereits gelernt (vgl. Beschreibung der WRITE-Anweisung mit Seiten-Vorschub
im Standard ANSI-68, Kodierung von ACCEPT- und DISPLAY-Anweisungen), daß man sog.
Merknamen (mnemonic-name), welche vom Programmierer frei gewählt werden dürfen, im
Paragraphen SPECIAL-NAMES den entsprechenden Anlagen-abhängigen Funktionsnamen zuordnen muß. Dabei ist dieser Paragraph in der ENVIRONMENT DIVISION im Anschluß an den

---

*) Dies gilt nur für das System SIEMENS (BS 2ooo) und z.B. für IBM (MVS/TSO).
**) Dies gilt nur für das System GCOS.

Paragraphen OBJECT-COMPUTER einzutragen, und die Zuweisung von Merknamen und Funktionsnamen muß immer in der folgenden Form vorgenommen werden:

```
funktionsname IS merkname
```

Darüberhinaus können in diesem Paragraphen sog. Software-Schalter (external switch) gemäß der folgenden Syntax vereinbart werden:

$$
\text{funktionsname}
\begin{cases}
\text{IS merkname-1} \left[\text{ON STATUS IS bedingungsname-1} \right. \\
\qquad\qquad\quad \left[\text{OFF STATUS IS bedingungsname-2} \right] \\
\text{IS merkname-2} \left[\text{OFF STATUS IS bedingungsname-3} \right. \\
\qquad\qquad\quad \left[\text{ON STATUS IS bedingungsname-4} \right] \\
\text{ON STATUS IS bedingungsname-5} \\
\qquad \left[\text{OFF STATUS IS bedingungsname-6} \right] \\
\text{OFF STATUS IS bedingungsname-7} \\
\qquad \left[\text{ON STATUS IS bedingungsname-8} \right]
\end{cases}
$$

Über diese Software-Schalter läßt sich der Programmablauf - ohne die Eingabe von entsprechenden Indikatordaten - steuern.[*] Dabei können diese Schalter entweder durch Programme, welche innerhalb des Jobs vorher ausgeführt wurden, oder durch die Angabe von besonderen Spezifikationen auf den Kommando-Karten gesetzt oder gelöscht werden.

Berücksichtigen wir, daß man im Paragraphen SPECIAL-NAMES nicht nur die Zuordnung von Merknamen zu Funktionsnamen festlegen sondern auch die CURRENCY-SIGN- und die DECIMAL-POINT-Klausel kodieren kann (vgl. S. 238), so ergibt sich das Schema:

```
SPECIAL-NAMES.
      Zuordnung von Funktionsnamen zu Merknamen (s.o.)
  [CURRENCY SIGN IS alphanumerisches-literal]
  [DECIMAL-POINT IS COMMA]
```

Es ist darauf zu achten, daß im Paragraphen SPECIAL-NAMES immer ein COBOL-Satz eingetragen werden muß, d.h. die letzte Klausel ist als einzige Klausel mit dem Interpunktionszeichen Punkt abzuschließen.

Die NOTE-Anweisung

In 3.5 haben wir gelernt, daß man Kommentare mit Hilfe des Indikatorzeichens "*" (in der Spalte 7) in einer Programmzeile vereinbaren kann. Darüberhinaus können Kommentare auch - in der PROCEDURE DIVISION - durch die Kodierung der NOTE-Anweisung in der folgenden Form angegeben werden (nur Standard ANSI-68):

```
NOTE kommentar-text
```

---

[*] Dies ist Anlagen-abhängig; daher gehen wir hier nicht näher auf die Realisierung ein.

Ist die NOTE-Anweisung als <u>erste</u> Anweisung eines Paragraphen kodiert, so handelt es sich um einen <u>NOTE-Paragraphen</u>, d.h. alle auf das COBOL-Wort NOTE folgenden Eintragungen dieses Paragraphens werden als Kommentar gewertet.

Ist die NOTE-Anweisung nicht die erste Anweisung eines Paragraphens, so muß sie im Anschluß an einen COBOL-Satz kodiert sein. In diesem Fall ist die NOTE-Anweisung mit einem Punkt abzuschließen, und innerhalb des hinter dem Wort NOTE angegebenen Kommentars darf kein Punkt aufgeführt werden.

Die ALTER-Anweisung

Mit der ALTER-Anweisung gemäß der Syntax:

```
ALTER prozedurname-1 TO [PROCEED TO] prozedurname-2
     [prozedurname-3 TO [PROCEED TO] prozedurname-4]...
```

können die Sprungziele, welche in GO-Anweisungen aufgeführt sind, <u>dynamisch</u> verändert werden. Dabei darf eine Prozedur, deren Name in der ALTER-Anweisung vor dem COBOL-Wort TO angegeben ist, außer einer GO-Anweisung (ohne DEPENDING-ON-Klausel) keine weiteren Anweisungen enthalten.

So wird z.B. in den folgenden Programmzeilen:

```
          :
     ALTER PROGRAMM-WEICHE TO SCHLEIFE-2.
          :
PROGRAMM-WEICHE.
     GO TO SCHLEIFE-1.
SCHLEIFE-1.
          :
SCHLEIFE-2.
          :
```

durch die Ausführung der ALTER-Anweisung festgelegt, daß in der Prozedur PROGRAMM-WEICHE mit der Ausführung der GO-Anweisung nicht zur Prozedur SCHLEIFE-1 sondern zur Prozedur SCHLEIFE-2 verzweigt werden soll.

Der Einsatz der ALTER-Anweisung führt in bestimmten Fällen zwar zu effektiveren aber leider auch sehr unübersichtlichen Programmen. Da sich derartige Programme nur mühsam warten lassen, sollte man besser auf die Kodierung der ALTER-Anweisung verzichten.

Ergänzungen zur OPEN- und CLOSE-Anweisung

Die Leistungen der in 6.1 beschriebenen OPEN- und CLOSE-Anweisungen können durch die Angabe spezieller Klauseln erweitert werden.

Sollen z.B. die Records einer Magnetband-Datei zweimal eingelesen werden, so ist es u.U. nicht erforderlich, das Magnetband wieder auf den Anfang der Datei zurückzuspulen. Die Records einer Magnetband-Datei können nämlich auch <u>rückwärts</u> (reversed) gelesen werden, d.h. der physikalisch letzte Satz wird als erster, der vorletzte Satz als zweiter usw. eingelesen.

Dazu muß (nach dem erstmaligen Einlesen aller Records) die Datei mit einer CLOSE-Anweisung der folgenden Form abgeschlossen werden:

```
CLOSE dateiname WITH NO REWIND
```

Anschließend ist diese Datei mit einer OPEN-Anweisung der folgenden Form zu eröffnen:

```
OPEN INPUT dateiname REVERSED
```

Soll z.B. eine sequentielle Datei am (logischen) Dateiende verlängert werden, so muß man diese Datei durch eine OPEN-Anweisung der folgenden Form zur Erweiterung (extend mode) eröffnen:

```
OPEN EXTEND dateiname
```

Dies gilt nur für sequentiell organisierte Dateien, da relativ bzw. index-sequentiell organisierte Dateien bekanntlich im Random-Zugriff (logisch) erweitert werden können, indem man sie als Update-Datei eröffnet und entsprechende WRITE-Anweisungen ausführt.

Hat z.B. eine sequentielle Datei mehr als einen Datenträger (Multivolume-Datei), so kann man die jeweilige Fortschaltung auf den nächsten Datenträger durch die Ausführung einer CLOSE-Anweisung der folgenden Form veranlassen: [*])

```
CLOSE dateiname {REEL
                 UNIT}
```

Bei einer Magnetband-Datei muß das COBOL-Wort REEL und bei einer Platten-Datei das Wort UNIT angegeben werden. Diese Fortschaltung muß man in jedem Fall durch entsprechende Eintragungen auf den jeweiligen Kommando-Karten unterstützen.

Will man z.B. ein erneutes Eröffnen einer bereits bearbeiteten Datei unterbinden, so muß man diese Datei durch eine CLOSE-Anweisung in der folgenden Form abschließen:

```
CLOSE dateiname WITH LOCK
```

Die COPY-Klausel

Als Arbeitserleichterung bei der Kodierung von COBOL-Quellprogrammen können stets wiederkehrende Beschreibungen und Prozedurbereiche in einer Platten-Datei als sog. Bibliotheks-Datei (library) abgespeichert werden. Von dort aus kann man die gewünschten Informationen vom Kompilierer lesen und vor der Programmanalyse in das Quellprogramm einfügen lassen.

Die Stellen im Programm, an welchen Programmzeilen aus der Bibliotheks-Datei ergänzt werden sollen, müssen vom Programmierer durch die Kodierung der COPY-Klausel in der folgenden Form gekennzeichnet werden:

```
COPY bibliotheks-name
     REPLACING wort-1 BY {wort-2        } [wort-3 BY {wort-4        }] ...
                         {bezeichner-1}            {bezeichner-2}
                         {literal-1    }            {literal-2    }
```

*) Beim Erreichen des Datenträgerendes wird dies i.a. automatisch durchgeführt.

Dabei ist die Syntax des Namens bibliotheks-name (library-name), die Einrichtung und die Organisationsform der Bibliotheks-Datei und der entsprechende Zugriffs-Mechanismus des Kompilierers Anlagen-abhängig.

Ohne die Kodierung der REPLACING-Klausel werden die unter dem Namen bibliotheks-name abgespeicherten Programmzeilen (library text) <u>unverändert</u> in das Quellprogramm eingefügt.

Bei Bedarf kann man eine Modifikation der einzutragenden Programmzeilen vornehmen, indem die entsprechenden Ersetzungen in einer REPLACING-Klausel aufgeführt werden. Die dabei vom Kompilierer durchgeführte Text-Substitution hat keinen Einfluß auf die in der Bibliotheks-Datei abgespeicherte Information.

Im Standard ANSI-68 darf eine COPY-Klausel nicht an beliebigen sondern nur an den folgenden ausgezeichneten Programmstellen kodiert werden:
- in den Paragraphen der ENVIRONMENT DIVISION gemäß der Syntax:

```
SOURCE-COMPUTER.   COPY bibliotheks-name-1.
OBJECT-COMPUTER.   COPY bibliotheks-name-2.
SPECIAL-NAMES.     COPY bibliotheks-name-3.
FILE-CONTROL.      COPY bibliotheks-name-4.
I-O-CONTROL.       COPY bibliotheks-name-5. *)
```

- in den Datei-Beschreibungen der FILE SECTION gemäß der Syntax:

```
FD  dateiname  COPY bibliotheks-name-6.
SD  dateiname  COPY bibliotheks-name-7.
o1  datensatzname  COPY bibliotheks-name-8.
```

- in den Datenfeld-Beschreibungen der WORKING-STORAGE SECTION gemäß der Syntax:

```
o1  bezeichner  COPY bibliotheks-name-9.
```

- und in der PROCEDURE DIVISION gemäß der Syntax:

```
kapitelname SECTION [segmentnummer] . COPY bibliotheks-name-1o.
paragraphenname. COPY bibliotheks-name-11.
```

So hätten wir z.B. die von uns so oft strapazierte Datensatz-Beschreibung des Records VERTRETER-INFORMATION (vgl. S. 18) in einer Bibliotheks-Datei unter dem Bibliotheks-Namen STAMM abspeichern und jede Datei-Beschreibung von VERTRETER-DATEI folgendermaßen vereinbaren können:

```
FD  VERTRETER-DATEI
    LABEL RECORD OMITTED
    DATA RECORD VERTRETER-INFORMATION.
o1  VERTRETER-INFORMATION  COPY STAMM.
```

---

*) Im Paragraphen I-O-CONTROL kann man Angaben über das Schreiben von Stützpunkten, über die Zusammenlegung von Puffer-Bereichen und über die relativen Positionen von Dateien auf einem Magnetband machen. Diese Eintragungen implizieren i.a. ein Anlagen-abhängiges Laufzeitverhalten, so daß wir hier auf eine Beschreibung verzichten.

Wollten wir z.B. bei dieser Einfügung zudem den Bezeichner KONTOSTAND durch den
Namen KONTOSTAND-EINGABE ersetzen, so müßten wir die folgende Datensatz-Beschreibung
kodieren:

    ol VERTRETER-INFORMATION COPY STAMM REPLACING KONTOSTAND BY KONTOSTAND-EINGABE.

Behandlung von Fehlern bei der Ein-/Ausgabe (DECLARATIVES)

Bei der Ausführung des Objektprogramms bricht das Betriebssystem den Objektlauf ab,
falls bei der Interaktion des Programms mit seiner Systemumgebung ein Fehler auftritt.
Bei Fehlern, welche durch die Ausführung von Ein-/Ausgabe-Anweisungen während der
Datei-Bearbeitung entstehen, kann der Programmierer jedoch gewisse Vorkehrungen treffen, damit der sonst übliche Programmabbruch verhindert wird und stattdessen spezielle Anweisungen ausgeführt werden.

Diese Anweisungen müssen entweder in den entsprechenden AT-END- bzw. INVALID-KEY-
Klauseln der Ein-/Ausgabe-Anweisungen oder in dem besonderen Programmbereich
DECLARATIVES eingetragen sein. Bei der Kodierung eines DECLARATIVES-Bereichs muß die
gesamte PROCEDURE DIVISION in Kapitel eingeteilt sein, und der DECLARATIVES-Bereich
muß in der PROCEDURE DIVISION - vor dem ersten Kapitel - in der folgenden Form eingefügt werden:

```
   PROCEDURE DIVISION.
   DECLARATIVES.
   kapitelname-1 SECTION.  USE-Satz.
   paragraphenname-1.
          :
  [paragraphenname-2.
          :              ] ...
  [kapitelname-2 SECTION.  USE-Satz.
   paragraphenname-3.
          :
  [paragraphenname-4.
          :              ] ... ] ...
   END DECLARATIVES.

       | Kapitel der PROCEDURE DIVISION
```

Jeder USE-Satz (declaratives sentence) ist gemäß der Syntax:

```
                                   ⎧ dateiname-1 [dateiname-2] ... ⎫
                                   ⎪ INPUT                         ⎪
   USE AFTER STANDARD ERROR PROCEDURE ON ⎨ OUTPUT                  ⎬
                                   ⎪ I-0                           ⎪
                                   ⎩ EXTEND                        ⎭
```

mit abschließendem Punkt als Interpunktionszeichen für das Satzende zu bilden.

Ist der DECLARATIVES-Bereich in der PROCEDURE DIVISION eingetragen und tritt beim

Objektlauf ein Fehler bei der Datei-Bearbeitung auf (z.B. Erreichen des Dateiendes
ohne Kodierung einer entsprechenden AT-END-Klausel), so werden - nach der Ausführung
der Standard-Fehlerbehandlungsroutinen des Betriebssystems - die Anweisungen desjenigen Kapitels im DECLARATIVES-Bereichs bearbeitet, mit dessen USE-Satz die entsprechenden Vorkehrungen für einen derartigen Fehler getroffen wurden.

Fällt der betreffende Fehler nicht in den Geltungsbereich eines der kodierten USE-
Sätze, so wird der Objektlauf abgebrochen.

Dabei ist ein USE-Satz immer dann für einen Fehler zuständig, falls der betreffende
Name der Datei, bei deren Bearbeitung der Fehler aufgetreten ist, entweder explizit
durch den aufgeführten Dateinamen oder implizit durch den entsprechenden Datei-Modus
in einem USE-Satz angegeben wurde.

Als Datei-Modi können INPUT (für die Eingabe), OUTPUT (für die Ausgabe), EXTEND (für
die Erweiterung) oder I-O (für das Updating) spezifiziert werden.

Nach der Bearbeitung des durch den USE-Satz festgelegten Kapitels wird das Programm
mit der Anweisung fortgesetzt, welche auf die Anweisung folgt, bei deren Ausführung
der Fehler aufgetreten ist, d.h. das entsprechende Kapitel im DECLARATIVES-Bereich
wird genauso wie bei der Ausführung einer PERFORM-Anweisung durchlaufen.

Anhang

A.1 Liste der reservierten COBOL-Wörter des Standards ANSI-74

ACCEPT	COMMUNICATION	DIVIDE	I-O	MERGE
ACCESS	COMP	DIVISION	I-O-CONTROL	MESSAGE
ADD	COMPUTATIONAL	DOWN	IDENTIFICATION	MODE
ADVANCING	COMPUTE	DUPLICATES	IF	MODULES
AFTER	CONFIGURATION	DYNAMIC	IN	MOVE
ALL	CONTAINS	EGI	INDEX	MULTIPLE
ALPHABETIC	CONTROL	ELSE	INDEXED	MULTIPLY
ALSO	CONTROLS	EMI	INDICATE	NATIVE
ALTER	COPY	ENABLE	INITIAL	NEGATIVE
ALTERNATE	CORR	END	INITIATE	NEXT
AND	CORRESPONDING	END-OF-PAGE	INPUT	NO
ARE	COUNT	ENTER	INPUT-OUTPUT	NOT
AREA	CURRENCY	ENVIRONMENT	INSPECT	NUMBER
AREAS	DATA	EOP	INSTALLATION	NUMERIC
ASCENDING	DATE	EQUAL	INTO	OBJECT-COMPUTER
ASSIGN	DATE-COMPILED	ERROR	INVALID	OCCURS
AT	DATE-WRITTEN	ESI	IS	OF
AUTHOR	DAY	EVERY	JUST	OFF
BEFORE	DE	EXCEPTION	JUSTIFIED	OMITTED
BLANK	DEBUG-CONTENTS	EXIT	KEY	ON
BLOCK	DEBUG-ITEM	EXTEND	LABEL	OPEN
BOTTOM	DEBUG-LINE	FD	LAST	OPTIONAL
BY	DEBUG-NAME	FILE	LEADING	OR
CALL	DEBUG-SUB-1	FILE-CONTROL	LEFT	ORGANIZATION
CANCEL	DEBUG-SUB-2	FILLER	LENGTH	OUTPUT
CD	DEBUG-SUB-3	FINAL	LESS	OVERFLOW
CF	DEBUGGING	FIRST	LIMIT	PAGE
CH	DECIMAL-POINT	FOOTING	LIMITS	PAGE-COUNTER
CHARACTER	DECLARATIVES	FOR	LINAGE	PERFORM
CHARACTERS	DELETE	FROM	LINAGE-COUNTER	PF
CLOCK-UNITS	DELIMITED	GENERATE	LINE	PH
CLOSE	DELIMITER	GIVING	LINE-COUNTER	PIC
COBOL	DEPENDING	GO	LINES	PICTURE
CODE	DESCENDING	GREATER	LINKAGE	PLUS
CODE-SET	DESTINATION	GROUP	LOCK	POINTER
COLLATING	DETAIL	HEADING	LOW-VALUE	POSITION
COLUMN	DISABLE	HIGH-VALUE	LOW-VALUES	POSITIVE
COMMA	DISPLAY	HIGH-VALUES	MEMORY	PRINTING

PROCEDURE	REPLACING	SEGMENT-LIMIT	STRING	TOP
PROCEDURES	REPORT	SELECT	SUB-QUEUE-1	TRAILING
PROCEED	REPORTING	SEND	SUB-QUEUE-2	TYPE
PROGRAM	REPORTS	SENTENCE	SUB-QUEUE-3	UNIT
PROGRAM-ID	RERUN	SEPARATE	SUBTRACT	UNSTRING
QUEUE	RESERVE	SEQUENCE	SUM	UNTIL
QUOTE	RESET	SEQUENTIAL	SUPPRESS	UP
QUOTES	RETURN	SET	SYMBOLIC	UPON
RANDOM	REVERSED	SIGN	SYNC	USAGE
RD	REWIND	SIZE	SYNCHRONIZED	USE
READ	REWRITE	SORT	TABLE	USING
RECEIVE	RF	SORT-MERGE	TALLYING	VALUE
RECORD	RH	SOURCE	TAPE	VALUES
RECORDS	RIGHT	SOURCE-COMPUTER	TERMINAL	VARYING
REDEFINES	ROUNDED	SPACE	TERMINATE	WHEN
REEL	RUN	SPACES	TEXT	WITH
REFERENCES	SAME	SPECIAL-NAMES	THAN	WORDS
RELATIVE	SD	STANDARD	THROUGH	WORKING-STORAGE
RELEASE	SEARCH	STANDARD-1	THRU	WRITE
REMAINDER	SECTION	START	TIME	ZERO
REMOVAL	SECURITY	STATUS	TIMES	ZEROES
RENAMES	SEGMENT	STOP	TO	ZEROS

Anmerkung:

Als Ergänzung geben wir nun die Liste der COBOL-Wörter an, welche im Standard ANSI-68,
aber nicht mehr im Standard ANSI-74 reserviert sind:

ACTUAL	ENDING	FILE-LIMITS	REMARKS
ADDRESS	EXAMINE	NOTE	SEEK
BEGINNING	FILE-LIMIT	PROCESSING	TALLY

Natürlich existieren weitere jeweils Hersteller-abhängige reservierte COBOL-Wörter.
Außerdem sind bestimmte Wörter des Standards ANSI-74 nicht in der Liste der im Standard ANSI-68 reservierten COBOL-Wörter enthalten.

Benutzt man ein reserviertes COBOL-Wort irrtümlich als Programmierer-Wort, so führt
dies zu einer entsprechenden Fehlermeldung des Kompilierers. Daher sollte man keines
der in den oben angegebenen Listen aufgeführten Wörter als Programmierer-Wort verwenden. Um ganz sicher zu gehen, sollte man sich vor der Kodierung eines COBOL-Programms
über die reservierten Wörter informieren, welche vom jeweiligen Hersteller zusätzlich
vereinbart sind.

A.2 Bausteine des COBOL-Sprachumfangs

Der Leistungsumfang der Kompilierer, welche von den einzelnen Herstellern angeboten werden, kann mit Hilfe des vom ANSI festgelegten Modul-Schemas (Baustein-Einteilung) exakt beschrieben werden.

Im Standard ANSI-68 besteht der volle Sprachumfang aus acht Moduln mit bis zu jeweils drei Leistungsstufen (level):

Nucleus (Kern)	NUC1	NUC2	
Table Handling (Tabellenverarbeitung)	TBL1	TBL2	TBL3
Sequential Access (Sequentieller Datei-Zugriff)	SEQ1	SEQ2	
Random Access (Wahlweiser Datei-Zugriff)	Null	RAC1	RAC2
Sort (COBOL-Internsort)	Null	SRT1	SRT2
Report Writer (Listengenerator)	Null	RPW1	RPW2
Segmentation (Segmentierung)	Null	SEG1	SEG2
Library (Programmzeilen-Bibliothek)	Null	LIB1	LIB2

Die Leistungsstufe "Null" bedeutet, daß der entsprechende Modul nicht vorhanden sein muß, um den Kompilierer trotzdem als ANSI-COBOL-Kompilierer klassifizieren zu können. Der volle ANSI-COBOL-Sprachumfang wird durch die Gesamtheit der Moduln NUC2, TBL3, SEQ2, RAC2, SRT2, RPW2, SEG2 und LIB2 ausgemacht.[*]

Für den Standard ANSI-74 ist das folgende Leistungsspektrum festgelegt:

Nucleus	NUC1	NUC2	
Table Handling	TBL1	TBL2	
Sequential I-O (Sequentielle Datei-Organisation)	SEQ1	SEQ2	
Relative I-O (Relative Datei-Organisation)	Null	REL1	REL2
Indexed I-O (Index-sequentielle Datei-Organisation)	Null	INX1	INX2
Sort-Merge (COBOL-Internsort und Mischen)	Null	SRT1	SRT2
Report Writer	Null	RPW1	
Segmentation	Null	SEG1	SEG2
Library	Null	LIB1	LIB2
Debug (Programmtesthilfen)	Null	DEB1	DEB2
Interprogram Communication (Unterprogrammtechnik)	Null	IPC1	IPC2
Communication (Datenfernübertragung)	Null	COM1	COM2

---

[*] Die Beschreibung der einzelnen Leistungsstufen übersteigt den Rahmen dieser Einführungsschrift. Eine detaillierte Darstellung ist den entsprechenden Standards ANSI-68 und ANSI-74 zu entnehmen, siehe z.B.:
- DIN 66 o28 Programmiersprache COBOL, Januar 1975, Beuth Verlag Gmbh, Berlin
- DIN 66 o28 Programmiersprache COBOL, September 1979, Beuth Verlag Gmbh, Berlin

A.3 EBCDI-Kode und Sortierfolge-Ordnung

EBCDI-Kode

Die Speicherablage im Intern-Kode EBCDI (extended binary coded decimal interchange) geben wir exemplarisch für die Zeichen des sog. COBOL-Zeichenvorrats (character set) an, aus welchen jedes COBOL-Programm aufgebaut ist.[*)]

Sedezimalziffer / Bitmuster		4	5	6	7	8	9	A	B	C	D	E	F
		oloo	olol	ollo	olll	looo	lool	lolo	loll	lloo	llol	lllo	llll
0	0000	⊔	&	-									o
1	ooo1			/		a	j			A	J		1
2	oo1o					b	k	s		B	K	S	2
3	oo11					c	l	t		C	L	T	3
4	o1oo					d	m	u		D	M	U	4
5	o1o1					e	n	v		E	N	V	5
6	o11o					f	o	w		F	O	W	6
7	o111					g	p	x		G	P	X	7
8	1ooo					h	q	y		H	Q	Y	8
9	1oo1				.	i	r	z		I	R	Z	9
A	1o1o		!		:								
B	1o11	.	§	,	#								
C	11oo	<	*	%	@								
D	11o1	(	)		'								
E	111o	+	;	>	=								
F	1111			?	"									

(Zonenteil (linkes Halbbyte); Zifferteil (rechtes Halbbyte))

Jede Sedezimalziffer beschreibt abkürzend das neben ihr angegebene Bitmuster.

Z.B. hat der Buchstabe N die Sedezimalziffer D als Zonenteil und die Sedezimalziffer 5 als Zifferteil und damit die Sedezimal-Darstellung $D5_{16}$.

Sortierfolge-Ordnung

Die Sortierfolge-Ordnung der Zeichen des Intern-Kodes wird durch die numerischen Werte festgelegt, welche durch die jeweiligen Sedezimal-Darstellungen der einzelnen Zeichen impliziert wird.

Z.B. gilt für die Ziffer 4 und den Buchstaben A (im EBCDI-Kode):

$$\text{Ziffer 4} \quad : F4_{16} \stackrel{\wedge}{=} 1111o1oo \stackrel{\wedge}{=} 1*2^7 + 1*2^6 + 1*2^5 + 1*2^4 + o*2^3 + 1*2^2 + o*2^1 + o*2^0$$

$$\text{Buchstabe A}: C1_{16} \stackrel{\wedge}{=} 11ooooo1 \stackrel{\wedge}{=} 1*2^7 + 1*2^6 + o*2^5 + o*2^4 + o*2^3 + o*2^2 + o*2^1 + 1*2^0$$

Damit ergibt sich der numerische Wert des Buchstabens A zu 193 und der Ziffer 4 zu 244.

[*)] Die Kleinbuchstaben und die Zeichen & ! % ? : ǂ @ ' zählen nicht zum COBOL-Zeichenvorrat. Diese Zeichen dürfen jedoch - genauso wie alle weiteren im Intern-Kode darstellbaren Zeichen - innerhalb von alphanumerischen Literalen kodiert werden.

Wegen der Relation "244 > 193" ist folglich die Ziffer 4 in der Sortierfolge-Ordnung größer als der Buchstabe A.

Im folgenden Schema geben wir die <u>unterschiedlichen</u> Sortierfolge-Ordnungen eines erweiterten COBOL-Zeichenvorrats (vgl. S. 251) für die Kodes EBCDI (z.B. SIEMENS und IBM), ASCII (z.B. HONEYWELL) und ZC1 (TR 44o) an, wobei die einzelnen Zeichen in aufsteigender Sortierfolge-Ordnung aufgeführt sind:

| EBCDI: | ␣ . < (+ & ! ß *) ; - / , % > ? : ≠ @ ' = " |
| | a b ..... z A B ..... Z o 1 ..... 9 |

| ASCII: | ␣ ! " ≠ ß % & ' ( ) * + , - . / o 1 ..... 9 : ; |
| | < = > ? @ A B ..... Z a b ..... z |

| ZC1: | " ' % ≠ ß @ & * + - / = < > ( ) . , : ; ! ? ␣ |
| | o 1 ..... 9 A B ..... Z a b ..... z |

A.4 Ablageformate für numerische Datenfelder

Die ungepackte Dezimal-Darstellung

Jede Ziffer wird in ihrer Intern-Kode-Darstellung in einem Byte abgespeichert.
Z.B. ergibt sich für die Ablage der Zahl 5o:

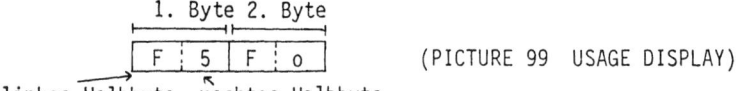

1. Byte 2. Byte

| F : 5 | F : o | (PICTURE 99   USAGE DISPLAY)

linkes Halbbyte   rechtes Halbbyte

Ist ein Datenfeld mit dem Picture-Maskenzeichen S vereinbart, so wird das Vorzeichen immer zusammen mit der letzten Ziffer im letzten Byte abgelegt.[*] Dabei nimmt der Zifferntteil das rechte Halbbyte ein. Im linken Halbbyte wird die Sedezimalziffer C für ein <u>positives</u> und die Sedezimalziffer D für ein <u>negatives</u> Vorzeichen eingetragen.[**]

Z.B. ergibt sich bei der Ablage der Zahl -135:

| F : 1 | F : 3 | D : 5 | (PICTURE S999   USAGE DISPLAY)

Generell ist die Anzahl der benötigten Bytes gleich der Anzahl der Ziffern und damit gleich der Anzahl der Maskenzeichen 9 in der jeweiligen Picture-Maske.

Bei der Kodierung auf einer Lochkarte wird ein Vorzeichen ebenfalls zusammen mit der letzten Ziffer abgespeichert. Dazu muß beim Schreiblocher die <u>Mehrfachloch-Taste</u> zur Erzeugung einer sog. <u>Überlochung</u> bedient werden.
Dabei wird das Vorzeichen "+" durch eine Überlochung in der Lochkartenzeile 12 und das Zeichen "-" durch eine Überlochung in der Zeile 11 erzeugt.

---

[*] Im Standard ANSI-74 kann man mit Hilfe der speziellen SIGN-IS-SEPERATE-Klausel darüberhinaus festlegen, daß ein Vorzeichen allein in einem Byte abgelegt wird.

[**] Dabei wird die Sedezimalziffer F ebenfalls als positiv interpretiert.

Auf die Ablochung des positiven Vorzeichens kann auch verzichtet werden, da jede vorzeichenlose Zahl automatisch als positiv angenommen wird.

Die gepackte Dezimal-Darstellung

Jede Ziffer wird in einem Halbbyte abgespeichert, indem die redundante Sedezimal-ziffer F, welche bei der ungepackten Darstellung im jeweils linken Halbbyte einge-tragen ist, weggelassen wird. Ferner werden die beiden Halbbytes (aus der ungepackten Darstellung) des letzten Bytes vertauscht, und bei einer geraden Anzahl von Ziffern wird zusätzlich das linke Halbbyte des ersten Bytes mit der Sedezimalziffer o aufge-füllt.

Z.B. vollzieht sich bei der Ablage der Zahl -135 der Übergang von der ungepackten zur gepackten Dezimal-Darstellung folgendermaßen:

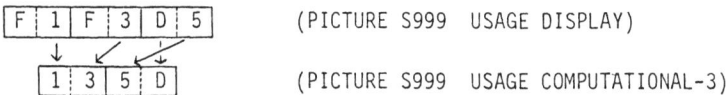

| F | 1 | F | 3 | D | 5 | (PICTURE S999 USAGE DISPLAY)

| 1 | 3 | 5 | D | (PICTURE S999 USAGE COMPUTATIONAL-3)

Z.B. wird die Zahl 5o in der gepackten Darstellung folgendermaßen abgespeichert:

| o | 5 | o | F | (PICTURE 99 USAGE COMPUTATIONAL-3)

Für den benötigten Speicherbereich gilt generell:

Bezeichnen wir mit n die Anzahl der abzuspeichernden Ziffern, so ergibt sich für die Anzahl der zur Ablage benötigten Bytes der Wert $(n + 1)/2$, falls n ungerade ist, und $(n/2) + 1$, falls n gerade ist.

Die Festpunkt-Darstellung

Bei dieser Darstellung wird eine ganze Zahl entweder in einem Halbwort oder in einem Ganzwort als Dualzahl abgespeichert.

Da jeweils im ersten Bit das Vorzeichen verschlüsselt ist, [*] ergibt sich bei einer Wortstruktur von 32 Bits als größte darstellbare Zahl der Wert:

$2^{15} - 1 = 32767$ für ein Halbwort und [**]

$2^{31} - 1 = 2147483647 \sim 2.15 * 10^9$ für ein Ganzwort.

So wird z.B. die Zahl +135 mit der Dual-Darstellung

$$1*2^7 + o*2^6 + o*2^5 + o*2^4 + o*2^3 + 1*2^2 + 1*2^1 + 1*2^0$$

folgendermaßen abgespeichert:

im Halbwort: | o | o o o o o o o 1 o o o o 1 1 1 |
               ↑ Vorzeichen-Bit

im Ganzwort: | o | o o o o o o o o o o o o o o o o o o o o o o o o 1 o o o o 1 1 1 |

---

[*] Wegen der Ablage eines Vorzeichens muß die Picture-Maske des betreffenden Daten-felds mit dem Maskenzeichen S eingeleitet werden.
    Intern werden negative Werte immer im sog. Zweier-Komplement abgespeichert.

[**] Bei der Ablage in einem Halbwort dürfen dem Maskenzeichen S folglich maximal vier Maskenzeichen 9 folgen.

A.5 Gerätebezeichnungen

Im folgenden Schema stellen wir für die DVAn IBM, SIEMENS, HONEYWELL und TR 44o
einige Gerätebezeichnungen zusammen, die man in ASSIGN-Klauseln (im Paragraphen
FILE-CONTROL) kodieren kann, falls man auf den jeweiligen Anlagen Lochkarten-,
Druck-, Platten- oder Magnetband-Dateien bearbeiten will: *)

Name der DVA:	Lochkarten-Datei:	Druck-Datei:
IBM (OS)	UR-READER-S-name	UR-PRINTER-S-name
IBM (OS/VS)	[kommentar-] name	[kommentar-] name
SIEMENS	SYSIN	SYSOUT
HONEYWELL	ext./int. dateiname	name-PRINTER
TR 44o	LKL-sn	SDR-sn

Name der DVA:	Platten-Datei:	Magnetband-Datei:
IBM (OS/VS)	[kommentar-] $\{$ AS-name / name $\}$	[kommentar-] name
IBM (OS) und SIEMENS	DA-DISC-$\{$ S / R / I $\}$-name	UT-TAPE-S-name
HONEYWELL (MULTICS)	name-VIRTUAL	name-TAPE
HONEYWELL (GCOS)	externer dateiname	
TR 44o	WSP-sn	MDS-sn

A.6 Strukturblöcke eines Struktogramms

Zur Beschreibung unserer Algorithmen benutzen wir die folgenden Strukturblöcke:

einfacher Strukturblock: BREAK-Strukturblock: Prozeduraufruf-Strukturblock:

Angabe einer einfachen Aktion wie z.B. Lesen, Schreiben oder Zuweisen

BREAK

Prozedurbereich

Bedingungs-Strukturblock: Case-Strukturblock: Schleifen-Strukturblock:

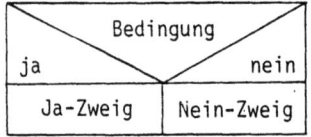

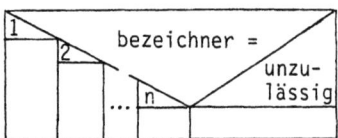

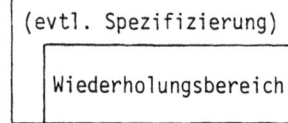

---

*) Diese Angaben sind nur als Hinweise für die Struktur der jeweiligen Gerätebe-
zeichnungen zu verstehen. Da eine Gerätebezeichnung i.a. von dem jeweiligen
Betriebssystem und dem eingesetzten COBOL-Kompilierer abhängt, muß sich der
Anwender im entsprechenden Hersteller-Manual bzw. beim zuständigen Systemberater
informieren. Dies ist schon deswegen erforderlich, weil für die durch die Wörter
"name" bzw. "sn" gekennzeichneten Stellen bestimmte Verbindungen zu besonderen
Kommando-Karten des Jobs hergestellt werden müssen.

A.7 Struktur eines COBOL-Programms und Syntax der Sprachelemente

Struktur eines COBOL-Programms:

```
IDENTIFICATION DIVISION.
PROGRAM-ID. programmname.                                        ⌐S. 28
[AUTHOR. kommentar-1.]
[INSTALLATION. kommentar-2.]                                                    S. 27f.
[DATE-WRITTEN. kommentar-3.]                          S. 234f
[DATE-COMPILED. kommentar-4.]
[SECURITY. kommentar-5.]

ENVIRONMENT DIVISION.
[CONFIGURATION SECTION.
 SOURCE-COMPUTER. dva-name-1.                                    ⌐S. 28, 234
 OBJECT-COMPUTER. dva-name-2.                                    ⌐S. 28, 223
 [SPECIAL-NAMES. zuordnung-von-funktionsnamen-zu-merknamen.]     ⌐S. 68, 24of    S. 28f
[INPUT-OUTPUT SECTION.
 [FILE-CONTROL. datei-geräte-zuordnungen.]                       ⌐S. 28f, 58, 191f
 [I-O-CONTROL. festlegung-der-ein-/ausgabe-kontrolle.]           ⌐S. 245

DATA DIVISION.
[FILE SECTION.
 [datei-beschreibungen.]                                         ⌐S. 17f, 62, 186ff
 [sortier-datei-beschreibungen.]                                 ⌐S. 225ff
[WORKING-STORAGE SECTION.                                                        S. 29ff
 [datenfeld-beschreibungen-mit-stufennummer-77.]                 ⌐S. 29f, 32ff
 [datenfeld-beschreibungen-mit-stufennummer-ol.]                 ⌐S. 13f, 32ff
[LINKAGE SECTION.
 [datenfeld-beschreibungen-mit-stufennummer-77.]                 S. 218f
 [datenfeld-beschreibungen-mit-stufennummer-ol.]

PROCEDURE DIVISION [USING namen-der-formalen-parameter].         ⌐S. 218
[DECLARATIVES.
 ein-oder-mehrere-kapitel.                                       S. 246f
 END DECLARATIVES.
[kapitelname SECTION [segmentnummer].                            ⌐S. 166, 222
 paragraphenname. satz [satz]...                                 ⌐S. 26, 41ff      S. 26f,
 [paragraphenname. satz [satz]...]...                                              167
[kapitelname SECTION [segmentnummer].
 paragraphenname. satz [satz]...
 [paragraphenname. satz [satz]...]...] ...
```

Syntax der Sprachelemente:

Im folgenden geben wir die Syntax-Gerüste der COBOL-Anweisungen an, welche in dieser
Einführungsschrift dargestellt worden sind.

- Datentransport-Anweisungen:

MOVE $\left\{ \begin{array}{l} \text{bezeichner-1} \\ \text{literal} \end{array} \right\}$ TO bezeichner-2 [bezeichner-3]...

MOVE CORRESPONDING bezeichner-1 TO bezeichner-2

ACCEPT bezeichner FROM $\left\{ \begin{array}{l} \text{DATE} \\ \text{DAY} \\ \text{TIME} \end{array} \right\}$ *)

EXAMINE bezeichner TALLYING $\left\{ \begin{array}{l} \text{ALL} \\ \text{LEADING} \\ \text{UNTIL FIRST} \end{array} \right\}$ literal-1 [REPLACING BY literal-2] **)

EXAMINE bezeichner REPLACING $\left\{ \begin{array}{l} \text{ALL} \\ \text{LEADING} \\ \text{UNTIL FIRST} \\ \text{FIRST} \end{array} \right\}$ literal-1 BY literal-2 **)

- Steueranweisungen:

IF bedingung $\left\{ \begin{array}{l} \text{anweisung-1 [anweisung-2]...} \\ \text{NEXT SENTENCE} \end{array} \right\} \left\{ \begin{array}{l} \text{ELSE anweisung-3 [anweisung-4]...} \\ \text{[ELSE NEXT SENTENCE]} \end{array} \right\}$

GO TO prozedurname

GO TO prozedurname-1 [prozedurname-2] ... DEPENDING ON bezeichner

STOP RUN

PERFORM prozedurname-1 [THRU prozedurname-2]

VARYING $\left\{ \begin{array}{l} \text{bezeichner-1} \\ \text{index-name-1} \end{array} \right\}$ FROM $\left\{ \begin{array}{l} \text{bezeichner-2} \\ \text{index-name-2} \\ \text{ganzzahl-1} \end{array} \right\}$ BY $\left\{ \begin{array}{l} \text{bezeichner-3} \\ \text{ganzzahl-2} \end{array} \right\}$ UNTIL bedingung-1

$\left[\text{AFTER} \left\{ \begin{array}{l} \text{bezeichner-4} \\ \text{index-name-3} \end{array} \right\} \text{FROM} \left\{ \begin{array}{l} \text{bezeichner-5} \\ \text{index-name-4} \\ \text{ganzzahl-3} \end{array} \right\} \text{BY} \left\{ \begin{array}{l} \text{bezeichner-6} \\ \text{ganzzahl-4} \end{array} \right\} \text{UNTIL bedingung-2} \right]$

$\left[\text{AFTER} \left\{ \begin{array}{l} \text{bezeichner-7} \\ \text{index-name-5} \end{array} \right\} \text{FROM} \left\{ \begin{array}{l} \text{bezeichner-8} \\ \text{index-name-6} \\ \text{ganzzahl-5} \end{array} \right\} \text{BY} \left\{ \begin{array}{l} \text{bezeichner-9} \\ \text{ganzzahl-6} \end{array} \right\} \text{UNTIL bedingung-3} \right]$

PERFORM prozedurname-1 [THRU prozedurname-2] $\left[\left\{ \begin{array}{l} \left\{ \begin{array}{l} \text{bezeichner} \\ \text{ganzzahl} \end{array} \right\} \text{TIMES} \\ \text{UNTIL bedingung} \end{array} \right\} \right]$

---

*) Diese Anweisung ist nicht im Standard ANSI-68 enthalten.

**) Diese Anweisung ist nur im Standard ANSI-68 und nicht mehr im Standard ANSI-74
enthalten.

ALTER prozedurname-1 TO [PROCEED TO] prozedurname-2
    [prozedurname-3 TO [PROCEED TO] prozedurname-4]...

CALL "unterprogramm-name" [USING bezeichner-1 [bezeichner-2]...] *)

EXIT [PROGRAM] *)

- Arithmetische Anweisungen:

ADD $\begin{Bmatrix} \text{bezeichner-1} \\ \text{num-literal-1} \end{Bmatrix}$ $\begin{bmatrix} \text{bezeichner-2} \\ \text{num-literal-2} \end{bmatrix}$ ... TO bezeichner-3 [ROUNDED]
    [bezeichner-4 [ROUNDED]] ... [ON SIZE ERROR unb-anw-1 [unb-anw-2]...]

ADD $\begin{Bmatrix} \text{bezeichner-1} \\ \text{num-literal-1} \end{Bmatrix}$ $\begin{Bmatrix} \text{bezeichner-2} \\ \text{num-literal-2} \end{Bmatrix}$ $\begin{bmatrix} \text{bezeichner-3} \\ \text{num-literal-3} \end{bmatrix}$ ... **)
    GIVING bezeichner-4 [ROUNDED] [ON SIZE ERROR unb-anw-1 [unb-anw-2]...]

ADD CORRESPONDING bezeichner-1 TO bezeichner-2 [ROUNDED]
           [ON SIZE ERROR unb-anw-1 [unb-anw-2]...]

SUBTRACT $\begin{Bmatrix} \text{bezeichner-1} \\ \text{num-literal-1} \end{Bmatrix}$ $\begin{bmatrix} \text{bezeichner-2} \\ \text{num-literal-2} \end{bmatrix}$ ... FROM bezeichner-3 [ROUNDED]
    [bezeichner-4 [ROUNDED]] ... [ON SIZE ERROR unb-anw-1 [unb-anw-2]...]

SUBTRACT $\begin{Bmatrix} \text{bezeichner-1} \\ \text{num-literal-1} \end{Bmatrix}$ $\begin{bmatrix} \text{bezeichner-2} \\ \text{num-literal-2} \end{bmatrix}$ ... FROM $\begin{Bmatrix} \text{bezeichner-3} \\ \text{num-literal-3} \end{Bmatrix}$ **)
    GIVING bezeichner-4 [ROUNDED] [ON SIZE ERROR unb-anw-1 [unb-anw-2]...]

SUBTRACT CORRESPONDING bezeichner-1 FROM bezeichner-2 [ROUNDED]
           [ON SIZE ERROR unb-anw-1 [unb-anw-2]...]

MULTIPLY $\begin{Bmatrix} \text{bezeichner-1} \\ \text{num-literal} \end{Bmatrix}$ BY bezeichner-2 [ROUNDED]
    [ON SIZE ERROR unb-anw-1 [unb-anw-2]...]

MULTIPLY $\begin{Bmatrix} \text{bezeichner-1} \\ \text{num-literal-1} \end{Bmatrix}$ BY $\begin{Bmatrix} \text{bezeichner-2} \\ \text{num-literal-2} \end{Bmatrix}$ GIVING bezeichner-3 [ROUNDED] **)
    [ON SIZE ERROR unb-anw-1 [unb-anw-2]...]

DIVIDE $\begin{Bmatrix} \text{bezeichner-1} \\ \text{num-literal} \end{Bmatrix}$ INTO bezeichner-2 [ROUNDED]
    [ON SIZE ERROR unb-anw-1 [unb-anw-2]...]

DIVIDE $\begin{Bmatrix} \text{bezeichner-1} \\ \text{num-literal-1} \end{Bmatrix}$ $\begin{Bmatrix} \underline{\text{INTO}} \\ \underline{\text{BY}} \end{Bmatrix}$ $\begin{Bmatrix} \text{bezeichner-2} \\ \text{num-literal-2} \end{Bmatrix}$ GIVING bezeichner-3 [ROUNDED]
    [REMAINDER bezeichner-4] [ON SIZE ERROR unb-anw-1 [unb-anw-2]...]
                                       ***)

COMPUTE bezeichner-1 [ROUNDED] [bezeichner-2 [ROUNDED]]... = arithmetischer-ausdruck
    [ON SIZE ERROR unb-anw-1 [unb-anw-2]...]

---

  *) CALL und EXIT PROGRAM sind nicht im Standard ANSI-68 enthalten.

 **) Im Standard ANSI-74 dürfen mehrere Bezeichner - ggfs. gefolgt von dem Wort
    ROUNDED - in der GIVING-Klausel angegeben werden.

***) Im Standard ANSI-68 darf vor dem Zuweisungszeichen nur ein Bezeichner angegeben
    sein.

- Tabellenverarbeitungs-Anweisungen:

SEARCH bezeichner-1 $\left[\underline{\text{VARYING}} \left\{ \begin{array}{l} \text{bezeichner-2} \\ \text{index-name} \end{array} \right\} \right]$

$\qquad \left[\underline{\text{AT}} \underline{\text{END}} \text{ unb-anw-1 } [\text{unb-anw-2}]... \right]$

$\qquad \underline{\text{WHEN}} \text{ bedingung-1} \left\{ \begin{array}{l} \text{unb-anw-3 } [\text{unb-anw-4}]... \\ \underline{\text{NEXT}} \underline{\text{SENTENCE}} \end{array} \right\}$

$\qquad \left[\underline{\text{WHEN}} \text{ bedingung-2} \left\{ \begin{array}{l} \text{unb-anw-5 } [\text{unb-anw-6}]... \\ \underline{\text{NEXT}} \underline{\text{SENTENCE}} \end{array} \right\} \right] ...$

SEARCH ALL bezeichner

$\qquad \left[\underline{\text{AT}} \underline{\text{END}} \text{ unb-anw-1 } [\text{unb-anw-2}]... \right]$

$\qquad \underline{\text{WHEN}} \text{ bedingung} \left\{ \begin{array}{l} \text{unb-anw-3 } [\text{unb-anw-4}]... \\ \underline{\text{NEXT}} \underline{\text{SENTENCE}} \end{array} \right\}$

$\underline{\text{SET}} \left\{ \begin{array}{l} \text{bezeichner-1} \\ \text{index-name-1} \end{array} \right\} \left[\begin{array}{l} \text{bezeichner-2} \\ \text{index-name-2} \end{array} \right] ... \underline{\text{TO}} \left\{ \begin{array}{l} \text{bezeichner-3} \\ \text{index-name-3} \\ \text{ganzzahl} \end{array} \right\}$

$\underline{\text{SET}} \text{ index-name-1 } [\text{index-name-2}]... \left\{ \begin{array}{l} \underline{\text{UP}} \\ \underline{\text{DOWN}} \end{array} \right\} \underline{\text{BY}} \left\{ \begin{array}{l} \text{bezeichner} \\ \text{ganzzahl} \end{array} \right\}$

- Ein-/Ausgabe-Anweisungen:

$\underline{\text{OPEN}} \left\{ \begin{array}{l} \underline{\text{INPUT}} \text{ dateiname-1 } [\text{dateiname-2}]... \\ \underline{\text{OUTPUT}} \text{ dateiname-3 } [\text{dateiname-4}]... \\ \underline{\text{I-O}} \text{ dateiname-5 } [\text{dateiname-6}]... \end{array} \right\}$

OPEN EXTEND dateiname-1 [dateiname-2]...   *)

CLOSE dateiname-1 [dateiname-2]...

READ dateiname RECORD $[\underline{\text{INTO}} \text{ bezeichner}] \left[\left\{ \begin{array}{l} \text{AT } \underline{\text{END}} \\ \underline{\text{INVALID}} \text{ KEY} \end{array} \right\} \text{ unb-anw-1 } [\text{unb-anw-2}]... \right]$

READ dateiname NEXT RECORD [INTO bezeichner] AT END unb-anw-1 [unb-anw-2]...   *)

WRITE datensatzname $[\underline{\text{FROM}} \text{ bezeichner-1}]$

$\qquad \left[\left\{ \begin{array}{l} \underline{\text{BEFORE}} \\ \underline{\text{AFTER}} \end{array} \right\} \text{ ADVANCING} \left\{ \begin{array}{l} \left\{ \begin{array}{l} \text{bezeichner-2} \\ \text{ganzzahl} \end{array} \right\} \left\{ \begin{array}{l} \text{LINES} \\ \text{LINE} \end{array} \right\} \\ \text{merkname} \end{array} \right\} \right]$

WRITE datensatzname $[\underline{\text{FROM}} \text{ bezeichner}] \left\{ \begin{array}{l} \underline{\text{BEFORE}} \\ \underline{\text{AFTER}} \end{array} \right\}$ ADVANCING PAGE   *)

WRITE datensatzname [FROM bezeichner] INVALID KEY unb-anw-1 [unb-anw-2]...

DELETE dateiname RECORD $\left[\underline{\text{INVALID}} \text{ KEY unb-anw-1 } [\text{unb-anw-2}]... \right]$ *)

REWRITE datensatzname [FROM bezeichner] $\left[\underline{\text{INVALID}} \text{ KEY unb-anw-1 } [\text{unb-anw-2}]... \right]$ *)

START dateiname $\left[\underline{\text{KEY}} \text{ IS} \left\{ \begin{array}{l} = \\ > \\ \underline{\text{NOT}} < \end{array} \right\} \text{bezeichner} \right]$ INVALID KEY unb-anw-1 [unb-anw-2]...   *)

*) Diese Anweisung ist nicht im Standard ANSI-68 enthalten.

ACCEPT bezeichner [FROM merkname]

DISPLAY $\left\{\begin{array}{l} \text{bezeichner-1} \\ \text{literal-1} \end{array}\right\} \left[\begin{array}{l} \text{bezeichner-2} \\ \text{literal-2} \end{array}\right]$ ... [UPON merkname]

- Anweisungen für den COBOL-Internsort:

SORT sortier-dateiname

  ON $\left\{\begin{array}{l} \underline{\text{ASCENDING}} \\ \underline{\text{DESCENDING}} \end{array}\right\}$ KEY bezeichner-1 [bezeichner-2]...

  $\left[\text{ON} \left\{\begin{array}{l} \underline{\text{ASCENDING}} \\ \underline{\text{DESCENDING}} \end{array}\right\} \text{KEY bezeichner-3 [bezeichner-4]}...\right]$ ...

  $\left\{\begin{array}{l} \underline{\text{INPUT}}\ \underline{\text{PROCEDURE}}\ \text{IS kapitelname-1 } [\underline{\text{THRU}}\ \text{kapitelname-2}] \\ \qquad \underline{\text{USING}}\ \text{dateiname-1} \end{array}\right\}$

  $\left\{\begin{array}{l} \underline{\text{OUTPUT}}\ \underline{\text{PROCEDURE}}\ \text{IS kapitelname-3 } [\underline{\text{THRU}}\ \text{kapitelname-4}] \\ \qquad \underline{\text{GIVING}}\ \text{dateiname-2} \end{array}\right\}$

RELEASE datensatzname [FROM bezeichner]

RETURN sortier-dateiname RECORD [INTO bezeichner] AT END unb-anw-1 [unb-anw-2]...

- sonstige Anweisungen:

NOTE kommentar-text *)

$\left\{\begin{array}{l} \underline{\text{READY}} \\ \underline{\text{RESET}} \end{array}\right\}$ TRACE **)

EXHIBIT $\left\{\begin{array}{l} \underline{\text{NAMED}} \\ \underline{\text{CHANGED}}\ \underline{\text{NAMED}} \\ \underline{\text{CHANGED}} \end{array}\right\} \left\{\begin{array}{l} \text{bezeichner-1} \\ \text{alphanum-lit-1} \end{array}\right\} \left[\begin{array}{l} \text{bezeichner-2} \\ \text{alphanum-lit-2} \end{array}\right]$ ... **)

USE AFTER STANDARD ERROR PROCEDURE ON $\left\{\begin{array}{l} \text{dateiname-1 [dateiname-2]...} \\ \underline{\text{INPUT}} \\ \underline{\text{OUTPUT}} \\ \underline{\text{I-O}} \end{array}\right\}$

USE AFTER STANDARD ERROR PROCEDURE ON EXTEND ***)

Im folgenden stellen wir zusammenfassend die Syntax-Gerüste der Datei-Beschreibungen und der Datenfeld-Beschreibungen dar:

---

 *) Diese Anweisung ist nur im Standard ANSI-68 und nicht mehr im Standard ANSI-74 enthalten.

 **) Diese Anweisung gehört nicht zum genormten Sprachumfang.

 ***) Diese Anweisung ist nicht im Standard ANSI-68 enthalten.

- Syntax der Datei-Beschreibung:

FD   dateiname

$$\left[\underline{\text{BLOCK}} \text{ CONTAINS } \left[\text{ganzzahl-1 } \underline{\text{TO}}\right] \text{ ganzzahl-2} \left\{\begin{array}{l}\text{CHARACTERS}\\\underline{\text{RECORDS}}\end{array}\right\}\right]$$

$$\left[\underline{\text{RECORD}} \text{ CONTAINS } \left[\text{ganzzahl-3 } \underline{\text{TO}}\right] \text{ ganzzahl-4 CHARACTERS}\right]$$

$$\underline{\text{LABEL}} \left\{\begin{array}{l}\underline{\text{RECORD}} \text{ IS}\\\underline{\text{RECORDS}} \text{ ARE}\end{array}\right\} \left\{\begin{array}{l}\underline{\text{STANDARD}}\\\underline{\text{OMITTED}}\end{array}\right\}$$

$$\left[\underline{\text{DATA}} \left\{\begin{array}{l}\underline{\text{RECORD}} \text{ IS}\\\underline{\text{RECORDS}} \text{ ARE}\end{array}\right\} \text{datensatzname-1} \left[\text{datensatzname-2}\right]...\right]$$

o1   datensatzname-1

                  Datensatz-Beschreibung von datensatzname-1

[o1   datensatzname-2

                  Datensatz-Beschreibung von datensatzname-2]...

- Syntax der Datenfeld-Beschreibung:

Format-1:

stufennummer $\left\{\begin{array}{l}\text{bezeichner-1}\\\text{FILLER}\end{array}\right\}$

$\left[\underline{\text{REDEFINES}} \text{ bezeichner-2}\right]$

$\left[\underline{\text{PICTURE}} \text{ IS picture-maske}\right]$

$\left[\underline{\text{USAGE}} \text{ IS} \left\{\begin{array}{l}\underline{\text{DISPLAY}}\\\underline{\text{COMPUTATIONAL}}\\\underline{\text{COMPUTATIONAL-3}}\end{array}\right\}\right]$ *)

$\left[\underline{\text{USAGE}} \text{ IS } \underline{\text{INDEX}}\right]$

$\left[\underline{\text{OCCURS}} \left\{\begin{array}{l}\text{ganzzahl-1 } \underline{\text{TO}} \text{ ganzzahl-2 TIMES } \underline{\text{DEPENDING}} \text{ ON bezeichner-3}\\\text{ganzzahl-3 TIMES}\end{array}\right\}\right.$

$\left[\left\{\begin{array}{l}\underline{\text{ASCENDING}}\\\underline{\text{DESCENDING}}\end{array}\right\} \text{KEY IS bezeichner-4} \left[\text{bezeichner-5}\right]...\right]...$

$\left.\left[\underline{\text{INDEXED}} \text{ BY index-name-1} \left[\text{index-name-2}\right]...\right]\right]$

$\left[\left\{\begin{array}{l}\underline{\text{JUSTIFIED}}\\\underline{\text{JUST}}\end{array}\right\} \text{RIGHT}\right]$

$\left[\text{BLANK WHEN } \underline{\text{ZERO}}\right]$

$\left[\underline{\text{VALUE}} \text{ IS literal}\right]$

Format-2:

88 bedingungsname $\underline{\text{VALUE}}$ IS literal-1 $\left[\underline{\text{THRU}} \text{ literal-2}\right]\left[\text{literal-3} \left[\underline{\text{THRU}} \text{ literal-4}\right]\right]...$

Format-3:

66 bezeichner-1 $\underline{\text{RENAMES}}$ bezeichner-2 $\left[\underline{\text{THRU}} \text{ bezeichner-3}\right]$

---

*) Das Wort COMPUTATIONAL-3 gehört nicht zum genormten Sprachumfang.

Lösungsteil

Im folgenden geben wir Lösungen für die gestellten Aufgaben an. Dabei können die angegebenen Programme immer nur Beispiele für mögliche Lösungen sein. Die Richtigkeit der
vom Leser entwickelten Lösungsalgorithmen kann man dadurch prüfen, daß man ein entsprechendes COBOL-Programm erstellt und auf einer DVA ablaufen läßt.

Aufgabe 1 (S. 15):

In den folgenden Fällen handelt es sich um keine COBOL-Wörter:
b) wegen "/", c) wegen "ᵤ", i) wegen "Ü" und k) wegen "-" am Zeichenkettenende.
Die unter g) und h) angegebenen COBOL-Wörter dürfen nicht als Bezeichner verwendet
werden, da sie keinen Buchstaben enthalten.

Aufgabe 2 (S. 15):

Als Datensatz-Beschreibung für den Record ARTIKEL-SATZ erhält man z.B.:

```
o1  ARTIKEL-SATZ.                                  ←—— Datengruppe
    o2  ARTIKEL-BEZEICHNUNG.                        ←—— Datengruppe
        o3  ARTIKEL-NUMMER.                         ←—— Datengruppe
            o4  LFD-NUMMER   PICTURE 9(6).
            o4  HERSTELLER   PICTURE 99.
        o3  ARTIKEL-NAME     PICTURE X(2o).   ←—— alphanumerisches Datenelement
    o2  FILLER               PICTURE XX.
    o2  LAGER-INFORMATION.                          ←—— Datengruppe
        o3  LAGER-NUMMER     PICTURE 9.
        o3  REGAL-NUMMER     PICTURE 9(3).
    o2  WERT-INFORMATION.                           ←—— Datengruppe
        o3  STUECK-PREIS     PICTURE 9(6)V99.
        o3  MENGE            PICTURE 9(5).
    o2  ERFASSUNGS-DATUM.                           ←—— Datengruppe
        o3  TAG              PICTURE 99.
        o3  MONAT            PICTURE 99.
        o3  JAHR             PICTURE 99.
    o2  FILLER               PICTURE X(27).
```

Als aktuelle Datenfeld-Inhalte ergeben sich:

LAGER-NUMMER $\boxed{4}$ REGAL-NUMMER $\boxed{\text{o 1 4}}$ STUECK-PREIS $\boxed{\text{o o o o 1 4 4 5}}$

MENGE $\boxed{\text{o o o 3 2}}$

Aufgabe 3 und 4 (S. 4o):

Als Lösung kann man z.B. das folgende COBOL-Programm kodieren:

```
IDENTIFICATION DIVISION.
PROGRAM-ID.
    ARTIKEL-LISTE.
ENVIRONMENT DIVISION.
CONFIGURATION SECTION.
SOURCE-COMPUTER.
    dva-name-1.
OBJECT-COMPUTER.
    dva-name-2.
INPUT-OUTPUT SECTION.
FILE-CONTROL.
    SELECT ARTIKEL-DATEI  ASSIGN TO SI.
    SELECT LISTE          ASSIGN TO LO.
```

```
DATA DIVISION.
FILE SECTION.
FD  ARTIKEL-DATEI
       LABEL RECORD OMITTED
       DATA RECORD ARTIKEL-SATZ.              Datei-Beschreibung für die
ol  ARTIKEL-SATZ.                             Eingabe-Datei ARTIKEL-DATEI
       o2  FILLER          PICTURE X(8).
       o2  ARTIKEL-NAME    PICTURE X(2o).
       o2  FILLER          PICTURE XX.
       o2  LAGER-NUMMER    PICTURE 9.
       o2  FILLER          PICTURE X(11).
       o2  MENGE           PICTURE 9(5).
       o2  FILLER          PICTURE X(33).
FD  LISTE
       LABEL RECORD OMITTED
       DATA RECORD LISTE-INFORMATION.         Datei-Beschreibung für die
ol  LISTE-INFORMATION.                        Ausgabe-Datei LISTE
       o2  ARTIKEL-NAME-ED   PICTURE X(2o).
       o2  FILLER            PICTURE X(1o).
       o2  LAGER-NUMMER-ED   PICTURE 9.
       o2  FILLER            PICTURE X(1o).
       o2  MENGE-ED          PICTURE 9(5).
       o2  FILLER            PICTURE X(86).
WORKING-STORAGE SECTION.
77  DATEI-ENDE-FELD  PICTURE 9.
       88  DATEI-ENDE  VALUE 1.
PROCEDURE DIVISION.
BEGINN.
       OPEN INPUT ARTIKEL-DATEI, OUTPUT LISTE.
       MOVE o TO DATEI-ENDE-FELD.
SCHLEIFE.
       READ ARTIKEL-DATEI RECORD, AT END MOVE 1 TO DATEI-ENDE-FELD.
       IF DATEI-ENDE,
          GO TO ENDE,
       ELSE
          PERFORM VERARBEITUNG.
       GO TO SCHLEIFE.
ENDE.
       CLOSE ARTIKEL-DATEI  LISTE.
       STOP RUN.
VERARBEITUNG.
       MOVE "ᵤ" TO LISTE-INFORMATION.
       MOVE ARTIKEL-NAME TO ARTIKEL-NAME-ED.
       MOVE LAGER-NUMMER TO LAGER-NUMMER-ED.
       MOVE MENGE TO MENGE-ED.
       WRITE LISTE-INFORMATION.
```

Aufgabe 5 (S. 4o):

In der Datensatz-Beschreibung des Records ARTIKEL-SATZ (s. Aufgabe 2) ist folgende

Änderung vorzunehmen:

```
o2  LAGER-INFORMATION.
       o3  LAGER-NUMMER  PICTURE 9.
              88  HAUPTLAGER  VALUE 4.
       o3  REGAL-NUMMER  PICTURE 9(3).
              88  REGAL-REIHE-1  VALUE 1   4   1o.
              88  REGAL-REIHE-2  VALUE 2   5   11.
              88  REGAL-REIHE-3  VALUE 3   6   9   12.
```

Aufgabe 6 (S. 43):

Schlüssel-Wörter sind in a) die Wörter VALUE und THRU, in b) die Wörter FILLER und PICTURE und in c) die Wörter WRITE und FROM.

In a) und in b) ist das Wahl-Wort IS enthalten.

Aufgabe 7 (S. 56):

a) E1 $\boxed{\text{o 1 }\overset{\pm}{\underset{\wedge}{2}}}$ E2 $\boxed{\text{1 }\overset{\pm}{\underset{\wedge}{2}}}$ E3 $\boxed{\text{o 1}}$

b) E1 $\boxed{\text{4 7 }\overset{-}{\underset{\wedge}{0}}}$ E2 $\boxed{\text{7 }\overset{-}{\underset{\wedge}{0}}}$ E3 $\boxed{\text{4 7}}$

c) E1 $\boxed{\text{1 2 }\overset{+}{\underset{\wedge}{0}}}$ E2 $\boxed{\text{2 }\overset{+}{\underset{\wedge}{0}}}$ E3 $\boxed{\text{1 2}}$

d) E1 $\boxed{\text{o 1 }\overset{\pm}{\underset{\wedge}{2}}}$ E2 $\boxed{\text{4 }\overset{-}{7}}$ E3 $\boxed{\text{1 2}}$ E4 $\boxed{\text{u u u u}}$

Aufgabe 8 (S. 57):

Um inkorrekte Literale handelt es sich bei:

b) das Zeichen "." darf nicht am Ende eines numerischen Literals auftreten,

d) das Zeichen "," darf nicht innerhalb eines numerischen Literals kodiert sein (es sei denn, man hat eine DECIMAL-POINT-Klausel kodiert, vgl. S. 238),

f) das Zeichen " darf im Standard ANSI-68 in keinem Literal aufgeführt sein, und im Standard ANSI-74 darf es nur in Form zweier aufeinanderfolgender Zeichen in einem alphanumerischen Literal kodiert sein,

i) das Vorzeichen "-" muß das numerische Literal einleiten.

Die unter a), e), g), h) und j) angegebenen Literale haben die alphanumerische Kategorie.

Aufgabe 9 (S. 57):

a) FELD-1 $\boxed{\text{A u u u u}}$ b) FELD-1 $\boxed{\text{u u u u u}}$ c) FELD-1 $\boxed{\text{A u A u A}}$

d) FELD-1 $\boxed{\text{A B C D A}}$ e) FELD-21 $\boxed{\text{o o}}$ f) FELD-21 $\boxed{\text{o 2}}$ g) FELD-22 $\boxed{\underset{\wedge}{\text{o o}}}$

h) FELD-22 $\boxed{\text{o 4}}$ i) FELD-22 $\boxed{\underset{\wedge}{\text{4 5}}}$ j) FELD-3 $\boxed{\overset{\pm}{4}}$ k) FELD-3 $\boxed{\overset{-}{0}}$

l) FELD-21 $\boxed{\text{2 2}}$ FELD-22 $\boxed{\underset{\wedge}{\text{3 7}}}$ m) FELD-1 $\boxed{\text{A B C D E}}$ FELD-21 $\boxed{\text{1 1}}$

   FELD-22 $\boxed{\underset{\wedge}{\text{2 2}}}$ FELD-3 $\boxed{\overset{\pm}{7}}$ FELD-4 $\boxed{\text{u u u}}$ n) FELD-4 $\boxed{\text{u u A}}$

o) FELD-4 $\boxed{\text{u A u}}$ p) FELD-4 $\boxed{\text{B C D}}$

Aufgabe 1o (S. 57):

Das Feld LISTEN-KOPF wird folgendermaßen vorbesetzt:

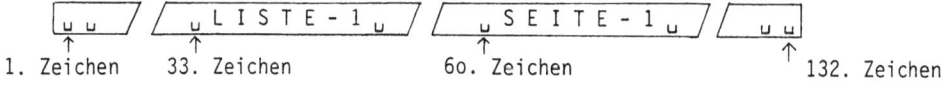

1. Zeichen   33. Zeichen   6o. Zeichen   132. Zeichen

Aufgabe 11 (S. 76):

Setzt man vereinfachend voraus, daß für jeden Vertreter mindestens eine Artikel-Karte vorliegt, alle Artikel-Karten hinter den zugehörigen Vertreterdaten-Karten eingeordnet sind und keine Lochfehler bei der Erfassung der Vertreter- und Artikel-Informationen aufgetreten sind, so kann man z.B. das folgende Programm angeben:

```
IDENTIFICATION DIVISION.
PROGRAM-ID.
    AUFGABE-11.
ENVIRONMENT DIVISION.
CONFIGURATION SECTION.
SOURCE-COMPUTER.
    dva-name-1.
OBJECT-COMPUTER.
    dva-name-2.
INPUT-OUTPUT SECTION.
FILE-CONTROL.
    SELECT VERTRETER-DATEI  ASSIGN TO SI.
    SELECT LISTE            ASSIGN TO LO.
DATA DIVISION.
FILE SECTION.
FD  VERTRETER-DATEI
    LABEL RECORD OMITTED
    DATA RECORD VERTRETER-INFORMATION  ARTIKEL-KARTE.
o1  VERTRETER-INFORMATION.
    o2  KENNZAHL   PICTURE 9(4).
    o2  FILLER     PICTURE XX.
    o2  NACHNAME   PICTURE X(2o).
    o2  VORNAME    PICTURE X(2o).
    o2  FILLER     PICTURE X(34).
o1  ARTIKEL-KARTE.
    o2  ARTIKEL-NUMMER      PICTURE 9(8).
    o2  FILLER              PICTURE X.
    o2  STUECKZAHL          PICTURE 9(6).
    o2  FILLER              PICTURE X(4).
    o2  STUECKPREIS         PICTURE 9(5)V99.
    o2  FILLER              PICTURE X(53).
    o2  KARTEN-KENNZEICHEN  PICTURE X.
        88  ARTIKEL-KARTE-GELESEN  VALUE "A".
FD  LISTE
    LABEL RECORD OMITTED
    DATA RECORD LISTE-INFORMATION.
o1  LISTE-INFORMATION  PICTURE X(133).
WORKING-STORAGE SECTION.
77  DATEI-ENDE-FELD  PICTURE 9  VALUE ZERO.
    88  DATEI-ENDE  VALUE 1.
77  LISTEN-ANFANGS-FELD  PICTURE 9  VALUE 1.
    88  LISTEN-ANFANG  VALUE 1.
o1  KOPF-ZEILE-1.                                          *)
    o2  FILLER      PICTURE X(23)  VALUE "␣UMSATZ␣DES␣VERTRETERS␣".
    o2  VORNAME-ED  PICTURE X(2o).
    o2  FILLER      PICTURE X       VALUE SPACE.
    o2  NACHNAME-ED PICTURE X(2o).
    o2  FILLER      PICTURE X(19)  VALUE "␣MIT␣DER␣KENNZAHL:␣".
    o2  KENNZAHL-ED PICTURE 9(4).
    o2  FILLER      PICTURE X(46)  VALUE SPACES.
```

*) Diese und einige weitere Programmzeilen auf den folgenden Seiten enthalten - aus Platz- und Darstellungsgründen - mehr Zeichen als in den Spalten 8 bis 72 einer Lochkarte kodiert werden können. Die restlichen Zeichen jeder zu langen Zeile muß man daher auf jeweils einer weiteren Karte ablochen (die bei der Trennung eines Wortes oder Literals als Fortsetzungszeile fungiert, vgl. S. 36 und S. 52).

```
o1  KOPF-ZEILE-2.
    o2  FILLER  PICTURE X     VALUE SPACE.
    o2  FILLER  PICTURE X(86) VALUE ALL "=".
    o2  FILLER  PICTURE X(46) VALUE SPACES.
o1  KOPF-ZEILE-3.
    o2  FILLER  PICTURE X(5)  VALUE SPACES.
    o2  FILLER  PICTURE X(14) VALUE "ARTIKEL-NUMMER".
    o2  FILLER  PICTURE X(7)  VALUE SPACES.
    o2  FILLER  PICTURE X(1o) VALUE "STUECKZAHL".
    o2  FILLER  PICTURE X(7)  VALUE SPACES.
    o2  FILLER  PICTURE X(9o) VALUE "STUECKPREIS".
o1  KOPF-ZEILE-4.
    o2  FILLER  PICTURE X(5)  VALUE SPACES.
    o2  FILLER  PICTURE X(14) VALUE ALL "-".
    o2  FILLER  PICTURE X(7)  VALUE SPACES.
    o2  FILLER  PICTURE X(1o) VALUE ALL "-".
    o2  FILLER  PICTURE X(7)  VALUE SPACES.
    o2  FILLER  PICTURE X(11) VALUE ALL "-".
    o2  FILLER  PICTURE X(79) VALUE SPACES.
o1  POSTEN-ZEILE.
    o2  FILLER             PICTURE X(8)  VALUE SPACES.
    o2  ARTIKEL-NUMMER-ED  PICTURE 9(8).
    o2  FILLER             PICTURE X(12) VALUE SPACES.
    o2  STUECKZAHL-ED      PICTURE Z(6).
    o2  FILLER             PICTURE X(1o) VALUE SPACES.
    o2  STUECKPREIS-ED     PICTURE Z(5).99.
    o2  FILLER             PICTURE X(81) VALUE SPACES.
PROCEDURE DIVISION.
BEGINN.
    OPEN INPUT VERTRETER-DATEI, OUTPUT LISTE.
EINLESEN.
    READ VERTRETER-DATEI, AT END MOVE 1 TO DATEI-ENDE-FELD.
    IF DATEI-ENDE,
       GO TO ENDE,
    ELSE
       PERFORM VERARBEITUNG.
    GO TO EINLESEN.
ENDE.
    CLOSE VERTRETER-DATEI  LISTE.
    STOP RUN.
VERARBEITUNG.
    IF ARTIKEL-KARTE-GELESEN,
       PERFORM VERARBEITUNG-POSTEN-ZEILE,
    ELSE
       PERFORM AUSGABE-KOPF-ZEILEN,
       MOVE ZERO TO LISTEN-ANFANGS-FELD.
VERARBEITUNG-POSTEN-ZEILE.
    MOVE ARTIKEL-NUMMER TO ARTIKEL-NUMMER-ED.
    MOVE STUECKZAHL TO STUECKZAHL-ED.
    MOVE STUECKPREIS TO STUECKPREIS-ED.
    WRITE LISTE-INFORMATION FROM POSTEN-ZEILE AFTER ADVANCING 1 LINE.
AUSGABE-KOPF-ZEILEN.
    MOVE VORNAME TO VORNAME-ED.
    MOVE NACHNAME TO NACHNAME-ED.
    MOVE KENNZAHL TO KENNZAHL-ED.
    IF LISTEN-ANFANG,
       WRITE LISTE-INFORMATION FROM KOPF-ZEILE-1 AFTER ADVANCING o LINES,
    ELSE
       WRITE LISTE-INFORMATION FROM KOPF-ZEILE-1 AFTER ADVANCING 6 LINES.
    WRITE LISTE-INFORMATION FROM KOPF-ZEILE-2 AFTER ADVANCING 1 LINE.
    WRITE LISTE-INFORMATION FROM KOPF-ZEILE-3 AFTER ADVANCING 2 LINES.
    WRITE LISTE-INFORMATION FROM KOPF-ZEILE-4 AFTER ADVANCING 1 LINE.
```

Aufgabe 12 (S. 77):

Die Empfangsfelder erhalten die folgenden Inhalte:

a) `1 5 . o`   b) `- o 4 . 7`   c) `␣ ␣ 4 4 . o`   d) `␣`   e) `+ 1 . o`

f) `␣ * * * . o 1`   g) `␣ ␣ - 4`   h) `␣ + 2`   i) `␣ ␣ ␣`

j) `+ o 5 . o o`   k) `1 o ␣ 4 8 ␣ 3 7`   l) `E M ␣ I ␣ L`   m) `1 o o 4 o o`

Aufgabe 13 (S. 95):

Das folgende Symbol wird dreimal
untereinander ausgegeben:

```
:::   :::   :::   :::
 :     :     :     :
 :    :::   :::     :
 :     :           : :
 :    :::   :::     :
```

Aufgabe 14 (S. 95):

Die Relation " >" gilt in den Fällen b), d), e) und h), die Relation "<" in
c) und f) und die Relation "=" in a) und g).

Aufgabe 15 (S. 95):

Die Bedingung in a) ist erfüllt und die in b) ist nicht erfüllt, weil der Inhalt
des Felds KONTOSTAND-WS negativ und der Inhalt von NAME-WS nicht alphabetisch ist.

Aufgabe 16 (S. 111):

Zur Lösung dieser Aufgabe treffen wir die gleichen einschränkenden Voraussetzungen
wie bei der Lösung von Aufgabe 11 auf der S. 264f.

Wir geben im folgenden ein Programm zur Lösung der Aufgabe 16 an und stellen die
Abweichungen und Ergänzungen zum Programm AUFGABE-11 auf der S. 264f dar.

```
IDENTIFICATION DIVISION.
PROGRAM-ID.
   AUFGABE-16.
ENVIRONMENT DIVISION.
   :                      ⌉ s. S. 264
   :                      |
DATA DIVISION.            |
FILE SECTION.             |
   :                      |
   :                      ⌋
WORKING-STORAGE SECTION.
77  DATEI-ENDE-FELD  PICTURE 9  VALUE ZERO.
    88  DATEI-ENDE  VALUE 1.
77  LISTEN-ANFANGS-FELD  PICTURE 9  VALUE 1.
    88  LISTEN-ANFANG  VALUE 1.
77  GESAMT-UMSATZ  PICTURE 9(7)V99. ⌉
77  UMSATZ  PICTURE 9(7)V99.        ⌋←——neu!
o1  KOPF-ZEILE-1.
    o2  FILLER       PICTURE X(23)  VALUE "␣UMSATZ␣DES␣VERTRETERS␣".
    o2  VORNAME-ED   PICTURE X(2o).
    o2  FILLER       PICTURE X      VALUE SPACE.
    o2  NACHNAME-ED  PICTURE X(2o).
    o2  FILLER       PICTURE X(19)  VALUE "␣MIT␣DER␣KENNZAHL:␣".
    o2  KENNZAHL-ED  PICTURE 9(4).
    o2  FILLER       PICTURE X(46)  VALUE SPACES.
```

```
o1  KOPF-ZEILE-2.
    o2  FILLER  PICTURE X      VALUE SPACE.
    o2  FILLER  PICTURE X(86)  VALUE ALL "=".
    o2  FILLER  PICTURE X(46)  VALUE SPACES.
o1  KOPF-ZEILE-3.
    o2  FILLER  PICTURE X(5)   VALUE SPACES.
    o2  FILLER  PICTURE X(14)  VALUE "ARTIKEL-NUMMER".
    o2  FILLER  PICTURE X(7)   VALUE SPACES.
    o2  FILLER  PICTURE X(1o)  VALUE "STUECKZAHL".
    o2  FILLER  PICTURE X(7)   VALUE SPACES.
    o2  FILLER  PICTURE X(11)  VALUE "STUECKPREIS".
    o2  FILLER  PICTURE X(2o)  VALUE SPACES.            ⟵──────── geändert!
    o2  FILLER  PICTURE X(59)  VALUE "UMSATZ".
o1  KOPF-ZEILE-4.
    o2  FILLER  PICTURE X(5)   VALUE SPACES.
    o2  FILLER  PICTURE X(14)  VALUE ALL "-".
    o2  FILLER  PICTURE X(7)   VALUE SPACES.
    o2  FILLER  PICTURE X(1o)  VALUE ALL "-".
    o2  FILLER  PICTURE X(7)   VALUE SPACES.
    o2  FILLER  PICTURE X(11)  VALUE ALL "-".
    o2  FILLER  PICTURE X(2o)  VALUE SPACES.            ⟵──────── geändert!
    o2  FILLER  PICTURE X(59)  VALUE "------".
o1  POSTEN-ZEILE.
    o2  FILLER             PICTURE X(8)   VALUE SPACES.
    o2  ARTIKEL-NUMMER-ED  PICTURE 9(8).
    o2  FILLER             PICTURE X(12)  VALUE SPACES.
    o2  STUECKZAHL-ED      PICTURE Z(6).
    o2  FILLER             PICTURE X(1o)  VALUE SPACES.
    o2  STUECKPREIS-ED     PICTURE Z(5).99.
    o2  FILLER             PICTURE X(2o)  VALUE SPACES.
    o2  UMSATZ-ED          PICTURE Z(7).99.            ⟵──────── geändert!
    o2  FILLER             PICTURE X(51)  VALUE SPACES.
o1  GESAMT-UMSATZ-ZEILE-1.
    o2  FILLER  PICTURE X(72)  VALUE SPACES.
    o2  FILLER  PICTURE X(61)  VALUE "----------".      ⟵──────── neu!
o1  GESAMT-UMSATZ-ZEILE-2.
    o2  FILLER             PICTURE X(72)  VALUE "␣GESAMT-UMSATZ␣:␣".
    o2  GESAMT-UMSATZ-ED   PICTURE Z(7).99.
    o2  FILLER             PICTURE X(51)  VALUE SPACES.
PROCEDURE DIVISION.
BEGINN.
    OPEN INPUT VERTRETER-DATEI, OUTPUT LISTE.
EINLESEN.
    READ VERTRETER-DATEI, AT END MOVE 1 TO DATEI-ENDE-FELD.
    IF DATEI-ENDE,
       GO TO ENDE,
    ELSE
       PERFORM VERARBEITUNG.
    GO TO EINLESEN.
ENDE.
    PERFORM AUSGABE-GESAMT-UMSATZ.    ⟵──────────────── neu!
    CLOSE VERTRETER-DATEI  LISTE.
    STOP RUN.
```

```
VERARBEITUNG.
    IF ARTIKEL-KARTE-GELESEN,
        PERFORM VERARBEITUNG-POSTEN-ZEILE,
    ELSE
        IF LISTEN-ANFANG,
            PERFORM AUSGABE-KOPF-ZEILEN,
            MOVE ZEROS TO LISTEN-ANFANGS-FELD  GESAMT-UMSATZ,       ⟵——————— geändert!
        ELSE
            PERFORM AUSGABE-GESAMT-UMSATZ,
            PERFORM AUSGABE-KOPF-ZEILEN,
            MOVE ZERO TO GESAMT-UMSATZ.
AUSGABE-GESAMT-UMSATZ.
    MOVE GESAMT-UMSATZ TO GESAMT-UMSATZ-ED.
    WRITE LISTE-INFORMATION FROM GESAMT-UMSATZ-ZEILE-1 AFTER ADVANCING 2 LINES.    neu!
    WRITE LISTE-INFORMATION FROM GESAMT-UMSATZ-ZEILE-2 AFTER ADVANCING 1 LINE.
VERARBEITUNG-POSTEN-ZEILE.
    MOVE ARTIKEL-NUMMER TO ARTIKEL-NUMMER-ED.
    MOVE STUECKZAHL TO STUECKZAHL-ED.
    MOVE STUECKPREIS TO STUECKPREIS-ED.
    MULTIPLY STUECKZAHL BY STUECKPREIS GIVING UMSATZ.
    ADD UMSATZ TO GESAMT-UMSATZ.                          ⟵——————— neu!
    MOVE UMSATZ TO UMSATZ-ED.
    WRITE LISTE-INFORMATION FROM POSTEN-ZEILE AFTER ADVANCING 1 LINE.
AUSGABE-KOPF-ZEILEN.
    MOVE VORNAME TO VORNAME-ED.
    MOVE NACHNAME TO NACHNAME-ED.
    MOVE KENNZAHL TO KENNZAHL-ED.
    IF LISTEN-ANFANG,
        WRITE LISTE-INFORMATION FROM KOPF-ZEILE-1 AFTER ADVANCING o LINES,
    ELSE
        WRITE LISTE-INFORMATION FROM KOPF-ZEILE-1 AFTER ADVANCING 6 LINES.
    WRITE LISTE-INFORMATION FROM KOPF-ZEILE-2 AFTER ADVANCING 1 LINE.
    WRITE LISTE-INFORMATION FROM KOPF-ZEILE-3 AFTER ADVANCING 2 LINES.
    WRITE LISTE-INFORMATION FROM KOPF-ZEILE-4 AFTER ADVANCING 1 LINE.
```

Aufgabe 17 (S. 111):

Zur Lösung dieser Aufgabe setzen wir vereinfachend voraus (vgl. Lösung der Aufgabe
11 auf der S. 264f), daß für jeden Vertreter mindestens eine Artikel-Karte vorliegt,
alle Artikel-Karten eines Vertreters direkt aufeinanderfolgen und keine Lochfehler
bei der Erfassung der Vertreterdaten- und der Artikel-Karten aufgetreten sind.
Wir geben im folgenden ein Programm zur Lösung der Aufgabe 17 an und stellen die
Abweichungen und Ergänzungen zum Programm AUFGABE-16 auf der S. 266ff dar.

```
IDENTIFICATION DIVISION.
PROGRAM-ID.
    AUFGABE-17.
ENVIRONMENT DIVISION.
CONFIGURATION SECTION.
SOURCE-COMPUTER.
    dva-name-1.
OBJECT-COMPUTER.
    dva-name-2.
INPUT-OUTPUT SECTION.
FILE-CONTROL.
    SELECT VERTRETER-DATEI-P   ASSIGN TO DI.
    SELECT ARTIKEL-BESTELL-L   ASSIGN TO SI.        ⟵——————— geändert!
    SELECT LISTE                ASSIGN TO LO.
```

```
DATA DIVISION.
FILE SECTION.
FD  VERTRETER-DATEI-P
    LABEL RECORD STANDARD                              ←──────────── geändert!
    DATA RECORD VERTRETER-INFORMATION.
o1  VERTRETER-INFORMATION.
    o2  KENNZAHL  PICTURE 9(4).
    o2  FILLER    PICTURE XX.
    o2  NACHNAME  PICTURE X(2o).
    o2  VORNAME   PICTURE X(2o).
    o2  FILLER    PICTURE X(34).
FD  ARTIKEL-BESTELL-L
    LABEL RECORD OMITTED                               ←──────────── geändert!
    DATA RECORD ARTIKEL-KARTE.
o1  ARTIKEL-KARTE.
    o2  ARTIKEL-NUMMER  PICTURE 9(8).
    o2  FILLER          PICTURE X.
    o2  STUECKZAHL      PICTURE 9(6).
    o2  FILLER          PICTURE X(4).
    o2  STUECKPREIS     PICTURE 9(5)V99.
    o2  FILLER          PICTURE X(3).
    o2  KENNZAHL-IN-ARTIKEL-KARTE  PICTURE 9(4).       ←────────geändert!
    o2  FILLER          PICTURE X(47).
FD  LISTE
    LABEL RECORD OMITTED
    DATA RECORD LISTE-INFORMATION.
o1  LISTE-INFORMATION  PICTURE X(133).
WORKING-STORAGE SECTION.
77  DATEI-ENDE-FELD  PICTURE 9  VALUE ZERO.
    88  DATEI-ENDE  VALUE 1.
77  LISTEN-ANFANGS-FELD  PICTURE 9  VALUE 1.
    88  LISTEN-ANFANG  VALUE 1.
77  GESAMT-UMSATZ  PICTURE 9(7)V99.
77  UMSATZ  PICTURE 9(7)V99.
o1  KOPF-ZEILE-1.
    o2  FILLER       PICTURE X(23)  VALUE "␣UMSATZ␣DES␣VERTRETERS␣".
    o2  VORNAME-ED   PICTURE X(2o).
    o2  FILLER       PICTURE X       VALUE SPACE.
    o2  NACHNAME-ED  PICTURE X(2o).
    o2  FILLER       PICTURE X(19)  VALUE "␣MIT␣DER␣KENNZAHL:␣".
    o2  KENNZAHL-ED  PICTURE 9(4).
    o2  FILLER       PICTURE X(46)  VALUE SPACES.
o1  KOPF-ZEILE-2.
    o2  FILLER  PICTURE X       VALUE SPACE.
    o2  FILLER  PICTURE X(86)  VALUE ALL "=".
    o2  FILLER  PICTURE X(46)  VALUE SPACES.
o1  KOPF-ZEILE-3.
    o2  FILLER  PICTURE X(5)   VALUE SPACES.
    o2  FILLER  PICTURE X(14)  VALUE "ARTIKEL-NUMMER".
    o2  FILLER  PICTURE X(7)   VALUE SPACES.
    o2  FILLER  PICTURE X(1o)  VALUE "STUECKZAHL".
    o2  FILLER  PICTURE X(7)   VALUE SPACES.
    o2  FILLER  PICTURE X(11)  VALUE "STUECKPREIS".
    o2  FILLER  PICTURE X(2o)  VALUE SPACES.
    o2  FILLER  PICTURE X(59)  VALUE "UMSATZ".
o1  KOPF-ZEILE-4.
    o2  FILLER  PICTURE X(5)   VALUE SPACES.
    o2  FILLER  PICTURE X(14)  VALUE ALL "-".
    o2  FILLER  PICTURE X(7)   VALUE SPACES.
    o2  FILLER  PICTURE X(1o)  VALUE ALL "-".
```

```
       o2  FILLER  PICTURE X(7)   VALUE SPACES.
       o2  FILLER  PICTURE X(11)  VALUE ALL "-".
       o2  FILLER  PICTURE X(2o)  VALUE SPACES.
       o2  FILLER  PICTURE X(59)  VALUE "------".
   o1  POSTEN-ZEILE.
       o2  FILLER             PICTURE X(8)   VALUE SPACES.
       o2  ARTIKEL-NUMMER-ED  PICTURE 9(8).
       o2  FILLER             PICTURE X(12)  VALUE SPACES.
       o2  STUECKZAHL-ED      PICTURE Z(6).
       o2  FILLER             PICTURE X(1o)  VALUE SPACES.
       o2  STUECKPREIS-ED     PICTURE Z(5).99.
       o2  FILLER             PICTURE X(2o)  VALUE SPACES.
       o2  UMSATZ-ED          PICTURE Z(7).99.
       o2  FILLER             PICTURE X(51)  VALUE SPACES.
   o1  GESAMT-UMSATZ-ZEILE-1.
       o2  FILLER  PICTURE X(72)  VALUE SPACES.
       o2  FILLER  PICTURE X(61)  VALUE "----------".
   o1  GESAMT-UMSATZ-ZEILE-2.
       o2  FILLER             PICTURE X(72)  VALUE " GESAMT-UMSATZ : ".
       o2  GESAMT-UMSATZ-ED   PICTURE Z(7).99.
       o2  FILLER             PICTURE X(51)  VALUE SPACES.
PROCEDURE DIVISION.
BEGINN.
    OPEN INPUT VERTRETER-DATEI-P  ARTIKEL-BESTELL-L, OUTPUT LISTE.  <------ geändert!
EINLESEN.
    READ VERTRETER-DATEI-P, AT END MOVE 1 TO DATEI-ENDE-FELD.  <------ geändert!
    IF DATEI-ENDE,
        GO TO ENDE,
    ELSE
        PERFORM VERARBEITUNG-ANFANG THRU VERARBEITUNG-ENDE.  <------ geändert!
    GO TO EINLESEN.
ENDE.
    CLOSE VERTRETER-DATEI-P  ARTIKEL-BESTELL-L  LISTE.  <------ geändert!
    STOP RUN.
VERARBEITUNG-ANFANG.
    PERFORM AUSGABE-KOPF-ZEILEN.
    MOVE ZERO TO GESAMT-UMSATZ.
    IF LISTEN-ANFANG,
        MOVE ZERO TO LISTEN-ANFANGS-FELD,
    ELSE
        PERFORM VERARBEITUNG-POSTEN-ZEILE.
VERARBEITUNG-SCHLEIFE.
    READ ARTIKEL-BESTELL-L, AT END MOVE 1 TO DATEI-ENDE-FELD.
    IF DATEI-ENDE,
        PERFORM AUSGABE-GESAMT-UMSATZ,                          <------ geändert!
        GO TO VERARBEITUNG-ENDE,
    ELSE
        IF KENNZAHL = KENNZAHL-IN-ARTIKEL-KARTE,
            PERFORM VERARBEITUNG-POSTEN-ZEILE,
        ELSE
            PERFORM AUSGABE-GESAMT-UMSATZ,
            GO TO VERARBEITUNG-ENDE.
    GO TO VERARBEITUNG-SCHLEIFE.
VERARBEITUNG-ENDE.
    EXIT.
AUSGABE-GESAMT-UMSATZ.
    MOVE GESAMT-UMSATZ TO GESAMT-UMSATZ-ED.
    WRITE LISTE-INFORMATION FROM GESAMT-UMSATZ-ZEILE-1 AFTER ADVANCING 2 LINES.
    WRITE LISTE-INFORMATION FROM GESAMT-UMSATZ-ZEILE-2 AFTER ADVANCING 1 LINE.
```

```
VERARBEITUNG-POSTEN-ZEILE.
    MOVE ARTIKEL-NUMMER TO ARTIKEL-NUMMER-ED.
    MOVE STUECKZAHL TO STUECKZAHL-ED.
    MOVE STUECKPREIS TO STUECKPREIS-ED.
    MULTIPLY STUECKZAHL BY STUECKPREIS GIVING UMSATZ.
    ADD UMSATZ TO GESAMT-UMSATZ.
    MOVE UMSATZ TO UMSATZ-ED.
    WRITE LISTE-INFORMATION FROM POSTEN-ZEILE AFTER ADVANCING 1 LINE.
AUSGABE-KOPF-ZEILEN.
    MOVE VORNAME TO VORNAME-ED.
    MOVE NACHNAME TO NACHNAME-ED.
    MOVE KENNZAHL TO KENNZAHL-ED.
    IF LISTEN-ANFANG,
        WRITE LISTE-INFORMATION FROM KOPF-ZEILE-1 AFTER ADVANCING o LINES,
    ELSE
        WRITE LISTE-INFORMATION FROM KOPF-ZEILE-1 AFTER ADVANCING 6 LINES.
    WRITE LISTE-INFORMATION FROM KOPF-ZEILE-2 AFTER ADVANCING 1 LINE.
    WRITE LISTE-INFORMATION FROM KOPF-ZEILE-3 AFTER ADVANCING 2 LINES.
    WRITE LISTE-INFORMATION FROM KOPF-ZEILE-4 AFTER ADVANCING 1 LINE.
```

Aufgabe 18 (S. 111f):

Eine mögliche Lösung der Aufgabe 18 stellt das folgende Programm dar:

```
IDENTIFICATION DIVISION.
PROGRAM-ID.
    AUFGABE-18.
ENVIRONMENT DIVISION.
CONFIGURATION SECTION.
SOURCE-COMPUTER.
    dva-name-1.
OBJECT-COMPUTER.
    dva-name-2.
INPUT-OUTPUT SECTION.
FILE-CONTROL.
    SELECT VERTRETER-DATEI  ASSIGN TO SI.
                    <─────────────────── evtl. weitere Eintragungen
DATA DIVISION.
FILE SECTION.
FD  VERTRETER-DATEI
    LABEL RECORD OMITTED
    DATA RECORD VERTRETER-INFORMATION.
o1  VERTRETER-INFORMATION.
    o2  KENNZAHL      PICTURE 9(4).
    o2  PRUEFZIFFER   PICTURE X.
    o2  FILLER        PICTURE X.
    o2  NAME.
        o3  NACHNAME  PICTURE X(2o).
        o3  VORNAME   PICTURE X(2o).
    o2  FILLER        PICTURE X(25).
    o2  KONTOSTAND    PICTURE S9(5)V99.
    o2  FILLER        PICTURE XX.
                    <─────────────────── evtl. weitere Datei-Beschreibungen
WORKING-STORAGE SECTION.
77  DIVIDEND PICTURE 9(3).
77  REST     PICTURE 9(2).
77  QUOTIENT PICTURE 9(2).
                    <─────────────────── evtl. weitere Eintragungen
o1  KENNZAHL-WS.
    o2  TAUSENDER  PICTURE 9.
    o2  HUNDERTER  PICTURE 9.
    o2  ZEHNER     PICTURE 9.
    o2  EINER      PICTURE 9.
```

```
PROCEDURE DIVISION.
BEGINN.
    :
    MOVE KENNZAHL TO KENNZAHL-WS.
    PERFORM PRUEFZIFFERN-ALGORITHMUS.
    :
    STOP RUN.
PRUEFZIFFERN-ALGORITHMUS.
    IF (KENNZAHL-WS IS NUMERIC) AND (PRUEFZIFFER = "A" OR PRUEFZIFFER IS NUMERIC),
        PERFORM AUSWERTUNG-PRUEFZIFFER,
        COMPUTE DIVIDEND = 5 * TAUSENDER + 4 * HUNDERTER + 3 * ZEHNER
                        + 2 * EINER + DIVIDEND,
        DIVIDE 11 INTO DIVIDEND GIVING QUOTIENT REMAINDER REST,
        IF REST = ZERO,
            NEXT SENTENCE,
        ELSE
            PERFORM FEHLER---PRUEFZIFFER-FALSCH,
    ELSE
        PERFORM FEHLER---EINGABE-UNZULAESSIG.
AUSWERTUNG-PRUEFZIFFER.
    IF PRUEFZIFFER = "A",
        MOVE 1o TO DIVIDEND,
    ELSE
        MOVE PRUEFZIFFER TO DIVIDEND.
FEHLER---PRUEFZIFFER-FALSCH.
    DISPLAY "␣WERTE␣DER␣KENNZAHL:"  KENNZAHL-WS  "␣UND␣DER␣PRUEFZIFFER:"
            PRUEFZIFFER  "␣WIDERSPRECHEN␣SICH".
FEHLER---EINGABE-UNZULAESSIG.
    DISPLAY "␣FEHLERHAFTE␣ZEICHEN␣IN␣KENNZAHL:"  KENNZAHL-WS
            "␣ODER␣IN␣PRUEFZIFFER:"  PRUEFZIFFER.

    :  ←————————— hier folgen evtl. weitere Prozeduren der PROCEDURE DIVISION
    :
```

Aufgabe 19 (S. 112):

Als Lösung kann man z.B. das folgende Programm angeben:

```
IDENTIFICATION DIVISION.
PROGRAM-ID.
    AUFGABE-19.
ENVIRONMENT DIVISION.
CONFIGURATION SECTION.
SOURCE-COMPUTER.
    dva-name-1.
OBJECT-COMPUTER.
    dva-name-2.
INPUT-OUTPUT SECTION.
FILE-CONTROL.
    SELECT KARTEN-DATEI  ASSIGN TO SI.
    SELECT PLATTEN-DATEI ASSIGN TO DO.
DATA DIVISION.
FILE SECTION.
FD  KARTEN-DATEI
    LABEL RECORD OMITTED
    DATA RECORD KARTEN-SATZ.
o1  KARTEN-SATZ  PICTURE X(8o).
```

```
FD  PLATTEN-DATEI
    LABEL RECORD STANDARD
    DATA RECORD PLATTEN-SATZ.
o1  PLATTEN-SATZ.
    o2 NUMERIERUNG  PICTURE 9(6).
    o2 FILLER       PICTURE X(74).
WORKING-STORAGE SECTION.
77  DATEI-ENDE-FELD  PICTURE 9  VALUE ZERO.
    88 DATEI-ENDE  VALUE 1.
77  NUMERIERUNG-WS  PICTURE 9(6)  VALUE ZERO.
PROCEDURE DIVISION.
BEGINN.
    OPEN INPUT KARTEN-DATEI, OUTPUT PLATTEN-DATEI.
SCHLEIFE.
    READ KARTEN-DATEI INTO PLATTEN-SATZ, AT END MOVE 1 TO DATEI-ENDE-FELD.
    IF DATEI-ENDE,
       GO TO ENDE,
    ELSE
       PERFORM VERARBEITUNG.
    GO TO SCHLEIFE.
ENDE.
    CLOSE KARTEN-DATEI  PLATTEN-DATEI.
    STOP RUN.
VERARBEITUNG.
    ADD 1o TO NUMERIERUNG-WS.
    MOVE NUMERIERUNG-WS TO NUMERIERUNG.
    WRITE PLATTEN-SATZ.
```

Aufgabe 2o (S. 158):

In Abwandlung des Programms AUFGABE-18 (vgl. S. 271f) geben wir zur Lösung der erweiterten Aufgabenstellung das folgende Programm als mögliche Lösung der Aufgabe 2o an:

```
IDENTIFICATION DIVISION.
PROGRAM-ID.
    AUFGABE-2o.
ENVIRONMENT DIVISION.
CONFIGURATION SECTION.
SOURCE-COMPUTER.
    dva-name-1.
OBJECT-COMPUTER.
    dva-name-2.
INPUT-OUTPUT SECTION.
FILE-CONTROL.
    SELECT VERTRETER-DATEI  ASSIGN TO SI.
                      ←──────────────── evtl. weitere Eintragungen
DATA DIVISION.
FILE SECTION.
FD  VERTRETER-DATEI
    LABEL RECORD OMITTED
    DATA RECORD VERTRETER-INFORMATION.
o1  VERTRETER-INFORMATION.
    o2 KENNZAHL      PICTURE 9(4).
    o2 STELLE  REDEFINES KENNZAHL  OCCURS 4 TIMES  PICTURE 9.
    o2 PRUEFZIFFER  PICTURE 9.
    o2 PRUEFZIFFER-ALPHA  REDEFINES PRUEFZIFFER  PICTURE X.
    o2 FILLER       PICTURE X.
```

```
    o2  NAME.
        o3  NACHNAME   PICTURE X(2o).
        o3  VORNAME    PICTURE X(2o).
    o2  FILLER      PICTURE X(25).
    o2  KONTOSTAND  PICTURE S9(5)V99.
    o2  FILLER      PICTURE XX.
                                    ←——————————— evtl. weitere Datei-Beschreibungen
WORKING-STORAGE SECTION.
77  DIVIDEND  PICTURE 9(3).
77  REST      PICTURE 9(2).
77  QUOTIENT  PICTURE 9(2).
                               ←——————————— evtl. weitere Eintragungen
PROCEDURE DIVISION.
BEGINN.
      .
      .
      .
    PERFORM PRUEFZIFFERN-ALGORITHMUS.
      .
      .
      .
    STOP RUN.
PRUEFZIFFERN-ALGORITHMUS.
    IF KENNZAHL IS NUMERIC AND NAME IS ALPHABETIC
       AND (PRUEFZIFFER-ALPHA = "A" OR PRUEFZIFFER IS NUMERIC),
       IF KENNZAHL > 1 AND KENNZAHL < 5ooo,
          PERFORM AUSWERTUNG-PRUEFZIFFER,
          COMPUTE DIVIDEND = 5 * STELLE (1) + 4 * STELLE (2) + 3 * STELLE (3)
                   + 2 * STELLE (4) + DIVIDEND,
          DIVIDE 11 INTO DIVIDEND GIVING QUOTIENT REMAINDER REST,
          IF REST = ZERO,
             NEXT SENTENCE,
          ELSE
             PERFORM FEHLER---PRUEFZIFFER-FALSCH,
       ELSE
          PERFORM FEHLER---KENNZAHL-FALSCH,
    ELSE
       PERFORM FEHLER---EINGABE-UNZULAESSIG.
AUSWERTUNG-PRUEFZIFFER.
    IF PRUEFZIFFER-ALPHA = "A",
       MOVE lo TO DIVIDEND,
    ELSE
       MOVE PRUEFZIFFER TO DIVIDEND.
FEHLER---PRUEFZIFFER-FALSCH.
    DISPLAY "␣WERTE␣DER␣KENNZAHL:" KENNZAHL "␣UND␣DER␣PRUEFZIFFER:"
            PRUEFZIFFER "␣WIDERSPRECHEN␣SICH".
FEHLER---KENNZAHL-FALSCH.
    DISPLAY "␣WERT␣VON␣KENNZAHL:" KENNZAHL "␣LIEGT␣AUSSERHALB␣DER␣GRENZEN!".
FEHLER---EINGABE-UNZULAESSIG.
    DISPLAY "␣FEHLERHAFTE␣ZEICHEN␣IN␣KENNZAHL:" KENNZAHL "␣ODER␣IN␣PRUEFZIFFER:"
            PRUEFZIFFER "␣ODER␣IN␣NAME:" NAME.
```

                    ←——————— hier folgen evtl. weitere Prozeduren der PROCEDURE DIVISION

Aufgabe 21 (S. 158):

Zur Lösung dieser Aufgabe setzen wir voraus, daß in den beiden Lochkarten, welche
zur Eingabe bereitgestellt werden, keine fehlerhaften Eintragungen erfolgt sind.
In diesem Fall kann man z.B. die folgende Lösung angeben:

```
IDENTIFICATION DIVISION.
PROGRAM-ID.
    AUFGABE-21.
ENVIRONMENT DIVISION.
CONFIGURATION SECTION.
SOURCE-COMPUTER.
    dva-name-1.
OBJECT-COMPUTER.
    dva-name-2.
INPUT-OUTPUT SECTION.
FILE-CONTROL.
    SELECT LOCHKARTEN-DATEI  ASSIGN TO SI.
                ←─────────────────────── evtl. weitere Eintragungen
DATA DIVISION.
FILE SECTION.
FD  LOCHKARTEN-DATEI
    LABEL RECORD OMITTED
    DATA RECORD LOCHKARTE.
o1  LOCHKARTE.
    o2  FILLER  PICTURE X(4).
    o2  WERTE   PICTURE S9(5)  OCCURS 1o TIMES.
    o2  FILLER  PICTURE X(26).
                ←─────────────────────── evtl. weitere Datei-Beschreibungen
WORKING-STORAGE SECTION.
77  DATEI-ENDE-FELD  PICTURE 9  VALUE ZERO.
    88  DATEI-ENDE  VALUE 1.
77  ZAEHLER  PICTURE 99.
77  I  PICTURE 99.
77  J  PICTURE 99.
77  HILFS-FELD  PICTURE S9(5).
o1  ZAHLEN-WERTE.
    o2  ZAHLEN  PICTURE S9(5)  OCCURS 2o TIMES.
                ←─────────────────────── evtl. weitere Eintragungen
PROCEDURE DIVISION.
BEGINN.
    :
    PERFORM AUFSTEIGEND-SORTIEREN.
    :
    STOP RUN.
AUFSTEIGEND-SORTIEREN.
    PERFORM TAB-BESETZEN-ANFANG THRU TAB-BESETZEN-ENDE.
    PERFORM SORTIEREN-ANFANG THRU SORTIEREN-ENDE.
TAB-BESETZEN-ANFANG.
    OPEN INPUT LOCHKARTEN-DATEI.
    MOVE 1 TO ZAEHLER.
TAB-BESETZEN-SCHLEIFE.
    READ LOCHKARTEN-DATEI, AT END MOVE 1 TO DATEI-ENDE-FELD.
    IF DATEI-ENDE,
       GO TO TAB-BESETZEN-ENDE,
    ELSE
       PERFORM UEBERTRAGUNG-ANFANG THRU UEBERTRAGUNG-ENDE.
    GO TO TAB-BESETZEN-SCHLEIFE.
TAB-BESETZEN-ENDE.
    CLOSE LOCHKARTEN-DATEI.
UEBERTRAGUNG-ANFANG.
    MOVE 1 TO J.
```

```
UEBERTRAGUNG-SCHLEIFE.
    IF J > lo,
        GO TO UEBERTRAGUNG-ENDE,
    ELSE
        MOVE WERTE (J) TO ZAHLEN (ZAEHLER),
        ADD 1 TO J  ZAEHLER.
    GO TO UEBERTRAGUNG-SCHLEIFE.
UEBERTRAGUNG-ENDE.
    EXIT.
SORTIEREN-ANFANG.
    MOVE 1 TO I.
SORTIEREN-SCHLEIFE.
    IF I > 19,
        GO TO SORTIEREN-ENDE,
    ELSE
        PERFORM REST-DURCHSUCHEN-ANFANG THRU REST-DURCHSUCHEN-ENDE,
        ADD 1 TO I.
    GO TO SORTIEREN-SCHLEIFE.
SORTIEREN-ENDE.
    EXIT.
REST-DURCHSUCHEN-ANFANG.
    COMPUTE J = I + 1.
REST-DURCHSUCHEN-SCHLEIFE.
    IF J > 2o,
        GO TO REST-DURCHSUCHEN-ENDE,
    ELSE
        PERFORM VERGLEICHEN-AUSTAUSCH,
        ADD 1 TO J.
    GO TO REST-DURCHSUCHEN-SCHLEIFE.
REST-DURCHSUCHEN-ENDE.
    EXIT.
VERGLEICHEN-AUSTAUSCH.
    IF ZAHLEN (I) > ZAHLEN (J),
        MOVE ZAHLEN (I) TO HILFS-FELD,
        MOVE ZAHLEN (J) TO ZAHLEN (I),
        MOVE HILFS-FELD TO ZAHLEN (J).
```

←————— hier folgen evtl. weitere Prozeduren der PROCEDURE DIVISION

Aufgabe 22 (S. 159):

Eine mögliche Lösung dieser Aufgabe gibt das folgende Programm an:

```
IDENTIFICATION DIVISION.
PROGRAM-ID.
    AUFGABE-22.
ENVIRONMENT DIVISION.
CONFIGURATION SECTION.
SOURCE-COMPUTER.
    dva-name-1.
OBJECT-COMPUTER.
    dva-name-2.
INPUT-OUTPUT SECTION.
FILE-CONTROL.
    SELECT LOTTO-TIP            ASSIGN TO DI.
    SELECT GEWINN-ZAHLEN-DATEI  ASSIGN TO SI.
    SELECT LISTE                ASSIGN TO LO.
```

```
DATA DIVISION.
FILE SECTION.
FD  LOTTO-TIP
    LABEL RECORD STANDARD
    DATA RECORD TIP-REIHE.
o1  TIP-REIHE.
    o2  ZAHL  PICTURE X  OCCURS 49 TIMES.
    o2  SPIELER-INFORMATION  PICTURE X(31).
FD  GEWINN-ZAHLEN-DATEI
    LABEL RECORD OMITTED
    DATA RECORD GEWINN-ZAHLEN-SATZ.
o1  GEWINN-ZAHLEN-SATZ  PICTURE X(8o).
FD  LISTE
    LABEL RECORD OMITTED
    DATA RECORD LISTE-INFORMATION.
o1  LISTE-INFORMATION  PICTURE X(133).
WORKING-STORAGE SECTION.
77  DATEI-ENDE-FELD  PICTURE 9  VALUE ZERO.
    88  DATEI-ENDE  VALUE 1.
77  ANZAHL-RICHTIGE  PICTURE 9.
77  K  PICTURE 9.
77  I  PICTURE 99.
77  KLASSE-I    PICTURE 9(4)  VALUE ZERO.
77  KLASSE-II   PICTURE 9(5)  VALUE ZERO.
77  KLASSE-III  PICTURE 9(6)  VALUE ZERO.
77  KLASSE-IV   PICTURE 9(7)  VALUE ZERO.
77  KLASSE-V    PICTURE 9(8)  VALUE ZERO.
o1  GEWINN-ZAHLEN-WS.
    o2  GEWINN-ZAHL  PICTURE 99  OCCURS 6 TIMES.
    o2  ZUSATZ-ZAHL  PICTURE 99.
o1  LISTEN-KOPF  PICTURE X(133)  VALUE "␣LISTE␣DER␣GEWINNER:".
o1  LISTEN-KOPF-UNTERSTREICHUNG.
    o2  FILLER  PICTURE X       VALUE SPACE.
    o2  FILLER  PICTURE X(19)   VALUE ALL "-".
    o2  FILLER  PICTURE X(113)  VALUE SPACES.
o1  ZEILE-EINZEL-GEWINN.
    o2  FILLER                  PICTURE X(15)  VALUE "␣GEWINN-KLASSE␣".
    o2  KLASSE-ED               PICTURE X(3).
    o2  FILLER                  PICTURE X(3)   VALUE ":".
    o2  SPIELER-INFORMATION-ED  PICTURE X(31).
    o2  FILLER                  PICTURE X(81)  VALUE SPACES.
o1  ZEILE-ANZAHL-GEWINNER-1.
    o2  FILLER           PICTURE X(19)   VALUE "␣INSGESAMT␣GIBT␣ES␣".
    o2  ANZAHL-GEWINNER  PICTURE Z(9).
    o2  FILLER           PICTURE X(1o5)  VALUE "␣GEWINNER".
o1  ZEILE-ANZAHL-GEWINNER-2  PICTURE X(133)  VALUE "␣DAVON␣ENTFALLEN".
o1  ZEILE-ANZAHL-GEWINNER-3.
    o2  FILLER          PICTURE X(18)  VALUE "␣AUF␣DIE␣KLASSE␣I:".
    o2  KLASSE-I-ED     PICTURE Z(4).
    o2  FILLER          PICTURE X(2o)  VALUE ",␣AUF␣DIE␣KLASSE␣II:".
    o2  KLASSE-II-ED    PICTURE Z(5).
    o2  FILLER          PICTURE X(21)  VALUE ",␣AUF␣DIE␣KLASSE␣III:".
    o2  KLASSE-III-ED   PICTURE Z(6).
    o2  FILLER          PICTURE X(2o)  VALUE ",␣AUF␣DIE␣KLASSE␣IV:".
    o2  KLASSE-IV-ED    PICTURE Z(7).
    o2  FILLER          PICTURE X(22)  VALUE "␣UND␣AUF␣DIE␣KLASSE␣V:".
    o2  KLASSE-V-ED     PICTURE Z(8).
```

```
PROCEDURE DIVISION.
BEGINN.
    PERFORM BEREITSTELLEN-GEWINN-ZAHLEN.
    OPEN INPUT LOTTO-TIP, OUTPUT LISTE.
    WRITE LISTE-INFORMATION FROM LISTEN-KOPF AFTER ADVANCING o LINES.
    WRITE LISTE-INFORMATION FROM LISTEN-KOPF-UNTERSTREICHUNG AFTER ADVANCING 1 LINE.
    MOVE SPACES TO LISTE-INFORMATION.
    WRITE LISTE-INFORMATION AFTER ADVANCING 3 LINES.
SCHLEIFE.
    READ LOTTO-TIP, AT END MOVE 1 TO DATEI-ENDE-FELD.
    IF DATEI-ENDE,
        GO TO ENDE,
    ELSE
        PERFORM VERARBEITUNG-ANFANG THRU VERARBEITUNG-ENDE.
    GO TO SCHLEIFE.
ENDE.
    PERFORM AUSGABE-GEWINNER-ZAHL.
    CLOSE LOTTO-TIP  LISTE.
    STOP RUN.
BEREITSTELLEN-GEWINN-ZAHLEN.
    OPEN INPUT GEWINN-ZAHLEN-DATEI.
    READ GEWINN-ZAHLEN-DATEI INTO GEWINN-ZAHLEN-WS, AT END MOVE 1 TO DATEI-ENDE-FELD.
    CLOSE GEWINN-ZAHLEN-DATEI.
VERARBEITUNG-ANFANG.
    MOVE ZEROS TO K  ANZAHL-RICHTIGE.
VERARBEITUNG-SCHLEIFE.
    IF K > 5,
        GO TO VERARBEITUNG-ENDE,
    ELSE
        ADD 1 TO K,
        MOVE GEWINN-ZAHL (K) TO I,
        IF ZAHL (I) = "X",
            ADD 1 TO ANZAHL-RICHTIGE.
    GO TO VERARBEITUNG-SCHLEIFE.
VERARBEITUNG-ENDE.
    IF ANZAHL-RICHTIGE < 3,
        NEXT SENTENCE,
    ELSE
        PERFORM AUSWERTUNG,
        MOVE SPIELER-INFORMATION TO SPIELER-INFORMATION-ED,
        WRITE LISTE-INFORMATION FROM ZEILE-EINZEL-GEWINN AFTER ADVANCING 1 LINE.
AUSWERTUNG.
    IF ANZAHL-RICHTIGE > 4,
        IF ANZAHL-RICHTIGE = 6,
            MOVE "I" TO KLASSE-ED,
            ADD 1 TO KLASSE-I,
        ELSE
            PERFORM AUSWERTUNG-ZUSATZ-ZAHL,
    ELSE
        IF ANZAHL-RICHTIGE = 3,
            MOVE "V" TO KLASSE-ED,
            ADD 1 TO KLASSE-V,
        ELSE
            MOVE "IV" TO KLASSE-ED,
            ADD 1 TO KLASSE-IV.
AUSWERTUNG-ZUSATZ-ZAHL.
    IF ZAHL (ZUSATZ-ZAHL) = "X",
        MOVE "II" TO KLASSE-ED,
        ADD 1 TO KLASSE-II,
    ELSE
        MOVE "III" TO KLASSE-ED,
        ADD 1 TO KLASSE-III.
```

Aus formalen Gründen (vgl. die Fußnote auf der S. 63) muß man die AT-END-Klausel kodieren. Zur Eingabe der Gewinnzahlen könnte man in diesem Fall auch die ACCEPT-Anweisung einsetzen (s. S. 24o).

```
AUSGABE-GEWINNER-ZAHL.
    MOVE KLASSE-I   TO KLASSE-I-ED.
    MOVE KLASSE-II  TO KLASSE-II-ED.
    MOVE KLASSE-III TO KLASSE-III-ED.
    MOVE KLASSE-IV  TO KLASSE-IV-ED.
    MOVE KLASSE-V   TO KLASSE-V-ED.
    ADD KLASSE-I KLASSE-II KLASSE-III KLASSE-IV KLASSE-V GIVING ANZAHL-GEWINNER.
    WRITE LISTE-INFORMATION FROM ZEILE-ANZAHL-GEWINNER-1 AFTER ADVANCING 6 LINES.
    WRITE LISTE-INFORMATION FROM ZEILE-ANZAHL-GEWINNER-2 AFTER ADVANCING 2 LINES.
    WRITE LISTE-INFORMATION FROM ZEILE-ANZAHL-GEWINNER-3 AFTER ADVANCING 2 LINES.
```

Die in diesem Programm gewählte Auslegung des Druckbildes ist natürlich nur sinnvoll, falls es mindestens einen Gewinner gibt.

Aufgabe 23 (S. 159):

Für das Datenfeld A ergeben sich die folgenden Inhalte:

a) ┌─────────────┐ b) ┌─────────────┐ c) ┌─────────────┐ d) ┌─────────────┐
   │ 4 1 o 2 1 3 │   │ o 2 o 2 1 3 │   │ 4 2 o 2 1 3 │   │ o o o 2 o 2 │
   └─────────────┘   └─────────────┘   └─────────────┘   └─────────────┘

Aufgabe 24 (S. 159):

Im Gegensatz zu den Voraussetzungen der Aufgabe 17 sind nun weder die Records von
VERTRETER-DATEI-P noch diejenigen von ARTIKEL-BESTELL-L nach den Vertreterkennzahlen
sortiert.

Wie bei der Lösung der Aufgabe 17 (vgl. S. 268) nehmen wir vereinfachend an, daß
keine fehlerhaften Daten innerhalb der Records von VERTRETER-DATEI-P und
ARTIKEL-BESTELL-L auftreten, zu jedem Satz von VERTRETER-DATEI-P mindestens ein Satz
in der Datei ARTIKEL-BESTELL-L existiert und alle Datensätze in ARTIKEL-BESTELL-L
mit gleicher Kennzahl direkt hintereinanderliegen.

Dann können wir als Lösung z.B. das folgende Programm angeben, in welchem wir die
Abweichungen und Ergänzungen zum Programm AUFGABE-17 auf der S. 268ff markieren:

```
IDENTIFICATION DIVISION.
PROGRAM-ID.
    AUFGABE-24.
ENVIRONMENT DIVISION.⌉ s. S. 268
    ⋮
DATA DIVISION.
FILE SECTION.
FD  VERTRETER-DATEI-P
    LABEL RECORD STANDARD
    DATA RECORD VERTRETER-INFORMATION.
ol  VERTRETER-INFORMATION.
    o2  KENNZAHL-E  PICTURE 9(4).  ◄───────────── geändert!
    o2  FILLER      PICTURE XX.
    o2  NACHNAME-E  PICTURE X(2o). ◄───────────── geändert!
    o2  VORNAME-E   PICTURE X(2o). ◄───────────── geändert!
    o2  FILLER      PICTURE X(34).
FD  ARTIKEL-BESTELL-L
    ⋮
ol  ARTIKEL-KARTE.        s. S. 269
    ⋮
FD  LISTE
    ⋮
ol  LISTE-INFORMATION
```

```
WORKING-STORAGE SECTION.
77  DATEI-ENDE-FELD  PICTURE 9 VALUE ZERO.
    88  DATEI-ENDE  VALUE 1.
77  LISTEN-ANFANGS-FELD  PICTURE 9  VALUE 1.
    88  LISTEN-ANFANG  VALUE 1.
77  GESAMT-UMSATZ  PICTURE 9(7)V99.
77  UMSATZ  PICTURE 9(7)V99.
77  ALTE-KENNZAHL  PICTURE 9(4)  VALUE ZERO.  ⌐ neu!
77  VERTRETER-ZAHL  PICTURE 9(3).             |
o1  VERTRETER-INFORMATION-WS.                 |
    o2  VERTRETER  OCCURS 1 TO 6oo TIMES  DEPENDING ON VERTRETER-ZAHL  INDEXED BY IND.
        o3  KENNZAHL  PICTURE 9(4).           |
        o3  NACHNAME  PICTURE X(2o).          |
        o3  VORNAME   PICTURE X(2o).         ⌐
o1  KOPF-ZEILE-1.                ⌐
      :                         |
o1  KOPF-ZEILE-2.                |
      :                         |
o1  KOPF-ZEILE-3.                |
      :                         |
o1  KOPF-ZEILE-4.                |   s. S. 269f
      :                         |
o1  POSTEN-ZEILE.               |
      :                         |
o1  GESAMT-UMSATZ-ZEILE-1.       |
      :                         |
o1  GESAMT-UMSATZ-ZEILE-2.       |
      :                         ⌐
PROCEDURE DIVISION.
BEGINN.                                                          ⌐
    PERFORM VORBESETZUNG-ANFANG THRU VORBESETZUNG-ENDE.          |
    OPEN INPUT ARTIKEL-BESTELL-L, OUTPUT LISTE.                  |
    MOVE ZERO TO DATEI-ENDE-FELD.                                |
EINLESEN.                                                        |
    READ ARTIKEL-BESTELL-L, AT END MOVE 1 TO DATEI-ENDE-FELD.    |
    IF DATEI-ENDE,                                               |  geändert!
        GO TO ENDE,                                              |
    ELSE                                                         |
        PERFORM VERARBEITUNG.                                    |
    GO TO EINLESEN.                                              |
ENDE.                                                            |
    PERFORM AUSGABE-GESAMT-UMSATZ.                               |
    CLOSE ARTIKEL-BESTELL-L  LISTE.                              |
    STOP RUN.                                                    ⌐
VORBESETZUNG-ANFANG.                                             ⌐
    OPEN INPUT VERTRETER-DATEI-P.                                |
    SET IND TO 1.                                                |
VORBESETZUNG-SCHLEIFE.                                           |
    READ VERTRETER-DATEI-P, AT END MOVE 1 TO DATEI-ENDE-FELD.    |
    IF DATEI-ENDE,                                               |
        SET VERTRETER-ZAHL TO IND,                               |
        SUBTRACT 1 FROM VERTRETER-ZAHL,                          |
        GO TO VORBESETZUNG-ENDE,                                 |  neu!
    ELSE                                                         |
        MOVE KENNZAHL-E TO KENNZAHL (IND),                       |
        MOVE VORNAME-E TO VORNAME (IND),                         |
        MOVE NACHNAME-E TO NACHNAME (IND),                       |
        SET IND UP BY 1.                                         |
    GO TO VORBESETZUNG-SCHLEIFE.                                 |
VORBESETZUNG-ENDE.                                               |
    CLOSE VERTRETER-DATEI-P.                                     ⌐
```

```
VERARBEITUNG.
    IF ALTE-KENNZAHL = KENNZAHL-IN-ARTIKEL-KARTE,
        NEXT SENTENCE,
    ELSE
        IF LISTEN-ANFANG,
            PERFORM AUSGABE-KOPF-ZEILEN,
            MOVE ZEROS TO LISTEN-ANFANGS-FELD  GESAMT-UMSATZ,      geändert!
        ELSE
            PERFORM AUSGABE-GESAMT-UMSATZ,
            PERFORM AUSGABE-KOPF-ZEILEN,
            MOVE ZERO TO GESAMT-UMSATZ.
        PERFORM VERARBEITUNG-POSTEN-ZEILE.
        MOVE KENNZAHL-IN-ARTIKEL-KARTE TO ALTE-KENNZAHL.
AUSGABE-GESAMT-UMSATZ.
    MOVE GESAMT-UMSATZ TO GESAMT-UMSATZ-ED.
    WRITE LISTE-INFORMATION FROM GESAMT-UMSATZ-ZEILE-1 AFTER ADVANCING 2 LINES.
    WRITE LISTE-INFORMATION FROM GESAMT-UMSATZ-ZEILE-2 AFTER ADVANCING 1 LINE.
VERARBEITUNG-POSTEN-ZEILE.
    MOVE ARTIKEL-NUMMER TO ARTIKEL-NUMMER-ED.
    MOVE STUECKZAHL TO STUECKZAHL-ED.
    MOVE STUECKPREIS TO STUECKPREIS-ED.
    MULTIPLY STUECKZAHL BY STUECKPREIS GIVING UMSATZ.
    ADD UMSATZ TO GESAMT-UMSATZ.
    MOVE UMSATZ TO UMSATZ-ED.
    WRITE LISTE-INFORMATION FROM POSTEN-ZEILE AFTER ADVANCING 1 LINE.
AUSGABE-KOPF-ZEILEN.
    SET IND TO 1.
    SEARCH VERTRETER  VARYING IND,
                WHEN KENNZAHL (IND) = KENNZAHL-IN-ARTIKEL-KARTE,   geändert!
                    NEXT SENTENCE.
    MOVE VORNAME (IND) TO VORNAME-ED.
    MOVE NACHNAME (IND) TO NACHNAME-ED.
    MOVE KENNZAHL (IND) TO KENNZAHL-ED.
    IF LISTEN-ANFANG,
        WRITE LISTE-INFORMATION FROM KOPF-ZEILE-1 AFTER ADVANCING o LINES,
    ELSE
        WRITE LISTE-INFORMATION FROM KOPF-ZEILE-1 AFTER ADVANCING 6 LINES.
    WRITE LISTE-INFORMATION FROM KOPF-ZEILE-2 AFTER ADVANCING 1 LINE.
    WRITE LISTE-INFORMATION FROM KOPF-ZEILE-3 AFTER ADVANCING 2 LINES.
    WRITE LISTE-INFORMATION FROM KOPF-ZEILE-4 AFTER ADVANCING 1 LINE.
```

Sind die Records von VERTRETER-DATEI-P bzgl. der Vertreterkennzahl aufsteigend sortiert, so kann man z.B. die folgenden Programmänderungen vornehmen:

Die Vereinbarung des Tabellenbereichs VERTRETER-INFORMATION-WS in der WORKING-STORAGE SECTION ist folgendermaßen abzuändern:

```
o1  VERTRETER-INFORMATION-WS.
    o2  VERTRETER   OCCURS 1 TO 6oo TIMES  DEPENDING ON VERTRETER-ZAHL
                    ASCENDING KEY IS KENNZAHL  INDEXED BY IND.
        o3  KENNZAHL  PICTURE 9(4).
        o3  NACHNAME  PICTURE X(2o).
        o3  VORNAME   PICTURE X(2o).
```

Ferner muß man die SEARCH-Anweisung im Paragraphen AUSGABE-KOPF-ZEILEN durch die folgende Form für das logarithmische Suchen ersetzen:

```
SEARCH ALL VERTRETER,
            WHEN KENNZAHL (IND) = KENNZAHL-IN-ARTIKEL-KARTE,
                NEXT SENTENCE.
```

In diesem Fall kann man auf die Anweisung

    SET IND TO 1.

welche der ursprünglichen SEARCH-Anweisung vorausging, auch verzichten.

Aufgabe 25 (S. 168):

Als Lösung kann man z.B. das folgende Programm kodieren:

```
IDENTIFICATION DIVISION.
PROGRAM-ID.
    AUFGABE-25.
ENVIRONMENT DIVISION.
CONFIGURATION SECTION.
SOURCE-COMPUTER.
    dva-name-1.
OBJECT-COMPUTER.
    dva-name-2.
INPUT-OUTPUT SECTION.
FILE-CONTROL.
    SELECT ARTIKEL-DATEI  ASSIGN TO SI.
    SELECT LISTE          ASSIGN TO LO.
DATA DIVISION.
FILE SECTION.
FD  ARTIKEL-DATEI
    LABEL RECORD OMITTED
    DATA RECORD ARTIKEL-SATZ.
o1  ARTIKEL-SATZ.
    o2  ARTIKEL-BEZEICHNUNG.
        o3  ARTIKEL-NUMMER.
            o4  LFD-NUMMER  PICTURE 9(6).
            o4  HERSTELLER  PICTURE 99.
        o3  ARTIKEL-NAME    PICTURE X(2o).
    o2  FILLER             PICTURE XX.
    o2  LAGER-INFORMATION.
        o3  LAGER-NUMMER    PICTURE 9.
        o3  REGAL-NUMMER    PICTURE 9(3).
    o2  WERT-INFORMATION.
        o3  STUECK-PREIS    PICTURE 9(6)V99.
        o3  MENGE           PICTURE 9(5).
    o2  ERFASSUNGS-DATUM.
        o3  TAG             PICTURE 99.
        o3  MONAT           PICTURE 99.
        o3  JAHR            PICTURE 99.
    o2  FILLER             PICTURE X(27).
FD  LISTE
    LABEL RECORD OMITTED
    DATA RECORD LISTE-INFORMATION.
o1  LISTE-INFORMATION  PICTURE X(133).
WORKING-STORAGE SECTION.
77  DATEI-ENDE-FELD  PICTURE 9  VALUE ZERO.
    88  DATEI-ENDE  VALUE 1.
o1  LISTEN-KOPF-1.
    o2  FILLER  PICTURE X(4)   VALUE SPACES.
    o2  FILLER  PICTURE X(14)  VALUE "LFD-NUMMER".
    o2  FILLER  PICTURE X(16)  VALUE "HERSTELLER".
    o2  FILLER  PICTURE X(19)  VALUE "ARTIKEL-NAME".
    o2  FILLER  PICTURE X(16)  VALUE "LAGER-NUMMER".
    o2  FILLER  PICTURE X(15)  VALUE "REGAL-NUMMER".
    o2  FILLER  PICTURE X(16)  VALUE "STUECK-PREIS".
```

```
    o2 FILLER  PICTURE X(13)  VALUE "MENGE".
    o2 FILLER  PICTURE X(13)  VALUE "WERT".
    o2 FILLER  PICTURE X(7)   VALUE "DATUM".
o1 LISTEN-KOPF-2.
    o2 FILLER  PICTURE X      VALUE SPACE.
    o2 FILLER  PICTURE X(132) VALUE ALL "-".
o1 LISTE-INFORMATION-WS.
    o2 FILLER  PICTURE X(6)  VALUE SPACES.
    o2 ARTIKEL-BEZEICHNUNG.
        o3  ARTIKEL-NUMMER.
            o4 LFD-NUMMER  PICTURE Z(6).
            o4 FILLER      PICTURE X(1o)  VALUE SPACES.
            o4 HERSTELLER  PICTURE ZZ.
        o3 FILLER         PICTURE X(6)  VALUE SPACES.
        o3 ARTIKEL-NAME   PICTURE X(2o).
    o2 FILLER  PICTURE X(8).
    o2 LAGER-INFORMATION.
        o3 LAGER-NUMMER   PICTURE Z.
        o3 FILLER         PICTURE X(14)  VALUE SPACES.
        o3 REGAL-NUMMER   PICTURE Z(3).
    o2 FILLER  PICTURE X(9)  VALUE SPACES.
    o2 WERT-INFORMATION.
        o3 STUECK-PREIS   PICTURE Z(6).99.
        o3 FILLER         PICTURE X(6)  VALUE SPACES.
        o3 MENGE          PICTURE Z(5).
        o3 FILLER         PICTURE X(4)  VALUE SPACES.
        o3 WERT           PICTURE Z(9).99.
    o2 FILLER  PICTURE X(4)  VALUE SPACES.
    o2 ERFASSUNGS-DATUM.
        o3 TAG       PICTURE 99.
        o3 FILLER    PICTURE X  VALUE "/".
        o3 MONAT     PICTURE 99.
        o3 FILLER    PICTURE X  VALUE "/".
        o3 JAHR      PICTURE 99.
PROCEDURE DIVISION.
BEGINN.
    OPEN INPUT ARTIKEL-DATEI, OUTPUT LISTE.
    WRITE LISTE-INFORMATION FROM LISTEN-KOPF-1 BEFORE ADVANCING 1 LINE.
    WRITE LISTE-INFORMATION FROM LISTEN-KOPF-2 BEFORE ADVANCING 2 LINES.
SCHLEIFE.
    READ ARTIKEL-DATEI, AT END MOVE 1 TO DATEI-ENDE-FELD.
    IF DATEI-ENDE,
       GO TO ENDE,
    ELSE
       PERFORM VERARBEITUNG.
    GO TO SCHLEIFE.
ENDE.
    CLOSE ARTIKEL-DATEI  LISTE.
    STOP RUN.
VERARBEITUNG.
    MOVE CORRESPONDING ARTIKEL-SATZ TO LISTE-INFORMATION-WS.
    MULTIPLY STUECK-PREIS IN ARTIKEL-SATZ BY MENGE IN ARTIKEL-SATZ GIVING WERT.
    WRITE LISTE-INFORMATION FROM LISTE-INFORMATION-WS BEFORE ADVANCING 1 LINE.
```

Register

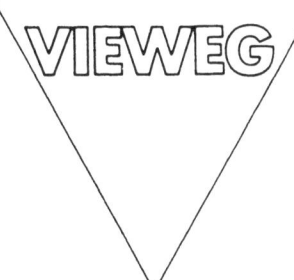

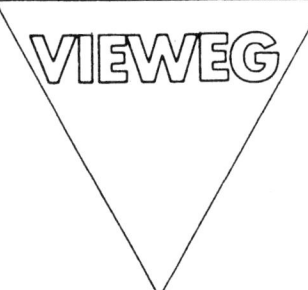

Franz Pfuff

**Mathematik
für Wirtschaftswissenschaftler**

Band 1: Grundzüge der Analysis

Funktionen einer Variablen. 3., neubearbeitete Auflage 1983.
VIII, 136 S., 93 Abb. 12,5 X 19 cm (vieweg studium, Bd. 38,
Basiswissen). Pb.

Band 2: Lineare Algebra

Funktionen mehrerer Variablen. 2., neubearbeitete Auflage
1982. X, 133 S., 70 Abb. 12,5 X 19 cm (vieweg studium,
Bd. 39, Basiswissen). Pb.

Band 3: Klausur- und Übungsaufgaben

2., durchgesehene Auflage 1984. VII, 328 S., 88 Abb.
16,2 X 22,9 cm (vieweg studium, Bd. 50, Basiswissen). Pb.

Das Buch stellt eine Ergänzung der beiden ersten Bände dar.
Es enthält eine umfangreiche Sammlung von Klausur- und
Übungsaufgaben mit jeweils einer vollständigen Musterlösung.
Es ist deshalb besonders geeignet für alle, die Schwierigkeiten
haben, die Lösung einer Aufgabe formal darzustellen.

MIX
Papier aus verantwortungsvollen Quellen
Paper from responsible sources
FSC® C105338

If you have any concerns about our products,
you can contact us on
ProductSafety@springernature.com

In case Publisher is established outside the EU,
the EU authorized representative is:
Springer Nature Customer Service Center GmbH
Europaplatz 3, 69115 Heidelberg, Germany

Printed by Libri Plureos GmbH
in Hamburg, Germany